Rhône-Poulenc
1895-1975

Collection « Histoire de l'Entreprise »

Pierre Cayez
Professeur d'Histoire Contemporaine
à l'Université de Grenoble II

Rhône-Poulenc
1895-1975

Contribution à l'étude d'un groupe industriel

Armand Colin/Masson
103, boulevard Saint-Michel, 75005 Paris

Avertissement

C'est bien volontiers que Rhône-Poulenc a fourni à Pierre Cayez toutes facilités d'accès aux archives disponibles du groupe. Mais Rhône-Poulenc n'a voulu intervenir en aucun cas dans le travail de l'historien. Celui-ci est donc resté totalement libre d'exprimer dans son ouvrage ses hypothèses historiques et sa sélection d'événements et de personnages.

Cette sélection doit donc être considérée comme propre à son auteur.

Réalisation-packaging : Annie Perrier-Robert,
assistée de Charles Masson, Suzanne Rougier-Delfortrie
et Jeanne Assouly.

Photocomposition et photogravure : Imprimerie Rosay (Vincennes).

ISBN 2-200-37146-2

PRÉFACE

L'histoire des entreprises en tant que discipline propre a enfin acquis en France droit de cité. Elle a cessé de n'être qu'un appendice secondaire de l'histoire économique générale ou de la gestion. Elle est devenue aujourd'hui une branche autonome de chacune de ces deux disciplines. L'ouvrage de Pierre Cayez en apporte une démonstration exemplaire. Il faut saluer sa parution comme un événement d'importance dans cette coopération nécessaire entre l'édition, les historiens universitaires et les entreprises pour promouvoir en France une discipline, qui, au fil des temps, permettra de reconstruire une mémoire nationale plus authentique. Dans combien de manuels d'histoire d'enseignement secondaire trouve-t-on cités aujourd'hui des noms d'entrepreneurs ? Et lorsqu'ils le sont, par miracle, n'est-ce pas dans la plupart des cas pour en présenter une image négative ? Il convient, au nom de la simple vérité, de redresser cette situation. Les Français ont le droit de connaître l'histoire de leurs entreprises, au même titre que celle de leurs hommes politiques ou de leurs révolutions !

Le livre de Pierre Cayez peut se lire de deux manières. La première, et la plus fascinante, est de découvrir la construction progressive, dans le temps long et heurté de l'histoire générale, d'une culture d'entreprise, qui, aujourd'hui encore, façonne les mentalités et les comportements de ceux qui y travaillent ou de ceux qui y ont travaillé. Cette histoire reconstituée n'a de valeur que parce qu'elle est écrite sans concession aucune. Ce livre est l'inverse d'une apologétique. C'est là l'une des qualités principales des historiens français d'entreprise : il nous semble, pour bien connaître la littérature étrangère sur le sujet, qu'ils exercent leur esprit critique avec plus d'acuité que leurs collègues d'autres pays. Il faut s'en réjouir et admirer que cette parfaite objectivité ne freine pas l'essor de la discipline. Les grandes entreprises françaises qui ont accepté de se lancer dans l'aventure de leur propre histoire, depuis l'expérience fondatrice de Pont-à-Mousson, ont parfaitement joué le jeu : il faut savoir leur rendre hommage. Elles ont eu raison de le faire : la quête par l'entreprise de son identité véritable, seule capable de souder les équipes autour d'un projet, passe par cette histoire sans concession dont Pierre Cayez nous fournit ici un modèle.

La seconde lecture possible du livre de Pierre Cayez est celle de la découverte, à travers l'histoire de Rhône-Poulenc, de celle de la chimie française, dominée de fait par l'émergence progressive au sein du système industriel de cette entreprise géante. Elle résulte pour l'essentiel de sa capacité d'adaptation aux sollicitations de l'histoire générale, c'est-à-dire à l'évolution des marchés, qu'il s'agisse des marchés de guerre ou des marchés « civils », de son ouverture sur les transformations progressives de la chimie mondiale, de sa vocation enfin à devenir l'instrument privilégié de la réalisation des ambitions de l'État dans le cadre de sa politique industrielle. Le contraste est frappant entre un premier XXe siècle marqué par une adaptation souple et originale aux conditions du marché et la prise en compte de plus en plus contraignante à partir des années 1950 des desseins de « politique industrielle » de l'État, définis de manière technocratique. Rhône-Poulenc devient ainsi une véritable institution nationale, dont le destin engage celui de l'ensemble de l'économie française. Dans le même temps se trouve posé le problème de la place de la chimie française dans la chimie mondiale.

Ainsi les apports de ce livre tant à l'histoire des entreprises qu'à l'histoire économique de la France sont considérables. Il confirme l'étonnante difficulté d'être de la chimie française avant 1914. Les deux entreprises qui devaient former Rhône-Poulenc en 1928 n'étaient encore à la veille de la guerre que de petites affaires, assez marginales par rapport à la « grande chimie », dominée par Saint-Gobain. La Société du Rhône avait bien tenté, dans les années 1890, l'aventure de la chimie de synthèse : elle avait manqué disparaître corps et biens. Sa principale activité en 1914 était la fabrication de lance-parfum pour les carnavals brésiliens. Pourtant, elle avait su, comme Poulenc, créer quelques « spécialités », car, malgré leur taille réduite, ces deux sociétés avaient conçu des produits et organisé des savoirs qui assuraient leur droit l'existence dans un monde de géants. À partir de cette base modeste, leurs dirigeants surent durant la guerre et les années 1920 construire une stratégie de croissance en saisissant les opportunités offertes aussi bien par les marchés que par l'évolution de la science et de la technologie. La guerre donna l'aisance financière et offrit les premières occasions de diversification.

Mais l'on ne peut qu'être fasciné par la qualité des stratégies déployées durant l'entre-deux-guerres. La fusion de 1928 s'inscrit dans un projet essentiellement industriel de cohérence et de coordination. Elle aboutit à créer autour des trois usines un premier « noyau dur » de filiales, autour desquelles s'organise une sorte de réseau secondaire. L'ensemble fut géré grâce à la combinaison de deux traditions : celle des administrateurs délégués de Poulenc, celle des directeurs de la Société du Rhône. Ainsi Rhône-Poulenc offre-t-elle un exemple quasiment parfait du modèle de concentration et de gestion « à la française » fondé sur l'importance et la complexité du réseau de filiales, organisé autour de la maison mère. Dans ce cadre put s'épanouir une stratégie industrielle orientée vers la création de produits nouveaux et l'expansion à l'étranger, soutenue par une politique de recherche internationalisée, en rupture avec les pratiques antérieures, et par une politique de marques, telles que Spécia et Prolabo dans la pharmacie. Les bénéfices furent, par ailleurs, suffisants pour financer une croissance interne sans endettement excessif. Ainsi se définirent progressivement un système de gestion et une culture d'entreprise spécifiques, qui devaient fonder pour longtemps la prospérité de la firme.

La Seconde Guerre mondiale fut l'époque des orientations décisives : déjà très engagée dans les textiles synthétiques et la production pharmaceutique, Rhône-Poulenc mit en route les productions du Nylon et de la pénicilline. La reconstruction ouvrit une ère de prospérité et d'expansion sans précédent. Elle culmina en 1961 dans la fusion avec Celtex et la création d'une structure de holding, dont la S.U.C.R.P. n'était plus qu'une composante. La croissance des années 1950 s'était, en effet, réalisée grâce au système de filiales et de sous-filiales, parmi lesquelles figuraient un grand nombre de filiales communes à d'autres groupes. Il était devenu nécessaire d'introduire un peu plus de cohérence dans ce système.

Les choix stratégiques des années 1950 devaient peser lourdement sur l'avenir. La firme, s'appuyant sur l'exploitation de licences exclusives qu'elle ne cessait d'ailleurs d'améliorer, voulut jouer un rôle de leader dans le domaine des textiles synthétiques, conquérir une place significative dans la chimie des plastiques tout en maintenant ses positions dans le secteur de la pharmacie et de la chimie fine. Dans le même temps, elle poursuivit, en l'amplifiant, la politique d'expansion à l'étranger. Ces filiales étrangères finirent par atteindre une rentabilité supérieure à celle des usines françaises.

Ce modèle de croissance, orienté vers les textiles synthétiques et la multiplication des filiales fut remis en cause à partir de 1964. Cette date n'est pas indifférente : elle n'est pas propre à Rhône-Poulenc. Toutes les grandes entreprises françaises ont alors connu une crise de gestion et, par conséquent, d'identité. Les bases de la prospérité antérieure ont été rapidement sapées les unes après les autres : baisse des prix, qui, dans le cas des textiles, a pris l'allure d'un effondrement ; remise en cause des positions de monopole technologique ; concurrence étrangère de plus en plus aggressive et efficace. Face à ces difficultés, deux politiques étaient possibles. D'abord, un recentrage immédiat sur les secteur rentables en France et les investissement étrangers les plus performants. Les premiers étaient d'ailleurs liés aux activités les plus traditionnelles de la firme, pharmacie et chimie fine. Sous la pression de l'État, dans le cadre des autres grands projets des cinquième et sixième plans, une stratégie fut choisie, celle que l'on peut qualifier de « fuite en avant ». Il s'agissait de créer un groupe de « dimension internationale » dont la production commencerait par le « rez-de-chaussée », grâce à un processus d'intégration vers l'amont, complété par une diversification aval. Ce furent les grandes fusions de 1969, avec Péchiney-Saint-Gobain, d'une part, et Progil, d'autre part, qui entraînèrent un accroissement du chiffre d'affaires de 71 %, mais allaient contraindre Rhône-Poulenc à rompre avec ses traditions d'endettement limité. Elles débouchèrent sur une vaste entreprise de réforme de l'organisation, inspirée par un rapport du cabinet Mac Kinsey et fondée sur la mise en place de vastes départements fonctionnels, au sein desquels les différentes filiales devaient s'intégrer. Ce plan était en rupture complète avec les traditions françaises. Il était en cours d'exécution lorsque la crise éclata : « la crise nous a saisis à froid », devait déclarer R. Gillet.

Sa principale conséquence à terme fut un retour aux sources : le recentrage, réalisé dans les années 1980, sur la chimie fine, la pharmacie et le phytosanitaire. Belle revanche de l'histoire ! La chance de Rhône-Poulenc ne fut pas d'avoir été porteuse des ambitions étatiques. Elle fut d'avoir su, lors de la grande accélération des années 1950 et 1960, conserver des dirigeants ayant la tête froide pour maintenir et développer, à côté des nouveaux grands produits, les traditions et les vocations initiales de l'entreprise : l'avenir d'une nation se construit sur la pertinence des choix stratégiques faits par ses entrepreneurs.

F. CARON

AVANT-PROPOS

L'historien, longtemps soumis à l'ample rythme de la thèse d'État, conclut lentement et prudemment. Pourtant, trois années seulement ont séparé le début de notre recherche sur l'histoire de Rhône-Poulenc et la remise du manuscrit à l'Éditeur. La brièveté de l'élaboration imposait certains choix. De plus, la dispersion des sources, les lacunes importantes résultant de destructions ont freiné la collecte de l'information.

Divers lieux, dépôts ou usines ont fourni la documentation archivistique. La société d'Archivage et de Magasinage, filiale du groupe implantée à Besançon, a livré une abondante, mais inégale moisson. Le siège social, à Courbevoie, recèle d'innombrables et précieux documents. La lecture du fonds historique, réuni jadis par J. Marteret et transféré depuis peu à Besançon, est une introduction indispensable pour qui veut connaître le passé du groupe. Les entretiens avec les responsables de divers services (Comptabilité, Service des Filiales, Service des Brevets, Secrétariat des Assemblées Générales et du Conseil d'Administration) ont fait surgir maints dossiers des coffres et armoires. Il n'est pas jusqu'aux sous-sols de l'usine de Vaise qui n'aient fourni, à la veille de leur destruction, une abondante documentation sur les activités textiles du groupe. Que tous ceux qui m'ont cordialement reçu, conseillé et aidé dans cette recherche soient ici vivement remerciés.

Un tel travail ne saurait prétendre à l'exhaustivité. Nous avons cotoyé de vaste domaines en refusant de nous y arrêter ou de nous y attarder. Ainsi de l'univers des brevets qui eût mérité une étude appronfondie distinguant les grands secteurs et les grandes filières de recherche, les produits et les procédés et leur agencement chronologique. Ainsi de l'immense secteur social dont la connaissance doit passer par un long périple à travers les archives des usines. L'origine et la formation de la main-d'œuvre, l'importance du « turn-over », les itinéraires professionnels des différents groupes au travail dans l'entreprise pourraient ainsi être explorés. Comment traiter dans le détail la vie et l'évolution des nombreuses filiales françaises et étrangères sans risquer l'énumération et l'éclatement du sujet vers des horizons multiples ? Nous avons donc axé notre propos sur l'histoire de l'entreprise Rhône-Poulenc, allant à la recherche de ses origines et des nombreux affluents qui ont enrichi son cours, en choisissant aussi de ne pas explorer plus longuement l'histoire de ces mêmes apports extérieurs, fort riches pour certains d'entre eux. La stratégie, longtemps non écrite et même non dite, et le dynamisme d'une entreprise, devenue peu à peu l'acteur français principal dans le domaine de la chimie organique et minérale, ont attiré toute notre attention.

Néanmoins, telle qu'elle est ici décrite, une histoire du groupe Rhône-Poulenc, privilégiant les aspects économiques, garde tout son intérêt. L'étude de cas - la monographie d'entreprise - n'a de portée et de valeur que dans la mesure où elle témoigne d'une situation plus générale. L'histoire de Rhône-Poulenc, tout en gardant sa spécificité, illustre bien tout un pan de l'industrie française et, en particulier, les rythmes, les handicaps et le dynamisme de la chimie française. Elle montre les difficultés de la seconde étape de la révolution industrielle dans laquelle la France réussit ingalement à s'affirmer. Si les débuts furent prometteurs dans l'électrométallurgie et dans l'automobile, ils furent chaotiques et contrariés dans la chimie et l'électrotechnique. Elle témoigne aussi d'une évolution constamment confrontée à la puissance des concurrents allemands et suisses et elle participe aux grandes mutations de l'industrie française dans les dernières décennies de notre histoire.

Pierre Cayez

PREMIÈRE PARTIE

L'industrialisation de la chimie organique

NAISSANCE ET MATURITÉ DE LA SOCIÉTÉ DES USINES CHIMIQUES RHÔNE-POULENC (1895-1950)

Depuis leurs origines, au XIXe siècle, les deux entreprises fondatrices de la Société des Usines Chimiques Rhône-Poulenc évoluèrent parallèlement, mais à distance ; modestes par leurs effectifs et leurs chiffres d'affaires, elles développèrent lentement et avec difficulté les grandes productions de la chimie organique dans lesquelles triomphaient leurs concurrents allemands. Elles fusionnèrent en 1928 et rassemblèrent alors des moyens qui demeuraient limités. Puis, à travers la crise, la guerre et la reconstruction, la nouvelle société resta, dans le cadre national, une moyenne entreprise, dans la norme française de l'époque. De 1918 à 1945, la base industrielle était constituée par trois usines, la trinité fondatrice de Vitry-sur-Seine, de Saint-Fons, dans la banlieue sud de Lyon, et de Roussillon, dans l'Isère. Sans doute les investissements extérieurs augmentèrent-ils, néanmoins le « cœur » industriel et, par là, l'ampleur des problèmes rencontrés et résolus ne changea guère.

UNE NAISSANCE DIFFICILE

LES ACQUIS DU XIXe SIÈCLE

Peu de documents nous informent sur le passé des sociétés jusqu'aux années 1860, à partir desquelles lettres et registres comptables viennent éclairer l'existence et le développement de l'entreprise lyonnaise. Au demeurant, le niveau d'activité resta, au XIXe siècle, minime et de nature essentiellement commerciale, sans présenter de spécificité remarquable. Le pharmacien parisien Étienne Poulenc et le marchand lyonnais de produits tinctoriaux Marc Gilliard se conformèrent longtemps aux usages de leurs professions respectives.

Cependant, un rappel, dépourvu de bases quantitatives, de leurs activités propres au XIXe siècle permet d'apprécier la situation des deux sociétés à la fin de cette période, lorsqu'elles devinrent des sociétés anonymes, en 1895 à Lyon et en 1900 à Paris. Une longue et obscure gestation qui les marqua de façon indélébile.

Les origines commerciales

Suivant une évolution des firmes qui fut de règle au XIXe siècle, le commerce engendra peu à peu la fonction industrielle, celle-ci s'affirmant, sans rupture, par un lent glissement des activités.

Les deux sociétés mères naquirent, à Paris et à Lyon, à une quinzaine d'années d'intervalle, au début du siècle dernier. Samuel Debar, Genevois et protestant, participa, avec d'importants capitaux, au redressement de l'économie lyonnaise touchée par la tourmente révolutionnaire. Il reprit, sous le premier Empire, une importante maison de commission et de négoce en gros qui devait l'élever au tout premier rang de la bourgeoisie lyonnaise. Importateur de produits tinctoriaux, qu'absorbait largement la fabrique lyonnaise de soieries et de coton, il compléta ses activités commerciales par la création d'un tissage de coton à La Grive, près de Bourgoin, dans l'Isère.

En 1856, son neveu, et principal collaborateur, Marc Gilliard, lui succéda en s'associant avec son comptable, Jean-Marie Cartier, et débuta à son tour une activité industrielle en fabriquant des extraits tannants dans le quartierde Vaise, au nord de Lyon.

Le pharmacien Étienne Poulenc (1823-1878) fut le fondateur de la société Wittmann et Poulenc jeune.

La branche parisienne venait de la boutique plutôt que du grand négoce. Pierre Wittmann (1798-1880), boulanger-pâtissier à Paris, gardait de son adolescence passée comme préparateur en pharmacie une vive prédilection pour la chimie. D'autre part, il s'était lié d'une étroite amitié avec un pharmacien, Joseph Poulenc, né à Espalion en 1811 et venu à Paris grâce à l'un de ses oncles, curé d'Ivry-sur-Seine. Pierre Wittmann acheta, en 1848, la droguerie Hédouin, créée en 1816 au 7 de la rue Saint-Merri. Puis, Étienne Poulenc, frère de Joseph, qui terminait alors ses études de pharmacie, épousa la fille de Wittmann, Pauline, et devint l'associé de son beau-père. Ainsi fut fondée la société *Wittmann et Poulenc jeune* qui amorça une spécialisation vers des produits nouveaux, destinés à l'industrie de la photographie, et commença à fabriquer collodions, fixateurs et révélateurs.

Dans les années 1860, les deux entreprises s'orientèrent progressivement vers la fabrication, devenue complément d'une activité commerciale longtemps prépondérante.

Si la confection de remèdes et de drogues par les pharmaciens dans le secret de modestes officines ne pouvait guère apparaître comme une nouveauté, la maison Gilliard allait se trouver engagée dans l'une des affaires les plus compliquées et les plus malheureuses de l'histoire de l'industrie française : la naissance et le premier développement des colorants artificiels tirés du goudron de houille.

Un secteur disputé : les colorants synthétiques

L'essor d'une sidérurgie nouvelle et celui de la production du gaz d'éclairage mettaient sur le marché de fortes quantités de goudron de houille, dont un des dérivés, le benzène, était connu depuis 1840. De nombreux travaux parallèles portèrent désormais sur l'aniline, dérivée du benzène. August Wilhelm von Hofmann, chimiste allemand installé en Angleterre, obtint l'aniline par réduction du nitrobenzène. Puis, son assistant, sir William Henry Perkin, tentant de produire artificiellement de la quinine, oxyda l'aniline et obtint un colorant rouge-mauve, la mauvéine (brevet du 26 août 1856). Dans ce contexte technologique, François-Emmanuel Verguin découvrit la fuchsine. Né le 5 avril 1814 à Lyon, le futur inventeur fut un brillant élève de l'école technique La Martinière, puis il fut successivement employé dans l'entreprise chimique Perret (fabrication d'acide sulfurique), préparateur du professeur Alphonse Dupasquier à l'école de médecine de

Lyon, contremaître dans l'usine de produits chimiques Raffard, implantée près de Saint-Maurice-l'Exil (Isère). Ce fut là qu'il découvrit, par hasard semble-t-il, le nouveau colorant (brevet du 8 avril 1859). Trop pauvre pour en mettre sur pied la fabrication industrielle, il vendit son procédé aux frères Renard, teinturiers lyonnais, qui firent l'acquisition de brevets complémentaires (Girard et de Laire, Hofmann, Nicholson). Mais dans le même temps, d'autres chimistes créaient des produits identiques par des méthodes différentes ; ainsi Gerber et Keller, de Mulhouse, déposaient-ils un brevet le 29 octobre 1859. Dès 1857, Prosper Monnet, associé à Dury et qui appartenait alors au dynamique milieu lyonnais des praticiens de la chimie, fabriquait du violet d'aniline. Originaire de Beaurepaire (Isère), où il naquit le 18 avril 1834, il travailla, à Lyon, dans le laboratoire de Glénard et Dériard avant de devenir préparateur à l'école de médecine de la même ville. Il mit au point une fabrication économique du benzène et, avec Dury, s'orienta vers l'utilisation du brevet Gerber-Keller. Enfin, il déposa une série de brevets sur les colorants artificiels et, en particulier, sur les nuances de bleu (20 mai et 21 octobre 1862).

Le chimiste Prosper Monnet (1834-1914) fut un des créateurs de la société Gilliard, Monnet et Cartier.

Mais la législation française sur les brevets allait condamner cette première éclosion de talents. En effet, la loi du 5 juillet 1844 protégeait les produits et non les procédés et applications ; ainsi le premier détenteur d'un brevet devenait propriétaire du produit, situation tout à fait différente de celles qui existaient à l'étranger. Ces dispositions étaient particulièrement inadaptées à la chimie. Les frères Renard purent donc déclencher un gigantesque procès contre les autres fabricants de fuchsine. Après bien d'autres, Prosper Monnet et Dury furent condamnés, saisis le 1er février 1861 et soumis, le 9 août 1862, à une amende de 100 000 francs pour avoir appliqué les procédés Gerber-Keller. En 1862, Prosper Monnet fit un premier et court séjour en Suisse, puis il fut dédommagé par les frères Renard : ceux-ci avaient créé, le 21 décembre 1863, la société anonyme La Fuchsine, qui exploitait des usines à Rochecardon et à Pierre-Bénite, dans la périphérie lyonnaise ; le capital de 4 millions de francs était fourni en majorité par le Crédit lyonnais, qui avait été fondé cette même année ; Prosper Monnet fut nommé, en 1865, directeur technique de La Fuchsine.

Mais, en définitive, procès et agitation ne servirent guère. Le développement de la concurrence étrangère, la baisse du prix de la fuchsine, les difficultés techniques, les désaccords surgis entre représentants du Crédit lyonnais et industriels entraînèrent la dissolution de La Fuchsine, prononcée le 28 avril 1870. La prétention au monopole avait eu un effet dévastateur sur les volontés et les initiatives françaises. Sans doute cet aléa juridique ne fut-il pas, en France, le seul handicap face à la chimie organique européenne naissante. Pourtant tous les auteurs insistent sur l'importance des départs des chimistes français vers la Suisse. Certains d'entre eux réussirent, comme Petersen à Schweizerhalle, Louis Durand, Huguenin, et Gerber-Keller à Bâle. A. Poirier, quant à lui, tenta l'aventure à Zurich. En revanche, Charles Guigou et Pierre Boulon, Louis Raffard et Bescou échouèrent rapidement dans leurs tentatives respectives d'installation, à La Plaine, à Carouge et à Versoix. Pourraient leur être adjoints les noms de Duperay (industriel à Paris), de J.A. Schlumberger (industriel à Sainte-Marie-aux-Mines) et d'Alexandre Clavel.

L'installation de Prosper Monnet en Suisse s'inséra par conséquent dans ce large mouvement. Renard, qui s'estimait floué par les banquiers du Crédit lyonnais (ils avaient vendu, dès 1868, les brevets de La Fuchsine), créa, le 18 octobre 1868, une société en commandite avec son chimiste Prosper Monnet. Le siège était à Genève, la commandite s'élevait à 30 000 francs et la production était réservée à la maison Renard. Prosper

Monnet s'établit donc à La Plaine, entre Genève et la frontière française ; il y louait l'ancienne fabrique Guigou et Boulon, qui fut, elle-même, rachetée, le 9 janvier 1865, par Marc Gilliard pour la somme de 40 000 francs. En juin 1868, celui-ci se substituait à Renard et portait la commandite à 140 000 francs. Enfin, en septembre 1869, Prosper Monnet rachetait les terrains et les bâtiments de l'usine de La Plaine, alors fort modeste ; celle-ci utilisait quelques machines à vapeur de 8 CV et employait quarante personnes. Néanmoins se trouvait ainsi scellée l'association entre l'industriel-technicien et le négociant. Ce dernier gardait la haute main sur toutes les transactions commerciales et sur les problèmes de financement.

Les débuts de cette chimie organique furent difficiles : les bases scientifiques étaient insuffisantes, les lots de matières premières souvent hétérogènes et la plupart des grands produits intermédiaires devaient être achetés à l'étranger. Sans doute, comme l'atteste la correspondance échangée, les industriels lyonnais pouvaient-ils fournir les principaux équipements (tuyauterie, chaudronnerie, petits moteurs), et Prosper Monnet put racheter le matériel de La Fuchsine, en liquidation. À la fin de l'année 1868, l'usine produisait le violet, le vert lumière et le bleu de Paris. Un mois plus tard, elle commença la fabrication de la fuchsine. Ces premiers produits paraissent avoir satisfait les exigences de la clientèle.

Les premiers temps de l'entreprise Poulenc furent infiniment plus simples, à l'écart des tumultueuses péripéties liées à la création de la chimie organique. La société restait essentiellement une maison de commerce ; la droguerie de la rue Saint-Merri achetait les produits chimiques, pharmaceutiques et photographiques auprès des fabricants, puis les revendait. En 1859, Étienne Poulenc acheta un peu plus d'un hectare de terrain à Ivry-sur-Seine et y fit construire un premier atelier pour la fabrication de sels de fer et d'antimoine. En 1863, il s'associa avec son beau-frère et la société prit la raison sociale de *Poulenc et Wittmann*.

La qualité Poulenc

À partir de cette première phase de maturation, pendant laquelle les négociants ajoutèrent à leurs activités primitives une très modeste production manufacturière, une sensible croissance et une lente industrialisation amenèrent les sociétés parisiennes et lyonnaises à adopter le statut de sociétés anonymes. Le caractère familial de l'entreprise Poulenc se renforça ; ayant suivi des

USINE DE MM. GILLIARD,
MONNET ET CARLTIER
LA PLAINE
(canton de Genève)

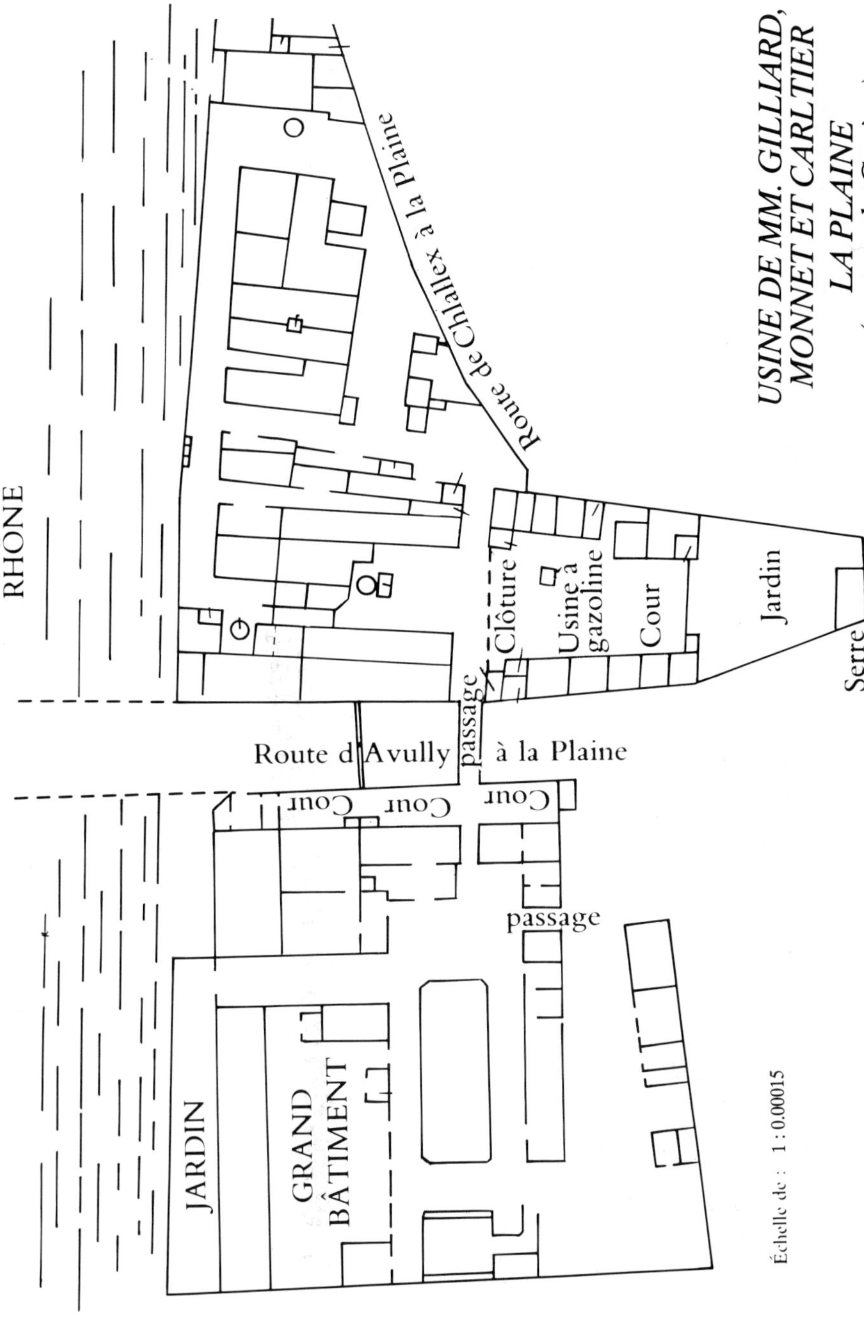

Échelle de : 1 : 0.00015

études de pharmacie, les trois fils d'Étienne Poulenc (Gaston, Émile et Camille) participèrent à la direction de la société. Après le décès d'Étienne, celle-ci devint *Veuve Poulenc et Fils,* au faible capital de 450 000 francs (28 juin 1878). Lorsque Pauline Poulenc s'en retira, elle prit la raison sociale de *Poulenc Frères* (28 juin 1881).

Pendant cette période, laissée dans l'ombre par les archives, la société Poulenc joua un double rôle. Tout d'abord, celui d'expert chimiste, en établissant une garantie de qualité et en se créant de cette façon une réputation. À une époque où les produits chimiques industriels n'étaient pas d'une qualité certaine, les laboratoires, en nombre grandissant, constituaient une clientèle pour des quantités de produits limitées, mais dont la pureté était assurée. Ainsi la société Poulenc achetait les meilleures productions chimiques, les analysait, les contrôlait et les revendait, nouant donc des liens assez étroits avec les milieux scientifiques. À cet effet, Gaston Poulenc créa, en 1883, un magasin sis rue de Cluny, puis transféré, en 1892, au 122 du boulevard Saint-Germain. Ce lieu fut fréquenté par les savants français les plus célèbres : Marcelin Berthelot, Henri Moissan, futur prix Nobel, Jean Martin Charcot, Jean Perrier, Édouard Branly, Henri Becquerel, Georges Claude, etc., ce qui participa à la renommée scientifique de la société et à la valeur du label Poulenc.

D'autre part, les Établissements Poulenc Frères amorçaient diverses productions ; l'usine d'Ivry-sur-Seine commença à fabriquer des colorants pour la verrerie et la céramique (sels d'antimoine, de fer, d'étain et d'argent). Ces productions furent transférées, en 1884, dans un atelier à Montreuil-sous-Bois. Puis la société s'orienta vers la photographie, fabriquant quelques produits chimiques de base et déposant, en 1886, le brevet d'invention d'un appareil photographique qui fut produit, à partir de 1887, rue Vieille-du-Temple, dans un atelier de montage dirigé par Émile Poulenc, l'artiste de la famille, père du compositeur Francis Poulenc.

Le 1er septembre 1896, le potentiel scientifique de l'entreprise fut renforcé par l'engagement de Maurice Meslans, ami de Camille Poulenc et professeur agrégé de pharmacie à l'université de Nancy, qui fut alors chargé de la direction scientifique et technique des usines. Celui-ci installa, dans une ancienne fabrique de bougies située à Ivry-centre, le premier laboratoire et le premier centre d'essais de la société, y constituant la première équipe de chimistes-chercheurs, autour de François Girardet et de Warming. En juillet 1883, l'acte de société avait été renouvelé et le capital porté d'une manière significative à 2 100 000 francs.

Si le niveau industriel de l'entreprise restait modeste, ses dirigeants s'avéraient d'une grande valeur scientifique. Pharmaciens, docteurs en pharmacie, ayant fréquenté les laboratoires universitaires, ils assuraient une solide réputation à la marque Poulenc. Leurs productions, très spécialisées et réservées à une clientèle restreinte, étaient peu menacées par la concurrence, au contraire de celles de l'entreprise lyonnaise, dont le sort fut plus contrarié et plus incertain.

Les développements lyonnais

Jusqu'en 1883, l'association entre Marc Gilliard et Prosper Monnet fonctionna de part et d'autre de la frontière, industrie en Suisse et commerce en France. L'usine de La Plaine se consacra d'abord à sa vocation première : la fabrication de colorants artificiels, pour lesquels Prosper Monnet multipliait les brevets (violets, verts, rose bengale, brun zoulou, jaune, bleu Monnet). La correspondance échangée entre ce dernier et Marc Gilliard retrace les efforts faits, en France, pour répondre aux concurrences suisse et allemande, en particulier pour faire face à celle de l'Allemand Léopold Cassella et des Suisses J.-R. Geigy et Durand-Huguenin. Les associés instaurèrent un réseau de points de vente et d'agences ; ils se heurtèrent toutefois à de fortes difficultés en Amérique du Nord et s'efforcèrent d'atteindre les marchés asiatiques par l'intermédiaire des marchands de soie lyonnais. En 1878, le réseau commercial comprenait sept agences en France, trois en Suisse, huit en Allemagne, deux en Autriche, quatre en Angleterre, quatre en Italie, deux en Espagne, quatre en Turquie, deux aux États-Unis et trois en Afrique.

En 1873, Prosper Monnet créa un modeste, mais précoce, laboratoire (18 mètres de long sur 6 de large), où passèrent de remarquables chimistes venus du Polytechnicum de Zurich, auxquels il avait fait appel. Pour mention : Frédéric Reverdin (1873), Charles de la Harpe (1875), Emilio Nölting (1875). Auguste Trillat, pour sa part, échappait à cette règle de recrutement, mais ce Français, spécialiste du formol et de la désinfection, avait fait une partie de ses études en Allemagne. En outre, nombre de jeunes chimistes de Zurich vinrent effectuer un stage d'un an ou deux à La Plaine, tels Ulrich, Meier, Zimmerman, C. Nourrisson, Gastell. La logique de la recherche chimique amena l'usine à diversifier ses fabrications ; les nouveaux colorants entraînèrent la mise au point du chlorure de méthyle

La double usine de la Plaine, divisée par la route et le pont d'Avully, était prudemment située entre la frontière française et Genève. (Vers 1890.)

(1874), de la résorcine, de l'anhydride phtalique, puis de la saccharine et du Kélène (1890). Le développement que laisse supposer l'élargissement de la gamme des fabrications impliquait l'extension des installations. Aussi, le 20 janvier 1879, Prosper Monnet rachetait l'usine voisine au chimiste Alexandre Clavel et disposait désormais de deux établissements séparés par le pont d'Avully. La surface utilisable passait de 6 880 à 15 000 m^2. Une victoire de l'industriel que Marc Gilliard salua en maugréant, car il fallait, disait-il, « mettre un frein aux dépenses industrielles en se bornant au strict nécessaire, tout en se tenant en mesure de soutenir la concurrence ». C'était là un dilemme cruel, car l'industrie chimique exigeait un renouvellement et un développement rapides des investissements.

Au début des années 1880, la nécessité de fabriquer en Suisse ne s'imposait plus. Les brevets de la fuchsine venaient à expiration, mais surtout de nouveaux tarifs, plus protecteurs, étaient imposés aux matières colorantes artificielles à l'entrée en France (7 mai 1881) : 1,25 F par kilogramme de produit sec et 0,70 F par kilogramme de produit humide. Dès l'annonce de cette mesure, la société bâloise Durand-Huguenin installa une usine à Saint-Fons, dans une zone proche du Rhône, où se trouvaient déjà plusieurs implantations industrielles. Le 10 mai 1883, Prosper Monnet racheta, à Saint-Fons, une usine qui avait elle-même une assez longue histoire, puisque, créée en 1861, elle avait appartenu successivement à Gautier et Bonneru, qui avaient fait faillite en 1864, puis à La Fuchsine et enfin à Claude Mulaton à partir de 1870. Le transfert à Saint-Fons des activités de l'entreprise, qui employait alors 128 personnes et produisait annuellement 60 000 kg de produits colorants, se fit progressivement. En 1885-86, la majorité des chimistes confirmés quittèrent La Plaine pour Saint-Fons et, dès 1883, Prosper Monnet avait commencé à déposer ses brevets, qui, jusque là, étaient tenus sous plis cachetés.

L'usine de Saint-Fons n'était pas encore éclairée à l'électricité lorsque fonctionnait cet atelier chimique primitif : un patouillet dans les années 1880.

En 1886, la mort de Marc Gilliard et la situation financière de l'entreprise entraînèrent une modification profonde des structures juridiques ; Prosper Monnet était jusqu'alors commandité par Marc Gilliard, mais il ne put rembourser les avances faites aux usines. À la société en commandite succéda donc une société en nom collectif liant plus étroitement l'industriel et le négociant. Son capital de 800 000 francs se répartissait ainsi :

- apport Prosper Monnet : 200 000 francs,
- apport Marc Gilliard : 300 000 francs,
- apport Jean-Marie Cartier : 300 000 francs.

De plus, la base industrielle de l'entreprise s'élargissait, puisqu'elle unissait la fabrique d'extraits tannants de Vaise aux usines de La Plaine et de Saint-Fons.

Divers indices indiquent que la société connut une prospérité relative et que ses bénéfices culminèrent au début des années 1890. Puis elle entra, pour n'en plus sortir jusqu'en 1905, dans une ère de difficultés, largement provoquée par l'accentuation de la concurrence allemande, mais aussi aggravée, très probablement, par les erreurs de gestion de Prosper Monnet, que ses contemporains jugèrent avec sévérité.

La première vocation de la S.C.U.R. était la fabrication des matières colorantes : elles étaient produites dans cette atelier en 1897.

La suprématie de la chimie d'outre-Rhin

La pression allemande s'exprima d'abord par l'installation, en France, de filiales de fabrication ou de conditionnement. Farbenfabriken F. Bayer AG s'implanta à Flers, près de Roubaix, Farbwerke Meister Lucius und Bruning à Creil, Badische Aniline und Soda Fabrik (B.A.S.F) à Neuville-sur-Saône, Léopold Cassella et Compagnie à Lyon-Guillotière, Farbwerke Mulheim à Lyon-Vaise, Aktiengesellschaft fur Anilin Fabrikation à Saint-Fons. Il ne restait que deux fabricants nationaux de colorants artificiels : la Société anonyme des Matières colorantes et Produits chimiques de Saint-Denis, et Gilliard, Monnet et Cartier à Lyon.

Dans la guerre des brevets qui s'engagea, la société lyonnaise perdit sa première bataille internationale. Le 28 septembre 1891, elle avait déposé un brevet de fabrication des anisolines qui devaient eux-mêmes être produits à partir des rhodamines brevetés par Badische Aniline und Soda Fabrik. Des pourparlers s'étaient engagés entre Prosper Monnet et cette société qui prétendait se réserver la fabrication des anisolines et des rhodamines. En juin 1894, celle-ci déclara avoir trouvé un procédé de fabrication des anisolines indépendant de celui de Prosper Monnet : celui-ci, talent empirique, avait découvert une réaction nouvelle et imprévue, qu'il avait enregistrée, alors que les chimistes allemands avaient scientifiquement abouti à cette réaction et au produit, puis en avaient fourni une explication correcte.

Par ailleurs, Gilliard, Monnet et Cartier, comme les autres chimistes français, devaient acheter en Allemagne une part importante de leurs matières premières et de leurs grands intermédiaires et ils subissaient la baisse des prix des produits fabriqués, résultant des productions massives mises sur le marché par les chimistes d'outre-Rhin. Ces dépendances étaient multiples et redoutables. Ainsi se traduisait la supériorité naissante de l'industrie chimique allemande, dont on peut rappeler brièvement quelques-uns des facteurs de croissance : le nombre et la qualité des chimistes employés, l'importance du marché intérieur, l'abondance des matières premières et, en particulier, du goudron de houille... autant d'éléments concourant à assurer le développement d'entreprises de grande taille.

Espérant répondre à la conjoncture difficile, et peut-être convaincu de la supériorité des chimistes allemands, Prosper Monnet favorisa leur recrutement par la société. Il fit la connaissance de Gustav Pertsch, né à Francfort et naturalisé français, commerçant dans sa ville natale et teinturier à Zurich, qui se déclarait chimiste sans que cette qualité fut bien affirmée. Il le recruta en octobre 1893 et paraît, à partir de cette date, avoir suivi les orientations que Gustav Pertsch proposa, notamment dans les secteurs des parfums et des produits pharmaceutiques. La même année, un groupe de chimistes allemands fut engagé : Zehntner, Sievers, Paul Michaelis, Wolfrum, et l'usine de La Plaine passa sous la direction d'Ulhmann. Il semble que les initiatives de Gustav Pertsch furent financièrement désastreuses, du moins impossibles à supporter pour une société aux moyens modestes. Très vite, il fallut commencer à emprunter à un « groupe suisse », représenté à Paris par le banquier Jules Machiels. L'incapacité de rembourser imposa des remaniements profonds à la tête de l'entreprise et sa transformation en société anonyme.

La création de la Société Chimique des Usines du Rhône (S.C.U.R.)

Pour des raisons assez différentes, l'argument financier fut déterminant dans la transformation des deux entreprises en sociétés anonymes. Dans le cas lyonnais, selon un processus classique, les débiteurs voulurent s'assurer du bon fonctionnement de la société créditrice et prendre, en fait, un gage. La situation financière était moins tendue pour les Établissements Poulenc Frères mais le désir y était vif de recourir au financement obligataire et d'associer deux représentants bancaires aux décisions des dirigeants.

Ainsi à Gilliard, Monnet et Cartier succéda, le 15 juin 1895, la *Société Chimique des Usines du Rhône* (S.C.U.R.), au capital de 3 millions de francs réparti en 30 000 actions. Les apports étaient estimés à 13 500 actions (La Plaine, 2 910 ; Saint-Fons, 9 283 ; divers, 1 307). La part des fondateurs était donc minoritaire et le conseil d'administration comprenait, outre Marc Gilliard, Prosper Monnet et Jean-Marie Cartier, Jules Machiels et Jules Bonné, ce dernier, industriel allemand à Winkel. Les rapports d'expertise indiquent que les effectifs s'élevaient, en 1895, à 233 personnes, ainsi répartis :

- siège : 19 personnes ;
- La Plaine : 56 personnes (1 directeur, 7 chimistes, 1 mécanicien, 2 employés et 45 ouvriers) ;
- Saint-Fons : 158 personnes (1 directeur - Michel Perussel -, 1 ingénieur, 7 chimistes, 6 contremaîtres, 3 employés et 140 ouvriers).

Les fabrications étaient détaillées de la façon suivante :

- vente des produits de droguerie, matières premières de teinture et extraits tannants, soit 2 300 000 francs sur un chiffre d'affaires global de 4 millions de francs en 1894. L'usine d'extraits de Vaise avait brûlé en 1892 et la société commercialisait, depuis lors, les produits de la Société de Champlan, située près de Bastia, dans laquelle elle détenait une participation de 90 000 francs et dont Prosper Monnet était administrateur. La vente fut d'abord exclusive, puis se transforma en un simple prélèvement d'une commission de 4 % sur toutes les transactions ;
- fabrication de produits chimiques, pharmaceutiques et thérapeutiques, dérivant pour la plupart du goudron de houille ;
- fabrication de parfums synthétiques ;
- préparation de produits bactériologiques.

La gamme de production s'était peu à peu élargie et enrichie. En 1868, Prosper Monnet ne fabriquait que des colorants, auxquels s'étaient ajoutés successivement le chlorure de méthyle (1874), la résorcine (1876), le phénol (1886), l'hydroquinone (1890), l'antipyrine (1891), les cacodylates (1892), le salol, l'acide salicylique et le Rhodinol (1893), la vanilline (1894) et l'anhydride acétique (1895). Pour développer sa technologie, la société s'appuyait sur ses propres chimistes et sur le « concours de chimistes-consultants choisis parmi l'élite scientifique ». Elle gérait un portefeuille de brevets qui étaient soit sa propriété, soit celle de Prosper Monnet ; en effet, de 1886 à 1894, une cinquantaine de brevets avaient été déposés, dont vingt-cinq concernaient les colorants et douze, le chlorure d'éthyle.

Mais les résultats restaient, pour ces dernières années, assez décevants, par rapport à ceux des industries traditionnelles ou, même, des grandes maisons de commerce. Le chiffre d'affaires était de 4 680 605 francs en 1893 et de 3 984 045 francs en 1894, dont 1 622 000 francs (34,60 %) et 1 764 000 francs (44,30 %) représentant la vente des produits fabriqués par la société, le reste correspondant aux transactions purement commerciales. Le bénéfice brut (bénéfice net + amortissements) était de 481 554 francs en 1893 et de 455 521 francs en 1894.

Les conclusions du rapport des experts sont, d'ailleurs, fort élogieuses, mais elles s'adressaient plus précisément au banquier Jules Machiels : « La société anonyme qui prendrait à l'heure présente la suite des affaires de MM. Marc Gilliard, Prosper Monnet et Jean-Marie Cartier ferait une affaire avantageuse. » Et, de façon plus explicite : « C'est une ancienne et importante maison. Elle jouissait d'un crédit de premier ordre. Elle a fait ces derniers temps quelques immobilisations dont elle paraît sortir peu à peu, mais elle mérite toujours grande confiance. » D'ailleurs, les banques prêteuses n'avaient pas exigé d'hypothèques. Ce qui est dit ici à mots couverts est énoncé clairement par le président du conseil, Jean-Marie Cartier : « Pour rester à la hauteur de notre mission, nous avons dû, en effet, augmenter nos installations et fabrications anciennes et en ajouter de nouvelles très importantes, car le succès dans l'industrie de la chimie organique est basé sur une science dont les progrès sont continus, rapides et parfois même surprenants. »

La création des Établissements Poulenc Frères (E.P.F.)

Le 15 juin 1900 fut constituée la société anonyme *les Établissements Poulenc Frères,* au capital de 4 millions de francs, réparti en 8 000 actions de 500 francs chacune. Sur ce total, 1 800 000 francs d'apports étaient attribués aux trois frères Poulenc et se décomposaient ainsi :

- valeur du fonds .... 600 000 F,
- matériel de la rue Vieille-du-Temple .... 295 000 F,
- magasin de vente du boulevard Saint-Germain .... 60 000 F,
- usine d'Ivry-sur-Seine, « port » .... 700 000 F,
- usine d'Ivry-sur-Seine, « centre » .... 95 000 F,
- fabrique de produits céramiques à Montreuil-sous-Bois .. 50 000 F.

L'article 9 de l'acte de société prévoyait expressément l'émission de 2 millions de francs d'obligations non hypothécaires. La composition du conseil d'administration dénotait, à la différence de ce qui se passait à la S.C.U.R., la résistance du noyau fondateur et de la structure familiale ; on y trouvait les trois frères Poulenc, Gaston, Émile et Camille. Georges Roché était lié d'une étroite amitié avec Camille, car, comme lui, il avait poursuivi ses études chez les frères de Passy, étudié la pharmacie et soutenu une thèse (1900). Charles Vigreux, ingénieur de l'École nationale supérieure d'arts et métiers et directeur des papeteries de La Haye-Descartes, était le beau-frère de Georges Roché. Quant à Lucien Soret, il dirigeait l'usine d'Ivry-sur-Seine. Les deux seuls étrangers à ce groupe familial et amical étaient des Lyonnais, Louis Pradel et Francisque Vial, industriels chimistes et, d'autre part, administrateurs de la société Lumière et Fils et de la Société des Mines et Usines de Borax ; ils représentaient, l'un et l'autre, la Banque, privée, commerciale et coloniale Lyon-Marseille, née en 1898 de la transfor-

La direction des Établissements Poulenc Frères entoure les trois frères vers 1900.

mation du Comptoir lyonnais Robin et Rondel, que vint alors renforcer un groupe de capitalistes lyonnais particulièrement intéressé par le financement des opérations coloniales. En 1900, la Banque privée, commerciale et coloniale Lyon-Marseille se trouvait engagée auprès de plusieurs entreprises industrielles, dont Lumière et Fils et Poulenc Frères ; elle appartenait ainsi à cette pléiade de petites banques provinciales dont le soutien à l'industrie française fut si déterminant au tournant du siècle.

La totalité du capital fut souscrite par les membres du conseil d'administration, comme les obligations qui furent achetées dès leur émission. Les trois frères Poulenc détenaient 3 000 actions sur un total de 4 400, et ils avaient acquis 1916 des 2 950 obligations émises. Ainsi contrôlaient-ils étroitement le capital et le conseil d'administration.

Parmi les membres du Conseil, deux paraissent avoir eu une relative spécialisation. Camille Poulenc, le plus jeune des trois frères, représentait une génération plus technicienne que celle de Gaston ; il prit en mains les fabrications d'Ivry-sur-Seine, élargit la gamme des médicaments (sels de bismuth, sels de chaux, carbonates de lithium) et amorça l'élaboration des produits organiques. Georges Roché avait de plus larges responsabilités commerciales et financières ; il inaugura sa carrière de grand voyageur en visitant, en Espagne, les mines d'amblygonite qui approvisionnaient les Établissements Poulenc Frères pour la fabrication des sels de lithium.

Ainsi, à l'orée du XXe siècle, ces deux entreprises moyennes, au niveau d'activité équivalent, étaient néanmoins bien différentes. Les Établissements Poulenc Frères avaient à leur tête un groupe d'hommes unis par des liens familiaux ou amicaux et marqués par une formation commune, catholique et scientifique. La S.C.U.R., plus avancée dans la voie de l'industrialisation, se trouvait par là même dans une moins bonne situation financière. Elle manquait d'une direction ferme, unie et clairvoyante. L'équipe dirigeante de 1895 n'allait ni savoir ni pouvoir faire front aux difficultés croissantes.

LES DIFFICULTÉS DE L'INDUSTRIALISATION

Les difficultés auxquelles était confrontée la S.C.U.R. l'avaient obligée à se transformer en société anonyme, mais, en 1895, l'entreprise était encore plus commerciale qu'industrielle puisqu'elle revendait plus qu'elle ne fabriquait. Les Établissements Poulenc Frères quant à eux, étaient d'abord une maison de commerce et un label de qualité ; ils ne devaient passer au stade usinier qu'à la veille de la Première Guerre mondiale. La constitution d'une nouvelle industrie chimique paraissait donc, de part et d'autre, difficile et aléatoire.

La crise de la S.C.U.R.

Dès 1895, tous les facteurs d'une crise de la S.C.U.R. étaient en place et ils devaient s'aggraver progressivement. Comment les dirigeants de la firme les percevaient-ils ?

Un pourcentage important des matières premières et des grands intermédiaires consommés par l'entreprise était acheté auprès des concurrents allemands qui fabriquaient les mêmes produits que la S.C.U.R. ; le prix de ces importations était renchéri par les droits de douane et les frais de transport. Ainsi s'imposait la nécessité de fabriquer, au sein de la société, certains produits de base ou de renoncer à certaines productions. En 1897, le directeur, Gustav Pertsch, déclarait : « Nous nous trouvons dans l'alternative ou d'abandonner un grand nombre de nos produits et non des moins importants, ou de passer dans la nouvelle voie. (...) En faisant travailler les machines jour et nuit, le maximum de production a été atteint. » Voie difficile à suivre car elle supposait des investissements importants.

En 1898, Gustav Pertsch reconnaissait : « Nous n'avons pu aborder que dans une bien modeste mesure la réalisation de cette partie du programme qui comportait la fabrication de nos principales matières premières ». Des investissements nouveaux étaient donc nécessaires, mais le financement était difficile à trouver et la société connut une véritable crise de l'investissement. Il fallut renoncer à un emprunt obligataire impossible à placer dans ces circonstances. Le conseil d'administration décida de porter le capital de 4 millions à 6 millions de francs, encore fallait-il trouver une garantie à l'émission. Divers groupes financiers proposèrent leurs services à des conditions plus ou moins draconiennes ; en définitive, la Société générale soutint l'opération et ouvrit des crédits, sous forme de découverts accordés, à l'entreprise, moyennant l'entrée au conseil d'administration d'Édouard Gaudet et d'Eugène Boyer, administrateurs de la banque, ainsi que de Léon Weill, administrateur de la Société générale du Crédit mobilier espagnol.

Le conseil d'administration dénonçait constamment la baisse des prix des produits fabriqués, mais l'argument est discutable, car l'indice des prix des produits dérivés du goudron de houille (tableaux du Commerce extérieur de la France) se situait, sur une base de 100 en 1900, à 78,90 en 1895 et à 101 en 1905 ; ceci n'excluait pas la forte baisse du prix de certaines productions telles la vanilline et la saccharine.

Le système de calorifugeage, les cuves en bois et les appareils de grès de cet atelier de l'usine de Saint-Fons illustrent les équipements du XIXe siècle (1897).

Face à ces conditions difficiles, la S.C.U.R. ne resta pas inerte. Elle développa une politique tous azimuts que l'on a pu désigner comme la « politique Gustav Pertsch », politique vigoureusement décriée par la suite puisque tous ses éléments échouèrent. Elle se heurta, de fait, à de trop fortes oppositions et manqua de capitaux et d'exécutants de qualité.

Des produits nouveaux, ou dont la production était faible, furent développés. Ils étaient, en général, étroitement liés aux filières chimiques des produits colorants. Sans en épuiser la liste, nous pouvons évoquer la fabrication de la saccharine, qui débuta en 1894 et dont le brevet fut déposé le 28 juillet 1897 ; l'essor du nouveau produit fut de courte durée, car la loi du 9 décembre 1901, destinée à protéger les intérêts de l'industrie sucrière, en interdit la vente en dehors des usages thérapeutiques. En 1896, la société envisageait la fabrication du chlore par électrolyse, à Saint-Véran, où l'on proposait la vente d'une chute de 4 000 CV et d'une usine. En 1897, elle décida d'acheter et de participer à la formation de la Société d'Électrochimie de Haute-Savoie. Le 30 septembre 1898, la S.C.U.R. déposait le brevet de l'acide salicylique dont une production expérimentale avait été commencée en 1893. D'autres fabrications, déjà amorcées, furent fortement développées, comme celle de la vanilline et de la résorcine *(v. graphique, p. 55)*. Le chlorure de méthyle et le chlorure d'éthyle avaient été brevetés comme anesthésiants le 26 juin 1890. Puis fut mis au point le mélange de chlorure et de parfums, breveté à son tour le 13 février 1896, mélange dont la fabrication atteignit 21 tonnes en 1900 et se développa surtout à La Plaine où la production, en tubes de 10 g, évolua ainsi :

• 1900 :	51 000
• 1901 :	41 000
• 1902 :	24 860
• 1903 :	237 318
• 1904 :	343 950
• 1905 :	775 000
• 1906 :	1 557 800

Le brevet de l'indigo synthétique, quant à lui, fut déposé le 5 juillet 1891.

Dans cette même voie de la diversification, la S.C.U.R. s'intéressa aux sérums à partir de 1895 alors qu'elle prit contact avec Marcel Mérieux, chimiste bactériologiste, et avec Henri Carré ; tous deux étaient prépara-

Le personnel de l'usine de Saint-Fons était réparti entre des ateliers et des services spécialisés. Le personnel de l'atelier du borax en 1897.

teurs à l'Institut Pasteur, et ils devaient débuter une fabrication dans les locaux de Vaise. Le 31 janvier 1897, la S.C.U.R. se lia avec la Société sérothérapique et vaccinogène de Grenoble pour échanger du sérum antistreptococcique contre du sérum antidiphtérique. Rapidement, la S.C.U.R. s'aperçut que les débouchés étaient faibles et, devant la forte hostilité de l'Institut Pasteur, elle se réfugia dans une activité commerciale reposant sur des contrats passés avec l'Institut de Grenoble Jourdan et Compagnie, qui devait, dans un premier temps, en 1899, fournir le sérum, puis, en 1903, se limiter à verser une redevance.

D'autre part, la S.C.U.R. acheta un certain nombre de brevets dans lesquels la direction paraissait mettre de grands espoirs. En 1896, elle commença le raffinage du borax et la fabrication de l'acide borique grâce à l'achat de trois brevets à la société allemande Chemischenfabrik Bettenhausen, Marquart und Schulz (Cassel) pour 120 000 francs et une redevance sur les produits fabriqués (1,25 F par kg de borax et 2,50 F par kg d'acide borique). En avril 1899, elle signa un accord avec la Borax Consolidated Limited, pour obtenir du minerai à bon compte, ce qui ne parut pas se réaliser. La production se développa modérément et elle fut constamment déficitaire.

L'achat des procédés Trillat parut aussi une excellente affaire ; en 1886, Trillat avait quitté le service de la société Gilliard, Monnet et Cartier pour continuer ses études et ses recherches ; ayant déposé, en 1894, un certain nombre de brevets, il créait, en 1895, la Société française de Désinfection à domicile par les Vapeurs d'Aldéhyde formique. Le 18 mai 1895, il signait un contrat avec la S.C.U.R. à laquelle il cédait son matériel et ses brevets, moyennant 55 000 francs comptant, 20 % sur le produit des ventes de ses procédés, 10 % sur le prix de vente des appareils Trillat et 10 % sur les désinfections réalisées par la société. Le 12 juin 1897, la S.C.U.R. rachetait les redevances Trillat pour 50 000 francs et formait une société filiale, au capital de 500 000 francs, la Société française de Désinfection, chargée de la commercialisation des procédés et de la fabrication du formol et du formochlorol.

Le 30 novembre 1897, la S.C.U.R. achetait à Fritz Ullmann de Strassfurth, en Bavière, des brevets pour la fabrication des acides méthyl et éthylsalicylique ainsi que de leurs dérivés. La concession exclusive était payée 4 % du montant des ventes, si celles-ci étaient bénéficiaires.

Dans l'usine de Saint-Fons, la fabrication du borax répondait à la stratégie élaborée par Gustav Pertsch (1897).

En 1896, la S.C.U.R. passait des accords de représentation et de vente pour ses produits avec la société américaine Fries and Brothers.

Cette modeste publicité de la société May and Baker, contemporaine du premier rapprochement avec les Établissements Poulenc Frères, témoigne du rôle majeur joué par les expositions internationales dans l'élaboration de l'image de marque des entreprises (vers 1905).

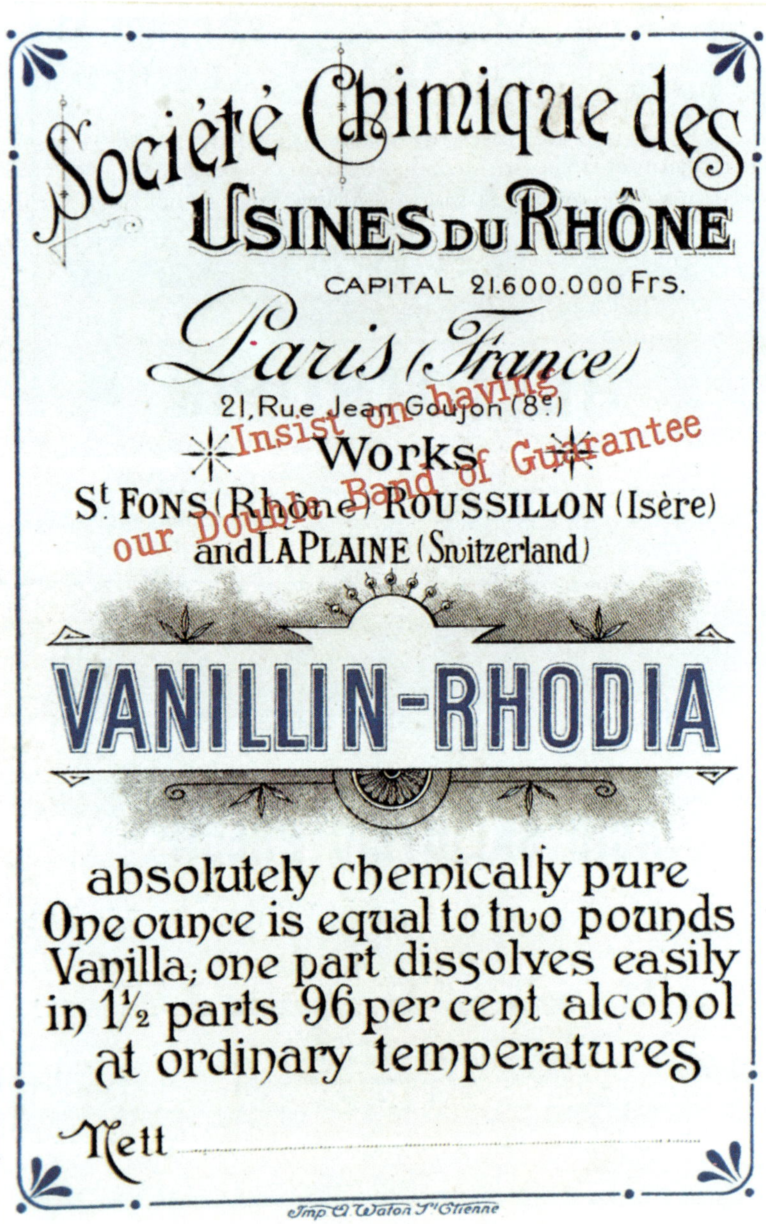

Ce document publicitaire de la S.C.U.R., daté de 1923, est destiné au public anglo-saxon et propose, comme les documents suivants, la marque Rhodia.

Les premières tentatives d'investissements à l'étranger

Déposer des brevets, en acheter d'autres étaient une chose, les exploiter efficacement en était une autre. La S.C.U.R. s'efforça donc de multiplier les voies de fabrication et de commercialisation en créant des filiales, en prenant des participations à l'étranger et en nouant des ententes et des alliances avec les grands producteurs. Les tentatives les plus importantes eurent lieu en Grande-Bretagne où deux sociétés furent fondées avec l'aide des Britanniques Wilson et Salomon. Le 1er décembre 1886, la Médico-Hygienic Inventions Company Limited fut formée pour acquérir les brevets S.C.U.R. du chlorure d'éthyle, de la formaldéhyde et de la désinfection Trillat ; son capital était de 17 825 livres dont 5 200 rétribuaient les brevets, mais son existence fut fort brève puiqu'elle fut liquidée au mois d'août 1898. Le 24 avril 1897, la S.C.U.R. s'accordait avec la Saccharine Corporation, société au capital de 200 000 livres ; moyennant 77 000 livres , 27 000 au comptant et 50 000 en 5 000 actions, elle fournissait la moitié des besoins en saccharine de la société anglaise, à 22 francs le kg, prix qui dut ensuite être révisé à la baisse (18 francs en 1900, 12 francs en 1908).

En janvier 1897 fut constituée, à Berlin, une éphémère Deutsche Gesellschaft der Rhonewerke, au capital de 120 000 marks, grâce à l'appui du banquier Landau, un ami de Gustav Pertsch. La S.C.U.R. se tourna aussi vers des horizons plus lointains.

Créée en 1894, la société américaine Fries and Brothers comptait se spécialiser dans la vente des produits organiques et, dès 1896, la S.C.U.R. passait avec elle des accords de représentation, puis, à la suite du voyage de Gustav Pertsch, des accords de fabrication ; en octobre 1898, la Crown Manufacturing Company Limited commençait à fabriquer de la vanilline pour Fries and Brothers. En 1899, Max Mueller, ancien élève du Polytech-

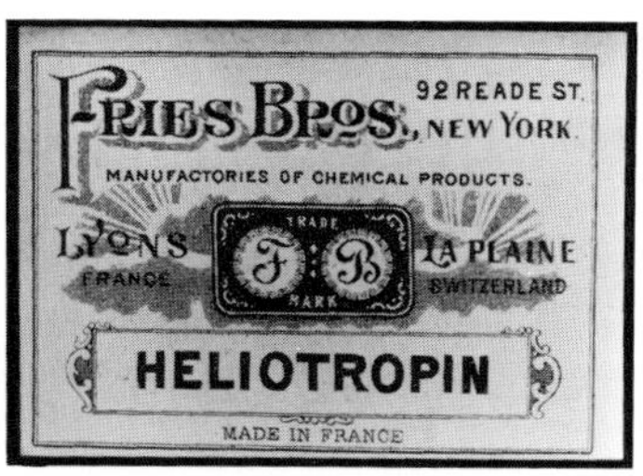

La société Fries and Brothers *faisait de la publicité aux États-Unis pour les produits fabriqués par la* Société chimique des usines du Rhône.

nicum de Zurich, engagé à la S.C.U.R. en 1898, arriva aux États-Unis pour monter les fabrications de la saccharine, de la résorcine et du chlorure d'éthyle, dont la société française devait recevoir 33 % des bénéfices. Enfin, la S.C.U.R. participa à la fondation d'une entreprise en Pologne russe, la Société chimique des Usines de Prusskow, créée à l'initiative des Lyonnais Maurice Piaton et Jules de Boissieu ; elle lui fournissait divers brevets et une assistance technique moyennant 80 000 francs en actions et 15 % des bénéfices.

Le développement du compte de participation comptabilisait les nombreuses initiatives extérieures de la S.C.U.R. : 836 500 francs en 1898, 1 119 013 francs en 1901, année record.

Enfin, il est très probable que, dès les années 1890, l'industrie chimique organique européenne fut liée par des conventions et par des ententes qui réglaient la commercialisation de certains produits. Il serait difficile d'en donner une liste exhaustive et d'en préciser les dates, car ces accords se succédaient et se renouvelaient sur de longues périodes. Des conventions concernant l'antipyrine, la résorcine et la saccharine protégeaient la S.C.U.R. des concurrences et fixaient des parts de marché. Une entente au sujet de la résorcine avait été signée, avant 1895, entre Gilliard, Monnet et Cartier, d'une part, et Farbwerke Meister Lucius und Bruning (Hœchst), d'autre part ; renouvelée en 1897, elle fut élargie, en 1899, à la résorcine médicinale « afin d'écarter la concurrence qu'ils se faisaient ». L'entente précisait « qu'extérieurement, les contractants se présenteront comme concurrents, et s'entendront après signature du contrat sur les offres à faire aux clients chez lesquels la concurrence se produira ». 25 % des ventes étaient réservées à la S.C.U.R. qui les destinait à la B.A.S.F., à Durand-Huguenin (succursale française), à la Société des Matières colorantes et Produits chimiques de Saint-Denis et aux petits consommateurs français ; le reste, 75 %, était commercialisé par Farbwerke Meister Lucius und Bruning ; le prix minimum était fixé à 6,80 F le kg.

En 1902, une convention concernant l'antipyrine fut signée ou peut-être renouvelée ; elle répartissait ainsi les contingents de vente :

- producteurs allemands (Farbwerke Meister Lucius und Bruning et Riedel de Berlin) .... 64 %,
- Basler Chemische Fabrik .... 20 %,
- S.C.U.R. .... 16 %.

Une part du marché était garantie à l'entreprise française, mais une part incontestablement restreinte.

Les menaces qui pesèrent très vite sur la vente de la saccharine incitèrent la S.C.U.R. à conclure des accords avec d'autres producteurs. En janvier 1899, elle passa une convention verbale avec l'Union chimique de Bâle, qui, semble-t-il, ne put fonctionner ; la même année, elle créa un syndicat de vente à Paris, et, beaucoup plus tard, en 1904, une société, Hermès, au capital de 30 000 francs, avec Sandoz de Bâle et Zimmerman de Brieg, pour la vente du produit.

Enfin, les tentatives de collaboration avec les firmes allemandes et leur échec furent probablement les événements les plus significatifs du tournant du siècle. Elles résultaient de l'incapacité notoire de la S.CU.R. d'assurer l'innovation industrielle à partir de ses propres brevets et elles témoignaient du souci constant de contrôler les inévitables concurrences. Le 30 septembre 1898, la S.C.U.R. déposait, au tribunal des prud'hommes de Lyon, un nouveau procédé de fabrication de l'acide salicylique et de ses dérivés ; dès le 18 novembre, elle signait un contrat avec la société Oberschlesische Kokswerke und Chemische Fabrik AG (Berlin), qui se transforma, deux ans plus tard, en Chemischewerke F. Friedlander. La S.C.U.R. cédait son brevet pour 275 000 francs et les deux entreprises s'associaient pour la fabrication, la vente et l'approvisionnement ; l'entreprise française devait produire 240 tonnes par an et le partenaire allemand, 360 tonnes ; celui-ci devait vendre à Lyon 1 200 tonnes de benzol et de xylol à prix préférentiel. L'ensemble des bénéfices devait être partagé par moitié et l'accord durer 17 ans, mais il fut révisé le 1er septembre 1899, le 20 mai, le 10 octobre 1900 et le versement primitif de Chemischewerke F. Friedlander fut ramené à 162 500 francs.

En 1900, la fabrication n'avait pas encore commencé et la S.C.U.R. envoyait un représentant sur le site de l'usine en construction à Sosnitza, en Silésie, où la production démarra en 1901. Mais la S.C.U.R. était incapable d'utiliser la totalité des matières premières qu'elle devait acheter.

L'affaire de l'indigo synthétique

L'accord qu'elle passa avec Farbwerke Meister Lucius und Bruning (Hoechst), concernant l'indigo synthétique, est plus révélateur encore (juin 1899). Le nouveau brevet de l'indigo synthétique, déposé par la S.C.U.R., avait suscité de vastes espoirs ; il avait déclenché l'appui financier de la Société générale, événement salué en 1899, par le conseil d'administration :

« Un groupe financier important, après s'être renseigné sur les avantages possibles de l'exploitation d'une très importante découverte faite dans nos laboratoires, a bien voulu entrer dans nos affaires et y prendre une part active ». Il est probable, par ailleurs, que l'industriel berlinois Fritz Friedlander ait également soutenu financièrement la S.C.U.R.. Celle-ci vendait à la société Farbwerke Meister Lucius und Bruning le procédé de fabrication de l'indigo artificiel dérivé de la méthode allemande d'Adolf von Baeyer, basée sur le toluène et découverte en 1883 ; elle garantissait un rendement de 38 à 42 % du toluène en nitrobenzaldéhyde, celui-ci fournissant 75 % d'indigo. Le traité aurait été caduc si ces pourcentages n'étaient pas atteints. En échange de la licence exclusive, la S.C.U.R. devait recevoir 40 % des bénéfices ; elle se réservait la possibilité de fabriquer un tonnage équivalant au quart de celui fabriqué par Hoechst et de vendre en France et aux États-Unis. La fabrication débuta chez Hoechst en septembre 1900. Mais cette intéressante combinaison, qui laissait à la S.C.U.R. les avantages de la fabrication sans lui en imposer les charges, n'avait pas pris en compte les intérêts du producteur qui dominait déjà le marché allemand, la B.A.S.F.. Dès 1868, le chimiste allemand Adolf von Baeyer avait publié la première formule de l'indigo et il devait réaliser une fabrication de synthèse en 1880. Mais le procédé était très coûteux et ce fut Karl Heumann, professeur au Polytechnicum de Zurich, qui réalisa deux synthèses à partir du naphtalène. La B.A.S.F. avait acquis le brevet Karl Heumann II, étudié les procédures d'application entre 1890 et 1895 et réalisé les investissements nécessaires à une forte production qui devait permettre un véritable contrôle des prix. Sa production avait commencé en 1897. Malgré les tarifs protecteurs, l'indigo produit par B.A.S.F. entrait aisément en France car sa composition était considérée par les douanes françaises comme identique à celle de l'indigo naturel ; ainsi la firme allemande pouvait-elle arrêter la fabrication de sa succursale de Neuville-sur-Saône et effectuer quelques économies supplémentaires. À partir de là s'engagea une bataille juridique qui allait tourner au désavantage de la S.C.U.R.. Sur la plainte de celle-ci, un juge de paix lorrain condamnait le commissionnaire, importateur de l'indigo B.A.S.F., à 476 714 francs d'amende le 25 août 1900. Sur appel de la société allemande, le Comité des transactions du ministère des Finances annula la précédente décision, et le tribunal de commerce de Lyon, présidé par Achille Lignon, déclara qu'il n'y avait pas concurrence déloyale et condamna la S.C.U.R. aux dépens. Ce conflit agita quelque peu l'opinion puisque les deux parties firent publier des articles, signer des pétitions et intervenir des députés. La B.A.S.F. fut appuyée par le député lyonnais Édouard Aynard qui était, en outre, son banquier. Le 14 décembre 1900, Rouquier, qui représentait les intérêts de la S.C.U.R. à Paris, écrivait à Gustav Pertsch en termes partisans : « M. Aynard est intervenu auprès du Comité et c'est une grande fripouillerie machinée par ce député qui, oubliant la voix de sa conscience, n'a écouté que les intérêts du banquier ».

Le bilan de l'affaire de l'indigo est éloquent. De décembre 1899 à juillet 1900, la S.C.U.R. avait fabriqué 2 000 kg du produit et la B.A.S.F. en avait vendu, en France, 84 000 kg. Celle-ci avait investi dans la nouvelle fabrication 25 millions de francs et celle-là avait, non sans mal, augmenté son capital de 3 millions à 6 millions de francs. Un journal financier, *Le Pour et le Contre*, concluait en janvier 1901 : « Les Usines du Rhône sont aujourd'hui délaissées, à 69 francs, cette affaire est sans grand avenir, car la nouvelle fabrication d'indigo artificiel sur laquelle on avait fondé de grandes espérances ne paraît pas avoir donné les résultats attendus ».

La solution à la crise

Ainsi, entre 1895 et 1900, Gustav Pertsch tenta d'arracher la S.C.U.R. à ses difficultés par de nombreuses initiatives qui, presque toutes, échouèrent : borax, saccharine, sérums, indigo synthétique, création de filiales françaises et étrangères. Il est remarquable que la S.C.U.R. évitait le plus souvent une industrialisation qu'elle ne pouvait financer, pour se satisfaire d'un espoir de redevance ou de dividende. Mais faire fabriquer par les autres et récupérer une part des bénéfices était une stratégie intenable dans une période tournée vers l'industrialisation. La « politique Pertsch » tenait peu compte de la faiblesse des ressources financières de l'entreprise et elle fut, très tôt, déclarée « catastrophique » ; à partir de 1899-1900, la situation s'aggrava très rapidement.

Jusqu'en 1899, la S.C.U.R. avait réalisé des bénéfices honorables, en forte chute en 1898, mais en hausse l'année suivante. Dès 1898, la distribution de dividendes avait été suspendue et le résultat de 1900 - un déficit brut de 396 143 francs - sonnait le glas des espérances *(v. graphique, p. 102)*. La période 1900-1904 fut d'autant plus déficitaire que les amortissements et les immobilisations nouvelles furent totalement arrêtés et qu'en 1904 le compte de participation - réduit à 50 550 francs - fut pratiquement passé par profits et pertes. Le chiffre d'affaires chuta entre 1900 et 1908 *(v.*

graphique, p. 150), la recherche marqua un temps d'arrêt puisque cinq brevets seulement furent déposés en France de 1900 à 1905. La crise de 1900 avait durement frappé un édifice déjà fragilisé.

Les banques songèrent à sauvegarder leurs intérêts. En 1899, la Société générale, prorogeait le crédit de 2 millions de francs accordé à l'entreprise ; à partir de 1900, elle vérifiait la comptabilité de celle-ci ; néanmoins, le poids des dettes ne cessa de s'alourdir jusqu'en 1903.

DETTE BANCAIRE DE LA S.C.U.R.

1897	:	742 037 F
1898	:	753 107 F
1899	:	1 249 979 F
1900	:	2 155 987 F
1901	:	2 343 671 F
1902	:	2 673 761 F
1903	:	2 712 435 F
1904	:	1 836 988 F

Dès 1901, le conseil d'administration proposait une réduction de capital de 40 %, mais les banquiers exigeaient 50 % pour continuer à assurer le crédit ; la société, à laquelle les fournisseurs ne faisaient que difficilement crédit, dut s'incliner et ramena en 1901 son capital social à 3 millions de francs, ce qui ne réglait pas le problème industriel puisque 23 fabrications étaient déficitaires et 11 bénéficiaires en 1903.

L'élimination des présumés responsables de la situation commença ; Prosper Monnet dut abandonner, en 1899, la direction des usines où il fut remplacé par Michel Perussel et il devint ingénieur-conseil sans pouvoir ; la même année, Jean-Marie Cartier renonçait à son titre de directeur général ; en 1901, Prosper Monnet évoquait au conseil d'administration « des procédés vexatoires dont (il était) l'objet et leurs conséquences prévues » et il refusait de participer à l'effort de redressement en abandonnant la moitié de ses émoluments. Peu après, il quittait la société qui perdait son véritable père fondateur. Sorte de génie chimique, ses intuitions fructueuses étaient souvent trahies par une formation scientifique insuffisante. Une notice biographique anonyme concluait ainsi : « La société lui doit beaucoup

En 1897, le personnel et les ateliers de l'usine de Saint-Fons furent systématiquement photographiés. Michel Perrussel est ici entouré par la direction de l'usine : Cartier, Benda, Plombier, Eickhart, Fajano, Coutelier, Balthazard, Parial, Grillet, Perrussel, Lwof, Baum, Blanchet, Matto, Plat, Mueller.

et il a failli la tuer ». En 1902, Gustav Pertsch quittait la société où lui succédait Reichman et la présence bancaire dans le conseil d'administration était renforcée par Arthur Spitzer. Enfin, ce fut pendant ces années difficiles que deux hommes au grand destin entrèrent dans l'histoire de la société. Joseph Koetschet était né à Délémont le 5 juin 1869 ; il avait suivi la filière du Polytechnicum de Zurich et, engagé à Lyon en 1893, avait dirigé à partir de 1899 le laboratoire de recherches avant de devenir sous-directeur technique, sous la responsabilité de Michel Perussel. Nicolas Grillet, quant à lui, était né à Écully, près de Lyon, le 20 juillet 1871 ; il avait étudié à l'école centrale lyonnaise, d'où il était sorti ingénieur ; engagé le 21 janvier 1894, il avait accédé, rapidement au poste d'ingénieur en chef de la société.

À partir de 1902-1903, l'entreprise était à l'encan et son sort était débattu au cours de négociations menées entre la Société générale et d'éventuels repreneurs. Le conseil d'administration des Établissements Poulenc Frères songea un instant à racheter une entreprise dont l'actif paraissait intéressant ; la Société centrale de Dynamite émit des propositions précises : avancer les sommes nécessaires au fonctionnement, garantir la dette qui frôlait les 3 millions de francs, gérer l'entreprise et en nommer le président, moyennant le prélèvement de la moitié des bénéfices ; au bout de trois ans, le repreneur devait échanger 3 millions de francs d'avances contre un équivalent en actions privilégiées produisant un dividende de 5 % ; le reste des bénéfices devait être réparti à raison de 25 % pour rétribuer la gestion de la Société centrale de Dynamite, de 50 % aux actions privilégiées et de 25 % aux anciens actionnaires ; enfin la S.C.U.R. devait dénoncer tous les accords qu'elle avait pu passer avec des personnes. La dureté même des conditions et la part trop belle faite à la Société centrale de Dynamite firent échouer les pourparlers et la Société générale prolongea ses ouvertures de crédit.

En même temps, le réseau monté par la S.C.U.R. se défaisait, chacun songeant à sauvegarder ses intérêts. Les représentants à l'étranger distendirent les liens ; certains, comme le dépositaire espagnol, truquèrent les prix ; Fries de New York refusa de présenter ses comptes ; Hoechst voulut renoncer à un accord sur l'indigo au revenu déficitaire et la moitié du capital de Prusskow fut perdue.

Le recours aux repreneurs extérieurs ayant échoué, restait donc la solution interne. Celle-ci fut peut-être favorisée par la démarche de Michel Perussel (directeur technique), de Joseph Koetschet (sous-directeur technique) et de Nicolas Grillet (ingénieur en chef), qui exprimèrent, en quelque sorte, la position et les prétentions du pouvoir « technocratique ». Dans une lettre envoyée au conseil d'administration en 1904, ils constataient que « la marche de la société dont ils font partie est, de jour en jour, plus défectueuse ; ils attribuent en grande partie ce mauvais état des choses au manque de participation de la partie technique à la direction générale de l'usine ». Les trois signataires suggéraient de se constituer en comité de direction technique qui serait adjoint au comité de direction générale et qui se réunirait une fois par semaine. Ils prenaient, d'autre part, l'engagement de précaution de « s'opposer par tous les moyens en leur pouvoir à ce que la démarche ci-dessus soit l'occasion de désagrément vis-à-vis de l'un quelconque d'entre eux ». Le comité technique serait chargé de diriger de façon parfaite les usines et de « collaborer à la direction générale de la société au même titre que le comité de direction actuel ». Michel Perussel devait toucher 12 000 francs, Joseph Koetschet et Nicolas Grillet 10 000 francs chacun, auxquels devaient s'ajouter 15 % des bénéfices. Nous ignorons quels furent les rapports préalables du pouvoir bancaire en place et du pouvoir technocratique naissant ; il semble néanmoins que leur entente fournit la solution à la crise de l'entreprise.

L'assemblée générale extraordinaire du 24 juillet 1905 décida la réduction du capital de 3 millions francs à 500 000 francs, consacrant ainsi la véritable faillite de la société. 2 500 000 francs devaient être ainsi portés en amortissement des actifs ; la propriété des anciens actionnaires se trouva par là réduite des cinq sixièmes. Puis, le capital fut élevé à 3 200 000 francs par l'émission de 27 000 actions privilégiées souscrites par les anciens créanciers qui transformaient leurs avances en titres de propriété et s'engageaient délibérément dans la voie industrielle. Les charges financières de la société se trouvèrent fort allégées. Marc Gilliard et Jean-Marie Cartier durent abandonner leur poste d'administrateur. Le premier, de mauvaise grâce, menaça la S.C.U.R. de concurrence et ne céda que devant les menaces de poursuite. Les pères fondateurs étaient éliminés et le conseil d'administration fut reconstitué, tout entier aux mains des banquiers : Léon Weill, administrateur de la Banque espagnole de Crédit mobilier devint président, entouré d'Eugène-Henri Boyer, administrateur de la Société générale électrique et industrielle, d'Henri Bleuse, directeur de l'agence lyonnaise de la Société générale, d'Édouard Gaudet, administrateur de la Société générale, d'Ernest Linnartz de Berlin, d'Alexandre Stylit Paulard, « négociant » à Paris, et d'Arthur Spitzer, banquier à Paris. Le transfert du siège social et des services commerciaux à Paris fut achevé en septembre 1906.

L'organisation de la société fut modifiée. Les agents commerciaux qui la représentaient à Paris furent supprimés et toutes les relations commerciales gérées depuis le siège parisien, mieux à même d'être renseigné au jour le jour sur l'état des marchés. Les services commerciaux furent divisés en deux branches : les achats, confiés à Albert Hardy et les ventes, elles-mêmes réparties en quatre sous-ensembles (produits pharmaceutiques, parfums, produits techniques, extraits de droguerie), dirigées par Géo Perrotin. L'ensemble de la société était dirigé par Alexandre Stylit Paulard. Sur les lieux de fabrication, les techniciens qui s'étaient précédemment manifestés furent promus : Nicolas Grillet devint directeur technique des fabrications et Joseph Koetschet, directeur scientifique des recherches et du contrôle des fabrications. Ainsi débutaient deux carrières de direction qui allaient accompagner l'essor de la société pendant des décennies.

Enfin, le réseau des agences étrangères fut réorganisé et, mesure fondamentale, la production de tous les produits déficitaires fut arrêtée, en particulier, celle des colorants synthétiques qui avait permis la naissance de l'entreprise et à laquelle elle renonçait définitivement. La fabrication des salicylés, de la saccharine, de la résorcine, de la vanilline, des parfums, du chlorure d'éthyle était maintenue.

Toutes ces mesures énergiques rétablirent probablement la confiance parmi les clients et les fournisseurs français, mais la situation ne s'améliora pas aussi vite à la périphérie et à l'étranger. Sur ces bases drastiquement renouvelées et assainies, la S.C.U.R., sauvée par ses banquiers, allait connaître un nouveau développement en même temps qu'une nouvelle prospérité.

L'élargissement des productions des Établissements Poulenc Frères

Les entreprises heureuses, à l'instar des peuples, n'auraient-elles pas d'histoire ? À vrai dire, les aléas de l'Histoire font que les Établissements Poulenc Frères n'ont guère laissé d'archives. On peut, d'ailleurs, affirmer que, s'ils ne connurent pas d'aussi grandes difficultés que la S.C.U.R., c'est qu'ils ne constituaient pas encore une société industrielle, comme le rappelaient volontiers les administrateurs. Le 29 octobre 1903, Camille Poulenc affirmait au conseil d'administration : « il est important, en effet, que notre organisation commerciale soit complète avant d'entreprendre une évolution

Le siège social des Établissements Poulenc Frères en 1905 se conjugue avec l'officine pharmaceutique.

nette vers l'industrie proprement dite », et, en 1907, il évoquait « le problème de l'évolution de notre société vers l'industrie proprement dite » ; Louis Pradel lui répondait : « si un jour, notre société doit entrer dans la voie de la grande industrie chimique... ». L'histoire des Établissements Poulenc Frères fut donc commerciale avant de devenir industrielle et la force de l'entreprise reposait à cette époque sur les efforts d'analyse, sur la mise au point de produits nouveaux et sur la qualité de l'organisation commerciale.

Les services commerciaux étaient divisés pour l'essentiel en six départements : Paris, province, exportation, céramique, succursale A (produits et appareils de laboratoire, dirigés par le centralien Abel Gosse), succursale B (produits et appareils photographiques) ; cette répartition changea fort peu jusqu'en 1914, voire jusqu'en 1928. Le conseil d'administration débattit sur le point de savoir s'il fallait créer un département « spécialités », mais il y renonça car la vente de ces produits pharmaceutiques resta déficitaire jusqu'en 1914.

La répartition des ventes chez Poulenc reposait donc sur un partage géographique (Paris, province) et sur le classement spécifique de certains produits (céramique, photo).

ÉVOLUTION DES VENTES
(en pourcentage)

	1900-1901	1904-1905
• Paris	20,58	18,35
• Province	24,57	20,55
• Exportation	22,86	24,30
• Céramique	19,18	19,04
• Succursale A (appareils)	7,59	7,14
• Succursale B (photos)	5,22	4,54
• Produits chimiques photos	—	0,95
• Oxyde d'antimoine	—	5,13

Au début du siècle, la direction de la société était aidée par deux commissions permanentes : la commission des études techniques, composée de Gaston et de Camille Poulenc, Lucien Meslans, Maurice Soret et Charles Vigreux, et la commission financière et commerciale constituée par

Gaston Poulenc, Georges Roché, Étienne Poulenc, Louis Pradel, Francisque Vial et Calcas (comptable). En 1904 fut créé un secrétariat général, auquel fut rattaché le service comptable.

Le recrutement de nouveaux collaborateurs, le développement de la recherche et de nouvelles productions relevaient toujours d'une démarche peu industrielle ; les relations de la société avec deux de ses principaux collaborateurs étaient caractéristiques ; Ernest Fourneau et Francis Billon - ce dernier ancien condisciple de Camille Poulenc à Passy -, restèrent, l'un et l'autre, pharmaciens tout en jouant un rôle fondamental dans les recherches de la société Poulenc. Le laboratoire d'Ivry-sur-Seine avait d'ailleurs une triple fonction : effectuer des recherches rapides, installer un laboratoire d'électricité, pouvoir accueillir les inventeurs et expérimenter leurs procédés. En 1900, la société acheta le procédé Francis Billon pour la lécithine qui serait fabriquée à Ivry-sur-Seine et vendue sous la marque « ovolécithine Billon ». En masquant ainsi sa fabrication, la société Poulenc voulait éviter les jalousies des pharmaciens parisiens et un éventuel insuccès. L'inventeur devait toucher 50 % des bénéfices sur les ventes du produit. En 1903, ses fonctions étaient précisées : il dirigeait le service des recherches pharmacologiques et la section des spécialités et il servait de prête-nom pour les nouveaux produits pharmaceutiques. En 1907, la question des activités de Francis Billon se posa lorsque l'on voulut le faire entrer au conseil d'administration. Vendrait-il ou non sa pharmacie ? Il la vendit ; il fut désormais rétribué par un fixe et devint administrateur.

Dès 1898, Camille Poulenc s'était mis en rapport avec Ernest Fourneau, parti suivre ses études à Berlin et à Heidelberg. À partir de 1903, devenu pharmacien à Paris, celui-ci collabora régulièrement avec la société ; chef du laboratoire des recherches organiques, il inventa, en 1904, la Stovaïne, un des premiers anesthésiques synthétiques.

En 1905, arguant de l'échec de sa pharmacie, il obtint que ses parts de bénéfices s'élèvent à un minimum de 6 000 francs par an. En 1910, sa nomination à l'Institut Pasteur déclencha les remords du conseil : ce dernier constatait qu'Ernest Fourneau ne touchait que des avances sur bénéfices (7 000 francs) dont le compte était de plus en plus difficile à établir ; il devait être nommé conseiller technique et percevoir un fixe de 12 000 francs par an, auquel allaient s'ajouter des redevances sur les bénéfices.

À côté de ces véritables contrats de « louage de service », les Établissements Poulenc Frères nouèrent des liens avec des chercheurs pour l'exploitation de certains produits.

Le 1er août 1909, ils signèrent un accord avec Louis Gaucher, professeur à l'école de pharmacie de Montpellier, pour exploiter l'Atural, produit destiné à faciliter le régime lacté, en échange du versement de 10 % du prix de vente à l'inventeur. Le 12 juillet 1912, ils s'engagaient à vendre des produits à base de sélénium, créés par le chimiste Léon Detœuf, moyennant des conditions financières identiques.

Les recherches de Francis Billon et d'Ernest Fourneau avaient multiplié les spécialités pharmaceutiques. Pour ces spécialités un service commercial finit par être créé, en 1914, destiné à diffuser lécithine, Stovaïne, Arsénobenzol, Quiétol, tuberculine, autant de produits de grande valeur mais dont la rentabilité exigeait une production sur une large échelle. Le 6 décembre 1910, Camille Poulenc déclarait : « À l'heure actuelle, le nombre des corps, que nous serions susceptibles de lancer, est disproportionné avec nos moyens effectifs de lancement. La valeur de la personnalité de M. Fourneau n'est pas ainsi mise à même de se développer comme elle le mérite ».

En 1910, les Établissements Poulenc Frères *produisaient et commercialisaient dans le cadre d'ateliers tels que celui-ci.*

Quelques fabrications originales furent développées par la société. Thomas vendait à Paris la céramique que produisait la fabrique Lhospied de Golfe-Juan ; un accord fut signé avec lui le 8 mars 1901, sous la forme d'une société en participation ; la fabrication fut installée dans un atelier à Thiais dont Thomas fils prit la direction, moyennant 20 % des bénéfices. La création de la succursale A est également significative. Dès avant 1900, la société s'était efforcée de remplacer les verreries scientifiques, importées de Thuringe, par des productions françaises ; elle faisait appel à des artisans parisiens confirmés, comme la Maison Girardin, pour la verrerie graduée. En 1900, elle racheta la vieille entreprise Salleron (fabrications de laboratoire) et en 1903, la maison Demichel au chiffre d'affaires de 72 600 francs qui, soulignait le conseil d'administration le 27 novembre 1903, venait « combler nos déficiences pour les appareils de précision et les appareils particuliers pour les industries ». Ces fabrications de précision furent ensuite regroupées dans l'atelier du boulevard Saint-Michel. Ainsi les vieux savoir-faire artisanaux se trouvaient-ils récupérés et intégrés dans une plus vaste organisation scientifique et commerciale.

Œuvrant dans des secteurs moins conflictuels que la S.C.U.R., les relations des Établissements Poulenc Frères avec les chimistes allemands paraissent avoir été limitées. Nous n'avons rencontré qu'une signature de contrat avec la société Bayer, le 15 février 1907 : les deux entreprises devaient exploiter en commun les produits nouveaux qui résulteraient des recherches de Poulenc, les marchés étaient réservés, pays de langue latine d'une part, Allemagne et Autriche-Hongrie d'autre part, chacun des partenaires reversant 33 % de ses bénéfices à l'autre.

La même année, les Établissements Poulenc Frères participaient à la convention brome et sels de brome qui regroupait cinq producteurs allemands (E. Schering, H. Byk, E. Merck, Chemisché fabrik Grunau, J.D. Riedel), trois producteurs anglais (Atkinson and Company, Howards and Son Limited, Morson and Company), deux producteurs italiens (Carlo Erba et Fabrica lombarda di Produtti chemice) et deux producteurs français (Roques et Établissements Poulenc Frères).

Mais la fabrication des sels de lithium, qui débuta vers 1902, fut l'occasion, pour les Établissements Poulenc Frères, d'amorcer une coopération internationale d'avenir. Les sels de lithium (citrates, salicylates, benzoates, etc.) étaient préparés après extraction du lithium de divers minerais assez rares et, en particulier, de l'amblygonite. Dès 1902, Georges Roché avait commencé à chercher de bons minerais et il avait pris contact avec la société anglaise, The Tin and Amblygonite Mines Limited, qui travaillait en Espagne, près de Caceres ; il entra, d'autre part, en relation avec la société britannique May and Baker qui vendait déjà du carbonate de lithium. Les deux entreprises s'entendirent sur le procédé de traitement du minerai, sur les prix de vente et elles achetèrent la concession exclusive de fourniture d'amblygonite par la mine de Valdeflores, au rendement d'ailleurs médiocre (4,50 %). En 1907, les deux sociétés engagèrent des pourparlers infructueux avec les producteurs allemands pour conclure une entente sur la vente des sels de lithium. En 1909, les Établissements Poulenc Frères parvenaient à se passer de l'intermédiaire de la société minière anglaise et obtenaient la concession d'un gisement beaucoup plus riche (teneur 8,50 %) ; le minerai était calciné à Ivry-sur-Seine, puis partiellement revendu à May and Baker. Mais entre-temps, les Américains étaient devenus les plus gros producteurs de minerai du monde et Georges Roché écrivait à May and Baker, le 7 mars 1912 : « Nos deux maisons réunies ne possèdent qu'un stock d'amblygonite trop restreint pour nous permettre de soutenir une lutte prolongée avec les producteurs américains. Il vaut mieux ne pas augmenter notre installation et nous tenir à notre production actuelle de 6 000 à 7 000 kg ».

Une industrialisation tardive

Les développements scientifiques et commerciaux posèrent rapidement la question d'une industrialisation de l'entreprise. Il ne suffisait pas, en effet, d'inventer des produits, encore fallait-il pouvoir les fabriquer. Deux stratégies furent débattues : croissance interne ou croissance externe.

Toutes les occasions de croissance externe furent rejetées. En 1904, sur une proposition de racheter la S.C.U.R., Maurice Meslans, songeur, déclarait : « Il eût pu être intéressant, en assimilant la Société des Usines du Rhône, de nous assurer un noyau de fabrications organiques ». En 1907, Louis Pradel proposait le rachat de l'usine de colles et gélatines Laprevote, à Lyon, et il suggérait la création d'une grande entreprise française en assimilant diverses maisons qui devraient être rachetées contre des actions et de l'argent liquide. En 1908, la reprise de la firme pharmaceutique Chenal et Douillet, au chiffre d'affaires de 4 millions de francs échoua. Ainsi, bien que les propositions n'aient pas manqué, malgré l'insistance de Louis Pradel et le consentement de Camille Poulenc, le conseil ne se décida jamais au rachat et l'industrialisation se fit par voie interne.

Dès 1904 commençait la recherche d'un terrain dans la région parisienne ; après plusieurs propositions qui furent rejetées, l'architecte de la société, Labussière, fut chargé de prospecter pour que le nom de l'entreprise n'apparaisse pas. En février 1908, il acheta un peu plus de 5 hectares, à Vitry-sur-Seine pour 300 000 francs et, l'année suivante, la construction commença. Allait-on vers deux usines ou vers le transfert d'Ivry-sur-Seine à Vitry-sur-Seine ? Maurice Meslans, défenseur des productions nouvelles, soutint la première solution, mais il fut battu et le regroupement des activités à Vitry-sur-Seine l'emporta.

Il fallait financer la nouvelle usine. Derrière la forme juridique de la société anonyme, le pouvoir financier de la famille Poulenc l'emportait toujours ; augmentation de capital et augmentation d'obligations avaient été souscrites par le groupe Poulenc et la société n'était pas cotée en Bourse. Le 1er octobre 1907, une émission d'obligations de 1 millions de francs fut ouverte pour financer la construction de l'usine de Vitry-sur-Seine, mais la Banque privée de Louis Pradel et Francisque Vial paraît avoir été effrayée par l'ampleur de l'investissement. En 1910, une seconde émission, d'un montant identique fut proposée au Comptoir national d'Escompte qui exigea la cotation en bourse, ce qui fut refusé par le conseil d'administration ; la Banque privée accepta de prendre les obligations à 460 francs pour une valeur nominale de 500 francs et l'opération s'accompagna des nombreuses recommandations de Louis Pradel : ne pas investir dans le commerce ce qui était destiné à l'industrie et renforcer les investissements. En mai 1912, le terrain d'Ivry-sur-Seine fut vendu pour 180 000 francs comptant et le versement de cinq annuités de 33 000 francs. La dépense pour l'aménagement de l'usine de Vitry-sur-Seine s'élevait, à la fin de 1913, à 3 666 850 francs sans les terrains.

On comprend alors la présentation faite par Camille Poulenc le 7 octobre 1912 : « Nos fabrications, aujourd'hui installées sur une surface de 12 000 m^2, vont être transférées sur une surface de 52 000 m^2 (...). Une expansion industrielle de cette importance, qu'il nous faut réaliser dans un laps de temps très court et qui comporte comme conséquence nécessaire un développement concordant de notre exploitation commerciale, nous oblige, dès maintenant, à nous créer des ressources nouvelles ». Le capital fut ainsi porté de 4 millions de francs à 6 millions de francs ; cette augmentation fut largement réalisée par le groupe familial ; la souscription était réservée aux anciens actionnaires, à raison d'une action nouvelle pour deux anciennes.

En même temps s'ouvraient les négociations avec les Serre Père et Fils, industriels à Loriol-sur-Drôme. Cette affaire comportait deux usines :

- l'usine Serre Père fabriquait de l'acide chlorosulfonique et avait abandonné la production du gaïacol sous la pression du syndicat germano-suisse ; la production de l'établissement était réservée à la société Scheller de Zurich, qui finançait l'entreprise et qui s'était engagée à racheter l'usine pour 550 000 francs, ce que la guerre empêcha ;
- l'usine Serre Fils fabriquait des produits photographiques (Métol et diamidophénol) et pharmaceutiques, tels les glycérophosphates. Le propriétaire souhaitait développer la production des salicylés, qu'il avait commencée, cela discrètement pour ne pas attirer l'attention des producteurs allemands. Mais la situation financière du fils, qui devait 40 000 francs en Suisse et 100 000 francs à Lyon, n'était pas meilleure que celle du père.

Après d'assez longues discussions, on aboutit à un accord le 22 septembre 1913. L'Analgésine devait être produite par Albert Serre à Vitry-sur-Seine grâce à un crédit de 150 000 francs ; les Poulenc devaient gérer la fabrication d'acide salicylique à Loriol-sur-Drôme et dépenser 250 000 francs à cet effet. D'autre part, le brevet gaïacol apporté par les Serre devait être exploité à Vitry-sur-Seine par un « chimiste étranger » connaissant bien cette technique. Albert Serre devait percevoir un pourcentage sur les ventes qui lui permettrait de rembourser ses dettes.

ACTIFS INDUSTRIELS DES ÉTABLISSEMENTS POULENC FRÈRES
(en pourcentage)

	1904-1905	1913-14	1918-19	1926-27
Ivry-sur-Seine « port »	53,08	14,42	6,62	
Ivry-sur-Seine « centre »	7,49	1,16	0,51	
Montreuil-sous-Bois	3,82	1,15	0,53	0,16
Succursale A	3,60	1,78	0,06	
Succursale B	10,50	3,00	1,54	
Vitry-sur-Seine		68,84	52,25	40,92
Thiais		2,15	1,01	2,27
Loriol-sur-Drôme			19,72	14,10
Le Pouzin			7,58	10,80
Livron-sur-Drôme				0,14
Moulin-Terrette				0,91
Paris (rue Vieille-du-Temple)				13,40
Paris (boulevard Richard-Lenoir)				10,68
Divers	21,51	7,50	10,18	6,81

Avant la mise en fonctionnement de l'usine de Vitry-sur-Seine, les Établissements Poulenc Frères employaient 33 cadres et 453 ouvriers et employés. En 1913, l'industrialisation était franchement abordée ; toutes les fabrications d'Ivry-sur-Seine étaient transférées à Vitry-sur-Seine et la société préparait l'absorption de l'entreprise Serre. La répartition des actifs de la société exprime bien cette évolution ; à la veille de la guerre, Vitry-sur-Seine représentait plus des deux tiers des immobilisations ; les autres sites méritaient bien le titre d'atelier : « Ivry-port » (1,10 %), Montreuil-sous-Bois (1,10 %), Thiais (2,10 %).

Des prospérités différenciées

Les divers courbes et indices - chiffres d'affaires, marge brute d'autofinancement, investissements et profits - attestent une accélération positive des résultats des deux entreprises, avec un seuil sensible franchi autour de 1905 et une poussée beaucoup plus forte après 1910.

Une croissance calme et tranquille caractérisait les Établissements Poulenc Frères. Sans doute sa mesure n'est-elle pas facile. Nous ignorons la production des sociétés et celle-ci d'ailleurs, exprimée en tonnes, serait presque dépourvue de signification, compte tenu de l'extraordinaire diversité des prix chimiques. Le chiffre d'affaires des Établissements Poulenc Frères augmenta de 6,20 % par an de 1900 à 1914.

Si le chiffre d'affaires des Établissements Poulenc Frères était très supérieur à celui de la S.C.U.R. *(v. graphique, p. 100)*, les résultats d'exploitation furent très inférieurs, comme l'indique le ratio :

$$\frac{\text{marge brute d'autofinancement} \times 100}{\text{chiffre d'affaires}},$$

légèrement supérieur à 5 % pendant une dizaine d'années.

De même, à la S.C.U.R., la rentabilité des capitaux engagés fut constamment supérieure à partir de 1906 et la moyenne qu'elle réalisa entre 1906 et 1914 fut de 27,30 %, contre 13,80 % pour les Établissements Poulenc Frères *(v. graphique, p. 106)*.

Nous pourrions trouver une explication dans la nature même des activités de la société ; le caractère très fortement commercial des Établissements Poulenc Frères excluait le cumul des bénéfices industriels et commerciaux ; ce ne fut qu'à la veille de la guerre que les profits industriels commencèrent à faire remonter le taux du ratio jusqu'à 10 %.

L'évolution des investissements est également significative : les immobilisations augmentèrent de 1900 à 1913 ; en dessous de 15 % par an jusqu'en 1909, c'est-à-dire à l'époque des investissements commerciaux ; au-dessus de 15 % (25 % en 1913), pendant la période de l'investissement industriel de Vitry-sur-Seine *(v. graphique, p. 101)*. Il est significatif que la part du profit distribué régressa, entre 1907 et 1913, de 48 à 28 % de la marge brute d'autofinancement.

L'histoire contemporaine de la S.C.U.R. commença plutôt en 1905 qu'en 1895. Renouvelée dans ses dirigeants et ses capitaux, l'entreprise avait restreint la gamme de ses fabrications et renoncé à produire tous les colorants, échappant ainsi à quelques-unes des pressions les plus vives exercées par les concurrents. Les productions se trouvaient organisées en quatre divisions :

- salicylés, pyrazoline, hydroquinone,
- parfums et vanilline,
- saccharine et divers,
- Kélène, Rodos, pharmanouveaux.

À la veille de la guerre, la société fabriquait dix-neuf produits. Le nombre fait illusion. En réalité, les ventes étaient réellement concentrées sur cinq d'entre eux qui constituaient 74,99 % du chiffre d'affaires total.

POURCENTAGES DU CHIFFRE D'AFFAIRES EN 1909

Lance-parfums Rodos	: 32,2
Salicylés	: 14,9
Pyrazoline	: 10,9
Vanilline	: 9,8
Kélène	: 7,0

La concentration s'accentuait au profit des lance-parfums qui représentaient par rapport au chiffre d'affaires total :

- 1909 : 32,20 %,
- 1910 : 47,30 %,
- 1911 : 50,30 %,
- 1912 : 39,50 %,
- 1913 : 34,30 %.

La majorité des lance-parfums était fabriquée à La Plaine et les autres productions venaient de Saint-Fons. L'histoire de l'usine suisse s'assimila désormais à la production du chlorure d'éthyle et des Rodos dont les ventes se développèrent jusqu'en 1911 :

- 1906 : 1 138 169 tubes de 10 g,
- 1907 : 1 313 872,
- 1908 : 1 151 484,
- 1909 : 3 000 000,
- 1910 : 3 635 000,
- 1911 : 3 700 000,
- 1912 : 2 578 000.

L'augmentation de cette fabrication entraîna l'installation de cinq autoclaves de 500 litres, s'ajoutant au matériel en place à La Plaine (1 autoclave de 500 litres, 8 de 150 litres). Mais, à partir de 1912, et en liaison avec la situation brésilienne, les ventes, et donc les productions, faiblirent sensiblement.

Le redressement de la S.C.U.R. s'accompagna donc d'une limitation des ambitions productives et d'une tentation à la monoproduction, ou à une production dominante, évolution qui peut paraître justifiée par la situation des marges bénéficiaires.

MARGES BÉNÉFICIAIRES DE LA S.C.U.R.
(en pourcentage)

	1909	1910	1911
Bénéfices bruts sur les produits courants	20	25	30,10
Bénéfices bruts sur les Rodos	50	50,40	52,56
Bénéfices bruts sur l'ensemble des ventes	29	36	42

À travers ces quelques chiffres s'expriment la rentabilité croissante des produits fabriqués et la prépondérance des Rodos dans le dégagement des bénéfices bruts. Quelques autres productions prirent une part notable dans les activités de la société. Celle de l'Aspirine fut installée en grand sous le nom de Rhodine - le nom marque d'Aspirine appartenait à Bayer -, en 1908, et décupla jusqu'en 1914 (1908 : 3 554 kg ; 1914 : 33 118 kg). L'anhydride acétique servait d'intermédiaire pour la production de la vanilline ; il était aussi utilisé pour la fabrication de la Rhodine ; le 6 décembre 1911 fut

La cour des grands bâtiments de l'usine de Saint-Fons illustre en 1911 le caractère fortement industriel de la S.C.U.R..

déposé le brevet de l'acétate de cellulose dont la production commença en 1912. À partir du 22 juillet 1912, un accord liait la S.C.U.R. à la maison Pathé pour une fourniture de 200 kg par jour. Sur la base de ces quelques produits très rentables, les équipements de la société travaillèrent jour et nuit dans les années qui précédèrent la guerre.

Les anciens accords furent révisés ou annulés à l'amiable. En 1910, la S.C.U.R. finit par verser 50 000 francs aux Oberschlesische Kokswerke puisqu'elle n'avait pas acheté toutes les matières premières prévues. Meister Lucius und Bruning (Hoechst), de son côté, dédommagea la S.C.U.R. pour renoncer à utiliser le brevet sur l'indigo. Le 16 décembre 1911, l'accord avec la Saccharine Corporation fut suspendu. Le petit jeu des conventions et des ententes continua : un projet de convention au sujet de l'hydroquinone échoua, les conventions concernant les salicylés et le salol avec Bayer furent renouvelées et modifiées, le 9 octobre 1910, et la convention antipyrine fut prorogée.

De 1905 à 1914, les résultats de la S.C.U.R. furent extrêmement différents de ceux des Établissements Poulenc Frères. Le chiffre d'affaires, qui demeurait assez faible, traduisait la suppression de toutes les fabrications déficitaires. Jusqu'en 1910, il oscilla entre 3 et 4 millions de francs déflatés, puis il franchit cette barre ; sa croissance, 6,01 % entre 1905 et 1914, fut légèrement inférieure à celle de Poulenc *(v. graphique, p. 100)*. En revanche, la marge brute d'autofinancement de la S.C.U.R. était très supérieure. Le ratio :

$$\frac{\text{marge brute d'autofinancement} \times 100}{\text{chiffre d'affaires}}$$

se situa très vite entre 20 et 30 % pour atteindre un record de 34 % en 1912, niveau tout à fait compatible avec celui des bénéfices bruts *(v. graphique, p. 263)*.

Ainsi les productions étaient assez faibles, mais hautement rentables, et la politique industrielle de la S.C.U.R. contrastait avec la démarche commerciale de Poulenc. Comment les profits de la société étaient-ils utilisés ? Les bénéfices distribués étaient importants : de 55 à 60 % entre 1906 et 1913. Les banquiers étaient les maîtres du conseil d'administration et les principaux actionnaires ; après avoir sauvé la société, ils rétribuèrent largement leurs bons services et leurs actions. Cette large distribution s'accompagna d'une absence d'investissements jusqu'en 1911. Les périodes de l'investissement de la S.C.U.R. et des Établissements Poulenc Frères étaient donc décalées ; alors que la première utilisait des actifs déjà établis, les seconds réalisaient leur plus grand effort financier.

Le renouveau des investissements extérieurs

Très rapidement, le discours de la S.C.U.R. s'inversa. Jusqu'en 1905, le conseil d'administration déplorait le manque de moyens, mais, dès 1906, il constatait la réapparition des excédents et s'interrogeait, dans les années suivantes, sur leur utilisation. L'augmentation des investissements, à partir de 1914, ne suffit pas à épuiser les réserves et ne favorisa pas le développement de la recherche qui était limitée par la volonté de s'en tenir à des productions sûrement rémunératrices. Ainsi, si quarante-huit brevets avaient été déposés en France, de 1896 à 1905, par la société, dix-neuf seulement le furent de 1906 à 1914 *(v. graphique, p. 263)*.

Dès 1906-1907, la S.C.U.R. effectuait quelques placements extérieurs comme les 100 000 francs de participation investis dans la Société norvégienne de l'Azote. En 1906, M. F. Meyer, ingénieur lyonnais, avait pris un brevet pour l'utilisation de sulfure de zinc comme peinture.

QUELQUES PRODUCTIONS DE LA S.C.U.R. (1895-1914)

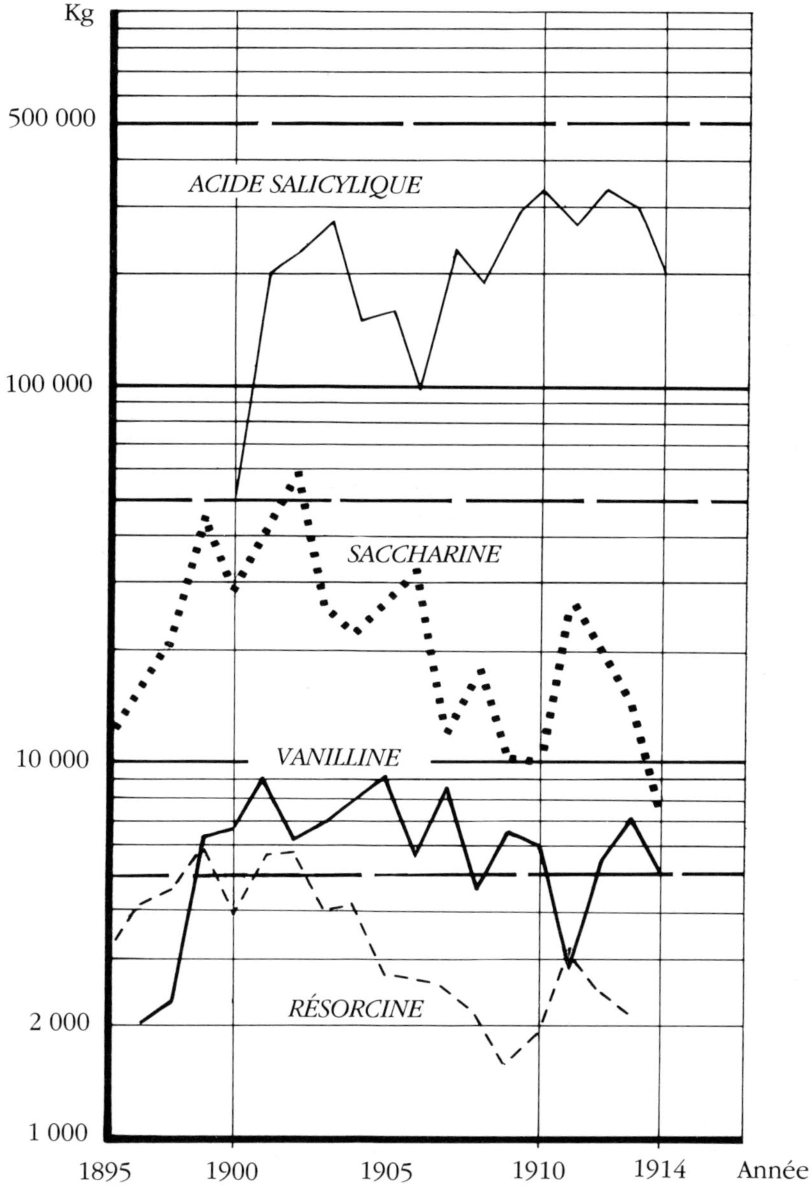

Le 31 juillet 1907 fut créée la Société d'Études industrielles, dont la S.C.U.R. détenait 16 actions sur 30 et qui mit au point la fabrication du produit, Meyer en devenant l'ingénieur-conseil. En 1911, la S.C.U.R. disposait toujours de soldes accumulés qui furent utilisés au profit de la Société normande de Produits chimiques. Celle-ci avait été créée, en 1910, à Rouen, avec le concours de la société Maletra et elle démarra ses activités en 1912 ; manquant de capitaux, elle s'adressa au banquier Arthur Spitzer, administrateur de la S.C.U.R.. Envoyé en reconaissance, Nicolas Grillet rédigea un rapport technique très critique ; néanmoins, le conseil d'administration se laissa tenter, le 23 avril 1913 : « Cette affaire au capital de 1 300 000 francs est en mauvaise posture par manque de fonds et nous demande notre appui. Il pourrait y avoir un emploi intéressant d'une partie de nos disponibilités dans la reprise de l'usine pour fabriquer de l'acide formique ». La solution envisagée et adoptée fut une réduction de capital et une souscription équivalente en actions privilégiées, procédure que connaissait bien la S.C.U.R. : « La réduction de moitié du capital social ne correspond en somme qu'à la constatation officielle des faits acquis et de la lourde tâche, en partie stérile, qu'a dû faire la Société normande de créer et de mettre en route ».

La dégradation de la situation économique brésilienne entraîna une baisse des ventes de Rodos à partir de 1912 ; au début de 1914, de nouveaux droits de douane furent votés, applicables à partir du 1er mai, et la S.C.U.R. voyait sa principale source de revenus menacée. Tous les stocks furent précipitamment envoyés au Brésil. En juin 1914, la mission Grillet-Balthazar se rendit sur place et acheta des terrains à San Bernardo, près de São Paulo, pour ériger une usine. Dès 1908, l'idée d'une filiale aux États-Unis avait été discutée et adoptée, mais sans recevoir d'application.

Ainsi, à la veille de la guerre, les deux entreprises restaient-elles très différentes. Les Établissements Poulenc Frères fonctionnaient dans le cadre du capitalisme familial, unissant les Poulenc, leurs parents et leurs amis. Ils commercialisaient une large gamme de produits et ne faisaient qu'aborder le stade industriel. Une accumulation limitée de capitaux les obligeait à recourir à l'emprunt obligataire pour s'industrialiser. En 1905, la S.C.U.R. était déjà une entreprise industrielle passée au stade du capitalisme financier, unissant banquiers et techniciens. Grâce à l'amortissement des actifs en 1904, au resserrement de la gamme fabriquée et à l'appui de la Société générale, elle retrouva une réelle prospérité sur des bases limitées et amorça à la veille de la guerre un processus de croissance externe.

LES ACCÉLÉRATIONS

L'existence et la modeste réussite des deux petites entreprises chimiques se trouvaient confirmées en 1914. Les accélérations de l'histoire - la guerre et la « prospérité » des années 1920 - les porteront à un niveau industriel confirmé, accordant décidément à la S.C.U.R. des résultats et un dynamisme supérieurs et posant, pour la première fois, la question des structures industrielles de la chimie organique française.

L'ÉCONOMIE EN GUERRE

C'est un truisme de rappeler que la Première Guerre mondiale ne fut pas un simple accident de parcours pour l'appareil productif puisqu'elle mobilisa intensément hommes, économie et capitaux. La chimie, comme les autres industries, participa à cet effort de guerre qui modifia, dans l'immédiat et pour l'avenir, les conditions de son fonctionnement. Elle fut appelée à produire sur une échelle jamais atteinte et donc à investir massivement ; elle fut aussi, dans les débuts, gênée par l'impossibilité d'importer les produits intermédiaires allemands et dut y suppléer, en constatant que la concurrence allemande était provisoirement écartée.

Le rôle joué par les deux sociétés dans la guerre fut aussi différent que l'étaient leurs expériences industrielles. Alors que la S.C.U.R., grâce à l'économie de guerre, effectua un bond quantitatif et qualitatif décisif, les Établissements Poulenc Frères suivirent une croissance modérée ayant peu à voir avec la situation de belligérance. L'administrateur Louis Pradel, commentait ainsi le chiffre d'affaires de 1917 « Les fabrications, dites de guerre, n'y ont d'ailleurs qu'une part restreinte. (...) Le développement de nos affaires est à peu près indépendant de l'état de guerre. Celui-ci nous crée, tout au contraire, des difficultés considérables qui s'opposent à notre action. »

Si elles furent différentes par leur niveau, les croissances des deux sociétés furent aussi diverses par leur nature. Les Établissements Poulenc Frères comblèrent les manques causés en France, et aussi hors de France, par l'exclusion des produits allemands. La S.C.U.R., pour l'essentiel, répondit aux besoins nouveaux et considérables créés par la guerre.

Comment les deux sociétés furent-elles amenées à jouer des rôles aussi différents ? Comme toutes les autres entreprises françaises, les deux firmes subirent le coup d'arrêt de 1914 et du début de 1915, puisque l'on avait cru à une guerre courte et que l'on n'avait pas mis en alerte l'industrie : effectifs en chute libre à cause de la mobilisation, suppression de maintes commandes civiles non relayées par des commandes militaires, effondrement du chiffre d'affaires. Simultanément, la marge brute d'autofinancement et les investissements baissaient fortement et le dividende distribué était réduit ou supprimé. Mais, au-delà de ce point de départ commun à toute l'industrie, les destins divergèrent.

La production du phénol

Très rapidement, les commandes de l'État modifièrent le rythme d'activité de la S.C.U.R. qui était l'une des rares entreprises françaises à avoir déjà fabriqué du phénol et à en avoir livré au service des poudres ; d'ailleurs, si la production avait été arrêtée à la veille de la guerre (1906 : 239 tonnes ; 1909 : 11 tonnes), la société disposait d'installations à Saint-Fons et pouvait répondre aux premières demandes. Mais les besoins augmentèrent rapidement et la production réussit à suivre.

Dès le mois d'août 1914, le service des poudres passait un premier marché de 50 000 kg à 1,85 F le kg et Joseph Koetschet voyait ainsi se réveiller l'activité de l'usine de Saint-Fons : « À Saint-Fons, malgré un personnel excessivement réduit, nous avons dû maintenir la plupart des fabrications pharmaceutiques destinées au service de santé et, en outre, nous devons monter rapidement le phénol demandé par la guerre. » Le 23 novembre 1914, la S.C.U.R. s'engageait à monter une fabrication de phénol pour 4 puis 15 tonnes par jour (contrat du 2 avril 1915) et elle prit tout d'abord à sa charge tous les frais d'installations nouvelles ; le 27 février 1915, elle vendait son procédé de fabrication du phénol à la société Alais, Froges et Camargue, moyennant une redevance de 0,40 F par kg et, le 1er juillet 1915, elle signait un contrat avec les Explosives Supplies britanniques pour une fourniture de 3 000 tonnes de phénol, à raison de 150 tonnes par mois. Au milieu de 1915, la production, qui atteignait 31 tonnes par jour à Saint-Fons, ne suffisait plus aux besoins.

L'idée d'une usine nouvelle apparut assez tôt. Le 25 mai 1915, le conseil d'administration décrivait ainsi la tâche des prospecteurs menés par Nicolas Grillet : « La direction s'est préoccupée de trouver des terrains susceptibles d'être utilisés pour une usine de matières premières intermédiaires.

Les surfaces à envisager seraient grandes (environ 60 hectares) et les conditions habituelles d'eau, de voisinage du Rhône, de raccordement au chemin de fer, de voisinage des centres de population susceptibles de fournir le personnel, limitent beaucoup le champ des recherches. »

La S.C.U.R. avait financé les premiers investissements nouveaux, mais devant l'importance des sommes à engager, elle avait fait admettre à l'administration de la guerre le principe d'un amortissement accéléré par une majoration du prix du phénol, qui passait ainsi de 3,50 F à 4,50 F le kg. En juillet 1915, on signala à Nicolas Grillet des terrains médiocres et bon marché près de Roussillon dans la vallée du Rhône, et, en septembre 1915, les multiples parcelles furent achetées avec l'aide du maire de la commune. La S.C.U.R. considérait la nouvelle usine à construire comme une entreprise circonstancielle dépourvue d'avenir : « La société se trouvera, en fin de guerre, posséder loin de Saint-Fons, son centre principal, une usine construite sur des terrains hâtivement choisis et achetés, agencés dans un but très spécial, mal utilisables pour son industrie et enfin hors de proportion avec ses besoins » (Conseil d'administration, 28 novembre 1915). La question du financement fut, en partie, réglée par le troisième contrat signé entre Georges Mauclére, directeur du service des poudres, et Henri Sévène, directeur de la société.

Le début des livraisons de phénol était fixé au mois de février 1916 et les fournitures devaient atteindre 65 tonnes par jour en mai, ce qui laissait un délai de 6 mois pour atteindre ce haut niveau. Le phénol devait être payé 4 francs le kg jusqu'à 4 000 tonnes et 3 francs au-delà, ce tarif permettant d'amortir 6 des 8,5 millions de francs que devaient coûter les nouvelles installations. Les principaux postes de la dépense étaient les bâtiments (900 000 francs), les chaudières (1 400 000 francs) et le matériel phénol (3 200 000 francs). Les travaux furent confiés à l'entreprise Pommerol, de Roussillon, et réalisés jour et nuit ; les murs, érigés en banches de mâchefer, montaient de 80 cm par jour. La main-d'œuvre avait été renforcée par des prisonniers de guerre et des militaires indochinois. En mai, les engagements étaient tenus et le personnel du phénol constitué par de la main-d'œuvre locale, encadrée de militaires affectés et de personnel transféré de Saint-Fons. En juin 1916, la société s'engagea à porter la capacité de l'usine de phénol à 90 tonnes par jour, niveau qui devait être atteint au début de 1917. Trois nouveaux bâtiments, de 40 mètres sur 60, furent construits et le quadrillage de l'usine par des allées de 20 mètres de large se dessina. Le coût nouveau de l'usine s'établit à 10 304 225 francs et l'État s'engagea à l'amortir par une augmentation des prix jusqu'à un montant de 7 500 000 francs. D'ailleurs, l'ampleur de la production entraînait des économies d'échelle et, dans un contexte inflationniste, le prix du phénol baissa, malgré l'amortissement pratiqué, de 4 francs à 2,30 F le kg. La société réalisa de ce fait une énorme production qui se répartissait ainsi :

PRODUCTION DE PHÉNOL
(1914-1917)

ANNÉE	ANCIENNE INSTALLATION DE SAINT-FONS	NOUVELLE INSTALLATION DE SAINT-FONS	ROUSSILLON
1914	150 474 kg		
1915	301 874 kg	8 902 333 kg	
1916	45 750 kg	18 855 022 kg	9 478 029 kg
1917	17 100 kg	13 153 392 kg	17 849 253 kg

Ainsi la fabrication glissa-t-elle vers les nouvelles installations de Saint-Fons, puis vers celles de Roussillon. En 1917, année record, elle dépassait 100 tonnes par jour ouvrable. Puis, au phénol s'adjoignirent deux autres productions de guerre : le chlore et l'ypérite.

L'USINE DE SAINT-FONS
(surface construite)

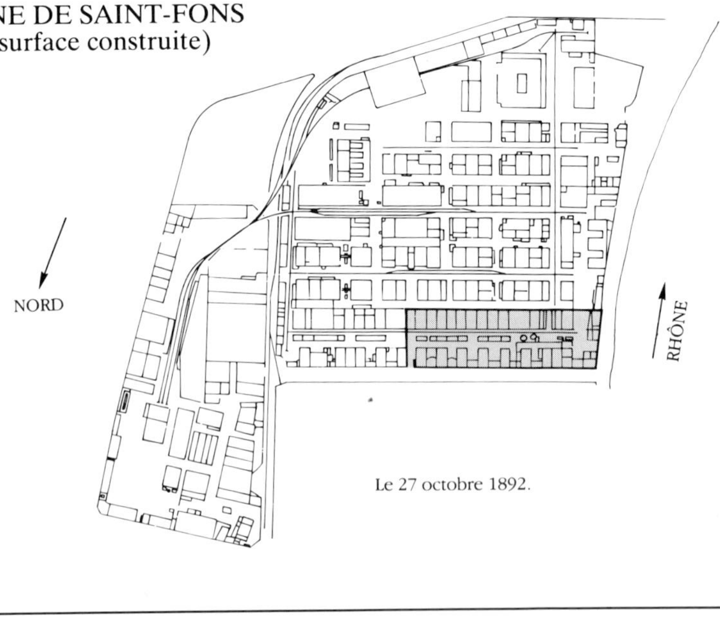

Le 27 octobre 1892.

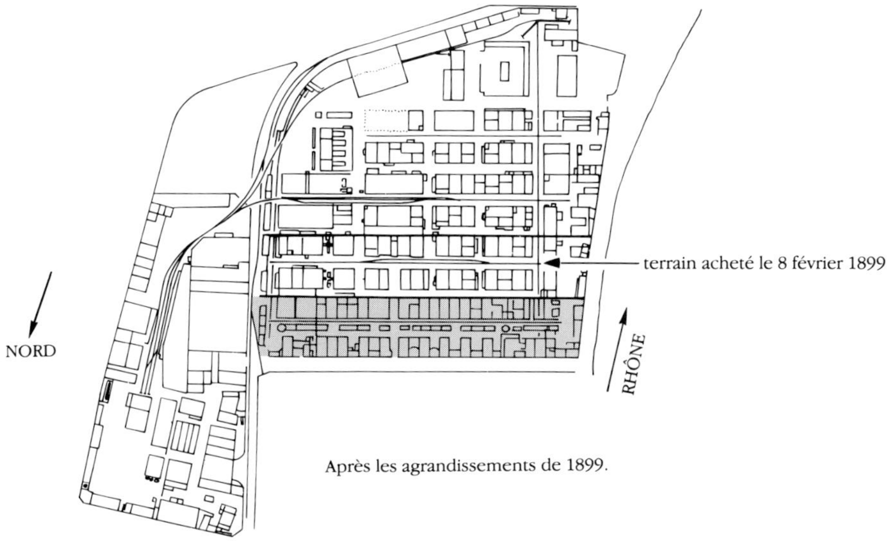

Après les agrandissements de 1899.

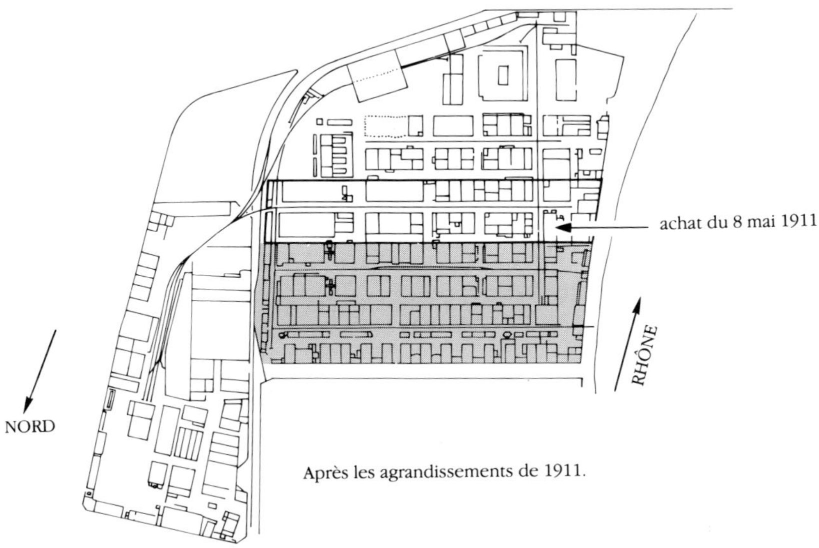

Après les agrandissements de 1911.

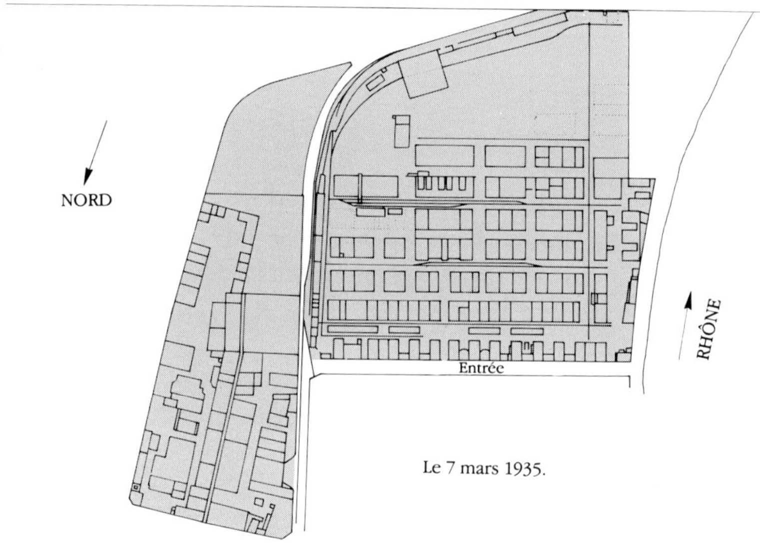

Le 7 mars 1935.

Les autres productions de guerre

Le 18 janvier 1916 fut conclu le premier contrat pour la fourniture de 300 tonnes de chlore liquide que la société n'avait jamais fabriqué. Celle-ci acheta à la Société pour l'Industrie chimique de Bâle (C.I.B.A.) une licence d'exploitation du brevet 465-128 pour la production du chlore au chlorure de chaux et à la soude caustique et elle passa un accord avec la société Le Chlore liquide, créée par les Gillet, et elle-même liée à la société bâloise ; la S.C.U.R. devait verser 10 francs de redevance par tonne de chlorure de sodium utilisé. Les livraisons furent de 30, puis de 60 tonnes par mois et la production passa de 76,50 t en 1916 à 803 tonnes en 1917, et à 755 tonnes en 1918.

L'armée française utilisa assez tardivement l'ypérite, après que l'artillerie allemande eut envoyé des obus asphyxiants en juillet 1917. La fabrication du sulfure d'éthyle dichloré qu'il fallut mettre au point résultait des accords du 15 décembre 1917 et du 19 mars 1918 portant sur des marchés de 160 000 kg à 280 000 kg. Elle débuta en avril 1918 ; au mois d'août, 840 tonnes avaient été livrées et de nouveaux contrats furent signés pour 1 000 et 1 200 tonnes, à raison de 15 tonnes par jour.

Au moment de l'armistice, la production journalière atteignait 20 tonnes. L'ypérite fut la plus dangereuse des productions de guerre ; la fabrication était dirigée par treize ingénieurs et chimistes, employant des hommes mobilisés au service des colonnes à ypérite et des femmes aux fours à éthylène. De nombreux membres du personnel furent atteints par les vapeurs d'ypérite et, en octobre 1918, 40 % de l'effectif étaient indisponibles cela malgré les progrès du matériel et la multiplication des protections. En septembre 1918, la licence ypérite avait été vendue au Gouvernement italien.

Enfin, la forte demande d'acide picrique amena la société à signer un contrat avec Léo Vignon, directeur de l'école de chimie de Lyon, pour réaliser la transformation du benzène en acide, moyennant une redevance de 0,30 F par kg.

La guerre eut également quelques retombées sur des fabrications anciennes. Une loi du 7 avril 1917 autorisa le remplacement du sucre par la saccharine pour la préparation des denrées et boissons. La production fut remise en route à Roussillon et se développa fortement à la fin de l'année 1917.

Ces nouvelles demandes modifièrent complètement la figure industrielle de la société. Les trois grandes productions de guerre constituèrent, pendant quatre années, l'essentiel de l'activité de la S.C.U.R..

LES GRANDES PRODUCTIONS DE GUERRE
(en pourcentage du chiffre d'affaires)

ANNÉE	PHÉNOL	CHLORE	YPÉRITE
1915	75,25		
1916	82,62		
1917	74,77	0,87	
1918	33,77	0,82	21,65

À la fin de la guerre, les grandes productions étaient le phénol (33,77 %), l'ypérite (21,60 %), la saccharine (14,10 %), l'acétol (11,53, %), les pharmanouveaux (3,40 %). En élargissant le propos, nous retiendrons l'évolution et la répartition, telles qu'elles étaient comptabilisées par la société.

L'ÉVOLUTION DES PRODUCTIONS PAR DIVISIONS
(en pourcentage de la valeur)

ANNÉE	1ère DIVISION	2e DIVISION	3e DIVISION	4e DIVISION
	PHÉNOL CHLORE SALICYLÉS HYDROQUINONE ACÉTOL BENZOL	PARFUMS VANILLINE COUMARINE	SACCHARINE AMIDE	KÉLÈNE RODOS CHLORURE D'ÉTHYLE
1909	43,45	12,2	5,24	39,10
1910	35,87	5,57	6,25	52,31
1911	34,03	5,93	6,21	53,83
1912	40,33	10,25	6,09	43,33
1913	46,32	11,71	4,39	37,58
1914	66,76	12,71	5,93	14,60
1915	92,32	2,16	1,15	4,27
1916	96,34	0,84	0,48	2,34
1917	94,51	1,14	1,64	2,71
1918	79,71	1,55	14,55	4,19

Jusqu'en 1913, la vente des Rodos lance-parfums destinés aux carnavals brésiliens dominait le chiffre d'affaires de la S.C.U.R.. En 1915, le phénol occupait la même situation, réorientation brutale et passage du ludique au guerrier. En même temps, la répartition géographique de la production subissait un glissement en faveur de Roussillon, interrompu dès lors que Saint-Fons retrouvait, à la fin de la guerre, son ancienne prépondérance.

RÉPARTITION GÉOGRAPHIQUE DU CHIFFRE D'AFFAIRES
(en pourcentage)

ANNÉE	LA PLAINE	SAINT-FONS	ROUSSILLON
1913	43,34	56,66	
1914	19,95	80,05	
1915	3,10	96,90	
1916	1,35	69,15	29,50
1917	1,38	54,24	44,38
1918	0,22	55,60	44,17
1919	5,17	94,83	
1920	9,40	82,67	7,93

Dans cette publicité destinée à la clientèle asiatique, les images symboliques évoquent le prestige, la puissance et le mystère (années 1920).

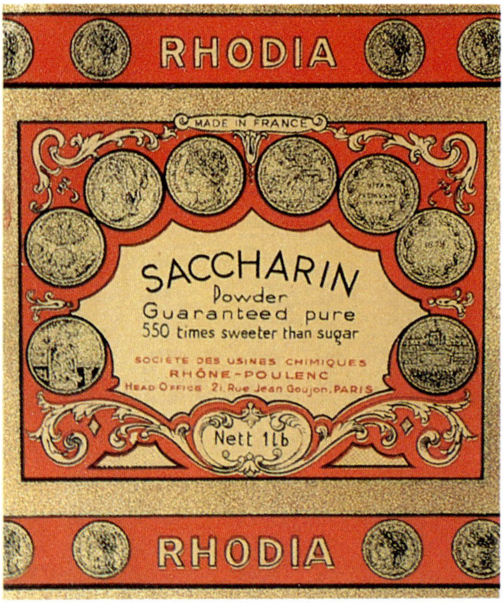

Dans les années 1930, l'étiquetage de la société Rhône-Poulenc reste traditionnel : les thèmes décoratifs, l'évocation des médailles conquises aux expositions universelles confirment la continuité et aident l'acheteur dans l'identification des produits. La marque Rhodia est toujours utilisée.

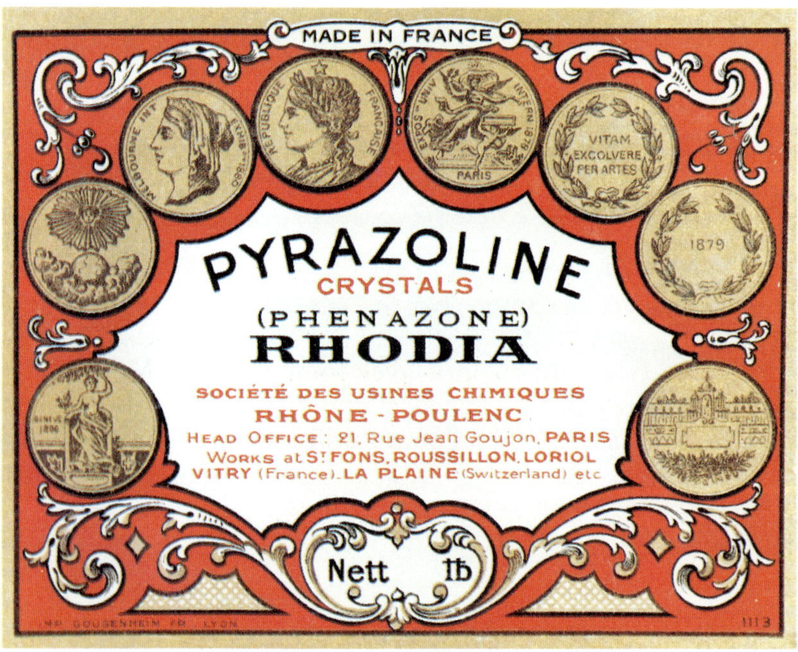

Les projets de la S.C.U.R.

Les effectifs employés par la S.C.U.R. augmentèrent fortement malgré les difficultés de recrutement. Ainsi, le personnel de Roussillon, qui était de 284 personnes en 1916, atteignait 1 116 employés en 1917 et 1 053 en 1918, pour descendre à 304 en 1920. Au milieu de l'année 1917, 1 023 personnes travaillaient à Saint-Fons, dont 870 hommes, 126 femmes et 27 enfants ; il y avait, parmi eux, 160 étrangers, dont 100 Chinois et 40 Italiens. Ainsi, les deux usines employaient 2 139 personnes auxquelles s'ajoutaient employés administratifs et commerciaux, soit un total d'environ 2 500 personnes. Les difficultés et les improvisations du temps de guerre permirent à Nicolas Grillet et à Joseph Koetschet de donner leur pleine mesure, en montant, dans des délais très courts, de nouveaux bâtiments et de nouvelles productions. En 1916, le conseil d'administration affirmait : « Nos directeurs sont au-dessus de tout éloge dans la création des procédés nouveaux et dans les réalisations pratiques. »

La guerre occupait, sans aucun doute, toute l'énergie de l'entreprise, mais ceci n'empêchait ni les projets ni les contacts. L'acétate de cellulose ininflammable, produit avant-guerre par la société, avait été utilisé pendant les hostilités comme enduit des avions tendus de toile, en France et dans les pays alliés. La S.C.U.R. chercha de nouveaux emplois à l'acétate ; en 1917, elle entama des pourparlers avec la Société lyonnaise du Celluloïd, installée à Saint-Fons. Le 28 mars 1918 fut ainsi créée la Compagnie générale du Rhodoïd, filiale à 50 % de la S.C.U.R. et au capital de un million de francs. Les premières fabrications, peu satisfaisantes, eurent lieu dans l'usine de Saint-Fons.

La S.C.U.R. portait un vif intérêt au marché américain où elle avait déjà songé s'installer avant la guerre. En 1917, elle passait des publicités dans les journaux spécialisés, proposant de produire et de vendre aux États-Unis. Des contacts furent pris avec John White et Max Mueller, ce dernier se serait alors trouvé à la tête d'une importante usine américaine. Deux négociations furent engagées pour l'utilisation de l'acétate de cellulose avec Eastman Kodak Company qui, depuis longtemps, utilisait l'hydroquinone et le Rhodol produits par la S.C.U.R., et avec Du Pont de Nemours, qui envoya un représentant en octobre 1917, mais l'accord ne se conclut pas, car le marché américain s'affaissa en 1918. À ce moment, la S.C.U.R. souhaitait créer, aux États-Unis, une société en participation et ne voulait pas se contenter de percevoir une redevance. Gardant le souvenir de ses anciennes activités, la S.C.U.R. prit contact avec la Société des Matières colorantes et Produits chimiques de Saint-Denis, pour tenter de relancer une production de colorants artificiels, intention qui ne fut pas suivie d'effet.

Et, tout comme chez Poulenc, le conseil d'administration discutait et projetait sur l'après-guerre avec insistance et persévérance et il élaborait un plan de reconversion que nous ne connaissons que par allusions. Ainsi, le 20 avril 1916, pour le conseil : « L'orientation nouvelle et le développement que doit prendre la société après la guerre comporte encore bien des incertitudes ainsi que cela apparaît dans les fréquents échanges de vue des membres du conseil à ce sujet. » En 1917, l'incertitude paraissait moins grande, l'administrateur Eugène Henri Boyer développait les éléments d'un plan : « Saint-Fons sera aménagé pour les études chimiques, la production développée des produits pharmaceutiques et photographiques, alors que les grosses fabrications futures qui devront remplacer la production de guerre, seront centralisées à Roussillon. (...) Nous savons fort bien l'orientation que devra suivre la société au lendemain de la guerre. » Enfin, le 9 novembre 1918, le conseil était solennellement affirmatif : « L'arrêt des fabrications de guerre nous permettra d'entreprendre l'étude et l'exécution d'un vaste programme qui a été arrêté dans un raisonnement technique et qui assurera l'activité de nos usines et l'avenir de notre société. » L'usine de Roussillon n'était plus ni méprisée ni sous-estimée, elle était désormais intégrée dans la stratégie de l'entreprise.

La modeste participation des Établissements Poulenc Frères

La guerre ne fut, pour les Établissements Poulenc Frères, ni l'occasion d'un tel effort ni la possibilité d'un tel renouvellement des fabrications. La société passa d'assez rares contrats avec l'État : le 19 novembre 1914 pour la production d'acide phénique de synthèse, installée dans l'usine Serre, et dont la dépense de 300 000 francs fut amortie par moitié par l'État ; un petit contrat de production de phénol en 1916 et, en 1918, des contrats pour la production de tolite, fabriquée au Pouzin, et de dinitrotoluène, à Loriol-sur-Drôme.

Les Établissements Poulenc Frères produisaient quelques spécialités destinées à la guerre, sans qu'il y eût de contrats signés : des gaz suffocants comme le phosgène ou Collongite, utilisés avant l'ypérite, des produits fumigènes fabriqués à Vitry-sur-Seine et d'autres, destinés à combattre l'effet des gaz comme l'acétate et le sulfate de nickel. En dehors de cette participation limitée à la Défense nationale, la direction de la société était surtout soucieuse de fournir les produits qui n'étaient plus importés d'Allemagne et d'élargir les positions qu'elle voulait occuper dans l'après-guerre en s'infiltrant dans l'espace laissé libre par l'élimination provisoire des chimistes allemands. Dès le mois de septembre 1915, le conseil était soucieux de « faire bénéficier notre société des avantages que notre pays ne manquera pas de retirer d'une paix victorieuse ».

Le 7 septembre 1916, Camille Poulenc déclarait : « Sans vouloir être optimiste, on peut estimer que, d'une part, l'industrie chimique allemande ne sera plus dans des conditions aussi avantageuses qu'avant la guerre, et que, d'autre part, les alliés et un grand nombre de pays neutres essaieront de trouver en dehors d'Allemagne les produits qu'ils lui achetaient jusqu'alors. »

Chaque séance du conseil évoquait l'Allemagne, sa concurrence passée, son retrait présent et les espoirs de l'après-guerre. La fin de la guerre confirmait ces espérances et le conseil déclarait, au début de l'année 1919, le 4 mars : « Les conditions dans lesquelles s'est terminée la guerre ouvrent à notre société des perspectives d'expansion qui nous permettent de supposer que pendant de longues années, notre production sera inférieure aux débouchés qui nous sont ouverts ».

Les Établissements Poulenc Frères s'efforcèrent de répondre aux besoins du présent et aux espoirs de développement futur.

L'appareil productif fut sensiblement augmenté. Les accords déjà passés avec les Serre de Loriol-sur-Drôme aboutirent au rachat de leurs usines. En 1915, le rapport de Paul Guery, secrétaire général des Établissements Poulenc Frères, repris par l'administrateur Louis Pradel, sonna l'alerte : « Il est évident qu'en multipliant les contrats en participation pour des fabrications entreprises à Loriol-sur-Drôme, nous donnons chaque jour à cette usine une valeur plus grande, indépendamment de l'ascendant moral que lui conférait une association directe avec une société puissante et universelle. (...) Il devenait imprudent d'entrer ainsi constamment dans le jeu de ses directeurs et de préparer peut-être à notre société quelque déconvenue. » Sur la demande de Louis Pradel, une enquête fut menée sur la comptabilité de Serre, qui entraîna un avis favorable au rachat. La discussion s'engagea sur la base des propositions de Serre - soit un versement de 1 593 000 francs, la garantie d'un poste de directeur rétribué

12 000 francs par an et 5 % des bénéfices réalisés par l'usine –, qui finit par accepter, le 4 mai 1915, la vente pour 1 250 000 francs payables par moitié en espèces et par moitié en actions de la société Poulenc. Serre restait, en effet, directeur à 1 500 francs par mois, somme complétée par 10 % des bénéfices de l'usine de Loriol-sur-Drôme, et il apportait les procédés de fabrication du Métol, des glycérophosphates et de l'acide chlorosulfonique.

L'implantation méridionale de la société, encouragée par la relative proximité du front de la région parisienne, se renforça par l'acquisition de deux vieux bâtiments industriels. Au Pouzin, près de Loriol-sur-Drôme, une ancienne usine sidérurgique avait été transformée en distillerie ; pour étendre les Établissements Serre, Poulenc Frères la racheta, le 15 septembre 1916, pour 280 000 francs à ses propriétaires lyonnais. D'autre part, en juillet 1918, un ancien moulinage de soie, haut de deux étages et long de 65 mètres, fut racheté à Livron-sur-Drôme, dans le but d'y conditionner les médicaments en tubes et en ampoules. Fait rare dans la chimie, l'usine de Livron-sur-Drôme reprenait la tradition de l'usine-pensionnat en logeant ses ouvrières en dortoirs. La rentabilisation de très vieux équipements industriels par une activité moderne est ici tout à fait remarquable.

Le développement des actifs de la société dans le Sud de la France répondait à la participation de la société à l'effort de guerre, car Vitry-sur-Seine paraissait saturé par les commandes civiles. À la fin de l'année 1914, à Loriol-sur-Drôme, débutait une production de phénol qui fut développée jusqu'en 1916 ; 1 500 tonnes furent ainsi vendues. L'usine fabriquait aussi du dinitrotoluène, des produits photographiques et de l'acide phénique de synthèse. En 1915-16, elle avait vendu pour 6 068 000 francs aux poudreries et, en 1916-17, pour 9 652 957 francs. Le fonctionnement du Pouzin était sous le contrôle du service des poudres et les Établissements Poulenc Frères y montèrent la fabrication de la tolite, en février 1918, contrat vite rompu et remboursé par l'État.

Le rapprochement avec May and Baker

Parallèlement aux expansions méridionales orientées vers les productions militaires, la société développait les fabrications de produits nouveaux ou renouvelés. Ainsi le conseil d'administration affirmait, le 6 février 1915 : « Au point de vue civil, notre effort n'a pas été moins grand pour remplacer certains produits qui venaient d'Allemagne. »

Quelques productions furent donc poussées : l'Arsénobenzol et le Novarsénobenzol (direction : Carl Oeschlin), le péroxyde de zinc (direction : Jean Rollin), l'hyposulfite anhydre (direction : Eugène Bartel) ; les nouveaux alcaloïdes et les acides lactique et citrique furent expérimentés. La fabrication de produits de haute qualité à utilisation scientifique fut désormais supervisée par le laboratoire de l'abbé Jean-Baptiste Senderens, qui célébrait sa messe dans l'usine de Vitry-sur-Seine, bien souvent en présence de Camille Poulenc. En 1918, l'intérêt de la société se centrait sur « les grandes fabrications synthétiques de produits pharmaceutiques ».

À la veille du conflit, l'usine de Vitry-sur-Seine avait commencé à produire le vaccin antigonococcique, mis au point par l'Institut Pasteur. À partir de 1914, il fallait remplacer les sérums importés d'Allemagne, et, à la fin de 1916, les Établissements Poulenc Frères signèrent un contrat avec l'Institut Pasteur en vue d'exploiter en commun la fabrication des colorants et des produits pour la bactériologie et l'histologie ; l'Institut Pasteur fabriquait et Poulenc commercialisait. « Cette combinaison offrait le grand avantage de nous décharger de la partie industrielle de l'affaire », déclarait le conseil d'administration. Les bénéfices étaient partagés par moitié.

Mais un des résultats les plus notables de la guerre fut le rapprochement des Établissements Poulenc Frères et de May and Baker. Celle-ci, vieille entreprise britannique, créée en 1834, était spécialisée dans la fabrication des produits pharmaceutiques. Les premières relations entre les deux firmes s'étaient nouées, en 1904, à propos de l'approvisionnement en amblygonite, source de la fabrication des sels de lithium. En 1914, comparée aux entreprises allemandes et même françaises, May and Baker marquait un sensible retard technique puisqu'elle n'avait pas abordé le domaine de la chimie organique et se contentait, le plus souvent, d'acheter des brevets. Le rapprochement des Établissements Poulenc Frères et de May and Baker répondait à un désir et à une nécessité réciproques. La guerre avait coupé la Grande-Bretagne de l'approvisionnement en produits organiques allemands, tout spécialement en Salvarsan et Néosalvarsan, les premiers antisyphilitiques inventés par Paul Ehrlich en 1909 et produits par Meister Lucius und Bruning (Hoechst). Le temps de guerre suscitait une forte demande et la fabrication, réalisée par une seule entreprise anglaise, la Burroughs Wilcome and Company, se révéla vite insuffisante. Le Board of Trade accorda donc une licence de vente aux Établissements Poulenc Frères pour l'Arsénobenzol et le Novarsénobenzol, spécialités vendues sous le nom de Billon et par l'intermédiaire de May and Baker ; puis celle-ci passa à la fabrication qui débuta en juin 1916 dans une usine acquise à Bell Lane (Wandsworth) et accéda de la sorte aux premières étapes de la chimiothérapie.

Pour les Établissements Poulenc Frères, il s'agissait surtout de renforcer des positions commerciales et de s'implanter sur le marché anglo-saxon, comme le confirmait le conseil d'administration du 5 juin 1916 : « En vue de faciliter l'écoulement de nos produits après la guerre sur le marché international et notamment sur le marché britannique, la direction a, depuis plusieurs années, étudié un projet d'entente commerciale avec une maison anglaise, la société May and Baker de Londres. La base de cette entente commerciale devrait être financière entre cette société et la nôtre. (...) Nous devons de toute nécessité nous ouvrir des débouchés dans l'Empire britannique (...). Il faut que, si nous nous décidions à pénétrer sur le marché anglais, nous nous organisions pour y demeurer toujours. » Intérêt pour le marché britannique, d'autant plus justifié qu'il commandait les voies d'accès du Commonwealth, des États-Unis et de la Scandinavie. Il était, d'autre part, exclu que Poulenc puisse créer une filiale en Grande-Bretagne puisque les Anglais consommaient « anglais ». Il s'agissait de s'emparer désormais d'une part du marché que l'Allemagne laissait vacante.

Les deux sociétés s'achetèrent réciproquement des actions en 1916 : May and Baker acquit 4 800 actions dans l'augmentation de capital, de 6 à 12 millions de francs, réalisée par Poulenc, qui acheta 6 000 actions ordinaires (6 000 livres) à la firme anglaise. Georges Roché et Richard Blenkinsop, fort liés d'amitié, furent échangés comme administratreurs. Mais les intentions des Établissements Poulenc Frères allaient plus loin puisqu'ils songeaient à acquérir 25 %, puis 50 % du capital de la firme anglaise, donc d'en prendre le contrôle.

Comme à la S.C.U.R., l'emploi connut une forte croissance chez les Établissements Poulenc Frères, ainsi qu'en témoignent les chiffres qui encadrent les événements : 486 personnes en 1910, 2 000 en 1920 (128 cadres et 1 872 employés et ouvriers). Le passage au stade industriel avait donc entraîné un quadruplement des effectifs.

Les conséquences financières de la guerre

La S.C.U.R. fut donc, pendant ces quatre années, tout entière tournée vers l'effort de guerre, alors que les Établissements Poulenc Frères s'organisaient surtout pour l'après-guerre. Les résultats des deux entreprises confirment les différences d'évolution et de fonctionnement. Déjà, l'emploi à la S.C.U.R. dépassait celui des Établissements Poulenc Frères. Les chiffres d'affaires traduisaient brutalement le choc différencié de la guerre sur les deux sociétés.

ÉVOLUTION DES CHIFFRES D'AFFAIRES*

ANNÉE	S.C.U.R.		ANNÉE	ÉTABLISSEMENTS POULENC FRÈRES	
	(francs courants)	(francs déflatés)		(francs courants)	(francs déflatés)
1913	7 680 567	5 953 920	1913-14	15 750 746	12 209 880
1914	5 687 067	4 408 570	1914-15	13 224 896	4 884 270
1915	43 630 104	10 437 782	1915-16	29 999 188	7 281 135
1916	121 622 861	30 030 180	1916-17	35 627 490	9 951 810
1917	103 652 861	32 896 140	1917-18	41 782 975	13 391 970
1918	90 622 861	20 596 100	1918-19	42 691 809	9 702 680
1919	28 289 874	4 953 040	1919-20	62 218 191	8 825 270
1920	45 622 674	5 437 740			

* Le chiffre d'affaires en francs courants est déflaté d'après l'indice des produits dérivés du goudron de houille.

En 1916, le chiffre d'affaires de la S.C.U.R. était le triple de celui de Poulenc et il était encore le double en 1918 *(v. graphique, p. 100)*. Mais les résultats financiers ne furent pas proportionnels au développement des ventes. Sans doute la marge brute d'autofinancement de la S.C.U.R., qui se situait entre 5 et 6 millions de francs, dépassait-elle, en chiffres absolus, celle des Établissements Poulenc Frères qui se situait entre 4 et 5 millions de francs. Mais la hausse des chiffres d'affaires fut telle que le rapport entre la marge brute d'autofinancement et le chiffre d'affaires se détériora sensiblement ; il s'affaissa entre 4 et 7 % pour la S.C.U.R. et oscilla autour de 9 % pour les Établissements Poulenc Frères.

Il est vrai que la confiance dans ces chiffres doit être modérée puisque nous avons calculé la marge brute d'autofinancement en déduisant les provisions pour impôts de guerre, lesquels furent payés avec un large décalage ; les provisions purent ainsi être placées ou utilisées pendant un laps de temps assez long. La différence des bénéfices de guerre des deux entreprises démontre bien l'inégale participation à l'effort de guerre. La rentabilité des capitaux fit un bond considérable : 47,30 % pour la S.C.U.R. et 34,90 % pour les Établissements Poulenc Frères *(v. graphique, p. 106)*. Mais il est vrai que ces capitaux n'avaient pas été réévalués et avaient été peu augmentés. Par ailleurs,les profits avaient été gonflés par l'inflation débutante. Les deux sociétés avaient choisi comme base d'estimation du bénéfice d'avant-guerre le forfait de 8 % du chiffre d'affaires admis par la loi.

L'imposition des bénéfices de guerre fut d'abord de 60 %, puis passa à 80 % des bénéfices supplémentaires (loi du 1er juillet 1918). Les entreprises constituèrent des fonds de réserves pour payer l'impôt de guerre ; la S.C.U.R. préleva 10 400 000 francs en 1914-15, 18 500 000 francs en 1916, 18 345 920 francs en 1917, 12 157 356 francs en 1918 et 5 686 371 francs en 1919, soit un total de 65 089 647 francs.

LES BÉNÉFICES DE GUERRE

(en francs)

ANNÉES	BÉNÉFICES SUPPLÉMENTAIRES		MONTANT DES IMPOSITIONS	
	S.C.U.R.	ÉTS POULENC FRÈRES	S.C.U.R.	ÉTS POULENC FRÈRES
1914-15	15 182 728	1 728 086	7 588 864	1 879 376
1916	30 522 479	3 126 590	18 260 147	3 131 976
1917	22 150 158	2 322 043	17 631 134	1 768 634
1918	13 094 042	2 375 659	10 386 233	1 811 527
1919	5 292 000	2 472 048	4 144 600	1 888 638
	86 241 407	12 024 426	58 011 978	10 480 151

L'impôt de guerre fut ensuite réclamé avec un fort décalage : la S.C.U.R. payait le 25 mai 1917 la moitié de la somme due pour 1914-15 et son conseil d'administration confirmait en 1920 : « C'est donc 61 295 216 francs que nous avons encore en réserve réelle le 1er janvier 1920 puisque, entre mai 1917 et le 1er janvier 1920, il n'a été fait aucun paiement. Nous devons à l'État 54 547 447 francs », qui furent d'ailleurs versés avant la fin de l'année 1921. Les bénéfices de guerre donnaient de la souplesse dans la durée et même dans l'ampleur des réserves : la S.C.U.R. avait, en effet, caché à ses actionnaires la différence entre 61 et 54 millions de francs, qui avait été noyée dans la rubrique des « créditeurs divers ». La médiocrité apparente de la marge brute d'autofinancement fut largement amendée par l'abondance des réserves de guerre, mais aussi par les grandes facilités d'investissement accordées pendant les hostilités. Ce fut, en effet, en 1916-17, que la croissance des investissements, commencée au début du siècle, culmina, ce qui correspondait à la construction de Roussillon et à l'achat des usines méridionales. En 1916, les immobilisations de la S.C.U.R. augmentèrent de 37 % et, en 1917, ceux des Établissements Poulenc Frères de 31 % *(v. graphique, p. 101)*. Les amortissements furent fortement facilités par la majoration des prix d'achat payés par l'État pour les matières stratégiques. Ainsi, les administrations publiques remboursèrent 7 800 000 francs sur les 10 634 328 francs qu'avait coûté l'usine de Roussillon. Sans doute ne pouvait-on deviner le grand avenir de l'établissement, mais il n'avait pas coûté très cher à la S.C.U.R..

Un amortissement aussi aisé permit le maintien de dividendes élevés, même s'ils faiblirent légèrement après l'arrêt de 1914-15. La masse du profit distribué se situa autour de 50 % du bénéfice brut pour la S.C.U.R. et de 30 % pour les Établissements Poulenc Frères *(v. graphique, p. 103)*.

À l'issue des hostilités, cette entreprise demeurait étroitement dirigée par les Poulenc et leurs amis ; en revanche, le conseil d'administration de la S.C.U.R. amorça une lente évolution. En 1914, sur six administrateurs, quatre étaient banquiers ; en 1919, le conseil comptait quatre banquiers et quatre techniciens, dont Nicolas Grillet et Joseph Koetschet, qui avaient dirigé le grand effort d'industrialisation de la guerre. De nouvelles figures étaient apparues au conseil, tels que Frédéric Manaut, administrateur de la société Le Chlore liquide et de la Société industrielle de Produits chimiques, et Charles Manheimer, polytechnicien, d'abord chargé d'études financières à la banque Lazard, puis recruté par le banquier Arthur Spitzer.

Plus vigoureux avait été l'essor et plus fortes furent les difficultés qui marquèrent la sortie de l'économie de guerre. Comme partout, les commandes de l'État furent brutalement interrompues et la main-d'œuvre de guerre fut vite dispersée, les femmes vivement renvoyées dans leurs foyers. Toutes les courbes économiques fléchirent brutalement à la sortie de la guerre, chute plus précoce et plus profonde chez la S.C.U.R., plus douce et plus tardive chez Poulenc.

Dès 1919, le chiffre d'affaires déflaté de la S.CU.R. était inférieur à celui de Poulenc ; en 1918, l'investissement avait été fortement freiné et, à la fin de l'année, l'usine de Roussillon avait été arrêtée et ne gardait que des effectifs réduits : 577 personnes en 1919 et 304 en 1920.

La guerre avait forcé les deux entreprises à une industrialisation accélérée pour réaliser une production de masse ; elles avaient ainsi franchi une étape décisive à travers une participation inégale à la bataille industrielle et grâce à des possibilités de financements eux-mêmes différenciés. Les Établissements Poulenc Frères détenaient 16 354 851 francs d'immobilisations amorties à 37,70 % ; leur capital social avait considérablement augmenté, en passant de 6 millions de francs en 1913 à 12 millions de francs en 1917 et il était renforcé par 3 millions d'obligations. Les comptes de la S.C.U.R., quant à eux, restaient volontairement plus modestes : ses 11 480 677 francs d'immobilisations étaient amortis à 43 % ; le capital social restait fixé au niveau de 1914, 3 200 000 francs, car l'intense production de guerre et l'appui de l'État avaient permis un meilleur financement de l'entreprise.

LA CHIMIE DANS LA PROSPÉRITÉ

L'évolution des deux entreprises dans les années 1920 trouve une unité facile dans l'histoire générale avec la participation à une phase de prospérité économique, aujourd'hui démythifiée et accusée de contenir tous les germes de crise, et dans un aboutissement particulier avec la fusion des deux sociétés qui participaient ainsi au vaste mouvement d'absorption, de prises de participations et de regroupements qui animait le capitalisme français et mondial.

La S.C.U.R. et les Établissements Poulenc Frères se développèrent par un double courant de croissance interne - essor des investissements industriels, des productions, des ventes et des bénéfices - et de croissance externe - investissements dans les filiales, prises de participations, redevances fournies par les brevets cédés. Il est tentant d'estimer la part respective des deux phénomènes, car nous ne pouvons préciser la stratégie des entreprises qu'à travers leur politique d'investissement ; l'origine des revenus reste inconnue et, en particulier, la part fournie par les filiales. Celles-ci, bien souvent, étaient encore au stade de la création et du premier développement et ne rapportaient guère.

Investissements et croissance

Quelles furent donc les stratégies d'investissement dans les années 1920 ? Sans nous illusionner sur la valeur des comptes d'immobilisations, constatons qu'ils augmentèrent de 20 418 794 francs pour les Établissements Poulenc Frères et de 23 199 257 francs pour la S.C.U.R. (valeurs en francs courants, non amorties). Ces sommes et les pourcentages qu'elles représentent ne doivent pas masquer la réalité : l'investissement interne décrût pendant les années 1920 qui forment la phase déclinante d'un cycle dont le sommet se situa pendant la Première Guerre mondiale *(v. graphique, p. 101)*. En réalité, l'investissement avait un effet décalé puisque la marge brute d'autofinancement augmentait dans les années 1920, alors que l'investissement déclinait ; le développement des immobilisations pendant la guerre ne fournit tous ses effets qu'après leur reconversion pacifique.

Nous constatons le même décalage en ce qui concerne les sommes investies dans les filiales et les participations : sauf May and Baker et la Companhia quimica brasileira, elles ne commencèrent à rapporter qu'après 1928, postérieurement à la fusion et après un temps de mise en place et de développement plus ou moins long. Les années 1920 furent encore une période de placements externes qui procurèrent assez peu de revenus. La répartition de l'origine des bénéfices des Établissements Poulenc Frères en 1923-24 était la suivante : produits généraux, 45,15 % ; spécialités pharmaceutiques, 33,71 % ; participations (dont Londres, 15,90 %), 21,14 %.

Le cinquième des revenus des Établissements Poulenc Frères était donc d'origine externe et, pour l'essentiel, fourni par les redevances versées par May and Baker.

En 1927-28, les comptes de participations s'élevaient à 11 900 000 francs pour la S.C.U.R. et 11 453 512 francs pour les Établissements Poulenc Frères, soit 51,30 et 56 % des investissements internes. Données approximatives, sans doute, puisqu'exprimées en francs courants dans une période de fortes fluctuations monétaires, mais qui expriment la nouveauté et la vigueur des investissements extérieurs aux sociétés.

L'investissement total fut donc de 31 582 306 francs pour les Établissements Poulenc Frères et de 35 099 257 francs pour la S.C.U.R..

En regard, les ressources des entreprises furent abondantes si l'on additionne la marge brute d'autofinancement, les obligations émises et les augmentations de capital.

LES RESSOURCES FINANCIÈRES DES SOCIÉTÉS

	MARGE BRUTE D'AUTOFINANCEMENT	OBLIGATIONS ÉMISES	AUGMENTATION DE CAPITAL
S.C.U.R. (1919-1927)	93 666 461 F		23 800 000 F
Établissements Poulenc Frères (1919-20 - 1926-27)	61 939 599 F	4 000 000 F	48 000 000 F

Les ressources disponibles pour la S.C.U.R. furent de 117 466 451 francs et, pour les Établissements Poulenc Frères, de 113 939 599 francs ; les taux d'investissements respectifs furent de 29,90 % et de 27,70 %. La réunion de ces sommes était, en partie, liée aux aléas monétaires et bancaires. Les redevances en provenance de pays étrangers s'apprécièrent d'autant plus que le franc s'affaiblissait. Le 10 juin 1925, les administrateurs des Établissements Poulenc Frères saluaient dans ces termes cet apport inattendu : « Nous nous plaisons à constater que les maisons étrangères avec lesquelles nous avons des accords industriels et financiers nous ont apporté un concours d'autant plus appréciable que nos parts d'intérêts nous sont versées en monnaie dont le change nous est favorable. »

Les relations avec les banques évoluèrent ; celles-ci avaient à placer les augmentations de capital et les émissions d'emprunts, non seulement des deux sociétés, mais aussi de leurs filiales en plein développement et donc gourmandes.

La S.C.U.R. continuait à passer par le canal de la Société générale, parfois appuyée par le Crédit commercial de France.

Les Établissements Poulenc Frères furent amenés à réviser leur politique bancaire. Dès 1919, Louis Pradel, devenu directeur de la Banque privée, se prononçait contre la croissance de l'entreprise, combattant, en cela, l'opinion de Camille Poulenc ; à partir de là, le désaccord fut à peu près permanent entre la majorité et Louis Pradel. De plus, la Banque privée était probablement un relais un peu faible pour une entreprise qui s'était fortement développée. En 1921, les Établissements Poulenc Frères soutenaient l'augmentation de capital lancée par la Banque privée avec qui ils rompaient toutes relations l'année suivante. En 1924, le conseil considérait que « cette perspective de hausse soutenue commande impérieusement l'obligation de renforcer la trésorerie et par des moyens permanents : seule une augmentation de capital peut pourvoir à ces moyens immédiats. (...) On ne saurait, dans les circonstances actuelles, songer à financer les affaires de la société avec le seul concours des crédits bancaires ». Louis Pradel s'opposa à ce point de vue et le conseil décida de confier à Paribas l'émission de 40 000 actions, le 20 septembre 1924.

Les sommes qui ne furent pas investies furent consacrées à l'amortissement, la mise en réserve et la distribution de dividendes. En ce qui concerne la part distribuée, la situation s'inversa par rapport à celle qui dominait avant la guerre, alors que la S.C.U.R. était plus généreuse que les Établissements Poulenc Frères. À partir de 1921, ceux-ci distribuèrent en permanence plus de 50 % de la marge brute. En revanche, le pourcentage réparti par la S.C.U.R. s'orienta à la baisse pour osciller entre 30 et 50 %, différence qui correspondait à l'effort d'investissement légèrement supérieur consenti par la S.C.U.R. *(v. graphique, p. 103)*. Le ratio :

$$\frac{\text{marge brute d'autofinancement} \times 100}{\text{chiffre d'affaires}}$$

de la S.C.U.R. fut constamment supérieur à celui des Établissements Poulenc Frères. Les taux de rentabilité du capital baissèrent par rapport à l'avant-guerre et au temps des hostilités, la S.C.U.R. gardant sa supériorité sur les Établissements Poulenc Frères (moyennes respectives : 21,60 % et 13 %) *(v. graphique, p. 106)*.

Partant de ces constatations comptables, nous devons apprécier la double stratégie interne et externe, le développement et la croissance des deux entreprises, le déploiement à travers les créations de filiales et les prises de participations.

Estimée à travers l'évolution du chiffre d'affaires déflaté, la croissance fut de 22,12 % par an pour la S.C.U.R. et de 14,29 % pour les Établissements Poulenc Frères. Ces chiffres sont évidemment très élevés et traduisent tout autant la profondeur de la crise qui suivit la guerre que la force de la croissance dans les années 1920. De plus, limiter une estimation de la croissance à la période 1919-1927 fausse le regard et il est préférable de s'interroger sur une période plus longue englobant la guerre. Si nous considérons l'époque située entre 1910 (année à partir de laquelle la croissance s'accéléra) et 1927, les performances furent alors de 4,95 % par an pour la S.C.U.R. et de 4,83 % pour les Établissements Poulenc Frères.

Le décalage entre les deux entreprises à partir de 1919 est flagrant et l'effet accélérateur de la guerre démontre son efficacité en faveur de la S.C.U.R., alors que la croissance des Établissements Poulenc Frères demeurait plus étalée. Ces taux, d'autre part, étaient beaucoup plus forts que ceux de l'ensemble de l'industrie française.

La conjoncture des années 1920-1929

À la rupture des commandes militaires qui marqua les années 1918 et 1919 succéda la crise de 1920, crise générale de l'industrie marquée par une forte chute des ventes, des trois quarts pour la S.C.U.R. et d'un quart pour les Établissements Poulenc Frères. Dès 1919, les entreprises s'étaient interrogées sur le moyen de gérer les grèves qui marquaient l'après-guerre. Après Saint-Fons et Roussillon, l'usine de Vitry-sur-Seine avait connu, en juin 1919, une grève de trois semaines, menée, semble-t-il, en solidarité avec les métallurgistes. Cet événement suggéra au conseil d'administration l'idée de décentraliser des productions vers les usines du Midi, inspiration que Camille Poulenc commentait ainsi le 9 juillet 1919 : « Il est vraisemblable que son évacuation (de l'Arsénobenzol) de l'usine de Vitry-sur-Seine, son installation au Pouzin, avec un personnel entièrement nouveau, coïncidant nécessairement avec le débauchage par nous des équipes d'ouvriers et d'ouvrières qui y sont actuellement employées, donneraient à réfléchir au reste du personnel de l'usine et contribueraient pour une part sérieuse à assurer pendant un certain temps la tranquillité du travail à Vitry-sur-Seine ». Mais il n'est pas évident que la direction des Établissements Poulenc Frères ait pu exécuter cette haute stratégie. En effet, en même temps, les deux entreprises se plaignaient des pénuries de charbon et de transport, de l'élévation du prix des matières premières et de la difficulté d'appliquer la loi des huit heures, puisqu'elle entraînait une pénurie de main-d'œuvre et contraignait à l'embauche. Le 22 mars 1920, le conseil d'administration de la S.C.U.R. soulignait : « Nous n'arrivons pas à faire marcher convenablement les ateliers. Une des causes principales réside dans la pénurie de logements disponibles ». Dès la fin de l'année 1919, les cantonnements chinois de Roussillon avaient été transformés en dix-sept logements ouvriers et les cantonnements civils de Saint-Fons en trente-six logements. Tout en projetant la création d'une société immobilière, on établit les plans et les devis de la cité à construire à Roussillon. Fruit de la nécessité, la politique immobilière de la S.C.U.R. naissait au lendemain de la guerre, puis elle accompagnerait la croissance de l'entreprise pendant des décennies. En 1923, les Établissements Poulenc Frères participaient à la création de deux sociétés de logements ouvriers à Vitry-sur-Seine et à Choisy-le-Roi.

La crise de 1920 frappait également les filiales des deux sociétés. Au début de 1921, la S.C.U.R. estimait que quatre de ses filiales - la Société normande de Produits chimiques, la Compagnie générale du Rhodoïd, Rhodia chemical et Companhia quimica brasileira - lui devaient 6 673 536 francs et lui rapporteraient moins de 200 000 francs pendant l'année. La conjoncture défavorable venait frapper des entreprises naissantes. Dans ces circonstances, les deux sociétés décidèrent une première augmentation de capital en 1920 : celui de la S.C.U.R. passa de 3 200 000 francs à 21 600 000 francs et celui des Établissements Poulenc Frères de 12 millions de francs à 20 millions de francs. Les Établissements Poulenc Frères étaient pressés par le besoin : « Il résulte que notre fonds de roulement, pour le moment tari, ne nous permet plus de soutenir l'activité sociale », déplorait le conseil le 14 avril 1920. La société avait un fort découvert qui lui coûtait 8 % l'an ; elle décida donc d'émettre 8 000 obligations à 6 %.

Le personnel pointe à la sortie de l'usine de Vitry-sur-Seine en 1920.

Après la crise de 1920, l'équilibre des deux sociétés se rétablit lentement. De 1919 à 1922, les chiffres d'affaires déflatés restèrent modestes, égaux, ou même inférieurs à ceux d'avant-guerre. En 1922-23, l'essor s'accéléra. Eugène Boyer écrivait le 5 octobre 1923 : « Nos usines ne répondent plus à la demande. Il est évident que la situation actuelle est pour une grande partie la conséquence du désarroi allemand. » Le chiffre d'affaires des années 1924-1927 se situait autour de 20 millions de francs (déflatés). Les deux marges brutes d'autofinancement connurent une progression régulière ; de 3 millions de francs courants à 13 millions de francs pour les Établissements Poulenc Frères et à 23 millions de francs pour la S.C.U.R.. Le ratio :

$$\frac{\text{marge brut d'autofinancement} \times 100}{\text{chiffre d'affaires}}$$

redevenait favorable à la S.C.U.R. après le repli des années de guerre ; il oscillait entre 10 et 20, alors que celui des Établissements Poulenc Frères restait égal ou inférieur au premier chiffre. Les deux entreprises développèrent la gamme des produits déjà fabriqués avant la guerre.

APPROCHE DE LA RÉPARTITION
DES PRODUCTIONS
DE LA S.C.U.R.
ET DES
ÉTABLISSEMENTS POULENC FRÈRES

1927 - S.C.U.R.		1925 - Établissements POULENC FRÈRES	
Prod. industriels	50 170 375 (37,9 %)	Paris	22 512 775 (18,7 %)
Parfums	13 919 221 (10,6 %)	Province	12 505 043 (10,4 %)
Saccharine	3 036 353 (2,3 %)	Exportation	29 435 029 (24,3, %)
Produits pharmaceutiques	27 027 991 (20,4 %)	Céramique	16 984 061 (14,0 %)
		Laboratoire	17 735 528 (14,7 %)
Produits labo	29 540 239 (22,4 %)	Photo	3 236 081 (2,7 %)
Rhodoïd	8 530 239 (6,4 %)	Spécialités	18 351 107 (15,2 %)
	132 764 420 (100 %)		120 759 627 (100 %)

Ces deux séries de pourcentages ne sont guère comparables puisqu'elles correspondent à des organisations commerciales fort différentes, structurées par produits, mais aussi par secteurs géographiques. Néanmoins, on peut souligner l'importance croissante, de part et d'autre, des produits et des spécialités pharmaceutiques. Celles-ci avaient été longtemps déficitaires chez Poulenc. Mais, en 1924, elles constituaient un cinquième du chiffre d'affaires et elles procuraient la moitié des bénéfices de la société, comme le soulignait le conseil d'administration : « On voit ainsi que l'exploitation directe, ou indirecte des produits spécialisés a donné, en 1924, un bénéfice d'environ 3 600 000 francs, soit près de 46 % du bénéfice total de la société. »

Les deux entreprises abordèrent de nouvelles fabrications et modifièrent la géographie de leurs productions. La S.C.U.R., à Roussillon, entama la production de l'acide acétique synthétique et du Néosalvarsan. Après son

La vente des cachets d'aspirine était déjà en 1920 une spécialité célèbre de la S.C.U.R. ; la fabrication était réalisée dans les ateliers de l'usine de Saint-Fons.

L'usine de Roussillon possédait plusieurs ateliers de tournants pour la fabrication des produits chimiques (1928).

arrêt provisoire, l'usine de Roussillon reprit une forte activité, chimique et textile. L'activité de La Plaine fut réduite à peu de chose : dès le début de 1920, une partie de son matériel fut transféré au Brésil ; le chlorure d'éthyle pour l'Europe fut désormais fabriqué à Roussillon, car le change suisse devenait trop élevé. L'usine créa aussi la synthèse des dérivés acétiques : carbure, acétylène, acétaldéhyde, acide acétique, anhydride au chlore en 1922, remplacé, en 1924, par l'anhydride au diacétate qui fut ensuite transféré à l'usine A.P. (Acétate Péage). En 1922, le périmètre industriel de Saint-Fons fut agrandi par l'acquisition de l'ancienne usine allemande confisquée de l'Aktiengesellschaft für Anilin, pour la somme de 800 000 francs ; le conditionnement des produits pharmaceutiques y fut installé.

Les Établissements Poulenc Frères pouvaient et devaient utiliser leurs usines de guerre, comme le notait le conseil d'administration, le 12 novembre 1919 : « Notre groupe industriel Ardèche-Drôme ayant été plus particulièrement chargé d'exécuter les fabrications de guerre qui ont cessé à l'armistice, nous nous voyons obligés d'entreprendre les fabrications chimiques appropriées à notre industrie. »

Ils créèrent ou développèrent les fabrications du gaïacol, du Gardénal, de la vanilline et de l'acide citrique qui fut implanté dans l'isolement d'un ancien site industriel à Moulin-Terrette, près de La Haye-Descartes, et ils s'intéressèrent à la production de l'iode et des acides aminés. L'énumération des produits fabriqués à Vitry-sur-Seine illustre bien la gamme industrielle de la société :

- *fabrications minérales :* iode, bismuth, brome, sels de lithium, acide arsénique, sulfate de baryum ;
- *principes végétaux :* beurre de cacao, caféine, digitaline, acide citrique, glucose ;
- *fabrications organiques :* Gardénal, diphénylguanadine, bromure de méthyle.

L'usine de Loriol-sur-Drôme fabriquait les glycérophosphates, le Novarsénobenzol, le gaïacol, le sulfate de méthyl, l'hydroquinone et les dérivés du phosphore.

L'usine de Saint-Fons possédait plusieurs ateliers de synthèse pharmaceutique. L'un d'entre eux en 1928.

Dans le domaine pharmaceutique, les productions et les intentions de productions des deux sociétés pouvaient se rencontrer et se heurter. À propos des produits salicylés et de l'Analgésine, le président des Etablissements Poulenc Frères déclarait, le 8 septembre 1921 : « Il existe en France une fabrication très puissante assurée par la Société des Produits chimiques du Rhône et de qui, si pour ces deux groupes de fabrication, nous faisions seulement ce qui est nécessaire pour en paraître fabricants, nous obtiendrions probablement de notre confrère français des conditions d'approvisionnement telles que nous ne pourrions pas nous maintenir nous-mêmes dans la fabrication. »

Les Établissements Poulenc Frères renforcèrent leur position dans le domaine des instruments de laboratoire en continuant à intégrer dans l'organisation commerciale et industrielle les savoir-faire des petites entreprises parisiennes. En février 1921, ils achetaient la maison Golaz, spécialiste de mécanique de précision, pour 60 000 francs. En mai, ce fut le tour de la maison Roberteau, fabricant de thermomètres, qui employait 6 personnes

Dans cet atelier de synthèse de l'usine de Saint-Fons, on fabriquait peut-être la saccharine (1928).

Le conditionnement des produits pharmaceutiques était réalisé par une main-d'oeuvre féminine (usine de Saint-Fons, 1928).

et faisait 25 000 francs de bénéfices par an, car, selon le conseil d'administration : « En dehors de l'intérêt que nous aurions à faire disparaître un concurrent sérieux, par cette acquisition, nous arriverions à contrôler environ 80 % de la fabrication actuelle des thermomètres pour laboratoires et industries en France. » Roberteau entrait chez Poulenc comme chef d'atelier et il gardait une part d'intérêt dans les ventes. Enfin, la maison Delaunay, qui employait 5 personnes et produisait des appareils de laboratoire, fut achetée 40 000 francs. En 1922, l'ensemble de ces fabrications fut regroupé rue Pelée.

La S.C.U.R. concentrait ses efforts de recherche sur le laboratoire de Saint-Fons, divisé en trois services : les recherches pharmaceutiques (professeur Delépine), les recherches cellulosiques (commun avec la Rhodiaceta) et les recherches chimiques (Professeur Gault). Les possibilités des Établissements Poulenc Frères en ce domaine, étaient plus disséminées, probablement plus faibles, et elles se partageaient entre le laboratoire de Vitry-sur-Seine et les laboratoires externes. Le centre de Vitry-sur-Seine se divisait lui-même en un laboratoire de chimie minérale, dirigé par Serre et un laboratoire de chimie organique, mené par Meyer, Ernest Fourneau et Carl Oeschlin, spécialisé dans les dérivés organiques arsenicaux. D'autre part, les laboratoires extérieurs travaillaient sur des points spécifiques avec l'aide financière des Établissements Poulenc Frères. En 1926, on en comptait quatre :

- le laboratoire de l'abbé Jean-Baptiste Senderens à Barbachau ;
- le laboratoire de Moureu au Collège de France, qui mettait au point un plastique dérivé de l'acroléine ;
- le laboratoire Behal à la faculté de pharmacie de Paris ;
- le laboratoire Freyss à Nancy.

L'efficacité, l'importance et, en tout cas, les résultats de la recherche furent très inégaux ainsi qu'en témoigne la statistique des brevets déposés au cours de la décennie qui suivit la Grande Guerre.

BREVETS DÉPOSÉS (1919-1927)

	EN FRANCE	À L'ÉTRANGER	TOTAL
S.C.U.R.	108	460	568
Établissements Poulenc Frères	24	89	113

La supériorité de la S.C.U.R. était ainsi affirmée dans le domaine de la recherche. Les dépôts de brevets, en France et à l'étranger, n'avaient pas la même portée ; le dépôt français exprimait l'invention, la diffusion hors des frontières était relative à l'importance, aux prévisions d'utilisation, aux pressions de la concurrence, en un mot à la conjoncture internationale. Dès les années 1920, la statistique des brevets de la S.C.U.R. fut renforcée par l'activité de recherche dans le domaine textile.

Directions et main-d'œuvre

D'autre part, l'organisation directoriale des deux sociétés différait profondément. La société familiale Poulenc restait fidèle au système des administrateurs-délégués qui correspondait au rôle joué par les Poulenc. Depuis l'origine, la société était dirigée par trois administrateurs-délégués et un quatrième s'occupait des spécialités pharmaceutiques. En 1919 avaient été créés des postes de sous-directeurs administratifs à Vitry-sur-Seine et à Loriol-sur-Drôme-Le Pouzin. En 1926, devant la décision de Gaston Poulenc d'abandonner les fonctions d'administrateur, le Conseil proposa et vota un projet de réorganisation de la direction qui aurait ainsi compris les spécialisations suivantes :

- direction générale : Camille Poulenc et Georges Roché ;
- direction des fabrications et services techniques : Camille Poulenc et professeur Armand Valeur ;
- direction générale des services financiers, commerciaux et administratifs : Georges Roché. Elle-même se divisait entre un secrétariat général et services financiers (Georges Wendling) et une direction des services commerciaux et administratifs (Robert Trimbach et Émile Poulenc) ;
- direction générale des études et de l'exploitation des produits spécialisés, qui contrôlait, d'autre part, Livron-sur-Drôme et les ateliers de la rue de Bretagne et de la rue Lenoir.

Mais d'amicales pressions s'exercèrent sur Gaston Poulenc qui accepta de retirer sa démission et le projet de réorganisation de la direction ne fut pas appliqué avant la fusion de 1928.

La S.C.U.R., qui avait plus tôt échappé au pouvoir de ses fondateurs, avait renoncé aux administrateurs-délégués dès 1905, date à laquelle la direction générale avait été confiée à Henri Sévène. Au lendemain de la guerre, la société était gérée par un système de directions multiples :

- direction technique : Nicolas Grillet ;
- direction scientifique : Joseph Koetschet ;
- direction commerciale : Géo Perrotin ;
- chef des approvisionnements : Albert Hardy.

Un secrétariat général était tenu par Rodolphe Pfister, assisté par René Sévène. Mais, dès 1919, Nicolas Grillet devenait directeur général, ce qui l'amena à abandonner son poste d'administrateur et, en 1921, Adam Oser le remplaça à la direction technique.

Les deux sociétés durent employer, comme les autres entreprises françaises, une main-d'œuvre bien différente de celle qui travaillait avant-guerre. Les sondages dans les livres de paye et d'embauche pallient partiellement à l'absence de statistiques globales. Le recrutement des ouvriers de Saint-Fons et de Roussillon était ethniquement très différencié. En 1924, un échantillon de 510 ouvriers de Saint-Fons comprenait 17,25 % de Maghrébins, 6,27 % d'Italiens et 2,35 % d'étrangers divers, mais, à Roussillon, la même année, les ouvriers originaires d'Afrique du Nord

La fabrication de la verrerie destinée aux laboratoires était une tradition des Établissements Poulenc Frères. Dans cet atelier, la verrerie était étalonnée (1928).

étaient absents et un échantillon de 366 travailleurs révélait 20,41 % d'Espagnols et 1,47 % d'étrangers divers.

En revanche, l'instabilité était à peu près identique dans les deux usines : au bout d'un an, 42,15 % des embauchés de Saint-Fons et 44,26 % des embauchés de Rousssillon avaient quitté leur lieu de travail. Les raisons de départ retenues par le second établissement confirme les difficultés d'adaptation au travail industriel : dans 57,40 % des cas, le départ était « volontaire », ce qui pouvait recouvrir diverses motivations ; d'autre part, le refus des conditions de travail entraînait 11,11 % des abandons et les conditions salariales 12,90 %. Le licenciement n'intervenait que dans 18,50 % des cas, expliqué souvent par l'inaptitude au travail ou l'ivresse.

Les investissements extérieurs des Établissements Poulenc Frères

Les documents les plus nombreux de la période 1918-1928 portent sur la croissance externe qui présentait un fort caractère de nouveauté, voire d'exotisme, et peut-être aussi de risque mal maîtrisé. Ces prises de participations, ces créations de filiales peuvent être classées selon plusieurs critères : initiatives de la S.C.U.R. et des Établissements Poulenc Frères, initiatives en France et à l'étranger, partage entre les initiatives chimiques et textiles de la S.C.U.R.

Les Établissements Poulenc Frères avaient, dès le début du siècle, établi des relations avec la société May and Baker et elles avaient été renforcées pendant la guerre. En 1919, la majorité du capital de la société anglaise était détenue par Richard et Philip Blenkinsop et William Grantley Hyde. La même année, la société française reprit les actions acquises par Georges Roché à titre personnel pendant la guerre et songeait à élargir sa participation. Comme les livres sterling faisaient défaut, Louis Pradel proposait un paiement en actions Poulenc. La question se posa avec plus d'acuité lorsque le Gouvernement britannique interdit les importations de produits chimiques ; Georges Roché insista alors sur le fait que: « pour l'Empire britannique, il importe que ce soit une maison anglaise qui fabrique les produits nécessités par l'Empire, et non pas un fabricant étranger ». La question fut reprise plus énergiquement en 1923 : les héritiers mineurs de Richard Blenkinsop, décédé en 1919, détenaient 95 000 actions sur un total de 237 250. Ils souhaitaient les céder et la difficulté de la conversion des francs en livres pouvait être tournée en rachetant les actions grâce aux redevances perçues par les Établissements Poulenc en Grande-Bretagne. Georges Roché présentait ainsi la stratégie de l'opération, le 1er mai 1923 : « Il n'est pas discutable qu'il y ait un intérêt primordial pour les Établissements Poulenc Frères et May and Baker à ce qu'il s'établisse une pénétration plus intime et plus profonde de la première dans la deuxième. Il demeure entendu que l'affaire anglaise devrait conserver quoi qu'il arrive son caractère national. (...) Il faut que les Établissements Poulenc Frères disposent à leur gré d'une maison anglaise pour l'exploitation du marché britannique. »

Le règlement de la question du rachat des actions May and Baker tarda jusqu'en 1927, car il est probable que les actionnaires britanniques discutèrent les conditions et demandèrent une clause de déchéance en cas de non-paiement ; en 1927, les redevances perçues par les Établissements Poulenc Frères étaient assez importantes pour qu'une solution fût trouvée. À la suite de l'accord du 16 juin 1927, May and Baker céda à la société française 159 291 actions pour 262 830 livres (91 650 appartenaient aux héritiers de Richard Blenkinsop, et 37 091 à William Grantley Hyde).

75 % du montant des redevances étaient consacrés au paiement qui s'échelonnerait jusqu'en 1943 et les Établissements Poulenc Frères devinrent ainsi propriétaires de 85 % du capital de May and Baker. La société anglaise reçut la concession de 36 brevets de spécialités pharmaceutiques et rétribua les Établissements Poulenc Frères en versant 12,50 % de la valeur des ventes de ces produits. Les dirigeants britanniques demeurèrent à leur poste tout en étant intéressés aux ventes des spécialités. Ainsi, May and Baker, solidement amarrée à la firme française, devint la voie par laquelle allaient être vendus les produits Poulenc à travers l'Empire britannique.

Selon un schéma classique, les prises d'intérêts des Établissements Poulenc Frères en Italie, en Pologne et au Canada étaient imposées par la montée des barrières douanières, comme l'exprimait le conseil d'administration, le 4 octobre 1922 : « C'est ainsi que dans les pays dont la législation douanière limite ou entrave nos importations, nous avons aidé à la création de sociétés anonymes dont nous avons acquis un nombre de titres suffisants pour nous en réserver le contrôle. »

Les Établissements Poulenc Frères avaient comme agent de vente en Italie la Societa nazionale Produtti Chemice et Farmaceutici de Milan. Celle-ci souhaitait passer à la fabrication de l'Arsénobenzol et de divers produits de la même famille. Pour cela fut créé à Milan, en 1921, l'Instituto nazionale de Chemiotherapia au capital de 1 100 000 lires, partagé entre trois actionnaires : Poulenc Frères (35 %), le Professeur Ernesto Belloni (30 %) et Carlo Frua de Angeli (35 %). Le deuxième, ancien professeur à l'université de Padoue et podestat de Milan, devint administrateur de Poulenc Frères.

En 1922, les Établissements Poulenc Frères décidèrent de concentrer les fonctions commerciale et industrielle dans l'Instituto : « Comme nous avons les plus grands espoirs de voir se développer la pénétration de nos produits spécialisés sur le marché italien, si nous sommes convenablement organisés et que la personnalité de Ernesto Belloni nous offre le maximum de garanties de succès », déclarait Georges Roché le 2 avril 1922, « la direction a envisagé favorablement l'hypothèse de nous substituer à Frua de Angeli comme bailleurs de fonds ». La société décidait donc de racheter les 35 % du capital qui appartenait à ce dernier afin de contrôler la filiale et d'en assurer le fonctionnement régulier.

En Pologne, la société Ludwik Spiess I Syn était une ancienne et importante importatrice de produits chimiques et surtout pharmaceutiques. Ludwik Spiess avait fait partie du Comité national polonais et il avait noué de bonnes relations avec Georges Roché en 1918. Dès 1919, il demanda une assistance technique pour créer une industrie pharmaceutique en Pologne, demande reçue avec inquiétude par Camille Poulenc : « S'il réussissait dans son entreprise, elle serait dans ce cas susceptible de supprimer nos exportations en Pologne et dans les pays circum-voisins. » Ludwik Spiess proposa une participation croisée et une part des bénéfices. À la suite d'un voyage de la direction en Pologne, Georges Roché entra au conseil d'administration de Ludwik Spiess I Syn et celui-ci devint administrateur des Établissements Poulenc Frères. En juillet 1921, ceux-ci achetèrent 2 200 actions de la société polonaise, puis souscrivirent à une nouvelle émission qui leur permit de devenir majoritaires. Sur le plan strictement financier, l'affaire était bonne car les actifs de Ludwik Spiess I Syn furent réévalués en hausse en 1925.

Au Canada, l'implantation Poulenc fut modeste. Avant 1914, la société Poulenc y était représentée par Rougier Frères de Montréal. Le 1er septembre 1920, le capital de la maison de commerce fut renforcé par Poulenc Frères, qui modifia sa raison sociale en Laboratoires Poulenc Frères chargés de conditionner certaines spécialités.

En dehors de ces filiales commerciales et industrielles, les Établissements Poulenc Frères s'intéressèrent à deux sites miniers. Toujours à la recherche de minerai de lithium, ils rachetèrent en octobre 1927 les mines de lépidolite d'Alvarroes près de Guarda, au Portugal. En août de la même année, ils avaient pris une participation dans la Société anonyme de Salsigne afin de mettre au point les procédés industriels de récupération du bismuth, mais ce fut un échec.

Sans doute tous les horizons géographiques n'étaient-ils pas couverts par les filiales des Établissements Poulenc Frères qui restaient étonnamment absents du marché des États-Unis. En 1921, Georges Roché et Philip Blenkinsop y firent un voyage et y conclurent un accord qui prévoyait le partage des bénéfices avec Power, Weightman et Rosengarten pour la fabrication des produits arsenicaux. D'autre part, les Établissements Poulenc Frères obtinrent l'exploitation d'un certain nombre de brevets Bayer en laissant 70 % des bénéfices à la société allemande.

Une expansion différente : la S.C.U.R.

Ainsi la croissance externe des Établissements Poulenc Frères se réalisa par des prises de contrôle et de participations dans des entreprises existantes.

La stratégie de la S.C.U.R., orientée à la fois vers la chimie et vers les textiles artificiels, fut différente.

Au moment où la guerre se termina, la S.C.U.R. était engagée dans deux participations dont l'évolution allait être difficile. Le destin de la Compagnie générale du Rhodoïd, filiale par moitié avec la Société lyonnaise du Celluloïd, fut assez vite réglé. Les essais de fabrication furent peu satisfaisants. En 1920, la Société lyonnaise du Celluloïd fut incapable de participer à l'augmentation de capital et la S.C.U.R. lui racheta ses actions. La Compagnie générale du Rhodoïd fut dissoute le 5 mars 1923, les actifs furent intégrés à la S.C.U.R. et la production fut transférée de Saint-Fons à Roussillon. Les succès commerciaux furent limités, seul le Nacrolaque s'avéra une réussite en 1925. La Société normande de Produits chimiques avait des équipements et des résultats médiocres, menacés par la concurrence de la Compagnie de Saint-Gobain et de Progil. En 1925, la S.C.U.R. engagea des négociations avec ces deux sociétés pour créer une filiale commune, ce qui fut réalisé le 3 novembre 1925 ; le capital était porté de 1 500 000 francs à 4 500 000 francs et 12 000 actions souscrites par les anciens actionnaires (400), la Compagnie de Saint-Gobain (5 000), Progil (5 000) et la S.C.U.R. (1 600). Chacune des trois sociétés avaient trois représentants au conseil et « l'ancien » capital deux. L'entreprise devait fabriquer des acides formique et oxalique, selon le procédé allemand Schloss acheté à la Compagnie de Saint-Gobain, Progil et la Compagnie de Saint-Gobain arrêtant leur propre production. La vente de l'acide oxalique était réservée à la Compagnie de Saint-Gobain et à Progil, celle de l'acide formique à Progil (65 %), à la S.C.U.R. (20 %) et à la Compagnie de Saint-Gobain (15 %). L'acide lactique et le stéarate de zinc étaient commercialisés par la S.C.U.R. et les besoins des trois sociétés étaient satisfaits avec 15 % de remise sur les prix. La filiale commune éliminait ainsi une concurrence entre les trois entreprises.

En novembre 1926, la S.C.U.R. souscrivait une participation dans la Société d'Acétosynthèse ; cette société avait été créée, en 1923, par la Compagnie Nationale des Matières colorantes, Progil et la Société industrielle des Produits Électrochimiques Bozel Lamotte et elle fabriquait dans l'usine de Bozel Villard. En 1926, l'augmentation de capital de 4 200 000 francs à 5 600 000 francs permit à la S.C.U.R. de devenir un quatrième partenaire et d'apporter sept brevets, concernant la production de l'anhydride acétique et de l'acide acétique, que la S.C.U.R. s'engageait à ne fabriquer que pour satisfaire ses besoins et ceux de la Rhodiaceta.

La consommation croissante de la société en carbure de calcium, dont les prix étaient fixés par l'entente des carbures, l'amena à s'intéresser aux chutes d'eau et aux usines hydroélectriques. À fin de la guerre, la S.C.U.R. avait acheté des terrains sur la haute Vézère et elle avait prévu la construction de l'usine de Treignac. Le 16 octobre 1919 l'énergie des cours d'eau fut nationalisée et une demande de concession fut déposée le 23 décembre 1921. La société estimait que la chute de la Virole fournirait 25 millions de KWh, permettant la fabrication de 5 000 tonnes de carbure. D'autre part, la S.C.U.R. fut amenée à participer à la formation de la Société hydroélectrique du Drac inférieur. Juste après la guerre, la Société hydroélectrique du Drac inférieur-Romanche avait été constituée avec la participation du groupe Gillet et la centrale du Drac, près de Pont-de-Claix avait été mise en service en 1921. En 1928, la S.C.U.R., sur la recommandation d'Edmond Gillet, engagea des pourparlers avec Aimé Bouchayer pour équiper et exploiter la chute du Rondeau et le 15 février 1929 fut donc constituée la Société hydroélectrique du Drac Inférieur au capital de 15 millions de francs répartis entre la Société Fure et Morge (10 000 actions), la S.U.C.R.P. qui succédait à la S.U.C.R. (10 000 actions), le Comptoir des Textiles Artificiels (C.T.A.) [5 000 actions] et Rhodiaceta (5 000 actions).

Restent à évoquer les entreprises chimiques développées à l'étranger par la S.C.U.R., qui se résument en une réussite et un échec.

Réussite brésilienne, sans nul doute. Les terrains de la banlieue de São Paulo avaient été achetés dès 1914. En août 1919, le conseil affirmait : « Des considérations d'ordres divers nécessiteront vraisemblablement à long délai la création d'une usine au Brésil sur les terrains déjà acquis par la société avant guerre. » Création rendue effective par la constitution de la Companhia quimica Rhodia brasileira, dirigée, dès l'origine, par Henri Sannejouand. Le capital initial était de 1 500 contos de reis dont les 4/5 furent souscrits par la S.C.U.R. et 1/5 par des Brésiliens. Selon sa vocation initiale, l'entreprise, qui disposait de 170 000 m^2 de terrains, fabriquait les lance-parfum, puis la Rhodine et l'acide sulfurique pour assurer son indépendance. La S.C.U.R. joua le rôle de banquier envers sa filiale qui lui devait, en 1920, 3 720 000 francs. Néanmoins, les conditions du marché brésilien, protégé par des barrières douanières, étaient telles que la société brésilienne fut bénéficiaire dès 1925 ; elle commença à verser à sa société-mère des dividendes croissants (3 millions de francs en 1928).

L'expérience de la S.C.U.R. aux États-Unis fut à la fois plus difficile et plus complexe, d'abord marquée par l'échec de la tentative d'établir une filiale. La S.C.U.R. avait déjà essayé d'implanter ses fabrications avant la guerre et l'ingénieur qu'elle avait alors employé, Max Mueller, était resté aux États-Unis. Dès 1918, ce dernier proposa à Nicolas Grillet de fabriquer quelques produits et cette suggestion reçut l'appui de l'industriel américain, John White, président de la John White Incorporated Company. La Rhodia chemical Company fut créée le 17 février 1919. John White et Max Mueller souscrivirent chacun 970 actions, la S.C.U.R. en reçut 1 500 pour ses apports et en souscrivit 1 557. Nicolas Grillet, Joseph Koetschet et Rodolphe Pfister devinrent administrateurs de la nouvelle filiale. Celle-ci acheta l'usine de New Brunswick à l'Empire chemical Company, elle-même filiale de Kinsi chemical Company ; payée par 1 000 actions de la Rhodia chemical Company, l'usine se vit assigner une triple fonction :

- fabriquer et vendre les produits de synthèse de la S.C.U.R. (saccharine, hydroquinone, chlorure d'éthyle, rhodol, résorcine, diméthylsulfate) ;
- commercialiser aux États-Unis les produits et les licences de la S.C.U.R. ;
- vendre des produits chimiques américains.

Henri Poizat, ancien chef de fabrication de La Plaine, démarra les activités de l'usine, qui n'obtint que de médiocres rendements, sauf pour la résorcine et l'hydroquinone. La filiale ne fut jamais bénéficiaire ; elle accumula les pertes. Il semble bien que son fonctionnement ait été paralysé par les conflits qui opposaient John White et Max Mueller et perturbé par les fluctuations de change. Elle fut liquidée en avril 1925, mais Max Mueller resta le représentant des produits fabriqués par la S.C.U.R. aux États-Unis et il continua à exploiter quelque temps l'usine, qui fut ensuite reprise par la Newport chemical Works Company, puis finalement rachetée par Du Pont de Nemours en août 1931. Il est évident que la S.C.U.R. manquait là une occasion historique de s'implanter sur un marché important où la chimie organique était alors peu développée.

Outre ces vastes entreprises d'installations de filiales étrangères, la S.C.U.R. participa à plusieurs exploitations communes de brevets. Le 24 novembre 1923, un accord fut signé avec Bayer, puis repris par l'I.G. Farben, concernant plusieurs produits vétérinaires (Moranyl, Naganol) ; l'I.G. Farben assurait la fabrication et la commercialisation dans tous les pays, sauf en France, aux colonies et en Belgique, où opérait la S.C.U.R. qui recevait 30 % des bénéfices en rétribution de sa collaboration. Le 15 avril 1927, la S.C.U.R. concédait la fabrication de l'acide butyléthylbarbiturique, moyennant 5 % du montant des ventes et, le 7 juin 1923, la société néerlandaise Electro Zuur en Waterstoffabrik commençait l'application des procédés de la S.C.U.R. pour la fabrication de l'acide acétique, moyennant le versement d'un tiers des bénéfices.

La création de la filière textile

L'écart se creusa entre la S.C.U.R. et les Établissements Poulenc Frères et bientôt la supériorité de celle-là sur ceux-ci se confirma par la création de la filière textile.

L'intérêt pour les textiles artificiels en Europe occidentale était ancien et avait entraîné la mise au point de trois grands procédés à partir de la cellulose : par le nitrate de cellulose (ou nitrocellulose) filé ou soie Chardonnet, puis par la soie cuproammoniacale, procédé de Bemberg, et, enfin, par la viscose. Les développements industriels étaient importants et, déjà en 1911, les producteurs « au cuivre » et ceux de viscose s'étaient regroupés commercialement dans le Comptoir des Textiles Artificiels.

Dès avant 1914, les possibilités de l'acétate de cellulose avaient été perçues et plusieurs tentatives de filature avaient été effectuées à Bâle et à Besançon. Le 14 décembre 1910, la S.C.U.R. avait déposé un premier brevet et, pendant la guerre, elle avait largement développé une production d'acétate de cellulose qui servait alors à enduire les avions construits en bois et en toile et qui fut vendue à tous les gouvernements alliés. La fabrication de la S.C.U.R. était d'ailleurs concurrencée par celle des frères Dreyfus qui avaient étudié l'utilisation de l'acétate de cellulose pour la confection de films cinématographiques ininflammables et qui avaient créé une usine au Petit-Quevilly en Normandie. La S.C.U.R. disposait en 1918 de brevets nombreux et importants qu'elle avait tout d'abord tenté de valoriser dans l'expérience, assez décevante, du Rhodoïd.

D'autre part, l'usine de Roussillon offrait de vastes locaux disponibles. La société était donc incitée à emprunter une voie ouverte par d'autres et à apporter une réponse supplémentaire à la question des textiles artificiels. Les réflexions menées par la direction pendant la guerre aboutirent précocement ; dès février 1918, Nicolas Grillet demanda à Edmond Prince, qui s'efforçait de fabriquer du Rhodoïd, de s'occuper de la filature de l'acétate avec l'aide de l'ingénieur Amiet et de l'aide-chimiste Paul Siau. La mise au point des techniques de fabrication fut difficile ; on utilisa d'abord des filières en verre terminées par un capillaire et on commença par filer de haut en bas, puis, on inversa le sens, de bas en haut, comme dans les autres filatures de soie artificielle. En septembre 1919, la maison Frachon, Queyras et Rouchon tissait pour la première fois une pièce de soierie avec une chaîne acétate. À la fin de cette année, Edmond Gillet et Alfred Bernheim, qui étaient de grands spécialistes en viscose, visitèrent l'atelier d'essai d'un produit qui promettait de concurrencer leur propre fabrication. Puis on expérimenta la teinture dans la masse, technique assez difficile car les colorants existants se mélangeaient mal au collodion. En janvier 1922, on réalisa une installation en demi-grand pour la production de l'acétate et la récupération de l'acétone, les possibilités de récupération des matières volatiles apparurent très vite comme une des conditions d'une exploitation économique.

Dès le début de l'année 1920, la S.C.U.R. avait songé à créer une société d'exploitation spécifique et, en 1921, les contacts s'étaient multipliés avec Edmond Gillet, son gendre Lucien Chatin et Alfred Bernheim. Ceux-ci représentaient le Comptoir des Textiles Artificiels (C.T.A.). Créé en 1911, le Comptoir regroupait alors les deux entreprises qui fabriquaient de la soie au cuivre et qui adoptèrent alors le procédé viscose très supérieur (La Soie artificielle d'Izieux et La Soie artificielle de Givet) et les autres sociétés qui produisaient déjà de la viscose (Société française de la Viscose, Société ardéchoise de la Viscose, Société française des Crins artificiels). Dans les années 1920, d'autres sociétés étaient venues renforcer le C.T.A. : il s'agissait de la Soie artificielle du Sud-Est, de la Société nationale de la Viscose et de la Société de la Soie Artificielle d'Alsace. Le C.T.A. avait la charge de commercialiser la production des diverses sociétés, de coordonner et de rationaliser leur production. Aussi, au moment où la S.C.U.R. allait se présenter sur le marché de la soie artificielle, celui-ci était déjà solidement contrôlé.

On conçoit donc assez bien les motifs réciproques qui poussèrent à l'entente : le groupe Gillet pouvait s'inquiéter d'une concurrence intégrée à la chimie, la S.C.U.R. devait constater son ignorance du marché textile et tout spécialement de cette soierie du Sud-Est, domaine privilégié d'intervention des Gillet. Chacun sut prendre la mesure des forces de l'autre comme des avantages du rapprochement, et en avril 1922 fut signé le premier protocole d'accord consacrant la naissance de la Société pour la Fabrication de la Soie artificielle Rhodiaseta, au capital de 3 millions de francs. Le Comptoir des Textiles Artificiels apportait sa connaissance du marché, ses relations et son organisation de vente.

Dans les années 1930, l'affiche vantant la vanilline aux consommateurs anglo-saxons était résolument moderniste et consumériste.

La popularisation de l'aspirine des usines du Rhône fut probablement la première grande opération publicitaire réussie par la société. Des supports divers, telles l'affiche et la bande dessinée, y participèrent.

La S.C.U.R., pour sa part, faisait apport de « ses procédés, brevets et secrets de fabrication d'un acétate de cellulose convenant à la fabrication de la soie artificielle », de son procédé de fabrication de soie à l'acétate de cellulose, de ses procédés brevetés de teinture de soie à l'acétate (brevets déposés en France, en Allemagne, aux États-Unis, en Grande-Bretagne, en Suisse). Le rapport de Willard, Commissaire aux apports, rappelait en ces termes : « La notoriété mondiale acquise par la S.C.U.R., spécialement en ce qui concerne l'acétate de cellulose, n'est étrangère à aucune des voies. Bien avant la guerre, elle livrait ce produit à des maisons très importantes ; pendant les hostilités, elle l'a fourni à tous les alliés. »

Les apports de la S.C.U.R. furent rétribués par 750 parts de fondateur recevant 10 % des bénéfices et le capital global fut détenu par moitiés par la S.C.U.R. et le C.T.A.. Celle-là fournissait jusqu'à 500 kg d'acétate par jour ; au-delà de cette limite, elle accorderait à la Rhodiaceta une aide technique pour créer une fabrication autonome. Enfin, la nouvelle société s'engageait à construire une usine dans la région lyonnaise. Aussi, entre 1922 et 1928, une assez longue période fut consacrée à la mise en route, à la construction des équipements, au perfectionnement technique et au démarrage des fabrications. La construction des équipements suivit le développement des activités de la Rhodiaceta.

Dans un premier temps, l'usine de Saint-Fons fournissait la totalité de l'acétate de cellulose et cette statistique suggère le rythme lent du développement de la production de fil, puisqu'un démarrage véritable n'apparut qu'en 1926.

FOURNITURES D'ACÉTATE À LA RHODIACETA

• 1923	14 399 kg	• 1926	219 603 kg
• 1924	105 325 kg	• 1927	483 791 kg
• 1925	95 517 kg	• 1928	727 627 kg

Les activités de filature avaient débuté à Roussillon dans l'atelier Pharlabos. Jusqu'en 1925, elles restèrent très imparfaites et ce n'est qu'au mois de janvier de cette année que la cellule prototype de filature de bas en haut, avec filière à trous multiples, fut mise au point par Max Niogret et Guillaume Lardy. La première livraison de soie avait lieu le 5 avril 1923, mais le flux de ventes ne devint régulier qu'en juillet 1924.

Un deuxième stade d'investissement fut décidé en 1924 ; en juillet, le bureau d'études de Saint-Fons étudia les plans de l'usine A.P. (Acétate Péage) dont la construction débuta en octobre 1925, mais qui n'entra en production que vers le milieu de l'année 1928 ; cet aboutissement était souhaité par la S.C.U.R. qui estimait avoir assez détourné de ressources pour procurer de l'acétate bon marché à la Rhodiaceta.

En 1924, de vastes terrains furent acquis à Lyon-Vaise et la construction fut autorisée le 23 juillet 1925. Elle fut lente car contrariée par la dénivellation du sol, par la nécessité d'organiser l'approvisionnement en eau à partir de la Saône et d'équiper le site en voies ferrées. La plus grande partie des bâtiments fut érigée entre décembre 1926 et septembre 1928 et le premier fil fut produit le 17 septembre 1928 sous la direction de Marcel Bô et Pierre Lombard. La société ne disposa donc d'un équipement autonome et important qu'à partir de 1928. Cette même année, elle améliorait ses productions de base par l'acquisition de brevets allemands. Le 25 avril, un accord fut conclu entre la Société d'Acétosynthèse, la S.C.U.R. et la Rhodiaceta, en vue de l'achat à la société Wackerchimie d'un brevet pour la préparation de l'anhydride acétique par voie thermique, moyennant 175 000 marks et une redevance de 1,50 pfennigs par kg. Le 11 mai, Rhodiaceta acheta au même inventeur allemand trois brevets pour la préparation de l'acide acétique. Cette vente exclusive était payée 75 000 marks.

À l'instar de la S.C.U.R., la Rhodiaceta inaugura, autour des lieux de fabrication de Roussillon et du Péage, une politique du logement, condition impérative pour regrouper et fixer une main-d'œuvre suffisante dans une région d'agriculture traditionnelle. L'édification de la cité de Roussillon débuta en 1927 et les constructions s'échelonnèrent ainsi :

- 1927 : 20 maisons (80 logements),
- 1928 : 20 maisons (80 logements),
- 1929 : 10 maisons (44 logements).

En 1928-29, cinquante logements de la cité des Sablons furent réalisés pour les travailleurs étrangers, ainsi que les cinq villas d'ingénieurs de la cité du Péage.

La période 1922-1928 réalisa les investissements les plus importants dans le domaine du textile, sans en obtenir une rétribution immédiate *(v. graphique, p.205)*. Le financement fut réalisé à parts égales par la S.C.U.R. et le C.T.A. sous la forme d'augmentations de capital, d'avances réalisées par les deux sociétés-mères et les banques auprès desquelles elles se portaient garantes. Le capital primitif passait de 3 millions à 15 millions de francs « pour régulariser les avances faites par nous, de moitié avec nos associés ». D'autre part, le compte « créditeurs divers, hors fournisseurs » se gonfla fortement jusqu'en 1929, traduisant l'endettement de la société.

LE COMPTE "CRÉDITEURS DIVERS"
À LA RHODIACETA

• 1925	13 141 950 F
• 1926	12 466 190 F
• 1927	29 275 011 F
• 1928	74 132 531 F
• 1929	116 363 465 F

La société Rhodiaceta encaissa des bénéfices à partir de 1923, mais les amortissements ne commencèrent réellement qu'en 1927 et aucun dividende ne fut distribué avant les années 1930.

Toute la décennie 1920-1930 fut donc pour la S.C.U.R. et pour le C.T.A. une période d'investissements à long terme, visant à consolider une branche industrielle novatrice.

Les implantations textiles à l'étranger

La diffusion des nouvelles techniques textiles vers l'étranger fut menée avec une célérité exemplaire, qui se justifiait largement par la volonté de prendre date et de devancer d'éventuels concurrents. Alors que la Rhodiaseta était en plein effort d'investissement, elle organisa l'exploitation de ses brevets à l'étranger. La puissance traditionnelle de la chimie allemande imposait beaucoup de prudence outre-Rhin. Dans la plupart des autres pays, la Rhodiaceta s'efforça de vendre ses brevets moyennant 25 % des actions ou des bénéfices.

Les voies utilisées pour pénétrer sur les marchés allemand, italien et suisse, furent prudentes et masquées, « forme d'exécution qui a été choisie pour des raisons d'opportunité » affirmait le conseil d'administration. La S.C.U.R. et la Rhodiaceta créèrent pour cela, à Bâle et à Vaduz au Liechtenstein, quatre sociétés qui devaient servir de relais et de paravents. À Bâle, la société holding Latexta AG avait un capital de 500 000 francs suisses dont 62,50 % appartenaient à la S.C.U.R. et à la Rhodiaceta, et 37,50 % à la Société privée de Gestion, qui, elle-même, était à 75 % une filiale de la Rhodiaceta. D'autre part, le 8 novembre 1927 fut créée à Vaduz la Textilia Handelsanstalt, au capital de 150 000 francs ; cette société, qui devait gérer les participations et les brevets, reçut les licences de la soie à l'acétate pour l'Allemagne, l'Autriche, la Hongrie et la Tchécoslovaquie. Au-delà de ces raisons sociales, très étroitement liées aux entreprises françaises, la Société de Participation industrielle fut créée à Bâle le 17 novembre 1927, au capital de 12 500 000 francs suisses, puis de 20 millions, par Fritz Cadafer, Max Stähelin et Alfred Veit-Gysin. Les intérêts français y étaient minoritaires et le premier conseil d'administration comprenait, pour la Rhodiaceta, Nicolas Grillet, Marcel Bô et Pierre Lombard, pour les Allemands, Fritz Thyssen, les docteurs Alexander Pott et Emil Baumgartner, et pour les Suisses, Max Wirth, Max Hopf et Alfred Hopf. Ce dernier, correspondant de la Rhodiaceta en Suisse, fut président. Enfin, la Neue Industrielle AG

ÉVOLUTION DU CHIFFRE D'AFFAIRES DE LA S.C.U.R. ET DES ÉTABLISSEMENTS POULENC FRÈRES (1895-1928)

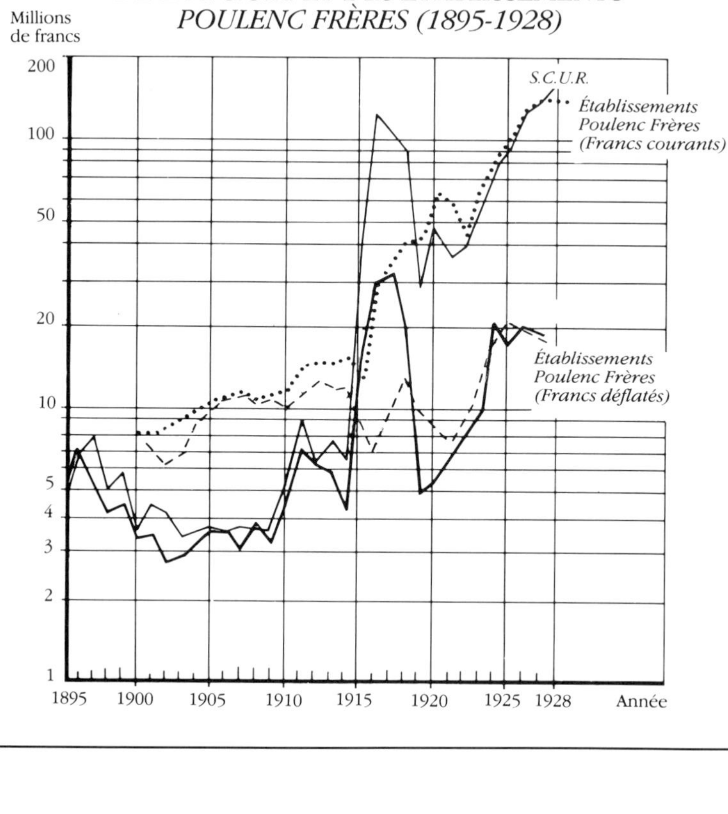

LES INVESTISSEMENTS DES ÉTABLISSEMENTS POULENC FRÈRES ET DE LA S.C.U.R. (1895-1927)
(Pourcentage des immobilisations totales)

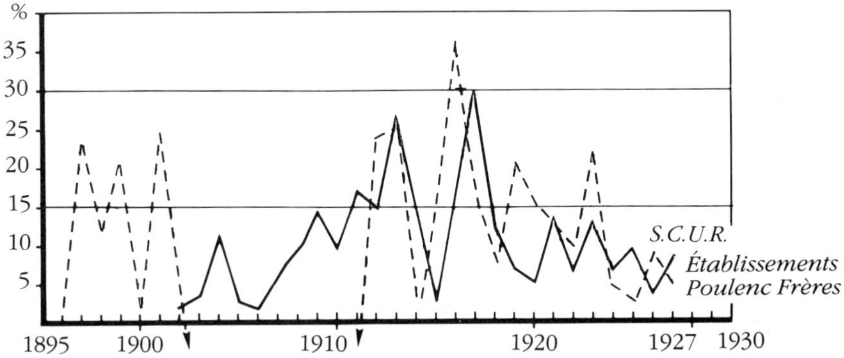

(N.I.A.G.), de Vaduz, fut le paravent pour les opérations menées par Textilia « qui ne désirait pas paraître publiquement ». Le 16 novembre 1927, Textilia cédait à la N.I.A.G. les brevets de soie à l'acétate et recevait de celle-ci tous les avantages des contrats qu'elle serait amenée à signer.

Les pourparlers avec l'industrie allemande avaient débuté dès 1925. La Rhodiaceta avait alors proposé à la société Glanzstoff la création d'une filiale commune dans laquelle ses apports seraient rétribués par 25 % des actions. Mais Glanzstoff s'entendit avec l'I.G. Farben pour constituer la société Aceta G.m.b.H., puissante concentration d'intérêts capable d'améliorer rapidement un technique encore inférieure.

En même temps, des contacts étaient pris avec un groupe germano-suisse. Les industriels allemands — « ces messieurs de l'industrie lourde » —, comme désignait la concurrence constituaient un relais indispensable pour s'implanter sur le marché germanique. Avec ces associés, tout d'abord réunis dans la Société de Participation industrielle, la Rhodiaceta créa, le 18 novembre 1927 la Deutsche Acetatkunstseiden AG Rhodiaceta. Alexander Pott (Essen), Paul Silverberg (Cologne), Friedrich Flick (Berlin), Fritz Thyssen (Mulheim) et Alfred Hopf (Bâle) détenaient chacun 500 actions de 1 000 marks et, par une lettre jointe, ils précisaient qu'ils étaient porteurs des actions de la D.A.R. à titre fiduciaire, les titres étant la propriété de la Société de Participation industrielle. Une usine fut aussitôt mise en construction à Fribourg-en-Brisgau. Dès le mois de juillet 1928, des ouvriers allemands vinrent en stage à l'usine de Roussillon, suivis de Karl Wilhem Zachrich, futur directeur de l'usine. Roussillon, sollicitée d'en-

BÉNÉFICES BRUTS DE LA S.C.U.R. ET DES ÉTABLISSEMENTS POULENC FRÈRES (1895-1927)

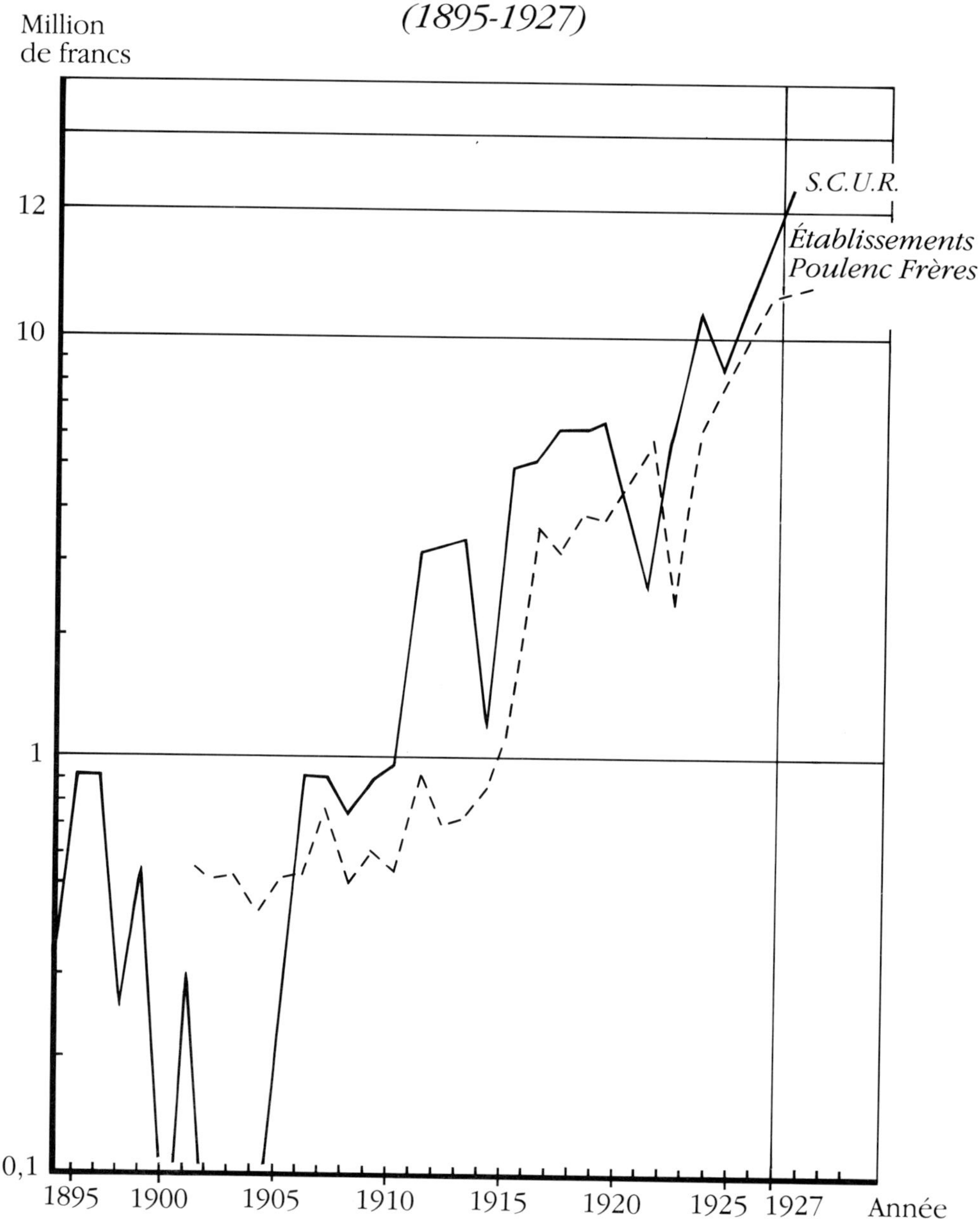

voyer des techniciens à Fribourg, protesta en ces termes auprès de Marcel Bô (lettre du 15 novembre 1928) : « Il est extrêmement difficile à une usine comme la nôtre, qui marche péniblement avec un personnel difficile à recruter, de détacher encore du personnel à une autre usine. C'est à l'usine nouvelle de se procurer des gens aptes à faire un travail déterminé et à les envoyer en apprentissage chez nous. » Néanmoins, l'usine dut envoyer peu après dix ouvriers fileurs et renvideurs à l'établissement allemand. En même temps, « ces messieurs de l'industrie lourde » tentaient d'amorcer un rapprochement de l'entreprise de Fribourg et de l'Aceta derrière laquelle se tenait la puissante I.G. Farben. La société J. Hopf et Cie de Bâle, qui était représentée au conseil d'administration, devint, le 30 juin 1929, l'agent commercial chargé de toutes les ventes de la Rhodiaceta en Allemagne.

Le 18 septembre 1928, la Rhodiaseta Italiana fut créée avec un capital de 5 millions de lires, partagé entre Montecatini (25 %), la Societa italiana della Viscosa (25 %), la Rhodiaceta (25 %) et Latexta (25 %). Par la convention

BÉNÉFICES DISTRIBUÉS PAR LA S.C.U.R.
ET PAR LES ÉTABLISSEMENTS POULENC FRÈRES
(1895-1927)
(Pourcentage des bénéfices bruts)

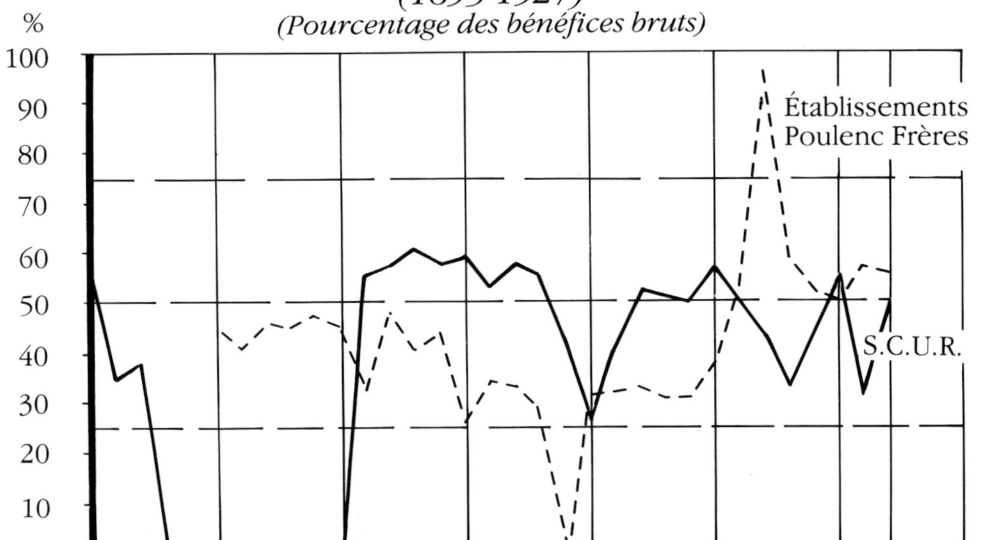

du 20 décembre 1928, Latexta lui cédait les licences exclusives, pour l'Italie et ses colonies, de la production de la soie artificielle ; la nouvelle société s'engageait à construire une usine en Italie. La production fut, en réalité, organisée et réalisée par deux entreprises : dès mars 1929, la Societa elettrochimica del Toce, au capital de 14 millions de lires, partagé par moitié entre Montecatini, d'une part, et Rhodiaceta et la Société des Usines Chimiques Rhône-Poulenc qui venait de regrouper les Établissements Poulenc Frères et la S.C.U.R., d'autre part, produisait dans son usine de Villadossola l'acide acétique, l'anhydride acétique, l'acétone et l'acétylène. La filature et la finition étaient effectuées par la Rhodiaseta italiana dans l'usine de Pallanza. Le conseil d'administration des deux sociétés était identique et constitué par Guido et Luigi Donegani, Ernesto Mezzina, Gottardo Angella (Montecatini), et par Charles Gillet, Nicolas Grillet, Edmond Prince, et Marcel Bô.

Enfin, et un peu plus tard, une filiale suisse vint compléter les créations européennes. Le 23 mai 1929, l'assemblée fondatrice de la société Rhodiaseta AG S.A. Suisse se réunit à Bâle chez le docteur Alfred Veit-Gysin. Le capital, de 1 puis de 5 millions de francs suisses, était réparti entre la Société chimique C.I.B.A. (250 actions), la Viscose suisse S.A. Emmenbrücke (250 actions), Latexta (450 actions) et Alfred Hopf (50 actions), qui s'engagèrent à voter conformément au groupe français. L'accord signé avec Latexta prévoyait un développement en trois étapes ; dans un premier temps, la société suisse devait vendre la soie fournie par la Rhodiaceta, puis elle devait fabriquer la soie avec de l'acétate importé. Enfin elle devait produire acétate et fil. Une partie des 450 actions servait à rémunérer les apports de Latexta. Au conseil d'administration, C.I.B.A. était représentée par J. Brodbeck-Sandreuter, président, et Gadient-Engi, la Viscose par Hans Heer et Georges Dunant, Latexta par Edmond Gillet, Alfred Bernheim et Marcel Bô ; s'y ajoutait Alfred Veit-Gysin.

L'énergique volonté de la Rhodiaceta de rentabiliser ses procédés hors de France s'exprima, enfin, dans des tentatives avortées d'implantation en Grande-Bretagne et en Belgique.

Après avoir cherché plusieurs partenaires au début de l'année 1927, René Bernheim et Edmond Gillet entamèrent des négociations avec la société Courtaulds qui avait commencé la fabrication d'acétate de cellulose par d'autres voies que celles de la Rhodiaceta. Les deux parties discutèrent des prix de revient respectifs et Samuel Courtaulds proposa, le 17 octobre 1927, à la société française, de construire en Angleterre une usine dont le fonctionnement prouverait que les coûts y étaient de 20 % inférieurs. Sans doute l'expérience présentait-elle quelques dangers et l'investissement était de poids, les discussions s'arrêtèrent là.

Au cours de l'année 1927, la Rhodiaceta engagea des pourparlers avec messieurs Boudart et Desguin de l'Union chimique belge à propos de la concession par Textilia des brevets de la soie artificielle. En mai 1928, un avant-propos de statut était proposé, qui prévoyait, comme de coutume, la construction d'une usine capable de produire 2 000 kg de soie artificielle par jour et l'attribution de 25 % du capital ou des bénéfices à la Rhodiaceta. La crainte de ne pouvoir vendre la totalité de la production en Belgique fit échouer la tentative.

Hors d'Europe, la filature de l'acétate de cellulose se développa au Brésil et aux États-Unis. Le 17 mars 1929, la Companhia brasileira de Sedas Rhodiaseta, au capital de 4 000 contos de reis, se constitua comme un complément naturel de la société de produits chimiques déjà installée. Son conseil d'administration se composait par moitiés de représentants de la Rhodiaceta (Eugène Boyer, Nicolas Grillet, Edmond Gillet, René Berheim et Marcel Bô) et de la Rhodia Brasileira (Roberto Moreira, René Sévène, Henri Sannejouand, Gaston Bloch et M. Saladino).

Le premier échec chimique aux États-Unis incitait à la prudence, mais les relations anciennes avec le C.T.A. constituaient un bonne introduction comme le rappelait une lettre adressée à Nicolas Grillet le 12 février 1926 : « Du Pont Rayon marche avec le C.T.A. qui y a de gros intérêts. La société américaine a démarré avec les procédés du Comptoir et il y a maintenant entre les deux affaires échange constant de procédés ». Le 21 avril 1926, Du Pont Rayon prenait une option exclusive d'un an sur les licences Rhodiaceta et pour la constitution d'une filiale commune dont la société française recevrait 25 % du capital. La durée de l'option dut être prolongée car la Celluloïd Company, qui détenait les brevets Eichengrun et Lindsay, venait d'être rachetée par l'American Cellulose. Du Pont considérait ces brevets comme peu solides, mais elle voulait prendre le maximum de précautions. Une double négociation fut menée : entre la S.C.U.R. et Du Pont de Nemours et entre Rhodiaceta et Du Pont Rayon. Ainsi les 31 décembre 1927 et 1er janvier 1928 fut signé un double accord. La S.C.U.R. accordait à la société Du Pont de Nemours le droit exclusif de fabriquer et de vendre de l'acétate de cellulose pour tous les emplois non textiles moyennant le règlement de 175 000 dollars payables en trois versements et d'une redevance de valeur décroissante (2 puis 1,5, puis 1 cent par kilo) et de fabriquer de l'anhydride et de l'acide acétique en versant cinq dollars par tonne produite. D'autre part, Du Pont Rayon recevait de la Rhodiaceta les brevets pour la fabrication des fibres et fils d'acétate de cellulose et s'engageait à construire un usine apte à produire 4 400 livres de fil par jour et à verser 25 % des bénéfices à la société française. La signature de ces accords s'accompagna de propositions françaises en vue de développer la recherche sur tous les autres esters et éthers de cellulose, dans le cadre de laboratoires à créer simultanément en France et aux États-Unis.

La Rhodiaceta avait donc organisé la vente et mise en valeur de ses brevets avec vigueur et célérité. L'importance des investissements nécessaires l'avait obligée à constituer des sociétés souvent dominées par des capitaux extérieurs et la revendication des 25 % actions ou des bénéfices limita la portée de l'engagement industriel. Néanmoins, à la fin de la décennie, l'espace dans lequel s'affirmeraient les activités textiles de la société se trouvait ainsi jalonné.

LES BÉNÉFICES ET LA RENTABILITÉ DE LA S.C.U.R. ET DES ÉTABLISSEMENTS POULENC FRÈRES (1895-1927)

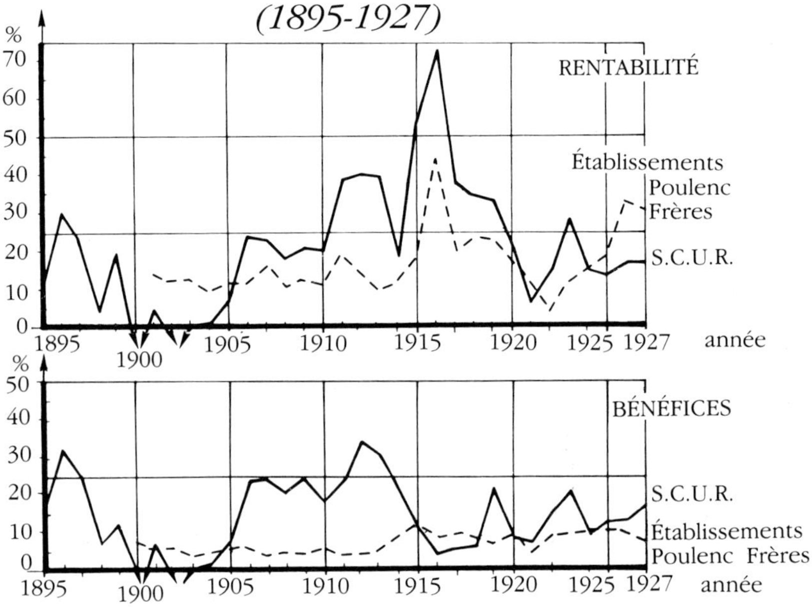

La fusion de 1928

En octobre 1926, le conseil d'administration des Établissements Poulenc Frères examina un projet établi en vue de grouper les principales industries chimiques françaises, de façon à pouvoir, le cas échéant, « opposer un front unique de défense vis-à-vis des trusts étrangers ». Au point de vue intérieur, les membres du consortium se garantiraient mutuellement le respect des situations résultant de leurs statuts industriels respectifs et établiraient un plan de coordination de leurs services propres de recherche en vue de la solution des problèmes d'intérêt industriel commun. « L'action extérieure du groupe s'étendrait aux grandes questions, telles que la politique douanière et les négociations internationnales » (délibérations du conseil). Ce projet grandiose, qui reflétait bien la forte tendance aux fusions et aux ententes des années 1920, ne se réalisa pas. En Allemagne, l'I.G. Farben venait de se constituer - modèle vivant qui, peut-être, inspira le projet

Les productions étaient contrôlées dans ce laboratoire de l'usine de Saint-Fons (1928).

Au lendemain de la première guerre mondiale. le laboratoire de l'usine de Vitry-sur-Seine tendait à devenir le principal centre de recherches des Établissements Poulenc Frères (1920).

précédent - et proposait alors aux chimistes français de renouer les ententes que la guerre avait rompues.

L'idée d'une fusion remontait assez loin dans l'esprit des dirigeants des Établissements Poulenc Frères, mais ce fut la S.C.U.R. qui prit l'initiative des pourparlers dès la fin de 1926. En avril 1927, Georges Roché précisait les avantages de l'union : « Cette combinaison, en supprimant les concurrences inévitables que se font les deux sociétés, améliorerait le prix de revient de leurs fabrications, stabiliserait à un taux raisonnable le niveau de leur prix de vente et leur donnerait, sur le marché international, une force d'action certainement plus grande que l'addition de leurs efforts propres envisagés isolément ».

Mais deux obstacles importants se dressaient sur la voie du rapprochement. Une très lourde fiscalité pesait sur les fusions et, en avril 1927, la S.C.U.R. renonçait à son projet, car son exécution eût coûté 24 millions de francs de droits. Les deux partenaires envisageaient alors de créer une société mandataire des deux entreprises pour exploiter les usines et gérer les filiales. En même temps, François Albert-Buisson, administrateur des Établissements Poulenc Frères et président du tribunal de commerce de la Seine, intervenait auprès du ministre des Finances et obtenait une diminution considérable des charges fiscales pesant sur les fusions par la loi du 19 mars 1928.

L'estimation des deux actifs sociaux constituait un second obstacle, ou, du moins, un sujet de débats. La loi de 1928 désignait comme société absorbée celle qui avait, d'après ses statuts, le plus grand nombre d'années à subsister : la S.C.U.R. était donc la société absorbante. Mais, au-delà de la péripétie juridique, le poids économique de la S.C.U.R. l'emportait, fait qui fut reconnu par les Poulenc après bien des tractations. On avait, de part et d'autre, décidé de ne pas tenir compte des valeurs en bourse, mais des actifs réels, ce qui avantageait la S.C.U.R. qui distribuait des dividendes plus faibles que les Établissements Poulenc Frères. Dès le début de 1927, Georges Roché constatait la supériorité des actifs de la S.C.U.R. et suggérait que l'on introduisît des valeurs immatérielles pour rétablir l'équilibre. En même temps, la Compagnie de Saint-Gobain indiquait qu'elle souhaitait prendre une participation dans la nouvelle société. Les négociateurs parvinrent néanmoins à établir un rapport de 1 à 2 entre les actifs Poulenc et ceux de la S.C.U.R.. De plus, une expertise fut demandée, concernant les filiales textiles de la S.C.U.R.. Le 21 décembre 1927, le président des Établissements Poulenc Frères constatait : « Les positions relatives des deux entreprises paraissent devoir être influencées au moment de leur fusion du fait des résultats particulièrement heureux obtenus par les Usines du Rhône dans

L'usine de Roussillon possédait plusieurs ateliers de tournants pour la fabrication des produits chimiques (1928).

l'exploitation de leur procédé de fabrication de la soie artificielle qui a donné lieu pour elle, cette année, à des contrats très avantageux actuellement en voie d'exécution avec l'Allemagne et les États-Unis ». Sur ces bases, la S.C.U.R. réclamait un rapport de 3 à 1 en sa faveur ; sans doute cette perspective ne satisfaisait pas tout le monde chez Poulenc. Georges Roché considérait que la question était réglée pour la S.C.U.R. dont la politique financière était très prudente, les espoirs textiles s'avéraient considérables et les brevets beaucoup mieux exploités.

Ainsi, contredisant ce que pouvaient laisser apparaître les chiffres des bilans concernant les capitaux sociaux et les immobilisations, la S.C.U.R. put absorber, le 28 juin 1928, les Établissements Poulenc Frères en émettant 9 millions d'actions qui s'ajoutèrent aux 27 millions précédents et portèrent le capital social à 36 millions de francs ; solution qui, en définitive, fut considérée par les Établissements Poulenc Frères comme prudente et avantageuse. L'approbation finale et définitive des termes de l'accord de fusion avait été votée par l'assemblée extraordinaire de la S.C.U.R. le 26 février 1928 et, ce jour, fut adoptée la nouvelle raison sociale : Société des usines chimiques Rhône-Poulenc, qui fut utilisée à partir du mois de juin. On peut, bien entendu, se demander si la structure toujours familiale de la direction des Établissements Poulenc Frères n'avait pas épuisé ou limité ses possibilités d'évolution, comme cela apparaît fréquemment dans d'autres situations identiques. Il est d'ailleurs intéressant de comparer les deux conseils d'administration au moment de la fusion.

Ces deux groupes de dirigeants étaient différemment composés ; le premier juxtaposait au noyau familial et amical des Poulenc un aspect résolument international avec trois représentants de filiales étrangères ; le second mélangeait techniciens, personnalités et représentants bancaires.

Le nouveau conseil d'administration traduisait bien le rapport de forces établi entre les deux sociétés : sur treize membres, trois venaient des Établissements Poulenc Frères (Camille Poulenc, Vice-Président, Georges Roché et François Albert-Buisson) ; l'entrée de Charles Gillet soulignait l'importance de la participation du C.T.A. dans les filiales textiles ; les neuf membres issus de la S.C.U.R. comptaient le président Eugène Henri Boyer, trois représentants bancaires (Georges Lemarquis, René Aynard, et Louis Pradel), les techniciens (Nicolas Grillet, Joseph Koetschet, René Sévène), les personnalités (Frédéric Manaut, Charles Manheimer, François Albert-Buisson). À cette occasion réapparut la fonction d'administrateur-délégué au profit de Nicolas Grillet et Georges Roché.

CONSEIL D'ADMINISTRATION
DES ÉTABLISSEMENTS POULENC FRÈRES (1927)

Gaston Poulenc	Pharmacien, président, administrateur-délégué
Camille Poulenc	Docteur ès sciences, censeur de la Banque de France, vice-président, administrateur-délégué
Georges Roché	Docteur ès sciences, pharmacien, administrateur-délégué
Ernesto Belloni	Administrateur-délégué de l'Instituto nazionale de Chemiotherapia de Milan
F. Bellon	Pharmacien
Philip Blenkinsop	Directeur-gérant de May and Baker Company limited
Charles Bredin	Avoué honoraire au tribunal de la Seine
François Albert-Buisson	Docteur en droit, président du tribunal de commerce de la Seine
Ernest Fourneau	Pharmacien, chef de service à l'Institut Pasteur, membre de l'Académie nationale de Médecine
Louis Pradel	Industriel, président de la chambre de commerce de Lyon
Ludwik Spiess	Administrateur-délégué des Établissements Ludwik Spiess I Syn
Francisque Vial	Ingénieur civil

CONSEIL D'ADMINISTRATION DE LA S.C.U.R.

Eugène-Henri Boyer	Ingénieur, président du conseil d'administration
René Aynard	Administrateur du conseil d'administration du Crédit commercial de France
Le professeur Blaise	Professeur, Paris
R.P. Duchemin	Président de l'Union des Industries chimiques
Adrien de Fourtou	Conseiller référendaire honoraire à la Cour des comptes
Joseph Koetschet	Chimiste (Lyon et Lausanne)
Georges Lemarquis	Vice-président de la Société générale (Paris)
Frédéric Manaut	Ingénieur, Membre du comité consultatif des chemins de fer
Charles Manheimer	Ingénieur, ancien élève de l'École Polytechnique

LE TEMPS DES ÉPREUVES

À peine réalisée la fusion de 1928, à peine créées les filiales textiles étrangères que s'ouvrit pour la S.U.C.R.P., comme pour l'ensemble de l'économie et de la société française et mondiale, le temps des épreuves qui allait enchaîner, sur une quinzaine d'années, crise et guerre. Ainsi, dès sa naissance, la nouvelle entreprise se trouva confrontée à des problèmes qui auraient pu être rúdes : réussir la fusion des éléments fondateurs et, en même temps, résister et s'adapter à la conjoncture de crise économique.

Nicolas Grillet (1871-1947), photographié au début des années 1930 alors qu'il était administrateur délégué de la S.U.C.R.P..

LES ANNÉES DE CRISE

La résistance à la crise

Dans quelle mesure la S.U.C.R.P. fut-elle frappée par la crise ? Dans quelle mesure son chiffre d'affaires, ses bénéfices et ses effectifs s'orientèrent-ils à la baisse ? Le calcul du taux de croissance pour la période 1929-1939, sur la base du chiffre d'affaires déflaté par l'indice des prix des produits chimiques, aboutit à un chiffre de 5,37 % par an, niveau qui est loin d'être médiocre, même s'il est très inférieur aux performances des années 1920 (S.C.U.R. : 22,12 % ; Établissements Poulenc Frères : 14,29 %). La chronologie de cette croissance est d'ailleurs assez spécifique ; jusqu'en 1936, les performances de la société furent constamment supérieures à la tendance décennale, et les années 1930, 1931 et 1932 ne furent marquées que par un léger fléchissement ; en revanche, après 1936, la tendance s'inversa et les années 1937 et 1938 obtinrent des résultats très inférieurs à la moyenne. Enfin, l'année 1939 battit le record de la décennie (+ 23 % par rapport à 1938).

Les résultats de la marge brute d'autofinancement, appréciés par le ratio :

$$\frac{\text{marge brute d'autofinancement,}}{\text{chiffre d'affaires}}$$

sont un peu différents ; après le record de 1928 (28 %) la chute fut forte en 1930 et 1931, suivie d'une remontée jusqu'en 1935 et d'une nouvelle baisse jusqu'en 1939, année paradoxale puisqu'elle cumule un chiffre d'affaires record et des résultats médiocres (11,60 %).

Malgré ces performances financières honorables, la prudence et le pessimisme inspirés par la crise entraînèrent un fort ralentissement de l'investissement. Les immobilisations nouvelles, qui représentaient 16,30 % des immobilisations totales en 1929, déclinèrent par décrochements successifs jusqu'à se réduire à fort peu de chose (1938 : 0,96 % ; 1939 : 0,20 %) *(v. graphique, p. 242)*. Ainsi les résultats comptables favorables masquaient, en partie, la chute de l'investissement. La société vivait de son acquis ; elle recueillait les fruits des développements antérieurs, et s'abstenait, dans des conditions incertaines, d'accroître rapidement son appareil productif. Sa trésorerie resta donc confortable pendant toute la décennie, ainsi que le relevait fréquemment le conseil d'administration.

Pendant cette période, l'ensemble des immobilisations matérielles nouvelles s'éleva à 86 453 967 francs, ce qui correspondait à 16,30 % du total de la marge brute d'autofinancement (530 423 181 francs).

D'autre part, la société augmenta régulièrement son capital fixé à 36 millions de francs en 1928. Une série d'émissions d'actions nouvelles, toujours proposées au-dessus du pair (en 1930, par exemple, les actions nouvelles de 100 francs furent offertes à 525 francs) et presque toujours réservées aux anciens actionnaires - soit 22 218 personnes en 1930 -, permit de porter le capital social à 50 millions de francs en 1930, à 75 millions en 1931, puis à 100 millions en 1934 et à 200 millions en 1938, ce qui correspondait à une émission de 164 millions d'actions en dix ans, qui rapporta beaucoup plus à l'entreprise, en gonflant la réserve constituée par les primes d'émission. Les émissions d'actions furent facilitées par le fait que les dividendes furent sans doute rognés par la crise, ils le furent à partir d'un niveau si élevé qu'ils restaient fort attrayants.

Quels qu'aient été les aléas des années 1930, les actionnaires étaient parfaitement protégés et le crédit de la société demeurait intact, d'autant plus que les autres utilisations de la marge brute d'autofinancement confirmaient la réputation de prudence acquise par l'entreprise. En 1939, celle-ci avait placé 185 millions de francs en réserve et 98 837 642 francs amortissaient 148 434 904 francs d'immobilisations (soit 66,60 %). Il va de soi que la S.U.C.R.P. n'émettait aucune obligation ; bien plus, à la fin de 1932, elle remboursait par anticipation celles qui avaient été jadis émises par les Établissements Poulenc Frères.

Cette robuste situation financière permit à la S.U.C.R.P. d'investir dans ses filiales et d'en créer de nouvelles. Le poste « Filiales et participations » passait de 33 à 94 millions de francs, une augmentation de 251 % qui tenait compte des sommes investies et des variations de cours. La société, jouant le rôle de banquier, se portait garante de la solvabilité des filiales.

DIVIDENDE BRUT
DE L'ACTION DE 100 F NOMINALE

1929 : 50 F 1930 : 36 F 1931 : 24 F 1932 : 30 F	1933 : 30 F (+ 33 F répartis) 1934 : 32,50 F 1935 : 32,50 F	1936 : 37,50 F 1937 : 47,50 F 1938 : 28 F 1939 : 30 F

Ainsi, dans les années 1930-1933, la S.U.C.R.P. intervint maintes fois ; par exemple, le conseil rappelait, le 8 octobre 1930 : « La Rhodia a une dette flottante de 80 millions de francs : nous travaillons auprès des banques à une conversion à long terme ». À la fin de cette même année, l'augmentation du capital de la Rhodiaceta de 15 à 50 millions de francs servit largement à convertir les avances qui lui avaient été consenties par les fondateurs. Au même moment, la Rhodiaceta empruntait 10 millions de francs suisses (50 millions de francs français) à la Société de Banques suisses avec les garanties des sociétés fondatrices. Celles-ci prêtaient en 1930 3 826 000 lires à la filiale italienne, puis en 1932, 2 millions de lires ; fin 1932, elles remboursaient la moitié de l'emprunt à la banque suisse ; au début de 1937, elles prêtaient 15 millions de francs à la Companhia quimica Rhodia brasileira pour monter la fabrication de l'acétate. Ainsi, selon un processus assez fréquent dans l'industrie française, la S.U.C.R.P. cumulait les fonctions industrielle et financière et elle poursuivait la politique de stricte gestion, de grande prudence et d'accumulation de réserves, précédemment suivie par la S.C.U.R.

La chimie avait une spécificité par rapport à la crise puisqu'elle réalisait de meilleures performances que la moyenne de l'industrie française ; Alfred Sauvy★ indique que, pour un indice 100 en 1928, celle-ci régressa à 84 en 1931 et atteignit 110 en 1939. La S.U.C.R.P. connut donc une évolution plus favorable que l'ensemble de la chimie française. Indépendamment des spécificités productives de la société, les mesures de restructuration, qui organisaient l'unité des deux sociétés fusionnées et qui luttaient contre la crise, paraissent donc avoir été efficaces. Pour la première fois, les documents permettent d'apprécier quelques-uns des mécanismes du fonctionnement de l'entreprise.

L'évolution de la main-d'œuvre

L'évolution de la main-d'œuvre laisse supposer que la pression de la conjoncture générale fut plus forte que les nécessités de restructuration. Les 4 447 personnes employées en 1929 représentaient un record de l'emploi pour la décennie. Puis les effectifs régressèrent jusqu'en 1933, baissant de

★ Alfred Sauvy, *Histoire économique de la France entre les deux guerres*, 1967, T.2

Dans l'usine de Saint-Fons, l'atelier de l'hydroquinone réalisait une production traditionnelle (1928).

37,84 % (2 760 employés) ; la remontée s'amorça en 1937-38 (3 500 personnes) et le niveau de 1929 fut dépassé en 1939 (4 642 personnes). L'évolution de la main-d'œuvre se fit de façon différenciée entre les trois catégories professionnelles : ouvriers, E.T.A.M. (Employés, Techniciens et Agents de Maîtrise) et cadres.

Le débauchage frappa d'abord, et plus brutalement, les ouvriers, les deux autres groupes progressant proportionnellement pour atteindre ensemble 45 et 44 % des effectifs en 1931 et en 1932, pourcentages qui devaient régresser jusqu'aux 5,50 % de cadres et 29 % d'E.T.A.M. de 1938 (34,50 % au total). La forte croissance de la main-d'œuvre se fit ensuite par l'embauche ouvrière ; le groupe ouvrier atteignait 74 % du total de la main-d'œuvre en 1939. Ainsi, tout se passait comme si l'emploi des cadres et des E.T.A.M. était assez bien protégé, son ajustement se réalisant surtout par le jeu des départs volontaires, alors que les effectifs de la majorité ouvrière variait plus brutalement, en fonction des réalités et des prévisions de la conjoncture économique. L'emploi varia aussi en fonction de la géographie et de la spécialisation des usines, comme en témoigne la répartition de la main-d'œuvre.

RÉPARTITION DE LA MAIN-D'ŒUVRE
(en pourcentage)

Année	Saint-Fons	Roussillon	Vitry-sur-Seine	Loriol-sur-Drôme	SPECIA Saint-Fons	Livron-sur-Drôme	Total
1929	33,0	30,40	16,02	3,86	11,96	4,74	100
1939	25,31	42,89	12,11	0	13,45	6,24	100

La production et l'emploi se développèrent plus rapidement à Roussillon qui disposait de vastes espaces, et, dans une moindre mesure, chez Spécia à Saint-Fons et à Livron-sur-Drôme, usines désormais spécialisées dans le secteur pharmaceutique. En revanche, le taux d'encadrement des usines faisait apparaître une situation inverse.

TAUX D'ENCADREMENT
(en pourcentage)

ANNÉE	SAINT-FONS	ROUSSILLON	VITRY-SUR-SEINE
1929	10,79	3,60	10,73
1939	8,16	2,71	10,34

La concentration de la fonction de recherche dans les deux vieilles usines explique les taux très supérieurs et la forte embauche ouvrière de 1938-39 déclencha un désencadrement relatif. De plus, la fusion des deux sociétés avait entraîné une légère concentration des sites productifs ; l'usine de La Plaine, dont le matériel avait été transféré au Brésil, fut fermée dès 1929, et celle de Loriol-sur-Drôme subit le même sort, quelque temps plus tard.

L'évolution de la géographie de la main-d'œuvre confirma la spécialisation des trois usines. La fabrication des productions lourdes, comprenant en particulier des produits intermédiaires pour les autres usines, se concentrait à Roussillon, celle des produits pharmaceutiques à Vitry-sur-Seine et la chimie fine à Saint-Fons. Cette réorganisation supprimait certains doubles emplois et permettait, hors conjoncture, une diminution des effectifs.

La valeur produite par personne, estimée en francs déflatés, peut permettre une approche de la productivité et de la rationalisation de l'emploi et des économies réalisées dans ce domaine.

VALEUR PRODUITE PAR PERSONNE

1929 : 56 248 F
1930 : 69 080 F
1931 : 82 391 F
1932 : 88 184 F
1933 : 98 616 F
1934 : 91 728 F
1935 : 91 387 F
1936 : 94 224 F
1937 : 80 141 F
1938 : 91 614 F
1939 : 94 245 F

Quelques évidences se dégagent de ces données approximatives. Jusqu'en 1933, le reflux des effectifs permit de lutter contre la baisse des prix en augmentant la production par tête. Le décrochage de 1937 témoigne de la replongée de l'industrie dans la crise. Mais, d'autre part, les frais de main-d'œuvre évoluèrent lentement pendant la décennie.

VENTILATION DES FRAIS DE MAIN-D'ŒUVRE
(1933-1939)
(en pourcentage)

	1933	1934	1935	1936	1937	1938	1939
Appointements	30,45	31,64	32,75	31,55	26,25	27,15	24
Main-d'œuvre horaire	63,90	60,39	60,25	62,16	66,25	64,49	66,879
Charges sociales	5,65	7,97	6,64	6,64	7,50	8,36	9,21

Cette évolution des frais de main-d'œuvre correspond à celle des trois sous-ensembles (cadres, E.T.A.M. et ouvriers), puisque la rétribution de la main-d'œuvre horaire diminua en 1934 et en 1935 et remonta à un niveau inégalé en 1939 ; en revanche, les appointements des cadres et E.T.A.M. baissèrent proportionnellement à partir de 1935.

Entre 1936 et 1939, les charges sociales, qui comprenaient les cotisations patronales aux assurances sociales, aux assurances accidents, aux allocations familiales et aux retraites, augmentèrent de 50 %, tout en restant à un niveau modeste, ce qui répondait à la poussée sociale de 1936 et à la forte croissance des effectifs ouvriers.

LES COÛTS DE PRODUCTION
(1933-1939)
(en pourcentage)

ANNÉE	MAIN-D'ŒUVRE	MATIÈRES PREMIÈRES ET INTERMÉDIAIRES	FRAIS DE PRODUCTION	RÉPARATIONS	CHARGES ET FRAIS
1933	9,21	54,90	16,30	2,20	17,39
1934	9,19	50,96	17,50	2,56	19,42
1935	10,30	51,64	17,36	2,50	18,20
1936	11,30	49,40	17,80	2,80	18,70
1937	10,56	51,21	17,92	3,20	17,11
1938	9,91	52,67	18,02	3,40	16,00
1939	12,11	49,25	16,30	3,93	18,41

Si l'on observe la répartition des coûts de production et de vente réunis, comprenant donc conditionnement et frais commerciaux, on constate que les frais de main-d'œuvre n'arrivaient qu'au troisième rang et qu'ils représentaient, en moyenne, entre 1933 et 1939, 10,30 % des coûts, avec des variations assez faibles. 1933 et 1934 se situaient en dessous de la moyenne à cause d'un fort débauchage ; l'importante embauche de 1939 anticipa et prépara la reprise des affaires. L'industrie chimique apparaît ainsi beaucoup plus conditionnée par le coût des matières premières que par celui de la main-d'œuvre.

Le chapitre, assez lourd, des frais de conditionnement et de commercialisation (charges et frais) est dominé par les rubriques, « emballage » et « transport ».

La part des matières premières et des intermédiaires pèse de tout son poids sur la production, avec un niveau moyen de 51,40 %.

Les frais de production se répartissent entre un grand nombre de postes qui sont les suivants : combustible, vapeur, force motrice, eau, entretien et fourniture.

La restructuration commerciale

Avec la spécialisation des usines et la contraction de la main-d'œuvre, la société fut amenée à restructurer son organisation commerciale. L'innovation la plus importante fut la création des sociétés Spécia et Prolabo, que l'on ne peut guère considérer comme des filiales ; en effet, elles prolongeaient très directement les divisions commerciales de la société Poulenc « Spécialités » et « Laboratoires ». D'ailleurs, jusqu'en 1945, les chiffres d'affaires des deux sociétés furent intégrés à celui de la S.U.C.R.P.

La Société parisienne d'Expansion chimique Spécia au capital de 10 millions de francs fut constituée le 19 décembre 1928 ; il est intéressant de noter qu'on retrouvait au conseil d'administration, à côté du noyau des administrateurs de la S.U.C.R.P. (Nicolas Grillet, Camille Poulenc, Georges Roché, Adrien de Fourtou), les représentants des maisons étrangères qui avaient été étroitement associés à la marche des Établissements Poulenc Frères (Ernesto Belloni, Philip Blenkinsop, Ludwik Spiess), et qui avaient été exclus du conseil de la S.U.C.R.P.. L'accord signé le 19 mars 1929 montre la totale intégration de Spécia dans la société-mère ; la S.U.C.R.P. cédait à leur prix de revient tous les produits chimiques nécessaires et toutes les marques déposées, relatifs aux produits pharmaceutiques, tous les produits chimiques nécessaires à la fabrication des produits spécialisés, les ateliers, les bureaux et la clientèle correspondants. En retour, Spécia versait 90 % de ses bénéfices bruts à la société-mère, mais gardait la possibilité de créer des filiales à l'étranger et de céder à son tour des brevets de spécialités ; ainsi, le 14 janvier 1930 fut créée la Société des Spécialités Spiess-Rhône-Poulenc à Varsovie.

Le 25 novembre 1932 fut constituée la société Prolabo au capital de 500 000 francs. Son conseil d'administration comprenait l'inséparable triplé (Camille Poulenc, Nicolas Grillet, Georges Roché) et quelques noms qui apparaissaient pour la première fois parmi les administrateurs : Jean Marteret, ingénieur ; Henri Sannejouand (filiale brésilienne) ; Louis Clouzeau, chimiste ; Robert Trimbach, pharmacien. Il est probable que les deux divisions des Établissements Poulenc Frères rendues autonomes furent vigoureusement reprises en mains ; le président déclarait à l'assemblée générale de Prolabo, en 1934 : « l'année 1933 avait été pour notre société une année d'essai. Par une nouvelle organisation, très simplifiée, par une compression aussi énergique que possible de tous les frais de l'ancienne division labo de Rhône-Poulenc, nous avons pu aboutir à un bilan favorable. »

Outre ces deux structures, la société commercialisait ses ventes par l'intermédiaire de six divisions, auxquelles s'ajoutait une rubrique Poulenc qui vendait certaines spécialités chimiques donnant lieu à un versement de redevances à des inventeurs extérieurs à la société. En réalité, les ventes, et donc les productions, se concentraient en quelques grands secteurs. La spécialisation pharmaceutique s'accentuait malgré le recul relatif des années 1930 (Rubriques Specia, Prolabo, Poulenc, Division 4) ; elle constituait 69,10 % des ventes en 1932 et 53,70 % en 1939, elle résistait dans ces années de crise, mais elle marquait un recul relatif par rapport aux autres secteurs. La division 1 - acétate de cellulose, phénol, hydroquinone - très liée au développement des textiles artificiels, connaissait une sensible progression, de 16,50 % à 27,60 %. Il restait donc entre 20 et 15 % pour toutes les autres ventes. Le Rhodoïd, lui aussi lié à l'acétate de cellulose, passait de 5 à 12 % des ventes. Avec la division 5 naissait véritablement la commercialisation des produits destinés à l'agriculture, à un niveau encore très faible, mais avec une progression fort vigoureuse. Quant à la saccharine (division 3), son évolution montrait bien qu'elle était une production réservée aux périodes de guerre et de pénurie.

La réorganisation des activités de recherche

Les activités de recherche furent également « repensées ». Les recherches en chimie industrielle et macromoléculaire furent concentrées à Saint-Fons et le secteur pharmaceutique à Vitry-sur-Seine ; un laboratoire pour les études cellulosiques, commun à la S.U.C.R.P. et à la Rhodiaceta, fut créé à Saint-Fons sous la direction de Robert Meyer, un ancien de la société Poulenc. La recherche en pharmacie fut complètement transformée. Comme l'annonçait Nicolas Grillet, le 19 janvier 1929 : «Les Établissements Poulenc Frères avaient le principe de faire faire les recherches pharmaceutiques dans des laboratoires indépendants de l'usine. Le devis présenté permet de concentrer les laboratoires pharmaceutiques à l'usine de Vitry-sur-Seine. Il s'applique à un bâtiment de 8 laboratoires, dans lesquels pourront travailler 16 chimistes ».

Les nouveaux locaux furent ouverts en 1930 et agrandis en 1935. La fonction « recherche » était ainsi totalement intégrée. Dans les années 1930 furent menés les travaux sur les premiers sulfamides, sur les spasmolytiques, les curarisants, les vasodilatateurs et les antihistaminiques.

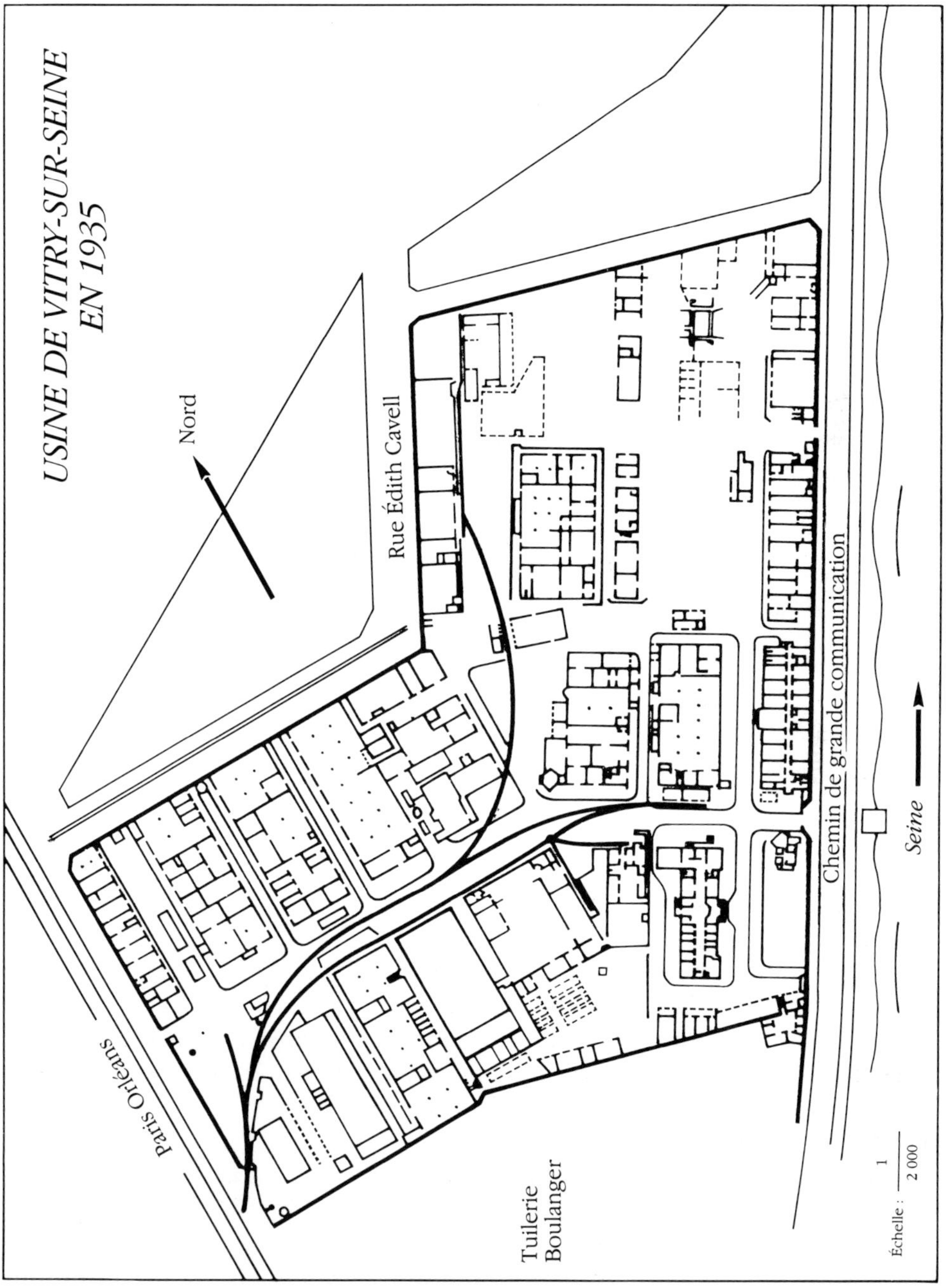
USINE DE VITRY-SUR-SEINE
EN 1935
Nord
Rue Édith Cavell
Paris Orléans
Tuilerie
Boulanger
Chemin de grande communication
Seine
Échelle : 1/2 000

En 1935, Gerhard Domagk faisait connaître l'action antistreptococcique d'un colorant sulfamido-azoïque, puis au mois de novembre de la même année, les disciples de Ernest Fourneau, Jacques Tréfouel, Daniel Bovet et Federico Nitti, chercheurs à l'Institut Pasteur, découvrirent que l'action était due à la présence du groupe sulfamide (1162 F). Dans le cadre de l'accord qui avait été conclu entre l'Institut et la S.U.C.R.P., Ernest Fourneau proposa la découverte à celle-ci qui ne donna pas suite. Néanmoins, elle entreprit, peu après, la fabrication pour le compte de la société Thérapix.

Mais, en même temps, Nicolas Grillet avait demandé à Robert Meyer et au Docteur Ewins (May and Baker) de chercher un produit plus efficace et qui puisse être protégé. La double démarche aboutit à la découverte du Dagenan par les Britanniques (novembre 1937), un remarquable progrès sur le 1162 F, et du sulfaméthylthiazol par les Français (décembre 1937). Enfin, en février 1938, May and Baker mettait au point le sulfathtyazol et, le 3 juin 1938, un brevet commun protégea les deux derniers produits. En 1939 fut découverte l'activité hypoglycémiante du 2145 RP et du 2259 RP.

Les résultats généraux de la recherche ne peuvent s'estimer que d'après la statistique des dépôts de brevets en France, quels que puissent être ensuite les débats ouverts sur son interprétation *(v. graphique, p. 263)*.

La recherche pharmaceutique impose l'expérimentation dans un laboratoire de physiologie (Vitry-sur-Seine en 1932).

Or le mouvement de dépôts culmina en 1929-30, grâce à la fusion, puis en 1937-38, c'est-à-dire à des périodes de dépression du chiffre d'affaires, la baisse des dépôts n'intervenant qu'un an ou deux après celle-ci. Les années 1930 furent marquées par une croissance beaucoup plus forte des dépôts à l'étranger qu'en France, ce qui est probablement à mettre en relation avec la maturité des filiales et la multiplicité des échanges de licences avec les chimistes étrangers.

Enfin, la direction de la société devint à la fois plus complexe et plus hiérarchisée, synthétisant le système des administrateurs-délégués, cher aux Poulenc, et celui des directeurs généraux, pratiqué à la S.U.C.R.P.. Elle comprenait, en effet, après la fusion, les trois niveaux suivants :

- deux administrateurs-délégués, lien entre le conseil et l'entreprise : Nicolas Grillet et Georges Roché ;
- trois directeurs généraux : Rodolphe Pfister, Henri Sévène, Georges Wendling ;
- trois directeurs spécialisés : le professeur Blaise, directeur scientifique ; Edmond Prince, directeur technique ; Robert Trimbach, directeur commercial.

Croissance externe et stratégie mondiale

Hors du cercle, au demeurant étroit, des trois usines françaises, se déroulait une vaste stratégie menée à travers les filiales françaises et étrangères, à travers les cessions et les achats de brevets et à travers les diverses ententes avec les sociétés chimiques et textiles. Le cercle d'intérêts financiers et techniques environnant le noyau industriel s'élargissait et se renforçait.

Dans le domaine des filiales, les années 1930 furent une période de gestion des acquis plutôt qu'une période de création. La naissance de deux sociétés argentines, qui constituaient en ce domaine l'exception, achevait la vague des fondations de la fin des années 1920. Le 21 Juillet 1932 fut créée la Sociedad quimica Rhodia argentina, avec un capital primitif de 200 000 pesos, porté à 2 500 000 pesos en 1939. La société avait tout d'abord un but commercial ; il était difficile de rapatrier les fonds, provenant des ventes sud-américaines, en France ; il s'agissait donc d'avoir « un contrôle sur les ventes dans les pays sud-américains de langue espagnole ». Assez rapidement, une modeste unité de production chimique fut créée à Quilmés. En 1938, après la création d'une filiale textile, la S.U.C.R.P., qui souhaitait produire de l'acide acétique sur place, fut contactée par le groupe Mattaldi qui possédait une distillerie de maïs à Baradero. Le 28 janvier 1938 fut ainsi créée la société Acetica, au capital de 2 millions de pesos souscrits par moitié par la S.U.C.R.P. et par moitié par le groupe GA (Fermin Ortiz, Luis Mattaldi, José Codolosa, Dante Ollena). Celle-là fournissait les licences et le matériel pour la fabrication de l'acide acétique, de l'acétone, des acétates d'éthyle et des acétates métalliques. GA apportait une usine d'une valeur de 330 000 pesos ainsi que 670 000 pesos en espèces.La Acetica devait fournir la Rhodia et la Rhodiaseta argentina à un tarif de 20 % inférieur à celui des autres clients.

En Europe, la situation évolua sensiblement dans les secteurs britannique et italien. La reconnaissance des liens entre la S.U.C.R.P. et May and Baker marqua un temps d'hésitation. Les accords entre les Établissements Poulenc Frères et la société anglaise étaient restés secrets ; ainsi Philip Hill, du groupe Taylor, fit en septembre 1928 une offre d'achat d'une partie des actions de May and Baker. La S.U.C.R.P. ne refusa pas immédiatement, mais elle posa comme condition que la société continue à vendre ses produits dans l'Empire britannique. Le conseil d'administration reconnut ensuite la grande valeur de l'entreprise et souligna le peu d'intérêt d'une cession des actions à Philip Hill. Ce dernier avait d'ailleurs refusé le prix de 37 shillings 6 pence par titre. Le 25 mars 1929, la S.U.C.R.P. reconnaissait les accords passés entre les Établissements Poulenc Frères et May and Baker et prenait en charge le contrat de rachat des actions ; en novembre 1932, des versements anticipés, portant sur la période 1931-1939, étaient décidés, « étant donné la baisse de la livre et l'aisance de (la) trésorerie » ; il ne restait plus alors que 67 575 livres à verser aux anciens actionnaires.

Le contrôle et l'autorité de la S.U.C.R.P. se firent plus directs. Comme les douanes britanniques s'étonnaient du faible prix des produits S.U.C.R.P. importés en Grande-Bretagne par May and Baker, il devint urgent de développer la production sur place ; ce qui n'était guère possible dans les vieilles usines de Battersea et de Wandsworth, conglomérats d'antiques bâtisses dans la pure tradition du XIXe siècle. La construction d'une nouvelle usine fut, un temps, éludée, car Georges Roché objectait qu'elle coûterait fort cher (400 000 livres) et que la société britannique ne disposait pas d'un état-major de chimistes assez entraînés. La question ne put être tranchée que lorsque Philip Blenkinsop fut écarté de la direction, car, membre d'une des familles fondatrices, il supportait mal la tutelle française. En 1932, Nicolas Grillet intervint en Grande-Bretagne et il constata qu'une nouvelle usine était indispensable. Dès 1919, May and Baker avait acheté des terrains à Dagenham, zone proche de Londres qui s'industrialisait avec l'installation d'une usine Ford. La S.U.C.R.P. réalisa les plans et les devis. Bradshaw, qui devait superviser la construction, fit un stage à Saint-Fons et travailla sous la direction de l'ingénieur en chef français, Martial Tiano. À partir d'avril 1934, les équipements et les services purent être tranférés dans la nouvelle usine. Le budget de construction, fixé à 140 000 livres, fut partiellement financé par la vente des anciens bâtiments.

D'autre part, la S.U.C.R.P. intervint très directement dans la stratégie de la firme anglaise en analysant ses ventes et ses productions. En 1932, elle constatait que 12 500 000 livres de ventes se répartissaient en quatre groupes de produits : le 1er groupe, avec 2 produits, Novarsénobenzol et Stovarsol, représentait 67,20 % des ventes ; le 2e groupe, avec 9 produits, 26,50 % ; le 3e groupe, avec 19 produits, 9 % ; et enfin le 4e groupe, avec 72 produits, seulement 1,40 %. La S.U.C.R.P. dictait comme principe « qu'un produit doit être ou poussé ou mis en réserve » et recommandait l'abandon d'une quarantaine de produits du 4e groupe.

En 1934, la S.U.C.R.P. décida l'implantation des fabrications de métol, d'hydroquinone, des arséniates et des produits de parfumerie ; la même année, le département « Spécialités » de May and Baker fut constitué en une filiale dénommée Pharmaceutical Spécialities May and Baker, au capital de 10 000 livres, dirigée par le Docteur Maxwell, un Américain qui avait travaillé chez Spécia ; cette société devait d'ailleurs percevoir un tiers des bénéfices de la filiale anglaise. Les restructurations française et anglaise marchaient ainsi d'un même pas.

La S.U.C.R.P. soutint financièrement sa filiale dont la situation se dégrada dans les années 1930. En 1933, elle consentit un prêt de 10 millions de francs pour lui permettre de prendre une participation dans la société néerlandaise N.V. Jodium Fabriken qui assurait son approvisionnement en iode ; en 1936, elle souscrivit 12 750 actions d'une livre et elle remboursa un emprunt de 100 000 livres contracté auprès de la Lloyd's Bank Limited. Avec le départ, au printemps 1939, de Neville Blenkinsop, disparaissait le dernier opposant à la tutelle française sur la firme britannique. Enfin, la construction de Dagenham permettait de disposer de laboratoires bien équipés où furent poursuivies, entre autres, les recherches sur les sulfonamides. À la fin de l'année 1937, le docteur Ewins y mit au point le composé 693, la sulfapyridine, destiné à agir sur le pneumocoque et considéré comme le produit le plus efficace de l'entreprise.

Si l'autorité de la société-mère s'affirmait peu à peu sur May and Baker, les choses étaient plus compliquées en Italie. L'Instituto nazionale de Chimiotherapia n'avait enregistré que des pertes lorsqu'il fut repris en mains par Spécia à la fin de 1931. Dès mars 1932, le conseil d'administration se félicitait des résultats : « Ce sont des bénéfices et non plus des pertes qui sont réalisés ». En décembre 1932, la S.U.C.R.P. rachetait les actions d'Ernesto Belloni et devenait seule propriétaire de la firme. Peut-être en raison des difficultés rencontrées dn le développement de ses fabrications, elle engagea ensuite des pourparlers avec la société Montecatini, qui possédait une filiale au capital de 5 millions de lires, Farmaceutici Italia Schiapparelli, et son usine de Settimo Torinese. Cette entreprise augmentait son capital de 7 millions de lires, partiellement souscrits par la S.U.C.R.P. qui apportait l'Instituto, soit 2 millions de lires, et 2 880 000 lires en espèces. L'Instituto continuait à conditionner les spécialités et Farmaceutici recevait le droit exclusif de fabriquer les produits Rhône-Poulenc ; enfin, les deux sociétés s'engageaient à ne pas se concurrencer en France et en Italie par les conventions des 2 et 17 avril 1935.

Autour du noyau dur des filiales, parmi lesquelles Spécia paraissait œuvrer avec une apparente autonomie en Pologne, au Brésil, en Angleterre et en Italie, se développaient des cercles plus ou moins denses de participations financières et d'exploitations communes de brevets. Les intérêts dans la Société hydroélectrique du Drac-inférieur, dans la Société viennoise de Constructions mécaniques qui fournissait une partie des équipements des usines chimiques, dans la Société du traitement des Quinquinas, héritée des Poulenc, prolongeaient quelques orientations prises au cours de la décennie précédente.

Mais la prise de participation dans Chimie et Atomistique fut plus significative. François Albert-Buisson, administrateur de la S.U.C.R.P., puis président du conseil d'administration à partir de 1935, avait créé cette société par la fusion de trois entreprises, les Établissements Albert-Buisson, la Société du Radium médical et la Société industrielle de Radioactivité. Une filiale purement médicale, la Société Théraplix, réalisait les fabrications dans l'usine de Montrouge. En mars 1931, la S.U.C.R.P. consentit un prêt de 7 millions de francs à 5 % à Chimie et Atomistique, dont le capital était de 14 millions de francs ; ce prêt, qui devait être progressivement transformé en participations, illustre le rôle de banquier que jouait la S.U.C.R.P. envers de petites ou moyennes entreprises.

on a souvent besoin
d'un plus petit
que soi....
texte de Mauricet
et Pierre Varenne.
dessins de R. Guérin.

Ce matin là, Monsieur Duplomb, Jules, Pancrace,
de son mol oreiller ne peut se soulever !
il appelle sa femme et sa bonne : "de grâce !
je suis très mal en point... qu'a-t-il pu m'arriver ?
une douleur étrange et folle me terrasse.
d'habitude, pourtant, je me sens plus léger..
qu'est-ce que j'ai ? qu'est-ce que j'ai ? qu'est-ce que j'ai ?.."

il faut qu'il sorte et la chaleur est tropicale,
son avocat l'attend ; il descend de chez lui,
sa tête a bien du mal à rester verticale.
il arrête un taxi qu'un vieux chauffeur conduit,
Mais aussitôt monté, v'lan ! le moteur se cale !
et le chauffeur lui dit : "je suis désespéré
vous êtes bien trop lourd, je ne puis démarrer !"

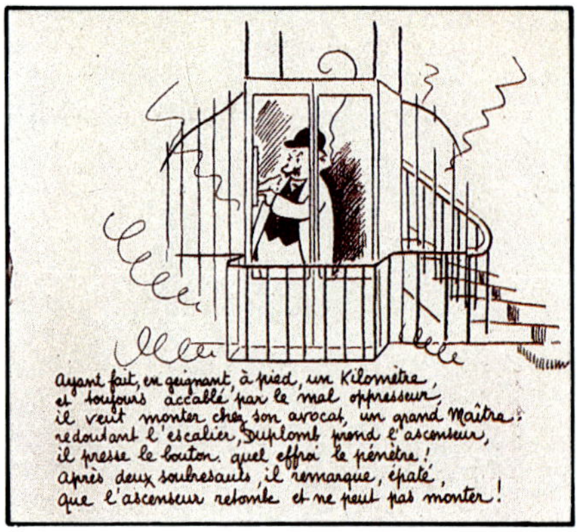
ayant fait, en geignant, à pied, un Kilomètre,
et toujours accablé par le mal oppresseur,
il veut monter chez son avocat, un grand Maître :
redoutant l'escalier, Duplomb prend l'ascenseur,
il presse le bouton. quel effroi le pénètre !
après deux soubresauts, il remarque, épaté,
que l'ascenseur retombe et ne peut pas monter !

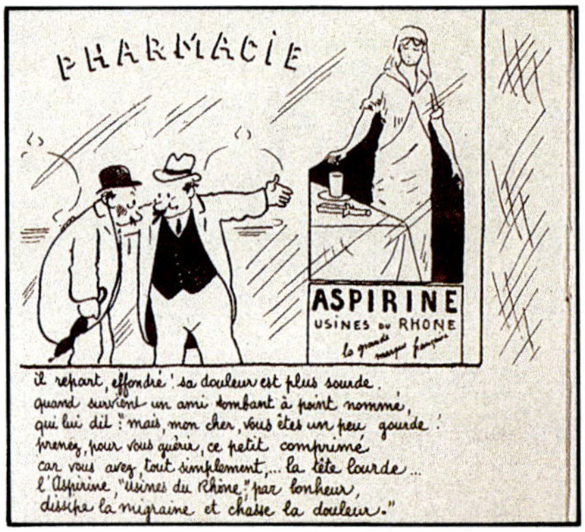
PHARMACIE
ASPIRINE
USINES DU RHONE
il repart, effondré : sa douleur est plus sourde.
quand survient un ami tombant à point nommé,
qui lui dit : "mais, mon cher, vous êtes un peu gourde :
prenez, pour vous guérir, ce petit comprimé
car vous avez, tout simplement, ... la tête lourde ...
l'Aspirine, "usines du Rhône", par bonheur,
dissipe la migraine et chasse la douleur."

ASPIRINE
ASPIRIN
R. Guérin.
Moralité :
Depuis ce jour, monsieur Duplomb, enthousiasmé,
vous a sur lui, toujours, bienfaisants comprimés.

Politique des brevets et ententes chimiques

Pendant les années 1930, la gamme des participations par brevets se développa et se diversifia. Bien que leurs origines, comme leurs dates d'apparition, demeurent imprécises, il est possible de distinguer deux grandes familles d'accords : d'une part, l'exploitation de brevets d'invention, moyennant le versement par la S.U.C.R.P. d'une redevance sur les prix de ventes, procédé fort ancien ; d'autre part, le partage de l'exploitation de brevets avec des sociétés étrangères, qui aboutit parfois au cross-licencing (échange réciproque de licences).

Le tableau suivant dresse une liste, non exhaustive, des accords de premier type.

ACCORDS ENTRE LA S.U.C.R.P. ET LES INVENTEURS

DATE	PRODUIT	INVENTEUR	RÉTRIBUTION DE L'INVENTEUR
2 février 1931	Gélotubes	David Rabot	0,02 F par unité
24 janvier 1932	Stovarsol - Orsamine Tryparsamide	Ernest Fourneau Jacques Trefouel	15 puis 10 % des ventes
Acétylarsan			
24 février 1932	Crisalbine Neptal	Ernest Fourneau	7,50 puis 5 % des ventes
15 décembre 1934	Propidon	professeur Delbet	10 % des ventes
13 novembre 1935	Seringue ampoule Syntex	docteur Deniau	15 000 F
5 avril 1936	Association Gardénal	docteur Maillard	5 % des ventes
7 août 1936	Vaccin	Charles Nicolle, Louis Blaizot	13 puis 10 % des ventes
9 janvier 1939	Sonéryl	Tiffeman	15 % des bénéfices
15 février 1939	Surocaïne	professeur Delmas	1 F par boîte

Le partage de brevets avec des firmes étrangères apparaît comme un procédé plus contemporain, mettant en jeu toute une série de négociations internationales.

Le 24 novembre 1929 était reconduit un accord de 1923 avec Bayer pour l'exploitation de produits vétérinaires, le Moranyl et le Noganol.

Rhône-Poulenc vendait en France, dans les colonies françaises et en Belgique, recevant 30 % des bénéfices ; Bayer percevait 70 % des bénéfices sur ces ventes et approvisionnait tous les autres pays. Le 31 mai 1930, la S.U.C.R.P. achetait la licence Wacker pour la fabrication de l'éther acétylacétique et devait limiter son marché à l'Hexagone. Le 3 octobre 1931 étaient signés des accords de réciprocité entre la S.U.C.R.P. et la société Du Pont de Nemours. Celle-ci apportait des brevets sur des parfums, sur des produits chimiques photographiques et sur des produits pharmaceutiques ; celle-là mettait en commun les brevets sur la résorcine, sur les solvants, sur les produits photographiques. Du Pont de Nemours recevait le droit non exclusif de fabriquer la quinone et tous les parfums sauf la vanille et la coumarine. La rémunération réciproque était constituée par 5 % du prix de toutes les ventes, Du Pont de Nemours percevait en plus 2,5 % sur tous les parfums. Mais l'échange de brevets était assez rare et la S.U.C.R.P. fut souvent acquéreur. Le 27 mars 1933, elle acheta à la société allemande Wacker Chimie un procédé de fabrication de l'acide salicylique, moyennant le versement de 2 pfennigs par kg. Le 25 avril 1935, elle obtint de l'I.G. Farben la fabrication d'antipaludiques pour le marché français contre 10 % du montant des ventes ; le 16 juin 1936, elle acquit la licence de fabrication de la soluseptagine de la société allemande Curta, contre 10 % du chiffre d'affaires ; le 30 décembre de la même année, ce furent les procédés vinyliques Wacker, contre un quart des bénéfices bruts. De même, le 21 février 1939, la société suisse Hoffmann-la-Roche et Compagnie lui céda pour la France, les brevets de fabrication des vitamines C et B1, contre 12,50, puis 10 % des ventes.

Liste très évidemment incomplète, mais suffisante pour montrer les mécanismes des accords. Ceux-ci s'accompagnaient toujours d'une clause de non-vente sur le territoire du partenaire ; ainsi l'espace français et la S.U.C.R.P. ne subissaient pas de concurrence et le montant de la redevance était le prix de la protection obtenue. Les barrières douanières étaient contournées et les accords de licences pouvaient remplacer dans cette voie les créations de filiales étrangères. Cette limitation des agressions réciproques était renforcée par la multiplication des conventions passées entre les principaux producteurs.

Il est naturellement impossible de pouvoir connaître toutes les ententes et d'avancer avec certitude leurs dates de création ; en effet, les conventions par produit étaient une tradition déjà longue dans la chimie organique puisque les premières apparurent à la fin du XIXe siècle. La Première

Guerre mondiale les rendit caduques et, pour quelques années, la crainte de la concurrence allemande s'était estompée. D'après nos documents, les conventions réapparurent en 1924 et rien ne permet d'affirmer que la crise des années 1930 accéléra un mouvement qui aurait pu constituer une défense contre la rigueur des temps.

À la fin de l'année 1924 fut constituée ou reconstituée la convention continentale des salicylés entre cinq producteurs allemands (Marck, Bayer, Schering, Von Heyden et Hauff) et la S.C.U.R., à qui fut accordée une quote-part de 16,40 % ; en 1928, sur la base des ventes réalisées, elle fut ramenée à 11,91 %. À la différence des accords de licences, les conventions n'interdisaient pas les ventes hors des frontières. La S.C.U.R. se déclarait prête à renoncer aux livraisons en Allemagne et demandait aux maison allemandes une mesure réciproque basée sur les chiffres de 1928. Accord inégal que refusa l'I.G. Farben. Les sur et sous-livraisons étaient équilibrées en espèces et les prix étaient fixés à la majorité simple, l'I.G. Farben étant « maison dirigeante ». La convention continentale signa d'autres accords. Avec Monsanto (États-Unis), elle partagea le marché d'Extrême-Orient (Monsanto : 24,58 %, convention continentale : 75,42 %). En octobre 1932, elle s'accorda avec la convention anglaise sur le marché mondial, à l'exclusion des États-Unis et elle concluait : « La concurrence dans les autres pays que l'Allemagne, la France et la Grande-Bretagne doit être combattue après accord avec les deux conventions ». En 1938, la S.U.C.R.P. acceptait de plus en plus mal la confrontation quasi permanente avec six producteurs allemands et demandait qu'ils ne disposent plus que d'une voix collective ; d'ailleurs, ses ventes de salicylés avaient fortement augmenté et la S.U.C.R.P. dépassait constamment la nouvelle quote-part de 30 % qu'elle avait obtenue en 1937. La convention était donc évolutive et la rivalité des producteurs n'était pas abolie par des règles contraignantes.

La documentation est abondante sur les conventions des sels de bismuth et de la saccharine. La première existait déjà en 1925 et, en 1932, elle comprenait un groupe français de sept producteurs, un groupe allemand de trois producteurs, un groupe anglais de sept producteurs et la société A.C.F. d'Amsterdam ; ses membres recevaient leurs approvisionnements du Syndicat Métal Bismuth et s'interdisaient réciproquement de vendre chez les autres membres de la convention.

En 1926, la première convention de la saccharine groupait trois fabricants allemands (Saccharinenfabrik AG, Overberger Werke et Von Heyden), trois fabricants suisses (Sandoz, C.I.B.A et Hermes) et la

S.C.U.R.. Elle fut renouvelée le 30 février 1931 entre cinq fabricants allemands et deux fabricants français, puis avec cinq producteurs anglais. Les parts de marché étaient respectivement fixées à 57,20 %, 24,06 % et 12,74 %. Chaque groupe fixait les prix pour son marché national.

Enfin, en 1936 fut conclue la convention des accélérateurs pour pneumatique qui réunissait les producteurs anglo-saxons I.C.I., Monsanto et Vanderbilt, l'I.G. Farben et les deux producteurs français qui se partageaient le marché hexagonal par moitié (S.U.C.R.P. et Société des Matières colorantes et Produits chimiques de Saint-Denis). Les trois groupes se répartissaient la géographie des ventes selon les variétés d'accélérateurs (MBT, MBTS, DPG, DOTG, TMT, MT).

La réussite textile

Dans le domaine textile, comme dans la chimie, le mouvement de créations commencé dans les années 1920 s'achevait en 1930 ; à cette date, l'essentiel avait été réalisé et la nouvelle conjoncture suggérait la prudence. Seule, une Rhodiaseta argentina, au capital de 1 500 000 pesos, vint renforcer la Sociedad chimica Rhodia argentina. À la fin de 1929, la Du Pont Rayon mettait en route l'usine de Weynesboro.

Les caractères du développement de la société-mère, la Rhodiaceta, s'individualisèrent fortement pendant les années 1930. À partir de 1929-30, les investissements s'arrêtèrent après avoir été considérables depuis la fondation. Ainsi, le compte d'immobilisations qui était de 96 494 452 francs au 31 décembre 1930 ne s'élevait qu'à 103 734 254 francs à la fin de l'année 1939. Toute la politique de la S.U.C.R.P. fut de consolider les finances de la Rhodiaceta qui avait été, dans un premier temps, dans l'étroite dépendance des deux sociétés fondatrices. Le compte d'amortissements s'en trouva considérablement renforcé, passant de 37 894 666 francs à 88 136 290 francs ; 85 % des immobilisations de 1939 étaient ainsi amorties. D'autre part, la Rhodiaceta avait largement vécu d'avances consenties par les banques, par la S.U.C.R.P. et par le C.T.A., sommes regroupées dans la rubrique « Créditeurs divers » ; le montant de celle-ci déclina progressivement de 116 636 465 francs en 1929 à 57 950 971 francs en 1939. Selon un schéma classique, à la phase d'investissement et de construction succédait celle du remboursement et de l'apurement des dettes. Au cours de la décennie, la Rhodiaceta commença à verser des dividendes aux sociétés fondatrices ; tout d'abord, les 6 % statutaires dès 1934, puis les versements devinrent plus importants à partir de 1936. L'assemblée générale du 17 juin 1935 proclamait : « Nous avons estimé que les assises de votre société étaient maintenant assez solides pour que s'ouvre l'ère des répartitions ». Rhodiaseta put mener cette politique, car, industrie nouvelle, elle fut peu touchée par la crise des années 1930.

VENTES DE FIL ET FIBRE (rayonne et fibranne, en tonnes)

ANNÉE	FRANCE LYON ROUSSILLON	ITALIE PALLANZA	ALLEMAGNE FRIBOURG	ÉTATS-UNIS WEYNESBORO	BRÉSIL SAINT-ANDRÉ
1932	1 300	336	1 344	816	
1933	2 040	900	1 548	1 272	
1934	2 463	972	2 688	1 764	
1935	3 042	1 572	2 136	3 240	756
1936	3 436	1 284	3 192	4 608	1 164
1937	3 157	1 848	3 792	4 560	1 392
1938	2 893	1 440	4 032	6 096	1 437
1939	3 197				

Durant les toutes premières années de la décennie, le démarrage de la Rhodiaseta fut freiné, comme le confirme l'assemblée générale du 12 mai 1930 : « Vos usines, entièrement terminées conformément au programme que nous nous étions tracé, ne travaillent pas à la pleine production ». La marge brute d'autofinancement baissa de moitié en 1930 et elle fut négative en 1931 (– 7 974 034 francs) ; les amortissements furent nuls et près de 4 millions de francs furent puisés dans les réserves cette année-là *(v. graphique, p. 205)*. La main-d'œuvre baissa très brutalement de 1 430 employés à moins de 1 000, mais le fléchissement fut bref puisque l'embauche reprit aussitôt et que les effectifs bondissaient à 2 400 personnes. En 1933, les retards d'amortissements et de réserves, accumulés pendant les années 1931-32, furent comblés et en 1934 commencèrent les premières répartitions. De 1933 à 1940, le pourcentage de la marge brute d'autofinancement par rapport au chiffre d'affaires augmenta jusqu'à atteindre un record de 20,70 % en 1938. Cette ascension fut néanmoins interrompue par la crise de 1937 marquée par la baisse de la production des usines et par une forte chute de la marge brute d'autofinancement *(v. graphique, p. 205)*. Le conseil d'administration constatait alors : « La situation économique de la France, les difficultés monétaires ou les barrières douanières élevées par certaines nations et qui raréfient de plus en plus les débouchés d'exportation ont une répercussion fâcheuse sur la production ». Comme pour la chimie, l'année 1939 marqua le retour à une activité croissante et à un niveau élevé de bénéfices.

À la trinité de la chimie répondait celle du textile puisque la production de la Rhodiaceta* s'organisait autour de trois établissements. L'usine A.P. (Acétate Péage) fournissait l'essentiel de l'acétate de cellulose aux deux filatures de Vaise et de Roussillon ; elle était épaulée dans cette fonction, mais de moins en moins, par l'usine de Saint-Fons. Elle réalisait donc les productions d'anhydride acétique, d'acide acétique, la récupération de celui-ci et le blanchiment des linters (fibres de coton très riches en cellulose). La production d'acétate de cellulose de Péage augmenta d'un millier de tonnes en 1931 à 5 000 tonnes en 1939 *(v. graphique, p. 254)*. Vaise et Roussillon réalisaient une production de plus en plus diversifiée dans la filature, le moulinage et le flottage. Roussillon fabriquait du fil écru et du fil teint - la teinture en masse avait été mise au point en décembre 1929 -, puis les variétés Albène, Nérane, Océane et Ténégrine. L'Albène était un fil mat - par opposition au fil écru brillant - obtenu par incorporation de sulfate de baryte, puis d'oxyde de titane et dont la production commença en 1932. La variété Nérane datait de 1929, Océane et Ténégrine remontaient à 1930. Le succès de ces variétés fut tel qu'il fit reculer la production d'écru dès 1934. En 1938 débuta la fabrication de la fibranne dont l'avantage était de pouvoir être mélangée avec d'autres fibres. La répartition des ventes en France et à l'étranger confirme ces transformations:

ÉVOLUTION DES VENTES
(en pourcentage)

Année	Écru	Teint	Albène	Fibranne	Divers
1933	51,17	12,35	36,48		
1939	40,53	22,25	25,24	11,48	0,50

Le tableau des coûts de production de la rayonne et de la fibranne permet de souligner les spécificités du travail textile par rapport au travail chimique.

* En 1933, la société dut, par décision de justice, abandonner toute référence à la soie pour éviter toute confusion avec le produit naturel. La Rhodiaseta devint la Rhodiaceta.

COÛTS DE PRODUCTION EN 1939
(en pourcentages)

	Salaire	Matières premières	Frais de production	Frais de charges
Rayonne	23,37	23,33	24,82	28,48
Fibranne	10,31	33,27	27,96	28,46

Les frais de production regroupent les dépenses en énergie, vapeur, eau et en diverses fournitures. Les frais et charges comprennent le conditionnement et la commercialisation. Les coûts de production étaient très différents de ceux de la chimie ; les matières premières représentaient une charge moitié moindre dans le textile, mais le coût de la main-d'œuvre était beaucoup plus élevé dans la fabrication du fil de rayonne que dans celle de la fibranne ou dans la chimie (autour de 10 % pour la chimie et deux fois plus dans la filature et la finition). Enfin, les frais et charges pesaient plus lourdement dans le secteur textile.

Le rythme des dépôts de brevets marqua à sa manière la conjoncture textile. Ils restèrent à un niveau très bas jusqu'en 1935 (trois brevets par an). En revanche, après cette date qui marque l'entrée de la Rhodiaceta dans l'ère des bénéfices, ils connurent une augmentation brutale (quatorze en 1937) *(v. graphique, p. 263)*.

Mais le principal enrichissement technique de la filière textile résulta des accords passés avec Du Pont de Nemours le 30 mars 1939. Les relations avec la firme américaine étaient anciennes : au lendemain de la Première Guerre mondiale, le C.T.A. lui avait cédé les licences de la viscose et de la cellophane et Edmond Gillet était devenu un de ses administrateurs, puis la Rhodiaseta lui avait accordé ses brevets concernant la filature de l'acétate de cellulose. En 1939, Du Pont de Nemours souhaitait commercialiser en Europe ses brevets de fabrication du Nylon et s'adressa tout d'abord au C.T.A. dont les dirigeants, conscients des implications chimiques que générait une telle production, proposèrent à la S.U.C.R.P. de faire intervenir la Rhodiaceta pour réaliser l'achat et la mise en pratique des procédés américains. Une mission constituée de Pierre Lombard, Léon Pranal, Renaud Gillet, de Georges et Augustin Mollard se rendit au États-Unis sous la direction de René Bernheim pour négocier l'acquisition de la nouvelle fibre. L'accord fut conclu, qui accordait à la Rhodiaceta le droit de sous-licencier en Europe, mais qui prévoyait l'intervention de Du Pont pour toute sous-licence sur le continent américain. En mai et juin, un groupe d'ingénieurs se rendit outre-Atlantique sous la direction de Renaud Gillet et Augustin Mollard et une commande de matériel de filature fut aussitôt passée.

En même temps, l'entreprise américaine s'efforçait de commercialiser ses brevets dans d'autres pays d'Europe, ils furent ainsi vendus à l'I.G. Farben le 23 mai 1939.

Les difficultés des filiales étrangères

Il est évident que le démarrage des filiales étrangères ne fut pas facile puisqu'aux difficultés du lancement s'ajoutait la conjoncture de crise. Le 12 juillet 1931, le conseil d'administration de la S.U.C.R.P. soulignait la situation difficile de la D.A.R. qui avait déjà accumulé de lourdes pertes. Une lettre de son directeur, le 7 octobre 1932, soulignait la gravité de la situation et constatait l'impossiblilité d'augmenter son capital puisque la société ne payait pas de dividendes et qu'elle avait 4 millions de marks de pertes, ce qui équivalait à la moitié de son capital ; il aurait donc fallu réduire celui-ci, ce qui ne fut d'ailleurs pas fait. De plus, la S.U.C.R.P. et la D.A.R. se heurtaient à l'hostilité de l'I.G. Farben. La D.A.R. parvint à la fin de 1930 à faire breveter en Allemagne un appareil d'acétylation ; après s'être opposée au dépôt, l'I.G. Farben demanda en compensation une licence à son profit. À ce stade de production, la D.A.R. était approvisionnée en acétate par l'I.G. Farben et par la société Wacker Chimie et sa démarche restait très prudente, justifiant les détours utilisés au moment de la création. En février 1931, Jean Altwegg, directeur de la D.A.R., écrivait à Marcel Bô : « Il était pourtant entendu que l'expression "filiale" sera soigneusement évitée. Vous connaissez l'inconvénient qui pourrait en résulter si l'I.G. faisait un jour état de ce document ». Pour éviter le conflit, la S.U.C.R.P. céda à l'I.G. Farben, de façon non exclusive, la licence de l'appareil tournant à acétylation, moyennant 5 pfennigs-or par kg d'acétate de cellulose fabriqué.

En 1930, la filiale italienne était aussi en perte, perte limitée par l'absence d'amortissements et de réserves pour impôts. En octobre, la S.U.C.R.P. lui avançait 3 826 000 lires, puis 2 millions de lires en 1932.

La seule filiale à connaître un échec de longue durée fut la Rhodiaceta suisse. Sans doute les pertes de 1931 et de 1932 (697 434 francs et 628 582 francs) pouvaient paraître acceptables et Rhodiaseta France s'engageait à les prendre à sa charge, mais la situation ne s'améliora que fort lentement pour une société qui se contentait de vendre les marchandises venues de France et probablement de les « finir ».

LES RÉSULTATS RHODIACETA SUISSE

Année	Ventes (en tonnes)	Bénéfices (en francs français)
1933		224 913
1934	163	194 273
1935	156	745 989
1936	189	258 088

De plus, bénéfices nets et bruts se confondaient, puisque la filiale suisse n'amortissait pas et ne constituait pas de réserve. Le 31 décembre 1937, la société-mère devait encore récupérer 609 651 francs de pertes, et, l'année suivante, les bénéfices se situant autour de 100 000 francs, elle proposa la résiliation de la convention de l'acétate car : « Au bout de dix années de fonctionnement de cette convention, les ventes en Suisse sont restées sensiblement stationnaires et ne permettent pas d'envisager la construction d'une usine ». La convention fut ainsi résiliée à compter du 31 décembre 1939, condition mise par la Rhodiaceta pour approuver les comptes de 1938. Il semble bien qu'à la veille de la guerre, la Rhodiaceta suisse était devenue une structure vide. Mais cet échec fut unique car les difficultés économiques furent surmontées assez vite. Dès 1934-35, les productions augmentèrent sensiblement puiqu'à la fin de la décennie, les ventes des usines allemande et américaine dépassaient celles de la maison-mère.

Cette croissance n'excluait pas quelques difficultés financières. Les versements de la D.A.R. - redevances à Textilia et dividendes à la société de participation industrielle - furent soumis, à partir du 26 juillet 1934, à l'accord de clearing germano-suisse qui consentait le transfert intégral des redevances, mais limitait le niveau des transferts de dividendes (100 % jusqu'à 4,5 % et 50 % au-delà).

Du Pont de Nemours versa, à partir de 1929, les redevances prévues. En revanche, les 25 % de bénéfices que Rhodiaceta devait recevoir de Du Pont Rayon se firent attendre. L'entreprise américaine avait dû investir plus que prévu, sa production s'était développée moins rapidement qu'il n'avait été escompté et elle devait verser un intérêt de 6 %, cumulatif en cas de pertes et préférentiel, au capital investi. Ainsi, en 1936, les pertes et les nécessités de l'amortissement n'avait toujours pas permis à Du Pont Rayon de régler ses 6 % et les dirigeants de la Rhodiaceta étaient conscients qu'il faudrait attendre des années avant d'apercevoir l'ombre d'un dividende (lettre de René Berheim à Edmond Gillet, 20 novembre 1936). De façon incessante, Rhodiaceta proposait à sa correspondante américaine une modification des accords afin d'obtenir une rémunération réelle des brevets concédés.

Malgré cela, la réussite naissante des sociétés textiles permettait l'élaboration de projets d'expansion. Dès le mois de novembre 1937, la S.U.C.R.P. et la Rhodia brasileira envisageaient de produire de la viscose au Brésil et entamaient des négociations avec le grand industriel Matarazzo, auquel Henri Sannejouand proposait, dix mois plus tard, un partage du marché selon les quotes-parts suivantes : Nouvelle Viscose et Companhia brasileira de Sedas Rhodiaceta, 55 % ; Matarazzo, 45 % . La S.U.C.R.P., craignant un recul relatif sur le marché brésilien de l'acétate, voulait trouver une compensation dans une production de viscose, mais ce projet ne fut réalisé qu'après la Seconde Guerre mondiale.

Des ententes textiles favorables

L'examen des ententes et des conventions textiles dans lesquelles s'engagèrent la S.U.C.R.P. et la Rhodiaceta est riche d'enseignements. Autant les parts étaient minces dans le domaine de la chimie, où la S.U.C.R.P. se battait avec des partenaires multiples, autant la part accordée aux sociétés Rhodiaceta fut large.

La première réunion pour former une entente eut lieu le 31 mai 1929 entre la Société de Soie artificielle de la Tubize (Bruxelles), l'Aceta g.m.b.H. (Berlin), Rhodiaceta et la D.A.R., rapprochées par le souci majeur de la stabilisation des prix. Le compte-rendu de la réunion notait : « Les consommateurs ont le sentiment que les prix de la viscose ont pratiquement touché le fond et renonceraient à lancer de nouveaux articles en soie à l'acétate s'ils avaient l'impression qu'une bataille de prix va s'engager pour cette matière entre les principaux producteurs, leur impliquant des pertes similaires à celles qu'ils ont subies par la baisse de la viscose ».

Un accord théorique fut conclu, fixant le prix à 18 francs suisses pour le kg 150 deniers. Mais il fut mal accepté par la Société de Soie artificielle de la

Tubize qui restait concurrente d'Aceta (Entente des producteurs allemands, adhérents à l'I.G. Farben) et qui reprit sa liberté dès la fin de 1930. En même temps, la Rhodiaceta concluait avec les principaux consommateurs des accords confidentiels de ventes portant sur l'année 1931. Le rôle commercial du C.T.A. dans la vente des produits Rhodiaceta montrait son efficacité, car les vendeurs du C.T.A. faisaient pression pour placer les fils d'acétate et proposaient le cumul des ristournes sur la viscose et l'acétate. De son côté, Aceta proposait des ristournes sur les prix de la convention aux Vereinigte Seidenweberein et aux Seidenindustrie, par exemple. Jean Altwegg, de son usine de Fribourg, signalait les disfonctionnements de la convention à Marcel Bô : « Aceta n'est pas plus sérieuse au point de vue convention que Tubize. Au moins aussi longtemps que cette convention ne sera pas excessivement serrée, nous suivrons les avantages accordés par Aceta ». Ce premier accord fut donc lâche et mal observé. Les difficultés économiques poussèrent, dans le secteur textile, les producteurs au rapprochement. Le 11 janvier 1932, l'Entente rassemblait à Berlin la Tubize, l'Aceta, Rhodiaceta et Chatillon, société italienne, pour établir un contingentement et des prix réglementant le marché de la viscose, de la soie au cuivre et de l'acétate de cellulose. Les discussions, qui furent âpres, en particulier concernant le marché allemand et celui des pays héritiers de l'empire Austro-Hongrois, entraînèrent le départ de Chatillon.

La moyenne des ventes d'acétate en 1930 et 1931 fournit les quotes-parts suivantes sur le marché allemand :

	1930 Ventes	1931 Ventes	1932 Quote-part
Aceta	480 (24,33 %)	550 (27,42 %)	26 %
Tubize	599 (30,36 %)	443 (22,08 %)	26 %
Rhodia (D.A.R.)	894 (45,31 %)	1 013 (50,50 %)	48 %

L'accord n'empêcha pas la poursuite des hostilités entre Aceta et Rhodiaseta. Dès le mois de juin, la D.A.R. demandait que son contingent soit porté à 54 % car sa production progressait plus rapidement. À la fin de 1932, la lutte continuait. Max Hopf, le représentant de Rhodiaseta à Bâle, écrivait à Marcel Bô le 5 septembre 1932 : « Nous avons proposé à l'Aceta une entente technique pour la filature de la soie à l'acétate pour dix ans, plus une entente commerciale, plus un contingentement raisonnable ». Mais chacun du côté français soupçonnait l'influence de l'I.G. Farben dans l'intransigeance d'Aceta. Un accord fut enfin conclu le 12 octobre 1932 entre Rhodiaseta et l'Aceta. Celle-là proposait un partage du marché allemand sur la base de 35 % pour Aceta et 65 % pour Rhodiaseta et D.A.R. ; les contre-propositions furent de 45 % et 55 %. On conclut en accordant 60 % à Rhodiaseta et 40 % à Aceta, conclusion ainsi saluée par Marcel Bô : « Nous trouvions que ce n'était finalement pas très mauvais pour Rhodiaceta d'avoir, vis-à-vis de la puissante I.G. Farben pour les dix ans à venir, un avantage de 50 % sur les fournitures en Allemagne ». La D.A.R. concluait qu'il fallait pousser ses ventes pour occuper pleinement sa quote-part de 60 %.

Le 16 novembre 1934, une convention fut signée entre la Rhodiaceta et la société Chatillon ; la répartition du marché italien variait selon les quantités vendues :

- jusqu'à 100 000 kg par mois, Rhodiaceta avait droit à 62 % du marché et Chatillon 38 % ;
- entre 100 000 kg et 200 000 kg, les parts étaient de 68 et 32 % ;
- au-delà de 200 000 kg, elles devenaient respectivement de 65 et de 35 %.

Par le biais des exportations et de la production par les filiales, la position internationale de la Rhodiaceta était forte. Pendant les années 1930, la quote-part de la Rhodiaceta dans la convention internationale diminua : 30,70 % en 1933, 25 % en 1937, 15,30 % en 1939, mais ce recul fut compensé par l'essor des productions et des ventes des filiales étrangères qui permettaient de contourner les barrières douanières et de neutraliser en partie les obstacles au commerce international.

Au cours des années 1930, la réussite industrielle des filiales et des participations tendait à modifier en profondeur la nature des ressources de la S.U.C.R.P.. Sans doute, dès les années 1920, les deux sociétés encaissaient quelques revenus extérieurs. Le début des années 1930 connut, probablement un recul des revenus financiers. En revanche, à partir de 1935, date à laquelle nous connaissons la répartition entre bénéfices d'exploitation et revenus des placements externes, la part de ces derniers augmenta rapidement : 16,30 % en 1935, 28,30 % 1936, 39,80 % en 1937, 44,90 % en 1938, 40 % en 1939. Ainsi se traduisaient la réussite et la maturité des filiales comme la mutation de la S.U.C.R.P. qui cumulait des fonctions industrielles et financières à la veille de la guerre *(v. graphique, p.242)*.

LE POIDS DE LA DÉFAITE

Il ne s'agissait plus comme au temps de la Première Guerre mondiale de participer à la Défense nationale, mais de contribuer à la survie du pays en maintenant au mieux l'activité de l'entreprise et en échappant, en partie du moins, aux contraintes de l'occupant.

La défense de la production

Dans quelle mesure les productions furent-elles freinées ou ralenties ? Le chiffre d'affaires déflaté de la S.U.C.R.P. fournit une première indication suffisamment éloquente.

CHIFFRE D'AFFAIRES DE LA S.U.C.R.P.
(1939-1944)

Années	Chiffre d'affaires	Pourcentage de la baisse par rapport à l'année précédente
1939	560 856 400 F	
1940	466 959 750 F	– 16,74 %
1941	444 239 390 F	– 4,86 %
1942	335 930 900 F	– 19,55 %
1943	288 845 700 F	– 18,82 %
1944	180 743 500 F	– 37,40 %

Le repli s'opéra donc par étapes. Après le relatif maintien des deux premières années, le déclin s'accentua à partir de 1942 et le niveau de 1944 était à peine supérieur à celui atteint par la seule S.C.U.R. en 1928. Il ne représentait plus que 32,30 % du chiffre d'affaires de 1939.

La production d'acétate dans l'usine du Péage et de fibres à Vaise et à Roussillon déclina presque autant, mais en suivant des rythmes un peu différents.

PRODUCTION TEXTILE (1939-1944)
(en tonnes)

Années	Acétate (Péage)	Fibre (Vaise)	Fibre (Roussillon)
1939	4 962	2 588	1 451
1940	4 675	2 857	1 391
1941	4 099	2 713	1 700
1942	3 114	1 885	1 395
1943	3 395	2 128	1 508
1944	2 287	1 250	1 169

La production de fibres fut en 1940 et 1941 supérieure à ce qu'elle avait été avant-guerre ; celle de 1943 faillit l'atteindre. Le rôle de textile de remplacement joué par les fibres artificielles soutenait fortement la demande et la baisse finale fut moins forte que dans le secteur chimique : 51,80 % pour Lyon-Vaise et 19,50 % pour Roussillon.

Au niveau des résultats financiers, la marge brute d'autofinancement resta à un niveau honorable pendant presque toute la guerre, niveau à peine inférieur à celui de 1939. Ce ne fut qu'en fin de période qu'elle se dégrada sensiblement ; par rapport au chiffre d'affaires, elle s'abaissa à 11,30 % pour la S.U.C.R.P. en 1944 et à 8,60 % et 3,10 %, en 1943 et 1944, pour la Rhodiaceta.

Les effectifs de la S.U.C.R.P. et de la Rhodiaceta baissèrent, subissant une érosion due plus aux événements extérieurs qu'à la vie économique. La chimie employait 4 642 personnes en 1939, 4 372 en 1942 et 3 957 en 1944. À la fin de cette année, l'état récapitulatif indiquait 568 prisonniers, déportés, travailleurs du S.T.O. et engagés dans les formations militaires ; 516 appartenaient à la S.U.C.R.P. (Saint-Fons, 165, Roussillon, 209, Vitry-sur-Seine, 105), 39 à Spécia et 13 à Prolabo. De son côté, la Rhodiaceta, qui employait 3 400 personnes en 1939, n'en garda que 2 780 en 1944. Les effectifs des filiales étrangères évoluèrent de façon très variable selon les contextes nationaux ; ceux de la D.A.R., soumis directement à l'effort de guerre allemand, passèrent de 2 600 personnes à 1 100.

L'évolution des coûts de fabrication explique la détérioration de la marge brute d'autofinancement en fin de période.

COÛT DE PRODUCTION DE LA RAYONNE D'ACÉTATE
(en pourcentage)

	1942	1943	1945
Salaires	22,92	24,29	24,93
Matières premières	26,30	25,92	14,43
Frais directs de production	22,84	22,96	26,95
Frais et charges	27,94	26,83	33,69

COÛT DE LA PRODUCTION DE LA FIBRANNE D'ACÉTATE
(en pourcentage)

	1942	1943	1945
Salaires	10,94	11,67	11,47
Matières premières	34,29	33,36	20,79
Frais directs de production	26,83	28,14	34,66
Frais et charges	27,94	26,83	33,08

COÛT DE PRODUCTION DES PRODUITS CHIMIQUES
(S.U.C.R.P.)
(en pourcentage)

	1940	1941	1942	1943	1944
Main-d'œuvre	8,10	8,50	11,82	11,35	14,00
Matières premières	48,86	47,00	46,12	45,52	42,13
Frais directs de production	23,84	23,00	25,08	23,94	29,87
Réparations	3,00	3,73	3,56	3,11	4,42
Frais et charges	16,20	17,77	13,42	16,08	9,58

Si quelques divergences apparaissent, en particulier dans la rubrique frais et charges, la concordance est évidente sur l'augmentation, sans doute légère, du poids salarial. En 1945, elle fut accidentelle : les effectifs de la main-d'œuvre baissèrent moins vite que la valeur de la production. Mais avant s'amorça une transformation structurelle de la masse salariale.

COÛT DES FRAIS DE MAIN-D'ŒUVRE (chimie)
(en pourcentage)

	1940	1941	1942	1943	1944
Appointements	23,04	21,49	20,14	18,23	19,22
Main-d'œuvre horaire	66,28	65,35	56,80	53,92	50,00
Charges sociales	10,68	13,16	23,06	27,85	30,78

La composition à moyen terme de la masse salariale traduit la première grande poussée des charges sociales et annonce la modification radicale qui devait intervenir après guerre dans ce domaine.

Le dynamisme de la recherche et de l'innovation

Un double phénomène peut paraître surprenant : la vigueur de l'investissement et de la recherche. La période de guerre contrastait avec l'atonie et la régression des années 1930. 1939 et 1940 furent, pour la S.U.C.R.P. et la Rhodiaceta, les années de redémarrage de l'investissement qui ne se ralentit qu'en 1942 pour la première et en 1943 pour la seconde. On peut estimer, à défaut de déclarations très explicites, d'une part que les dépenses non réalisées dans les années 1930 devenaient indispensables et, d'autre part, que les dirigeants des sociétés préparaient l'avenir.

La recherche fut active pendant les années de guerre comme en témoigne la statistique des brevets déposés en France : 295 entre 1940 et 1944, avec le creux très marqué de 1940 (18), alors que, de 1931 à 1939, les dépôts n'avaient été que de 174 *(v. graphique, p.263)*. Sur ces performances, les questions sont plus nombreuses que les réponses ; assistons-nous ici à l'aboutissement de recherches entamées antérieurement, comme ce fut le cas en 1942 pour le 2339 RP, premier antihistaminique utilisable en clinique ? Faut-il penser que les pénuries sucitèrent la recherche de produits de remplacement ? Les menaces de la guerre et de l'occupation n'ont-elles pas incité à déposer plus systématiquement des brevets d'inventions qui pourraient être contestés ?

La guerre fut l'occasion pour la chimie de démontrer sa capacité à fournir des produits de substitution, des ersatz largement utilisés par l'Allemagne et dont les Français se gaussaient volontiers. La production d'acétate de cellulose se maintint à un bon niveau car la demande de fibres artificielles était forte. En 1941, le conseil de la Rhodiaceta constatait que « les demandes de la clientèle ont été toujours très importantes et bien supérieures à nos disponibilités ». La première production de Nylon commença pendant la guerre. En 1941 fut achevé le bâtiment de la filature et le 7 mai sortait le premier fil des machines importées des États-Unis. En juillet 1941 fut produit le premier crin pour brosse, en janvier 1942, le premier crin de pêche. En 1941 et 1942 fut érigé le magasin général. Désormais, le site de Vaise juxtaposait les bâtiments hauts du Nylon aux bâtiments bas de l'acétate. En 1944, la production de fil Nylon atteignait 50 tonnes. Ces premières réalisations, qui mirent la Rhodiaceta en bonne position à la fin de la guerre, avaient été menées par l'équipe pionnière composée de Léon Pranal, Jean Fromonot, Augustin Mollard et Renaud Gillet. Mais la conjoncture de guerre avait, en 1942 et 1943, freiné la livraison des équipement industriels.

Le parallélisme entre les débuts du Nylon et ceux de la pénicilline est frappant. Le 30 décembre 1942, la direction scientifique de la S.U.C.R.P. (Robert Meyer) signalait une coupure d'un journal suisse qui décrivait les résultats obtenus en Grande-Bretagne dans le traitement des maladies infectieuses par la pénicilline, substance sécrétée par un champignon du genre *Penicillium notatum* dont la souche avait été isolée par sir Alexander Fleming. À partir de ce moment, la S.C.U.R.P s'intéressa au nouveau médicament et trouva, en septembre 1943, la souche originale de sir Alexander Fleming à la mycothèque de l'Institut Pasteur. La culture fut entreprise à Vitry-Sur-Seine. Dès octobre 1943, les 40 premiers milligrammes furent produits. Les résultats de cette fabrication modeste, qui se développa jusqu'à la Libération, furent confiés aux hôpitaux.

La répartition des ventes de la société indique que la part de la saccharine, qui était de 0,50 % en 1939, atteignait 21 % dès 1941. Matière des temps d'épreuves, elle venait suppléer sur le marché au sucre devenu trop rare pour les consommateurs français. En 1943 apparaissait la division 7 qui commercialisait le sel N et les plastiques, avec déjà 8,10 % des ventes.

Les utilisations des plastiques, plus que celles d'autres produits chimiques, se multiplièrent. La S.U.C.R.P. maintint une production importante de thermoplastiques à base d'acétate de cellulose : Rhodoïd en feuilles, Rhodialine en film et en résine, Rhodialite en poudre. Pendant deux ans, la production d'avant-guerre se maintint, mais, à partir de 1942, quantités et qualités se dégradèrent, car il fallut remplacer le coton par la pâte de bois, réemployer les déchets fournis par les clients et limiter la gamme des couleurs. Les plastiques se substituèrent, pour certains emplois, au verre et au métal ; toutefois, en 1944, leur production était réduite à 20 % du niveau de 1939.

Aboutissement de quinze ans de recherches, les résines polystyrolénique et vinylique, fabriquées à partir de l'acétate de vinyle, eurent de larges débouchés. Comme le résume un rapport technique de 1945 : « toutes les techniques ont trouvé auprès d'elles, eu égard à la pénurie générale de résines et de gomme naturelles pendant les années 1940, des auxiliaires précieux ». La fabrication de ces résines ne nécessitait ni carbure de calcium, ni électricité. Elles furent ainsi utilisées dans les industries du cuir (cuir synthétique), dans celle de la chaussure (semelles et talons), dans l'imperméabilisation des tissus et des cartons. Dans la construction électrique, elles remplacèrent l'ébonite des accumulateurs et le caoutchouc des fils basse tension et téléphoniques ; elles fournissaient aussi des vernis et des colles.

Médiocre consolation sans doute, mais on peut penser que la guerre servit à convaincre les Français de l'intérêt des produits de remplacement proposés par l'industrie chimique. Si l'on rappelle que la fabrication des deux produits porteurs de l'après-guerre, Nylon et pénicilline, fut mise au point ou, au moins, étudiée entre 1940 et 1944, l'énergie et la créativité de l'entreprise paraissent intactes pendant les années d'épreuves.

Le ralentissement des relations commerciales et l'intense demande du marché intérieur expliquent l'effrondrement des exportations chimiques. Atteignant près d'un quart de la production métropolitaine dans les années 1930, celles-ci ne représentaient plus que 7,37 % en 1941, 7,72 % en 1942, 11,03 % en 1943, 8,57 % en 1944 et 1,98 % en 1945.

La rupture avec les filiales étrangères

La S.U.C.R.P. fut coupée pendant cinq ans de ses filiales étrangères et des revenus qu'elles apportaient. En Italie, les sociétés Farmaceutici et Rhodiaseta italiana avaient été mises sous séquestre et la Banca d'Italia était détentrice des titres. D'autre part, la société Montecatini, intéressée par ces entreprises, avait fait décider unilatéralement des augmentations de capital qu'elle souscrivit, s'assurant ainsi le contrôle majoritaire des sociétés.

En Grande-Bretagne, le Trading with the Ennemy Act du 5 septembre 1939 permit le séquestre des biens ennemis ou contrôlés par l'ennemi. Il fut appliqué à la France occupée le 17 juin 1940 et à la France non occupée le 10 juillet 1940. Ainsi, le 8 octobre 1940, les actions May and Baker appartenant à Rhône-Poulenc (210 000 sur 250 000) furent confisquées et enregistrées au nom du custodian Mr. Roberts, chargé également de percevoir les dividendes. Un nouveau directeur fut nommé, H. Watson Humphries. La situation était inédite et pleine d'incertitudes, la direction craignait que le custodian puisse revendre une partie des actions à des tiers ; après discussion, il fut convenu que toute cession ne pourrait être faite qu'à la société elle-même. Celle-ci se déclarait satisfaite et soulignait qu'aucun Français n'avait jamais dirigé May and Baker. S'agissait-il de protéger les intérêts de Rhône-Poulenc ou bien de tenter une reprise de l'entreprise par les intérêts britanniques ? Dans la pratique, la guerre obligea May and Baker à plus d'indépendance. En octobre 1939, Rhône-Poulenc lui avait transmis toutes les indications nécessaires pour réaliser indépendamment toutes les fabrications brevetées. En juin 1940, de nouveaux bâtiments étaient construits à Dagenham et la production était déconcentrée à Leeds. L'année suivante fut créée une filiale pour la production du Rhodoïd, May and Baker Plastics Limited. Puis la firme britannique créa deux filiales communes : avec I.C.I. et Boots, The Manufacture of British anti-malarial Drugs, et avec un groupe de cinq entreprises, The Therapeutic Research Coporation, pour mettre en commun l'effort de recherche médicale. Enfin, May and Baker devint l'un des principaux producteurs britanniques de pénicilline. Aux États-Unis, l'Office of Alien Property séquestra les brevets Rhône-Poulenc en 1942.

La rupture avec la plupart des filiales étrangères explique la baisse des bénéfices amputés des revenus extérieurs : les revenus financiers, qui étaient de 40 027 523 francs en 1939, baissèrent de moitié jusqu'en 1942 et déclinèrent jusqu'à 14 973 468 francs en 1944.

La convention entre S.U.C.R.P. et Bayer

Mais ce fut sur le plan intérieur que la pression sur la S.U.C.R.P. fut la plus forte, car exercée par l'I.G. Farben représentant les puissants intérêts chimiques allemands. Le système de redevances que s'échangeaient la S.U.C.R.P. et l'I.G. Farben bascula en faveur de cette dernière. Une nouvelle convention fut imposée à la S.U.C.R.P. par la société Bayer. Signée à Leverkusen le 30 décembre 1940, elle fut acceptée par le Gouvernement français le 30 janvier 1941. Derrière l'affirmation des relations cordiales entre les deux entreprises, Rhône-Poulenc reconnaissait la fabrication de produits découverts par les sociétés constitutives de l'I.G. Farben et l'utilisation par Spécia de la marque Aspirine, toujours propriété de Bayer. La S.U.C.R.P. s'engageait donc à verser 5 % des ventes en France et aux colonies sur un groupe de sept produits pharmaceutiques. Les accords signés antérieurement, le 24 novembre 1925, et qui comportaient une clause de redevance réciproque avaient été dénoncés par l'I.G. Farben ; en conséquence, des versements unilatéraux furent imposés à Spécia sur les spécialités pharmaceutiques : 5 % des ventes sur quatorze produits (Gardénal, Moranyl, Nagarol, Scurocaïne, etc.) et 10 % sur neuf produits dont l'Aspirine que Bayer cessait de vendre en France.

D'autre part, la S.U.C.R.P. et Spécia durent s'engager à ne pas mettre sur le marché des produits pharmaceutiques similaires à ceux vendus par Bayer. La négociation fut menée avec vigueur mais habileté si l'on en croit le conseil d'administration du 21 novembre 1941 : « Nous avons limité cette interdiction aux produits originaux, inventés par Bayer et donné une définition limitative de l'expression : produits similaires ». Les positions de Bayer s'assouplirent puisque la société consentit à la réciprocité relative et l'accord du 28 mars 1941 prévoyait un échange d'informations sur les produits pharmaceutiques. Dès novembre 1940, Nicolas Grillet avait souhaité instaurer une coopération plus étendue entre les deux sociétés portant, en particulier, sur les produits phytosanitaires, les matières plastiques et le caoutchouc synthétique. Le 30 janvier 1941, Marcel Bô écrivait à la société Bayer : « Il faudrait que la collaboration scientifique et technique, qui constitue la base de l'opération envisagée, ne portât pas sur la branche pharmaceutique seulement, mais aussi sur les autres branches d'exploitation commune ». Le travail avec les firmes allemandes était de règle dans la chimie, mais, dans la conjoncture de la défaite et de l'occupation, avancer ce genre de proposition n'était-il pas une tentative pour faire oublier que la S.U.C.R.P. était une firme « vaincue » qui devait doublement se protéger des pressions ordinaires et des pressions extraordinaires ?

Bayer avait, d'ailleurs, proposé d'abandonner ses ventes de produits pharmaceutiques en vrac et de spécialités, moyennant une participation au capital de la S.U.C.R.P., proposition qui fut rejetée avec effroi par le conseil d'administration du 28 novembre 1941 : « Cette proposition que nous refusions d'envisager dans son principe même... ». Bayer proposa alors de participer à la constitution d'une société dont le but serait d'exploiter ses anciens brevets et, parmi ses nouveaux brevets, ceux qui ne seraient pas retenus par Spécia ; la S.U.C.R.P. détiendrait une part importante de cette filiale commune. Celle-ci proposa de passer par une société française existante. L'accord sur ce point fut signé avec Bayer le 19 février 1942. La S.U.C.R.P. avait pris le contrôle de la Société générale d'Applications thérapeutiques, Théraplix, qui exploitait les marques pharmaceutiques de la société Chimie et Atomistique, en échangeant avec Maurice Levaillant la majorité des actions de Théraplix contre 3 641 actions de Chimie et Atomistique, acquises en 1933. Le capital de 5 millions de francs fut porté à 50 millions de francs par émission de 45 000 actions partiellement souscrite par Bayer.

À l'issue de cette opération, le capital de Théraplix se répartissait ainsi :

- S.U.C.R.P. : 49 %,
- Bayer : 49 %,
- groupe Faure-Beaulieu : 2 %.

Il était spécifié que ce dernier pourcentage, minime mais décisif, resterait toujours entre les mains françaises. La société achetait à Chimie et Atomistique la marque Théraplix et l'usine de Montrouge et lui versait 10 % de son chiffre d'affaires pour exploiter les marques qui lui appartenaient.

Le conseil d'administration pouvait se féliciter d'avoir sauvegardé, pour l'essentiel, les intérêts des sociétés du groupe. On peut peut-être s'étonner de les voir traitées avec une relative modération : la très puissante chimie allemande s'intéressait-elle vraiment à la chimie française ?

Le président du conseil d'administration, en concluant cette longue négociation, rappelait que « s'il pouvait avoit droit aux remerciements pour le rôle qu'il a joué dans l'accord avec l'I.G. Farben, accord qui assure l'indépendance du capital de Rhône-Poulenc et de Spécia, il ne faudrait pas oublier que les négociations ont été facilitées du fait de la haute considération dont jouit auprès de l'industrie chimique allemande notre directeur général, Nicolas Grillet et de la diplomatie souple et efficace de MM. Marcel Bô et François Barral ».

L'existence d'une société contrôlée, directement ou indirectement, par des capitaux français, la D.A.R. de Fribourg, ne pouvait passer inaperçue des autorités nazies. Le ministre de l'économie exigea que la participation allemande au capital de la filiale de la Rhodiaceta soit portée à 51 % et il garantit, en contre partie, le versement des redevances à la société-mère et le règlement des actions hors-clearing. La Société de Participation industrielle fut donc dissoute et ses actions furent converties en titres de la D.A.R. L'opération traîna en longueur et, en juillet 1942, les actions n'étaient pas encore transférées et les autorités allemandes nommèrent comme administrateur M. Linneman, directeur de l'usine de Fribourg. Conformément à l'ordonnance sur les biens ennemis, les pouvoirs du Vorstand, du conseil de surveillance et de l'assemblée générale étaient suspendus. On peut signaler, d'autre part, que l'usine de Fribourg employa pendant les hostilités des prisonniers français transformés en travailleurs, puis des requis du S.T.O. et les témoignages sur l'attitude de M. Linneman furent unanimement élogieux, soulignant la persistance de 1940 à 1945 de « sentiments très nettement francophiles ».

Le règlement de la guerre

La sortie de la guerre fut l'occasion pour Rhône-Poulenc de dresser l'état de ses biens immobilisés et celui des sommes dues par les pays étrangers dont elle avait été séparée pendant les années de guerre. La situation des titres des filiales était incertaine. Ceux d'Italie et d'Angleterre étaient sous séquestre, ceux du Brésil et d'Argentine avaient été détruits à la demande des sociétés émettrices qui devaient imprimer de nouveaux documents. Clients et filiales avaient des dettes commerciales en diverses monnaies envers les sociétés du groupe : 24 675 548 francs, 184 818 livres, 222 026 dollars, 111 598 francs suisses, 234 208 escudos, etc. Il y avait, d'autre part, pour 19 383 533 francs de stocks de marchandises dans les dépôts étrangers. À cela s'ajoutait le poste, le plus important, des redevances et des dividendes dont la guerre avait empêché le versement et qui étaient dus par neuf filiales et huit sociétés licenciées. La récupération de ces dernières sommes tarda, car elle dépendait d'accords gouvernementaux et du règlement difficile du problème des changes. La S.U.C.R.P. demanda aux pouvoirs publics, le 22 mai 1946, le déblocage de quatre sommes dues par des débiteurs américains :

- 143 629 dollars dus par Du Pont de Nemours comme redevances sur la vente de produits,

- 287 145 dollars dus par Du Pont de Nemours comme redevances sur les ventes d'acétate,
- 291 152 dollars dus par Merck comme redevances sur les ventes de spécialités pharmaceutiques,
- 1 297 dollars dus par Abbot Laboratoires comme redevances sur la vente du Sonéryl.

Le 28 mai 1946, les accords passés entre Léon Blum et James Francis Byrnes prévoyaient que le Gouvernement français paierait la contre-valeur des redevances dues par des ressortissants américains et dont l'origine était l'exploitation aux États-Unis des brevets français pour les besoins de la guerre. Ainsi les licenciés américains devaient au total 2 977 927 dollars à Rhodiaceta, dont 38 235 étaient redevables à l'effort de guerre ; une somme de 2 939 692 dollars fut transférée en France au mois de juin 1948. Sur les 560 292 dollars dus à la S.U.C.R.P., 120 753 résultaient de l'exploitation des brevets pour l'effort de guerre. Du Pont de Nemours versa donc 187 579 dollars le 1er juin 1949 et l'Office of Alien Property 250 196 dollars le 22 juin 1949. En revanche, le Gouvernement français n'avait toujours pas rempli son obligation. Le versement décalé des dividendes et des redevances venus de l'étranger explique la composition des ressources dont put disposer la S.U.C.R.P. à la sortie de la guerre.

Dès la fin de la guerre, la S.U.C.R.P. participa à des mission à travers les usines allemandes ; pour la seule année 1946 furent envoyées les missions « dérivés acétiques », « insecticides », « cellulosiques », « zone anglaise », « produits pharmaceutiques ». La même année, quelques démontages et prélèvements furent effectués dans l'usine de Ludwigshafen am Rhein : environ 150 tonnes de matériel payables à l'État français. Mais ces expédients n'allaient pas très loin et un rapport du 27 août 1946 indiquait que l'on pouvait se procurer du matériel allemand de trois façons :

- à titre de réparation de guerre : « Cette voie ne paraît pas devoir aboutir vite à des résultats concrets » ;
- par la procédure des missions permettant d'obtenir du matériel isolé ou de rechange ;
- par l'achat proprement dit, toute transaction devant passer par la Mission commerciale de France en Allemagne.

Le premier souci de la S.U.C.R.P. avait été de se débarrasser des conditions qui lui avaient été imposées par Bayer et par l'I.G. Farben pendant la guerre ; elle avait versé 11 161 452 francs et Spécia 32 648 894 francs au clearing franco-allemand. L'ordonnance de spoliation n° 5 du 12 octobre 1945 déclara nulle l'augmentation de capital de Théraplix. Les 24 400 000 francs investis par Bayer furent attribués à la S.U.C.R.P. « jusqu'à compensation des sommes dues par la société allemande ».

Par l'intermédiaire de la société Schwäbische Zellstoff AG, la Rhodiaceta prit le contrôle provisoire de l'usine de Rottweil-am-Nechar qui fabriquait de la Viscose et du Perlon.

L'activité en France reprit lentement après l'évacuation du territoire. Entre 1944 et 1945, le chiffre d'affaires doubla en valeur déflatée, phénomène dont la brutalité s'expliqua par le faible niveau de 1944 et par un brutal effet de rattrapage tendant à satisfaire quelques-uns des besoins accumulés au cours des années précédentes ; l'entreprise dut augmenter sa production et largement déstocker. Dès 1946, la valeur des ventes fut ramenée à un niveau inférieur, puis une lente et progressive remontée permit à la société de retrouver en 1951 un chiffre d'affaires égal à celui de 1939 qui avait été une année record.

CROISSANCE DU CHIFFRE D'AFFAIRES

1945 :	+ 99,45 %
1946 :	− 30,21 %
1947 :	− 8,38 %
1948 :	+ 35,15 %
1949 :	− 0,135 %
1950 :	+ 6,49 %
1951 :	+ 62,71 %

La reprise de la S.U.C.R.P. se réalisa donc de manières heurtée, en alternant les années fortes et les temps de faiblesse. La société participa à la reconstruction de l'économie française par l'investissement et par l'embauche. L'investissement connut une très forte reprise ; la phase ascendante du cycle, qui avait débuté en 1939 et subi un fort freinage entre 1942 et 1945, atteignit des sommets inégalés entre 1946 et 1949 *(v. graphique, p.242)*. Le pourcentage des immobilisations nouvelles de la S.U.C.R.P. fut de 38,30 en 1946, 34,20 en 1947, 36,70 en 1948, 30,30 en 1949. La poussée de l'investissement fut un peu moins forte chez Rhodiaceta : 22,30 en 1946, 18 en 1948, 22,50 en 1949. Parallèlement, l'embauche redémarra ; les effectifs de la S.U.C.R.P. s'élevèrent par paliers jusqu'à 7 229 personnes en 1950 avec une légère tendance à une reconstitution de l'encadrement.

Celui-ci oscillait entre 5 et 6 % pendant la guerre et atteignit 8,60 % en 1949. Les effectifs de la Rhodiaceta passèrent de 2 780 personnes en 1944 à 4 800 personnes employées en 1950.

Le contraste entre la progressivité du relèvement du chiffre d'affaires et la rapidité de la hausse de l'investissement et de l'embauche permet de conclure que la productivité fut assez médiocre pendant ces années et que les équipements étaient passablement usés après les temps de la crise et la guerre. La reconstruction mobilisait les hommes et les capitaux pour préparer les records des années 1950. Le compte-rendu annuel de 1949 soulignait « combien nous préoccupait l'état de notre équipement que l'occupation ne nous avait pas permis d'entretenir et de rénover au rythme exigé par nos fabrications. Cette situation s'est prolongée les années suivantes car les matériaux dont nous avions besoin ont été, pendant une longue période presque exclusivement réservés aux services publics et ce n'est que récemment que nous avons pu commencer, de façon vraiment efficace, à rétablir notre potentiel industriel ».

Dans l'immédiat, il s'agissait de mettre en place quelques nouvelles productions majeures dont l'essor caractérisa les lendemains de la guerre : développer la fabrication du Nylon, faire passer au stade industriel la production de la pénicilline et assurer les recherches dans le domaine des antibiotiques.

L'effort de reconstruction fut essentiellement financé par les ressources propres des sociétés. À partir de 1945, la marge brute d'autofinancement se redressa fortement pour atteindre cette année-là 21,20 % du chiffre d'affaires, puis 19,50 % en 1946 et 26,30 % en 1948 ; seule l'année 1947 marqua un repli profond à 7,50 %. Mais, en réalité, les possibilités d'investissement de la société étaient puissamment soutenues par les rentrées de dividendes et de redevances extérieurs. L'examen du bénéfice brut, n'ayant subi ni amortissement ni prélèvement pour impôts, montre qu'en 1945 les bénéfices industriels furent négatifs (4 685 848 francs) et que 100 % des revenus bruts de l'entreprise furent d'origine financière ; le niveau était de 70,50 % en 1946 et de 45,70 % en 1947 *(v. graphique, p.242)*. De plus, de 1946 à 1950 eurent lieu trois augmentations de capital (1946, 1947, et 1950), dont la souscription fut soutenue par des incorporations de réserves et des distributions d'actions gratuites. Ces trois opérations portèrent le capital de 210 500 000 francs à 3 157 500 francs.

Fait rare dans l'histoire de l'entreprise, un emprunt obligataire de 300 millions de francs à 4,50 % fut souscrit en 1947. Malgré de nombreux dossiers remplis, la société ne bénéficia guère de crédit par l'intermédiaire du plan peu soucieux de l'industrie chimique. En 1948. la S.U.C.R.P. demandait un crédit de 650 millions de francs au Crédit national pour alimenter le fonds d'investissement au profit de la fabrication de pénicilline et de streptomycine, en précisant que « la société a fait face à son programme d'investissement de l'année 1948 en faisant appel uniquement à l'autofinancement et à ses actionnaires. Il ne nous paraît pas possible d'envisager cette années une nouvelle augmentation de capital ». Le prêt du Crédit national était comptabilisé dans la rubrique « Créditeurs » qui passa de 1 965 216 743 francs en 1947 à 5 040 838 152 francs en 1949 ; premier emprunt d'une longue série, il était considéré comme un « escompte à moyen terme ».

La Rhodiaceta, filiale de la S.U.C.R.P. et société-mère de nombreuses filiales, suivait une logique et un marché bien différents de ceux de la chimie. Mais les données sont trop incertaines et la difficulté de déflation est trop évidente - puisque nous ne connaissons pas pour cette période le prix de vente annuels des produits textiles pour apprécier la date à laquelle fut retrouvé le niveau de production de 1939. En revanche, de 1945 à 1949, le compte d'exploitation fut quatre fois déficitaire et la société ne fut bénéficiaire que grâce aux revenus financiers perçus avec décalage.

BÉNÉFICES BRUT (RHODIACETA)

Année	Intérêts sur titres	Bénéfices d'exploitation
1945	144 473 019 F	– 125 289 902 F
1946	112 659 811 F	– 28 657 373 F
1947	404 327 065 F	– 170 874 853 F
1948	180 731 888 F	+ 24 757 817 F
1949	232 350 399 F	– 62 328 275 F

Comme dans la branche chimique, l'entreprise fut sauvée ou, en tous cas, puissamment aidée, par les rentrées extérieures. En revanche, la Rhodiaceta fit peu appel au marché financier. Elle porta son capital de 150 millions de francs à 800 millions de francs par une souscription de 120 millions de francs, mais surtout par l'incorporation de réserves et, en particulier, de la réserve de réévaluation. L'effort d'investissement au lendemain de la guerre fut moins rénovateur que dans la chimie.

François Albert-Buisson (1881-1961), président du Conseil d'administration de la S.U.C.R.P. de 1935 à 1956.

La pastilleuse servait à mettre en forme la saccharine et l'aspirine (début des années 1920).

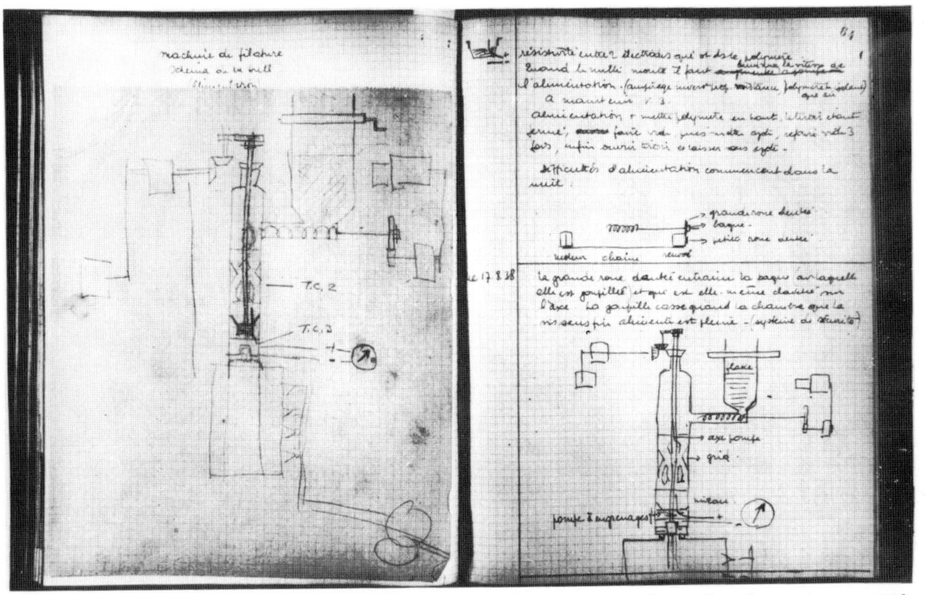

L'étude des procédés est particulièrement importante dans le domaine textile. Ce journal, tenu par Augustin Mollard, concerne une technique de filature (1938).

SECONDE PARTIE

VERS UN NOUVEL UNIVERS INDUSTRIEL

Jusqu'en 1950, la taille et la structure de l'entreprise n'avaient pas profondément changé. La société, qui, depuis 1928, s'était adaptée aux étapes successives de la prospérité, de la crise et de la guerre, avait résisté très honorablement aux difficultés du temps. La société-mère, la S.U.C.R.P., exploitait trois usines, elle était efficacement gérée par un petit groupe d'hommes et s'enrichissait peu à peu d'une nébuleuse de filiales et de participations françaises et étrangères. Elle vivait ainsi, sans problème de financement, de ses bénéfices d'exploitation industrielle et de ses revenus externes. La situation était classique et caractérisait une fraction notable de l'industrie française.

Après qu'eut été retrouvé, autour de 1950, le niveau de production de 1939, la S.U.C.R.P. entra, comme toute l'économie française, dans la voie de la croissance accélérée. Elle développa alors ses productions à un rythme sans précédent, évolution qui posa en termes renouvelés la question de son cadre économico-juridique. Il paraissait difficile de maintenir l'union des responsabilités financières et industrielles et qu'une des sociétés du groupe, qui avait sans doute le prestige de l'ancienneté, soit à la fois avantagée et handicapée par la dualité des fonctions. Ainsi, pendant la décennie 1950-1960, la croissance put encore se dérouler dans un cadre inchangé, mais, en 1961, après les apports industriels de Celtex, l'entreprise se transforma en holding et, fait décisif pour l'historien et l'économiste, les données comptables changèrent de nature puisqu'au partage traditionnel entre résultats d'exploitation et résultats financiers se substituaient les données de la comptabilité consolidée. Au-delà du simple caractère juridique de la transformation, toutes les opérations d'absorption et toutes les réorganisations internes se trouvèrent ainsi facilitées.

Ensuite, avec le ralentissement de la croissance, le groupe entra dans la zone des turbulences majeures, des « grandes manœuvres » de l'industrie française (pour reprendre ici le titre de l'ouvrage d'Élie Cohen et de Michel Bauer), et il se trouva de plus en plus exposé aux grands vents des concurrences européennes et intercontinentales. L'histoire de Rhône-Poulenc ne tendait-elle pas alors à se confondre avec celle de la chimie française ? L'entreprise se voyait contrainte d'accorder une attention soutenue aux suggestions et aux impulsions étatiques.

Participant donc aux grandes restructurations de la chimie française, Rhône-Poulenc réalisait le vieux rêve industriel de l'intégration remontante : absorbant en 1969 Progil et Péchiney-Saint-Gobain, le groupe devenait ainsi une énorme entreprise, aux sites industriels multiples, haut placée dans le palmarès des champions du chiffre d'affaires.

L'énormité des absorptions s'ajoutait à des pressions plus traditionnelles pour contraindre l'entreprise à introduire un ordre, une structure, une hiérarchie dans ce qui était devenu un conglomérat, certes uni par les filières de la chimie et des dirigeants communs mais nettement départagé socio-culturellement entre la branche chimique et la branche textile. On rangea peu à peu les filiales dans des divisions, on organisa celles-ci, on réaménagea les services centraux à vocation horizontale et on parvint, bien longtemps après les concurrents anglo-saxons, à constituer une structure multidivisionnelle. Tous ces problèmes étaient presque réglés lorsque le long et progressif freinage de la croissance aboutit au premier déficit de la société en 1975, signal d'une crise qui appelait des remèdes drastiques.

L'ACCÉLÉRATION DES RYTHMES

La décennie des années 1950 est très clairement individualisée dans l'histoire de l'entreprise : en 1950-51, le niveau de production de 1939 était retrouvé et la société améliorait lentement le niveau de ses ventes à l'étranger, la croissance chimique de l'entreprise fut très forte, mais un peu moins que celle du secteur textile et de la Rhodiaceta, en particulier, dont le chiffre d'affaires rattrapa celui de la S.U.C.R.P. vers 1960. À ce moment, donc, les deux grands pans de l'activité s'équilibraient, mais la S.U.C.R.P. ne contrôlait que la moitié du capital des filiales textiles. Enfin, l'évolution de la décennie se fit dans une structure juridique inchangée dont on peut se demander si elle convenait bien à une réalité si dynamique et si rapidement mouvante.

LES PERFORMANCES DE LA CHIMIE

La production et ses coûts

La chimie française fut, après les années chaotiques qui suivirent la guerre, portée par une forte et persistante croissance, plus forte que celle de l'ensemble de l'industrie française. Économistes et historiens ont déjà abondamment disserté sur ce phénomène général. L'appréciation de la croissance de la S.U.C.R.P. de 1951 à 1961, en francs déflatés, nous mène à proposer un taux de 12,03 % par an, chiffre record que l'on doit rapprocher des 7,30 %, niveau très honorable atteint par les industries chimiques de 1949 à 1963, ou des 5,30 % qui caractérisaient l'ensemble de l'industrie française. La croissance ainsi réalisée permettait à la S.U.C.R.P. de tripler, ou peu s'en faut, la valeur de sa production en dix ans *(v. graphique, p.243)*.

Ces résultats avaient été obtenus par des investissements massifs. Les taux records réalisés dans l'immédiat après-guerre avaient reconstitué les équipements, porté remède à l'usure accumulée depuis les années 1930 et développé un certain nombre de productions nouvelles, en particulier dans le domaine médical (pénicilline) ; ils permirent la vigueur du redémarrage des années 1950 *(v. graphique, p.242)*. Au tournant des années 1950, la nature des investissements chimiques se modifia sensiblement comme le montre l'un des rares états récapitulatifs disponibles.

LA RÉPARTITION DES INVESTISSEMENTS DE 1947 À 1952

(en pourcentage)

	1947	1948	1949	1950	1951	1952
Dérivés acétiques	1,62	3,19	5,72	7,00	6,21	3,99
Matières plastiques	4,87	8,96	6,28	6,25	10,22	6,43
Produits pharmaceutiques	18,28	18,31	27,21	19,26	26,06	23,79
Chimie du pétrole	0	0	0	0	3,76	16,36
Produits phytosanitaires	6,13	9,35	3,53	2,64	0,28	0,08
Produits de synthèse	9,92	5,61	5,02	8,37	11,28	2,30
Conditionnement des spécialités	7,22	18,96	16,88	11,35	4,05	2,88
Services généraux	21,54	18,41	23,33	25,64	19,74	26,91
Recherche et demi-grand	7,58	7,25	2,79	4,18	7,43	6,12
Équipement social	4,15	1,79	1,72	3,92	3,35	3,26
Agences et sièges	0	1,55	3,06	7,47	3,41	3,88
Logements	18,69	6,62	4,46	3,92	4,21	4,00
(en millions de francs)	554	1 283	2 159	2 650	3 130	4 516

Les « services généraux » absorbaient un pourcentage assez stable de cette masse d'investissements avec une part variant autour du quart. Les dépenses de logement furent considérables dans l'immédiat après-guerre, puis déclinèrent très vite. Parmi les productions industrielles, les grands bénéficiaires furent les produits pharmaceutiques et la chimie du pétrole au détriment des produits phytosanitaires.

Après les années records de l'après-guerre, les taux d'investissement s'amoindrirent tout en restant très élevés, puisque le pourcentage d'immobilisations nouvelles oscilla durant la décennie entre 20 et 30 % par an, sauf en 1950 et 1951. Malgré la tendance à un net repli relatif, mais avec des valeurs absolues de plus en plus élevées, les immobilisations industrielles augmentaient d'environ un quart chaque année. Les investissements de la S.U.C.R.P. se portèrent, selon la tradition, sur des investissements industriels et sur des renforcements ou des prises de participations externes. Les premiers passèrent de 2 090 609 115 francs en 1950 à 37 487 022 115 francs en 1960 (francs courants), soit une augmentation de 35 396 905 885 francs. Les seconds valaient 742 878 020 francs en 1950 et 16 160 030 381 francs en

1960, soit une augmentation de 15 417 152 361 francs. Sommes considérables qui formaient un total de 50 814 058 246 francs. Or la S.U.C.R.P. disposait de deux sources majeures de financement qui fournissaient des sommes très supérieures aux nécessités de l'investissement.

Le taux moyen de la marge brute d'autofinancement par rapport au chiffre d'affaires fut de 14,40 % pendant la décennie avec des écarts à la moyenne négatifs en 1950 (10,30 %) et en 1953 (7,50 %), positifs en 1955 (17,50 %) et entre 1958 et 1960 (plus de 16 %). Au total, elle fournit 63 859 054 530 francs. Mais il est essentiel de souligner que la nature des revenus se transforma profondément au cours de la décennie : les revenus financiers constituaient 30,80 % du bénéfice brut en 1951, mais 61,20 % en 1960, ce qui impliquait une baisse relative correspondante des bénéfices d'exploitation. Par ses revenus, la S.U.C.R.P. devenait plus une société financière qu'une société industrielle et la rentabilité de l'activité chimique française déclinait d'autant *(v. graphique, p.242)*.

À ces ressources propres s'ajouta le produit des augmentations successives de capital. Le capital social de la société passa de 3 157 500 000 francs en juin 1950 à 25 260 000 000 francs en 1960. Cette évolution ne comprit qu'une distribution gratuite d'actions en 1953. En revanche, les six émissions d'actions nouvelles comportaient toutes une prime qui venait alimenter un des fonds de réserve de la société. Elles se succédèrent en 1950 et 1952 (1 052 500 000 francs chaque fois), en 1955 et 1957 (3 157 500 000 francs chaque fois), en 1958 et 1960 (6 315 000 000 francs chaque fois), soit un total de 21 050 000 000 francs. Il est évident que la possibilité de placer aisément les actions dans le public et, de plus, de les vendre avec prime révélait l'excellent crédit de la société et la bonne tenue de l'action en bourse. Les deux sources de financement procuraient à l'entreprise 84 909 054 530 francs qui permettaient de larges investissements et une bonne rétribution du capital. Entre 1950 et 1960, le dividende oscilla entre 12 et 14,12 %.

Ces disponibilités ne faisaient pas renoncer la société aux possibilités de crédit public à bon marché et, en général, à court et à moyen terme. Ainsi, en juillet 1952, la S.U.C.R.P. envoyait une demande d'inscription au Fonds de modernisation et d'équipement pour un montant de un milliard de francs ; il s'agissait de participer au financement de l'installation du phénol au cumène à Roussillon (investissement prévu : 2 milliards de francs sur 1952, 1953 et 1954) et de la création de l'usine de silicones (investissement prévu : 600 millions de francs sur 1953 et 1954).

PRODUITS CHIMIQUES EXPÉDIÉS PAR LES USINES (1938-1974)

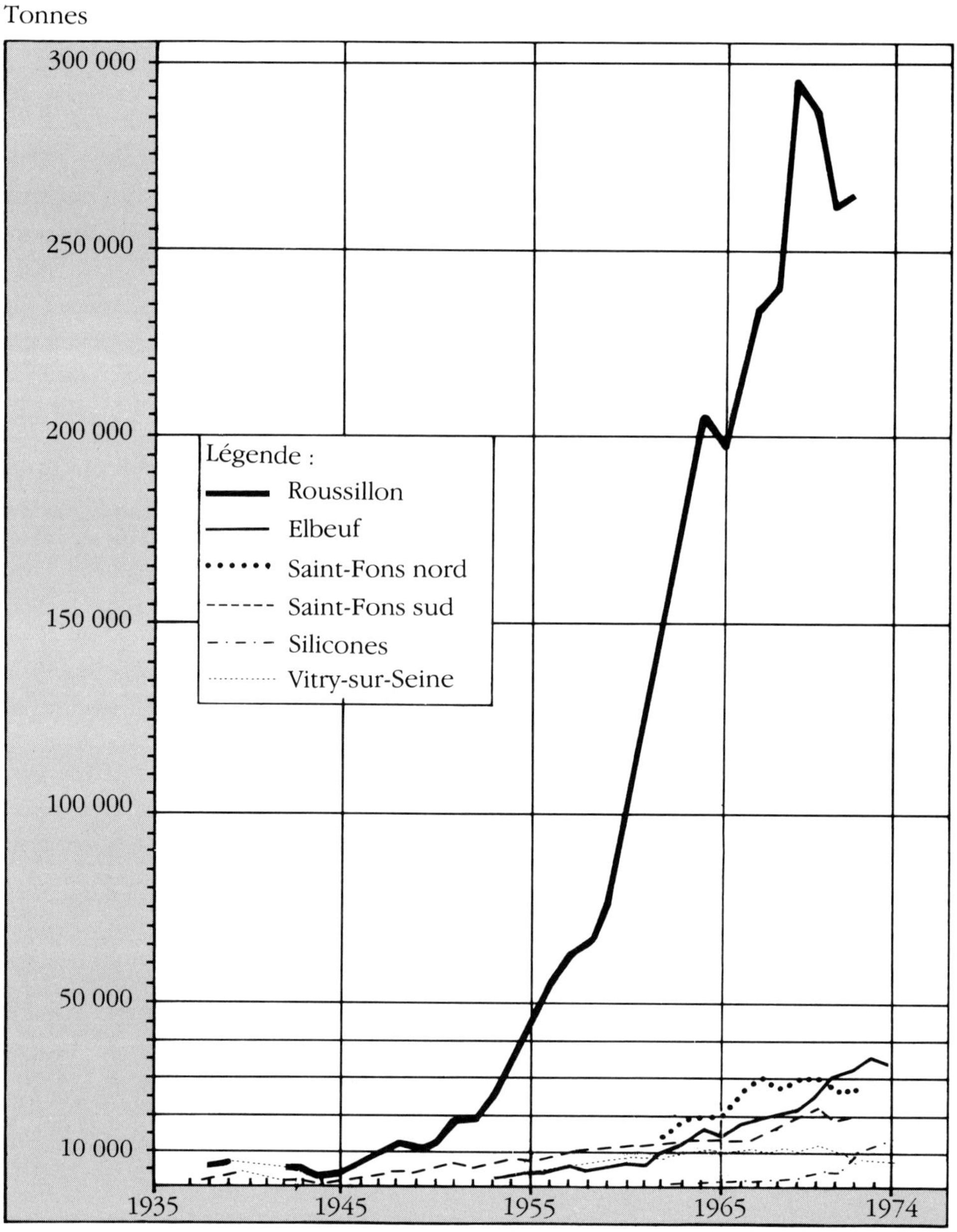

L'amélioration des productivités

Tout semble indiquer que les facteurs de production se transformèrent sensiblement pendant la guerre. Le poids salarial, alourdi par les charges sociales dont nous avons signalé le gonflement pendant la guerre, a-t-il sensiblement modifié les coûts de fabrication ? Dans le cadre de la S.U.C.R.P., les charges sociales, obligatoires ou volontaires, augmentait la masse salariale de 17,90 % en 1938, de 50,60 % en 1950, de 61,80 % en 1954 et de 64,90 % en 1961. L'augmentation proportionnelle fut considérable, mais l'examen des coûts de fabrication indique que la répercussion fut très amoindrie, très amortie.

LES COÛTS DE FABRICATION DE LA S.U.C.R.P. DE 1951 À 1961
(en pourcentage)

	Main-d'œuvre	Matières premières et produits intermédiaires	Vapeur et force motrice	Conditionnement et charges
1951	11,17	63,01	5,42	20,40
1952	11,82	62,88	5,59	19,62
1953	11,87	66,22	5,15	16,76
1954	11,56	67,12	5,41	15,91
1955	12,01	68,25	5,41	14,33
1956	12,40	68,83	5,01	13,76
1957	12,23	67,01	4,87	15,89
1958	12,12	65,88	4,67	17,33
1959	11,77	71,52	4,69	12,02
1960	11,07	70,41	4,43	14,07
1961	10,48	69,74	4,18	15,60

De 1951 à 1961, la main-d'œuvre constituait, en moyenne, 11,70 % des coûts de fabrication, alors que la moyenne des années 1930 était de 10,30 %, l'augmentation n'était donc que de 13,50 %. La part des matières premières et grands intermédiaires faiblissait légèrement en passant de 68,70 à 67,30 %. La stabilité globale des coûts de production reste la constatation la plus frappante et implique que la forte augmentation des charges salariales avait été presque compensée par les gains de productivité.

L'ÉVOLUTION DES PRODUCTIVITÉS

Saint-Fons (1938 = 100)	1950	1956	1961	1965	1968
Matières premières	201,40	255,70	317,50	480,60	643
Produits expédiés	195,60	284,90	405	1 187	1 514
Produits fabriqués	216,70	330	463	805	1 052,30
Heures ouvrières	173,50	196,70	202	253,80	234,30
Effectifs ouvriers	185,20	191,20	196	356	369,40

Roussillon (1938 = 100)	1950	1956	1961	1965	1968
Matières premières	171,80	425,30	764,50	718,60	734,90
Produits expédiés	181	767,90	1 695	2 728	3 318
Produits fabriqués	215	867,20	1 899	2 494,90	3 451,30
Heures ouvrières	180	221,30	217,50	206,70	175,60
Effectifs ouvriers	190,60	218,30	217	254,70	241,20

Vitry-sur-Seine (1938 = 100)	1956	1961	1968
Matières premières	241	335	343
Produits expédiés	194	364	453
Produits fabriqués	250	451	529
Heures ouvrières	314	346	253
Effectifs ouvriers	258	328	337

Usine d'Elbeuf (1953 = 100)	1961	1968
Matières premières	241,20	379,30
Produits expédiés	206,80	615,40
Heures ouvrières	184,40	154,60
Effectifs ouvriers	195,40	183,80

Le rapport entre les tonnages expédiés et les heures de travail ouvrier accomplies permet de proposer pour l'usine de Saint-Fons un gain de productivité annuel de 3,96 %, pour l'usine de Roussillon un taux de 21,50 % et pour celle de Vitry-sur-Seine un taux de 1,80 % (1956-1961). Il est évident que ces fortes différences expriment surtout la diversité des gammes productives que nous évoquerons plus en détail. Dans les deux usines sur lesquelles nous avons les renseignements les plus complets, Saint-Fons et Roussillon, le nombre d'heures ouvrières augmenta plus vite que les effectifs ouvriers, ce qui implique que, dans cette période de croissance très accélérée, le travail dut adopter un rythme plus dense et que l'on eut massivement recours aux heures supplémentaires. Il faut aussi remarquer la meilleure utilisation des matières premières ou leur meilleure qualité. À Saint-Fons, entre 1950 et 1961, les matières utilisées augmentèrent de 157 % et les marchandises expédiées de 207 %. La progression fut plus importante à Roussillon où les performances furent de 446 et 936 %. Les matières premières furent plus complètement transformées en produits de base, en grands intermédiaires ou en fabrications élaborées.

Si le poids de la main-d'œuvre ouvrière n'a pas sensiblement augmenté parmi les coûts de fabrication, ce fut aussi parce que la nature du personnel employé entamait vers 1950 une évolution irréversible. En cette année, cadres et E.T.A.M. (employés, techniciens, agents de maîtrise) formaient 32,70 % de la main-d'œuvre totale (cadres : 7,10 % - E.T.A.M. : 25,60 %) ; en 1961, ils atteignaient 39,40 % (cadres : 8,10 % - E.T.A.M. : 31,30 %) [*v. graphique, p.244*]. Ainsi la masse des salaires non ouvriers augmenta très sensiblement. La main-d'œuvre de la S.U.C.R.P. connut sa croissance majeure pendant la décennie : elle passa de 7 334 personnes en 1950 à 12 762 en 1961, soit 4 937 et 7 744 ouvriers ; l'augmentation globale fut donc de 74 %. Les usines anciennes du groupe augmentèrent peu leurs effectifs et firent des gains de productivité très variables selon les types de production, car la croissance globale des effectifs résultait surtout de la mise en service de nouvelles usines achetées ou construites par la S.U.C.R.P.. Il est très probable qu'il existait un problème de la productivité évoqué dans de rares documents écrits. À tel délégué élu de la C.G.T. déclarant en comité central d'entreprise que le rôle du syndicat n'était pas de développer la « productivité capitaliste » répondait une lettre d'ingénieur envoyée à Roger Delbés le 9 novembre 1953, qui déplorait que la base de l'action revendicative à Roussillon fût la lutte contre la productivité. La question est posée mais non réglée, car il est à peu près impossible de savoir si cette opposition affirmée par un syndicaliste et un cadre eut une efficacité réelle. Sans nul doute, les questions concernant la main-d'œuvre employée par la société sont multiples et nous ne saurions ici apporter toutes les réponses. Tout d'abord, la supériorité du niveau des salaires versés mériterait d'être étudiée, infirmée ou confirmée. En 1953, l'ingénieur Bachmann indiquait que les salaires de Rhône-Poulenc étaient à Roussillon presque le double de ceux pratiqués habituellement dans la région (40 000 francs contre 23 000 francs). Qu'en était-il dans les grandes villes et par rapport à d'autres branches industrielles ?

Les charges nouvelles de l'entreprise

Comme de nombreuses entreprises, la S.U.C.R.P. développa une large gamme d'interventions sociales : indemnités de maladie, colonies de vacances, prêts aux jeunes mariés, cantines, etc. En 1954, le conseil d'administration précisait : « Dans notre esprit, ces avantages n'ont jamais constitué une surenchère pour attirer les travailleurs ». En fait, la préoccupation sociale majeure concernait le logement dont la rareté et la médiocrité étaient alors notoires en France. À partir de 1950, chaque séance du conseil se prononçait sur les dépenses immobilières à effectuer.

Si les cités ouvrières peuvent paraître, comme d'habitude, constituer un élément important de cette politique, elles n'occupaient, en réalité, qu'une place tout à fait restreinte. En effet, quelques réalisations prolongèrent l'œuvre entreprise dans l'entre-deux-guerres autour de l'usine de Roussillon : construction du groupe Vialon de 1948 à 1954 (maisons jumelles pour contremaîtres), du clos Ducurtil de 1951 à 1954 (maisons de trois étages pour employés et contremaîtres), du clos Melot entre 1954 et 1961. Ce développement spectaculaire reproduisait une hiérarchie conforme à celle qui existait dans l'usine et il était ponctué par quelques foyers d'activité sociale : église, club des ingénieurs, centre de formation. En réalité, la politique des cités fut très localisée ; centrée sur Roussillon, elle ne connut ailleurs que des développements limités. Dans la comptabilité des années 1950, les cités figuraient pour un total de 61 684 303 francs réparti entre Saint-Fons (2 002 297 francs), Roussillon (53 679 506 francs) et Saint-Aubin-lès-Elbeuf (6 millions de francs). À la fin de la décennie, des logements situés sur les quatre communes proches accueillaient des travailleurs de l'usine de Chalampé (Chalampé : 35 logements ; Bantzenheim :

10 ; Ottmarsheim : 10 ; Mulhouse : 10). L'essentiel de l'effort de la société porta sur des achats dispersés dans les communes où se trouvaient les usines ; la géographie n'en est pas facile à établir, car chaque établissement gérait une partie du parc immobilier. La comptabilité de la société chiffre le poste « habitations » à 280 499 331 francs en 1951 et à 1 744 640 644 francs en 1959. La croissance est considérable et la supériorité des logements sur les cités, écrasante. Parallèlement aux achats, la S.U.C.R.P. participait au capital de nombreuses sociétés immobilières qui lui réservaient des logements ; on citera, entre autres, les actions détenues dans la Société des Habitations hygiéniques à Loyer modéré (Lyon), dans la Société immobilière du Groupement interprofessionnel du Sud-Est, dans la Société des H.L.M. de Paris et de sa Banlieue, dans la Société départementale des H.L.M. de l'Isère, dans la Société des Logements économiques pour familles nombreuses, etc. Bien entendu, cette politique du logement était considérée comme une lourde charge que l'on cherchait à éviter par

La fabrication de l'anhydre acétique était l'une des étapes importantes de la filière des textiles artificiels (usine de Roussillon en 1956).

l'organisation d'un système de ramassage ; dès 1950, il permettait de faire venir 800 personnes, jour et nuit, à l'usine de Roussillon ; en 1958, il fut mis en place à Chalampé où, déclarait le conseil d'administration, « nous espérons qu'avec ces mesures nous pourrons assurer notre recrutement en 1959 et au début de 1960 et surtout garder nos gens. Faute de quoi, il faudra se tourner vers un programme de logements plus ample et plus rapide que le modeste programme de H.L.M. que nous avons amorcé, mais ce serait plus coûteux. » On ne saurait poser plus clairement la question.

SOCIÉTÉ CHIMIQUE DES USINES DU RHÔNE
USINE DE ROUSSILLON (Isère)

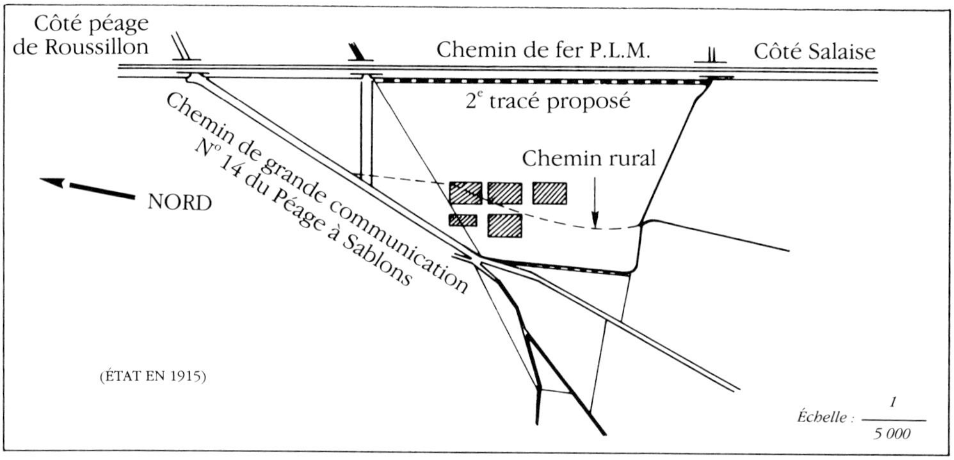

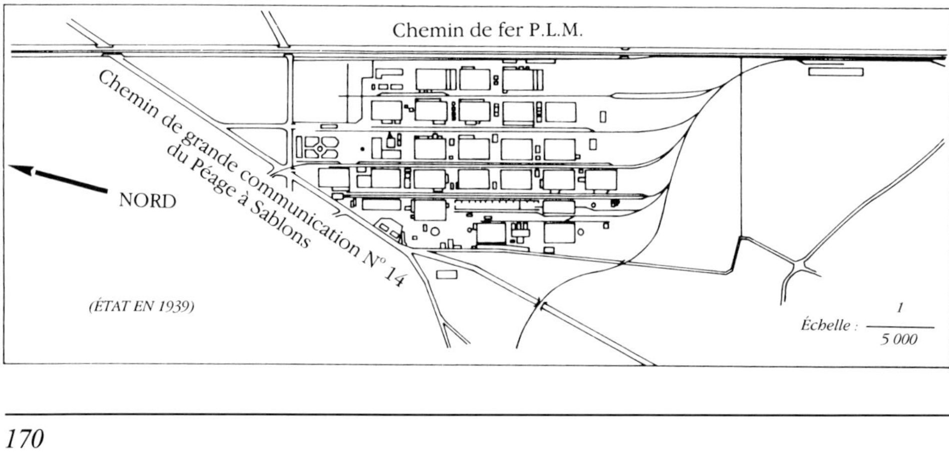

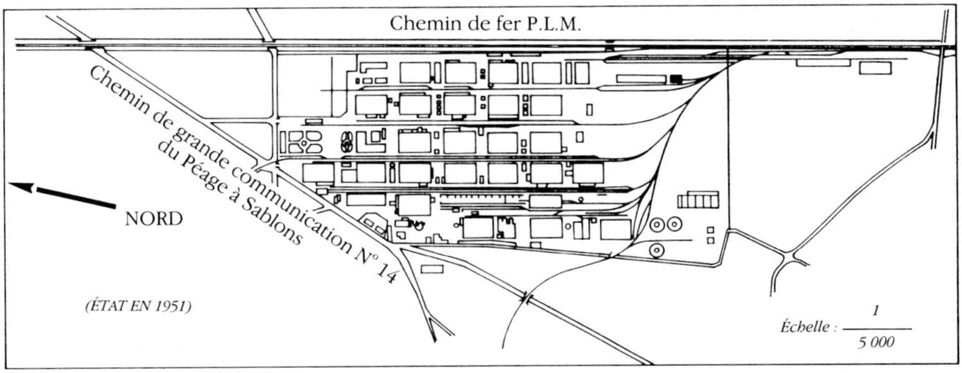

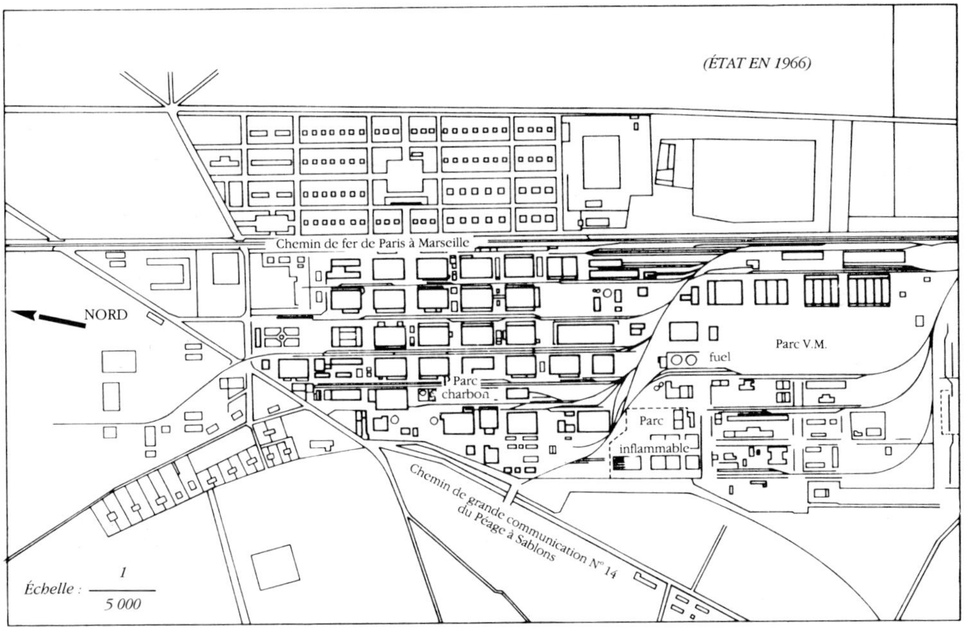

Si le poste de la main-d'œuvre ouvrière ne pesait pas sensiblement plus lourd sur la production grâce aux gains de productivité, d'autres facteurs généraux, bien connus, intervenaient sur la marche de toutes les entreprises. En 1950, l'impôt sur les bénéfices des sociétés passait de 24 à 34 % avant de grimper vers d'autres records. Les poussées d'inflation, un phénomène qui n'était pas nouveau mais qui s'aggravait au lendemain de la guerre, faisaient douter la direction des bases même de sa comptabilité : le bénéfice était partiellement illusoire, car « il faudra que l'entreprise dépense une somme plus considérable pour refaire ses stocks ». Le bénéfice vrai devrait tenir compte de la valeur de remplacement et non du prix de revient. Dans cette optique, les dotations d'amortissement étaient insuffisantes et l'entreprise s'appauvrissait (« c'est en fonction du prix de remplacement que l'amortissement devrait être calculé »).

Le renouvellement des produits

L'évolution des ventes des différentes divisions de la S.U.C.R.P. permet de préciser celle des productions et de distinguer les parts respectives occupées par les produits anciens et nouveaux.

On constatera, tout d'abord, le poids croissant du textile et des plastiques par rapport à la chimie. Les ventes de la division 1 (acétate de cellulose, phénol et hydroquinone) restèrent proportionnellement constantes, oscillant entre 12 et 13 % de 1950 à 1961. D'autre part, la division 7 (vinyliques, sel N et plastifiants) fut amenée à se dédoubler en 1952 entre 7 et 7', 7 vendait à la clientèle extérieure et 7' aux filiales de la société. En 1950, la division 7 réalisait 14 % du chiffre d'affaires. En 1961, 7 et 7' totalisaient 38,50 %. Ainsi, autour de 1960, entre 40 et 45 % de la production de la S.U.C.R.P. étaient destinés à alimenter les usines textiles.

D'autre part, le secteur assez ancien des produits pour l'agriculture connut une première poussée sensible ; la division 5, qui réalisait moins de 1 % du chiffre d'affaires jusqu'en 1945, dépassa les 2 % en 1950 et les 4 % en 1961, réalisant une lente mais sûre croissance dans un secteur décisif.

De nouvelles divisions apparurent : la 8e était spécialisée dans la vente des antibiotiques qui réalisaient ainsi 4 % des ventes de la décennie, compensant, en quelque sorte, le recul relatif de la division pharmaceutique dont la part glissait de 20,70 % en 1951 à 14,70 % en 1961, un mouvement qui était confirmé par celui de Spécia régressant de 29,30 à 13,60 %. La nouvelle vente des silicones, réalisée par la division 9, atteignait 1 % en 1953 et 2,70 % des ventes en 1961.

Ainsi, malgré quelques nouveautés rayonnantes et prometteuses comme les antibiotiques et les silicones, la place des secteurs traditionnels (pharmacie, parfums, saccharine) rétrogradait et l'essentiel de l'activité

Image de la star et incitation à la consommation : une publicité de la société Spécia dans les années 1950.

chimique se mettait au service des plastiques et surtout des textiles. Largement dépendante d'un secteur extérieur à elle-même, la chimie perdait une part de son autonomie et n'assurait qu'un renouvellement limité de sa gamme de production. Peut-être faut-il voir là, entre autres raisons, une explication de la faiblesse exportatrice de la S.U.C.R.P.. Ce ne fut qu'en 1958 que la part exportée dépassa 20 % des ventes et retrouva le niveau atteint à la veille de la guerre, mais en 1960-61 les exportations de la société atteignaient 28 %. Sans doute l'essentiel des ventes à l'étranger était-il réalisé par les filiales, mais, dans la même décennie, May and Baker exportait 60 % de sa production hors de Grande-Bretagne.

Le développement des séries de produits nouveaux reposait sur la double démarche classique de la recherche propre et des achats de brevets sans qu'il soit possible de proposer un partage précis des dépenses réalisées dans ces deux domaines.

Résultat et cause de l'essor des recherches, les grands laboratoires contemporains furent mis en place dans le groupe au cours de la décennie.

En 1953 et 1954 furent érigés les nouveaux locaux de Vitry-sur-Seine : trois bâtiments de quatre étages, longs de 62 mètres, complétés par deux autres volumes aseptiques. L'ensemble couvrait 12 000 m^2, sans compter la vaste bibliothèque attenante, et fut baptisé « Centre Nicolas Grillet ». Le laboratoire employait 300 personnes, dont 170 techniciens. En 1956, il était spécialisé dans la mise au point des médicaments et des produits phytosanitaires. La recherche était désormais à l'étroit dans les vieux locaux de Saint-Fons ; hors du périmètre usinier fut alors entreprise la construction du centre des Carrières, terminée en 1958. La direction scientifique du groupe était confiée, à Paris, au professeur Raymond Paul, celle des rècherches pharmaceutiques, à Vitry-sur-Seine, à Pierre Viaud et celle des recherches chimiques de Saint-Fons à Robert Meyer, puis à Bouvier. Des laboratoires travaillaient sur les applications cellulosiques à Saint-Fons, sur les applications des plastiques, des silicones et des vulcanisants à Vénissieux, débarrassé à partir de 1960 de toute fonction de fabrication. L'ensemble des recherches coûtait à la société une somme équivalente à 4 à 6 % de son chiffre d'affaires.

La statistique des dépôts de brevets traduit une brutale accélération pendant la décennie. Après l'époque très fertile de la guerre, les efforts s'étaient visiblement portés, au lendemain des hostilités, sur la production plutôt que sur la recherche. La statistique des dépôts chuta brutalement en 1945 et 1946, puis reprit une pente ascendante, passant de 47 dépôts annuels en 1949 à 66 en 1957, date après laquelle le rythme s'accéléra brutalement pour atteindre 163 en 1961. Même si la relation reste discutable, remarquons que ces derniers records correspondaient à la mise en service des nouveaux laboratoires. De 1951 à 1961, 875 brevets furent déposés en France dont 254 concernaient le textile. Avec 71 % des brevets, la chimie au sens le plus large l'emportait très largement *(v. graphique, p.41)*. Pour autant que nous maîtrisons la statistique des dépôts de brevets à l'étranger, c'est-à-dire jusqu'en 1950, nous constatons que le rapport des brevets déposés à l'étranger aux brevets déposés en France croissait fortement, signe que l'on songeait à des utilisations plus larges, que les précautions se multipliaient et que les brevets tendaient à s'internationaliser.

Sans doute, de la statistique des brevets à l'innovation et à l'exploitation économique, le chemin est-il long, sans doute aussi les procédés, nombreux dans le textile, ne donnaient-ils pas tous lieu à publication. Le registre des brevets de la S.U.C.R.P. n'est pas très éloquent pour qui n'est pas chimiste. On peut néanmoins remarquer que les brevets pharmaceutiques étaient particulièrement nombreux et très largement déposés à l'étranger. Au lendemain de la guerre, les capacités de production de la pénicilline avaient été multipliées par le passage de la culture en surface à la culture en cuve, mais surtout la famille des antibiotiques se développait par des inventions, des mises au point ou des fabrications nouvelles. En 1949 démarrait la production de la streptomicine, découverte par l'américain Abrahm Walksmann et, en 1951, celle de l'auréomycine ; en 1955 la spiramycine, dont le brevet datait déjà de quatre ans, fut mise sur le marché sous le nom de marque de Rovamycine.

De façon plus originale, les recherches sur les antihistaminiques avaient été menées dès la période de guerre : l'Antergan fut relayé par le Néo-Antergan, puis par le Phénergan, produits de plus en plus efficaces et de moins en moins toxiques. Partant des dérivés de la phénothiazine, le laboratoire de Vitry-sur-Seine élabora des neuroleptiques tel le Lactargil, l'un des premiers médicaments efficaces pour les maladies mentales, dont le brevet fut vendu à la société américaine Smith, Kline and French.

À travers la masse des brevets, on peut encore repérer le développement des recherches sur les anti-parkinsoniens (Diathazine, Diparcol, Parsidol), les antimalariques (Diazinopyrimidine) et les curarisants de

La fabrication des antibiotiques était l'une des principales activités de l'usine de Saint-Aubin-lès-Elbeuf (avril 1954).

synthèse comme le Flaxédil. Le métronidazol ou Flagyl, puissant agent antiprotozoaire, fut créé à Vitry-sur-Seine ainsi que le nouveau procédé de fabrication du chloramphénicol qui supprimait le monopole du brevet de Parke-Davis. Les médicaments dérivés de phénothiazine se multiplièrent et occupèrent une place grandissante dans les ventes de la société.

De nombreux brevets d'application concernaient la technologie du phénol, produit déterminant pour un grand nombre de fabrications, utilisé pour la production de l'acide salicylique et de ses dérivés, des nitrophénols et dérivés (gaïacol, vanilline), de l'acide adipique et des sels, base de la fabrication du Nylon. Partant d'un principe qui se trouvait dans le domaine public, les services de recherche mirent au point un nouveau procédé industriel de fabrication de phénol et d'acétone au départ de l'isopropylbenzène ou cumène, procédé infiniment plus simple et plus économique que le précédent (coût de la main-d'œuvre inférieur de 80 %, non-utilisation de soude et d'acide sulfurique, installations moins coûteuses).

Enfin, un troisième axe de recherche se développa vers un secteur qui fournissait à la fois le domaine textile et celui des plastiques : les polymères et les procédés de polymérisation, les produits vinyliques et les plastifiants.

Divers rapports des années 1950 insistent sur la longueur des recherches et le temps qui séparait le dépôt du brevet de la mise sur le marché du produit. Par exemple, en avril 1950, commençait à Vitry-sur-Seine l'étude systématique des souches de *Streptomyces,* champignon sécrétant la streptomycine ; en novembre 1951 était isolé le *Streptomyces* n° 3486 dont l'intérêt était souligné par un rapport de 1953, mais ce ne fut qu'en juin 1955 que le nouveau produit fut présenté au corps médical.

Si les recherches propres de la société fournissaient matière à maintes productions nouvelles, les achats de brevets ouvrirent aussi un certain nombre de filières de fabrication. Le cas des silicones est particulièrement frappant puisqu'à cette nouvelle gamme de produits va correspondre un nouveau site industriel.

L'idée et l'intérêt pour les silicones étaient nés dès la fin de la guerre, au moment où la S.U.C.R.P. avait réalisé les premiers essais et déposé son premier brevet, le 26 mars 1946. Mais l'industrie américaine, en particulier la société Dow Corning Company, avait une sérieuse avance dans cette production qu'elle commercialisait dès 1947. En avril 1945, la Compagnie de Saint-Gobain avait contacté l'entreprise américaine par l'intermédiaire de la Dow Corning Glass Company avec laquelle elle avait des rapports étroits. La S.U.C.R.P. s'adressa alors à la société Geco dont l'entreprise

Ces deux documents illustrant le travail dans le secteur pharmaceutique sont probablement distants d'une trentaine d'années : la préparation de l'aspirine et le contrôle des antibiotiques dans l'usine de Maisons-Alfort de la société Spécia.

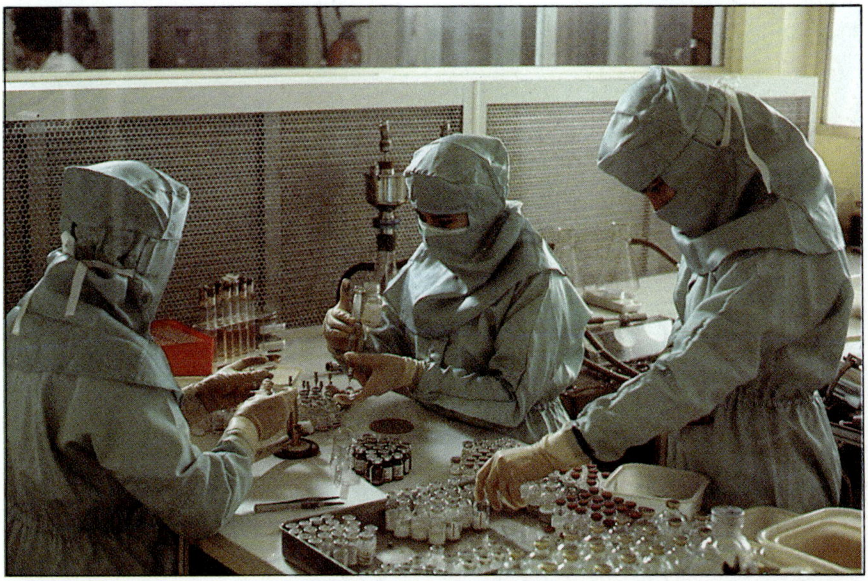

L'usine de Saint-Aubin-lès-Elbeuf, située au bord de la Seine, avait réalisé, dans les années 1970, une très large expansion à partir de son rachat en 1946 par la société. Elle était, depuis cette époque, spécialisée dans la fabrication des produits phytosanitaires.

L'usine d'Arques-la-Bataille, photographiée en 1970, fut amenée au groupe par la société la Cellophane (Progil) en 1969. Elle était spécialisée dans la production des papiers diazoïques et du matériel de reproduction graphique.

Thomson possédait tous les contrats, et un accord, conclu le 8 octobre 1948, lui vendait tous les brevets Geco sur les silicones pour le monde entier, sauf l'Amérique du Nord, jusqu'en 1958. Cette première acquisition ne pouvait satisfaire la S.U.C.R.P., car la société Geco avait une conception des nouveaux produits limitée au rôle d'isolants et de lubrifiants ; elle poursuivit donc d'autres pourparlers avec la Société industrielle des Silicones et Produits du Silicium - une filiale de la Compagnie de Saint-Gobain (52 %) et de Dow Corning Company (48 %) - et elle obtint la cession de brevets le 1er octobre 1953. Un instant, on avait évoqué la possibilité d'une filiale Dow Corning Company - S.U.C.R.P., mais celle-là voulait être majoritaire, ce que celle-ci ne pouvait accepter. L'accord-cession fut accueilli avec satisfaction, car les rapports internes ne tarissaient pas d'éloges sur le nouveau produit, sur ses qualités (résistance à la température, propriétés diélectriques, pouvoir hydrofugeant),ainsi que sur la multiplicité des usages possibles (électricité, radioélectricité, bâtiment, aviation, usages militaires, etc.).

Les nouveaux sites de fabrication

Le problème du lieu de fabrication des silicones était alors posé ; la S.U.C.R.P. avait commencé une production en demi-grand, dès 1948, à Saint-Fons et elle décida la construction d'une nouvelle usine en 1952. On avait un instant parlé d'un établissement commun avec la S.I.S.S. ; la Compagnie de Saint-Gobain y était favorable, mais Dow Corning Company s'y opposa et la S.I.S.S. construisit sa propre usine à Saint-Fons. La S.U.C.R.P. se décida donc à ériger de nouveaux bâtiments en avançant le principe, assez inédit, qu'à un nouveau produit devait correspondre un nouveau site : « Dès que l'on met sous l'autorité d'un directeur plusieurs familles de corps suffisamment différenciés, la taille optimum est vite atteinte. » En fait, les usines de Vitry-sur-Seine, de Saint-Fons et de Roussillon étaient dès lors saturées et il était impensable d'y implanter une filière nouvelle. Un projet d'installation à Chalon-sur-Saône fut découragé par les exigences de la commune et le conseil d'administration se décida à développer la zone chimique de Saint-Fons en construisant un nouvel établissement au lieu dit « les Carrières ». Les premiers travaux se déroulèrent du 2 mars 1953 au 18 août 1954 ; 5 160 m^2 de bâtiments furent construits sur 12 hectares de terrain, répondant, semble-t-il, à une bonne organisation de la production et à des exigences fonctionnalistes comme le notait le conseil d'administration en août 1954 : « La marche des produits à partir des matières premières est régulière de l'arrière vers l'avant pour aboutir aux bâtiments d'expédition. » Dans la nouvelle usine se succédaient les opérations de fabrication : mélange des chlorosilanes, rectification du mélange, hydrolyse en silanols, puis polymérisation et cracking pour obtenir les huiles, résines et gommes. En même temps, une grosse unité de fabrication des produits de base (les méthylchlorosilanes) était créée à Roussillon. Le parallélisme de la nouvelle production et du nouvel établissement est une solution exemplaire de la croissance de la société dans l'après-guerre. Très vite, en effet, la direction s'était aperçue que les trois usines primitives ne pouvaient plus guère se développer, encore qu'un certain nombre d'ateliers nouveaux furent érigés à Roussillon, mais, en 1955, le conseil d'administration concluait que « soit géographiquement, soit humainement, Vitry-sur-Seine, Saint-Fons et Roussillon ont atteint un développement dont on ne peut s'imaginer qu'il puisse un peu s'accroître ». La répartition géographique des ventes de la S.U.C.R.P. illustre l'élargissement des lieux de production et la diversification de l'espace industriel.

LES VENTES DES USINES

	Total des ventes (en francs)	Saint-Fons (%)	Roussillon (%)	Vitry-sur-seine (%)	Saint-Aubin lès-Elbeuf (%)	Chalampé (%)
1951	22 342 069 604	28,51	29,58	38,66	3,34	
1952	23 932 110 230	24,89	31,35	40,82	2,94	
1953	28 706 966 984	23,25	32,83	41,22	2,70	
1954	32 097 684 928	21,52	36,19	39,31	2,98	
1955	34 363 615 210	20,87	36,90	38,99	3,20	
1956	37 913 460 443	20,34	39,23	37,14	3,15	
1957	44 228 000 000	20,51	38,22	36,87	4,40	
1958	50 432 441 284	20,32	34,57	34,91	4,50	5,70
1959	59 776 971 529	19,46	35,81	31,59	4,74	8,40
1960	71 698 000 000	18,83	37,19	30,23	4,48	9,27
1961	76 150 000 000	18,40	38,48	28,31	4,40	10,41

La part relative des deux usines les plus anciennes - Saint-Fons et Vitry-sur-Seine, à une époque où la statistique regroupait les résultats de

Saint-Fons - Nord, de Saint-Fons - Sud et de l'usine des silicones - régressa de 35 et de 25 %. La surprise vint plutôt de la très forte progression de l'usine de Roussillon : + 31 %, alors que la part des nouveaux sites d'Elbeuf et de Chalampé augmentait lentement et restait modeste. Mais la géographie sociale de la société différait sensiblement de sa géographie économique.

LA RÉPARTITION DES EFFECTIFS de 1951 à 1961

	Saint-Fons	Roussillon	Vitry-sur-Seine	Saint-Aubin lès-Elbeuf	Chalampé	Spécia		
						Saint-Fons	Livron	Maisons-Alfort
1951	2 173	2 945	1 988	315		1 119	461	705
1961	3 312	3 373	3 326	867	655	1 012	520	723
Variations	+ 52,41 %	+ 14,53 %	+ 67,30 %	+ 175,23 %		– 9,57 %	+ 12,79 %	+ 2,55 %

Les variations de personnel étaient donc inverses de celles des ventes. La part ascendante de Roussillon s'accompagna d'une très faible augmentation de main-d'œuvre, les parts déclinantes de Saint-Fons et de Vitry-sur-Seine n'excluaient pas une forte augmentation du personnel ; ces variations confirment le rôle important des gains de productivité différentiels que nous avons déjà évoqués et celui des gammes de production très variables en nature et en tonnage selon les usines. D'autre part, la présence des centres de recherches explique qu'il y ait sur l'ensemble de la main-d'œuvre 8 à 10 % de cadres à Vitry-sur-Seine et à Saint-Fons et moins de 3 % à Roussillon.

Rapidement, l'engorgement des anciennes usines et plus encore la volonté d'isoler et de développer certaines filières de fabrication mena la société à s'implanter sur de nouveaux sites industriels. L'idée générale était, d'ailleurs, de réutiliser d'anciens bâtiments, ce qui paraissait répondre à l'état d'urgence et permettait de commencer plus rapidement la fabrication avec des coûts probablement moindres. Mais la localisation de ces nouvelles activités répondait aussi à un impératif social : éviter le chômage sur certains sites abandonnés par le C.T.A.

Au mois de janvier 1946 fut achetée à la Société des Textiles de Besançon une usine située en bordure de la Seine et flanquée d'une cité ouvrière, au prix de 38 450 000 francs. Les locaux furent peu à peu agrandis en 1947-48 et l'usine put commencer la production d'une gamme phytosanitaire qui était auparavant fabriquée à Vitry-sur-Seine : des insecticides (Rhodiatox, Pacol, Rhodiasol, Rhodiaphène), des désherbants et fongicides (Rhodiacuivre, Carbogène, Rhodiasoufre), des désherbants sélectifs (Nétagrol, Nétazol), des rodenticides (Mulox, Quick) et les produits aux phythormones spéciaux (Exubéron, Rhodofix). En 1952, l'usine mit en service un vaste atelier de préparation de streptomycine. Saint-Aubin-lès-Elbeuf était donc l'instrument du développement récent de la production phytosanitaire. Les recherches dans ce domaine se poursuivaient au laboratoire de Vitry-sur-Seine et les essais étaient pratiqués à la station expérimentale d'Émerainville, qui entra en fonctionnement au début des années 1950.

L'essor des productions des filiales textiles amena une nouvelle diversification des implantations avec une installation en Alsace. Depuis la création de l'usine de Roussillon, les critères d'implantation industrielle n'avaient guère varié : disponibilité de vastes terrains à bon marché, proximité de la voie ferrée, satisfaction des besoins en eau et des nécessités d'évacuation des rejets, possibilité de recruter de la main-d'œuvre dans un périmètre restreint. Les communes de Bantzenheim, d'Ottmarsheim et de Chalampé firent bon accueil aux prospecteurs et les conditions de la haute Alsace paraissaient favorables ; le canal d'Alsace et les barrages hydroélectriques fournissaient eau et électricité à bon compte, les terrains étaient pauvres et dévastés par le gibier, enfin les grands chantiers de l'E.D.F. sur le canal d'Alsace avaient mobilisé une importante main-d'œuvre dont une partie serait, sans doute, récupérable pour l'usine. Les terrains furent achetés en 1955 et la production démarra en septembre 1957.

L'usine commençait à produire les matières premières destinées à la fabrication du Nylon et des produits plastiques et elle abritait une unité de la société Kuhlmann qui fournissait l'acide nitrique nécessaire ; elle recevait par péniches et par wagons le cyclohexane des houillères de Lorraine. La production d'« olone », terme inventé par les chimistes de Rhône-Poulenc, était réalisée par le mélange de cyclohexanol et de cyclohexanone obtenu par oxydation du cyclohexane. Le mélange « olone » était ensuite oxydé en acide adipique, lui-même utilisé pour la fabrication du sel Nylon par la Rhodiaceta. D'autre part, l'acétate et le chlorure de vinyle monomère venus d'autres usines étaient transformés sur place en diverses matières plastiques : l'alcool polyvinylique (Rhodoviol utilisé comme adhésif ou épaississant), le butyral polyvinylique utilisé pour la fabrication des verres de sécurité, le chlorure de polyvinyle destiné à la société Rhovyl qui le filait à

Tronville-en-Barrois. Chalampé était donc une unité de production destinée à approvisionner d'autres établissements du groupe.

Les trois usines anciennes de la S.U.C.R.P. se différencièrent profondément à partir des années 1950. Au lendemain de la guerre, leurs productions en poids étaient à peu près égales, mais dès 1949 la différence s'affirmait : Saint-Fons expédiait à ses clients 4 500 tonnes de produits et Roussillon 10 445 tonnes. En 1961, les chiffres respectifs étaient de 12 214 tonnes et de 122 975 tonnes et, à la même date, Vitry-sur-Seine vendait 9 341 tonnes et Saint-Aubin-lès-Elbeuf 6 759 tonnes. Ainsi, par les tonnages manipulés, l'usine de Roussillon s'apparentait plus à la chimie lourde qu'à la chimie fine et diversifiée des autres usines *(v. graphique, p.164)*. La différence était à la fois dans le poids et dans le nombre des produits élaborés : 50 à Roussillon en 1954 et 2 000 à Vitry-sur-Seine. L'usine était donc le grand fournisseur des autres établissements et tout spécialement des filiales textiles, la majorité de ses ventes se faisait à l'intérieur du groupe. En 1953 une première tranche de production du phénol au cumène y était installée, puis une seconde en 1954 ; la base des activités de l'établissement se trouvait considérablement renforcée ; entre 1953 et 1954 démarrèrent les fabrications du sel Nylon, de l'acide adipique et de la Rhodialite ; ainsi dans son étendue et sa complexité, Roussillon se trouva partagé en trois usines :

- l'*usine A,* qui traitait les linters, fabriquait l'acétate et le triacétate de cellulose, le Rhodoïd, la Rhodialine et la Rhodialite ;
- l'*usine B,* qui produisait la chaîne des dérivés acétiques (anhydride, acide, aldéhyde acétique, acétate de vinyle), les dérivés du phénol (nitrophénol, acide adipique, adiponitrile, sel N) et le chlorure de polyvinyle ;
- l'*usine P3,* qui fabriquait le cumène à partir du benzène, puis le phénol et l'acétone.

Filiales et participations en France

Toutes les formes de filiales et de participations avaient déjà été expérimentées par la société avant 1940. Mais les années 1950-1960 et, plus précisément, la seconde moitié de la décennie furent caractérisées par la multiplication des filiales communes constituées avec d'autres entreprises, pétrolières ou chimiques. Cette orientation était déterminée par la réflexion des administrateurs sur l'évolution de la chimie. Dès 1951, ils affirmaient que la société devait s'intéresser de très près à la chimie du pétrole, secteur nouveau dont le poids grandissant s'imposait à tous et qui était dominé et contrôlé par les grandes sociétés pétrolières internationales. De plus, l'accès à la pétrochimie imposait de lourds investissements. Plusieurs sociétés chimiques, dont la S.U.C.R.P., se trouvèrent associées aux intérêts pétroliers par des participations minoritaires. Nous ne pouvons échapper au rappel énumératif des créations de filiales communes pendant la décennie.

- La Manufacture normande de Polyéthylène (Manolène) devait exploiter le brevet Phillips Petroleum à basse pression, obtenu à la suite du contrat passé entre la S.U.C.R.P. et la société américaine pour fabriquer et vendre les résines de polyoléfines. Le capital de 750 millions de francs était réparti entre la société Kuhlmann (5,42 %), la Compagnie française de Raffinage (5,42 %) et la S.U.C.R.P. (89,16 %). L'usine était implantée à Gonfreville-l'Orcher (Seine-Maritime) et prévue pour fournir 50 000 tonnes par an grâce à une alimentation en éthylène par la C.F.R..
- Le 27 avril 1955 une convention fut signée entre Ugine, Progil, la Compagnie de Saint-Gobain et la S.U.C.R.P. pour la fabrication de chlorure de vinyle monomère. Elle fut appliquée par la création, le 27

L'usine de la Société Manolène jouxtait la raffinerie de la Compagnie française de raffinage à Gonfreville-L'Orcher, au bord de la Seine (début des années 1960).

janvier 1956, de la Société dauphinoise de Fabrications chimiques (Daufac) au capital de 200 millions de francs souscrits en quatre quarts. L'unité de production, construite à Jarrie dans l'Isère, devait produire 1 000 tonnes par mois (réservées aux associés) et l'acide chlorhydrique lui était fourni par les usines voisines de Progil et d'Ugine. La Compagnie de Saint-Gobain fournissait l'ingénierie et Ugine prenait en charge la production d'acétylène.

• Le 27 septembre 1956, la Société des Résines fluorées au capital de 200 millions de francs réunissait aussi quatre partenaires - Péchiney, la S.U.C.R.P., la Société d'Électrochimie, d'Électrométallurgie et des Aciéries électriques d'Ugine, la Compagnie de Saint-Gobain - pour produire des polymères et des copolymères. L'usine s'implanta à Pierre-Bénite dans le département du Rhône, et la société, comme cela était prévu, emprunta 400 millions de francs.

• La S.U.C.R.P. avait pris l'initiative de créer la Société Acetalacq pour pallier les difficultés d'approvisionnement en carbure de calcium. La Société Aquitaine Chimie fournirait la vapeur d'eau, l'électricité, l'acétylène, qui serait transformé en acétaldéhyde, et la S.U.C.R.P. son savoir-faire qui serait rétribué par 3 % des bénéfices ; d'autre part, elle finançait les deux tiers des dépenses de matériel et d'équipement. Le capital de 150 millions de francs était ainsi réparti :

— S.U.C.R.P. :	21 %,
— La Compagnie de Saint-Gobain :	21 %,
— Société des Usines de Melle :	21 %,
— Pierrefitte :	6 %,
— Péchiney :	21 %,
— Banque de Paribas :	10 %.

La production réalisée à l'usine de Pardies serait répartie entre la S.U.C.R.P. (30 tonnes par mois), Péchiney (14 tonnes par mois), Pierrefitte (18 tonnes par mois).

Enfin, la S.U.C.R.P. prit de modestes participations dans la société Socabu (caoutchouc butyle), en juin 1957, et dans la Société d'Éthanol de synthèse, en octobre 1958.

Toutes ces interventions donnaient accès à des produits dérivés de la pétrochimie et s'inséraient dans des combinaisons rapprochant les principaux industriels français. Mais, par trois fois, la S.U.C.R.P. s'allia à un seul partenaire pour développer une production.

Le 2 juillet 1959, la Compagnie industrielle des Plastiques semi-ouvrés (la Sapso qui devint la Cipso) réunit un capital de 500 millions de francs souscrit moitié par la S.U.C.R.P. et moitié par la société La Cellophane, du groupe Celtex. Celle-là souhaitait prolonger et développer les fabrications qui avaient été entreprises dans l'atelier de Vénissieux ; la nouvelle société acheta l'usine de Saint-Maurice-de-Beynost, propriété jusqu'alors de la Société lyonnaise de Textile, et elle commença ses fabrications. Au début de l'année 1960, la S.U.C.R.P. et Progil fondèrent une société civile d'études techniques et économiques afin d'élaborer les procédés reçus de la société britannique Distillers Company pour la fabrication de l'acide acétique à partir de fractions pétrolières. Puis, la société Rhône-Progil, créée le 21 février 1961, installa une usine à Pont-de-Claix, près de l'établissement principal de Progil, pour produire 20 à 30 000 tonnes d'acide dont 7 500 destinées à la S.U.C.R.P.. Pour donner un développement à une très vieille activité héritée des Établissements Poulenc - la production des colorants et or pour céramiques et émaux -, la S.U.C.R.P. prit, le 5 mai 1961, une participation dans la société Harshaw-Coiffé implantée à Limoges. Vieille entreprise régionale au service de l'industrie locale, la société Coiffé avait, en 1954, cédé la moitié de son capital au groupe américain Kewanee Oil City et, en particulier, à sa filiale Harshaw Chemical Company (Cleveland). La S.U.C.R.P. reprit les actions de P. Coiffé pour 2 350 000 nouveaux francs et devint l'associée de la firme américaine pour la fabrication des colorants pour céramiques, des émaux pour verre, des opacifiants, des catalyseurs, des pigments de cadmium et de sélénium. Ces activités furent arrêtées à Vitry-sur-Seine dont le matériel fut transféré dans l'usine de Limoges. Enfin, la Société des Usines de Melle avait conclu, le 3 janvier 1957, un contrat avec le ministère de la Défense nationale pour la fabrication des isocyanates. Elle se rapprocha de la S.U.C.R.P. pour constituer, le 30 mars 1961, la Société toulousaine de Produits chimiques - Tolochimie - au capital de 6 millions de nouveaux francs détenu par les deux sociétés fondatrices.

Filiales à trois, filiales à deux, mais aussi prises de participations par la S.U.C.R.P. dans de petites entreprises. Elle contrôlait déjà la petite société holding Chimie et Atomistique ; cette dernière recevait des redevances de l'étranger et de la Société nouvelle d'Applications thérapeutiques Théraplix qui exploitait une usine à Montrouge et créait un second établissement à Gien dans le Loiret ; la S.U.C.R.P. en acquit 49 955 actions. En 1960, elle achetait 9 994 actions des laboratoires Givaudan-Lavirotte, vieille entreprise lyonnaise doublée par les Établissements Givaudan-Lavirotte, et 24 990 actions de la Société de Chimie organique et biologique A.E.C. qui exploitait une usine à Commentry. Enfin, au mois d'octobre 1961, elle prit une importante participation dans les laboratoires Bouillet qui contrôlaient deux filiales, la Société d'Expansion Spem et la Société pharmaceutique de Bagneux, Upharba.

Filiales et participations à l'étranger

Vers les horizons étrangers, le marché nord-américain, qui avait déjà tenté plusieurs fois la société, déclencha une nouvelle initiative. Le 6 avril 1948, une nouvelle filiale fut donc créée outre-Atlantique, la Rhodia Incorporated, qui fut tout d'abord chargée d'opérations commerciales, puis, en 1956, l'ancienne usine de New Brunswick fut rachetée à Du Pont de Nemours et mise en exploitation pour le compte de la filiale ; elle fabriquait alors quelques produits chimiques et aromatiques, mais son fonctionnement resta médiocre pendant toute la décennie. Le directeur de l'usine écrivait en 1957 à la direction de la S.U.C.R.P. : « Nous devons nous demander si nous avons le temps et les hommes en France pour alimenter en produits originaux une usine en Amérique... » Il n'était guère question pour l'industrie européenne, dans les années 1950, de concurrencer celle des États-Unis. En 1958, la situation financière était très détériorée et au mois de juillet les pertes s'élevaient à 61 900 dollars. Les salaires d'un personnel trop nombreux (158 personnes) et les frais étaient trop élevés, les prix de vente non rentables, les nouveaux bâtiments en construction étaient inutiles car « lancer en Amérique des installations sans avoir de débouchés commerciaux assurés est une folie » (rapport de la direction de l'usine). D'autre part, dès le mois d'avril 1946, R.J. Picard avait été installé à New york avec une mission qui dura jusqu'aux années 1960. Les volumineux dossiers de lettres et de rapports montrent les rôles multiples joués par la « liaison Picard » : renseignements sur l'état des marché, contacts avec les entreprises clientes (Burlington, Celanese, Tennessee Eastman), conseils aux filiales chimiques, pharmaceutiques et textiles installées dans les divers pays et avec lesquelles R.J. Picard correspondait directement.

Peut-être rendue prudente par ce qui pouvait apparaître comme un nouvel échec de la tentation américaine et mue par les impératifs du marché pharmaceutique, la S.U.C.R.P. constitua une filiale commune avec la société américaine American Home Products Corporation et plus spécialement la division IVC Cameron Company. Les Ives Laboratories s'engageaient à mettre au point les spécialités pharmaceutiques Rhône-Poulenc pour le marché américain ; ils devaient recevoir de la firme française les produits de base aux prix les plus bas et lui verser 3 % du montant des ventes. Le capital de la filiale Ives Laboratories était partagé entre Rhône-Poulenc (49 %) et American Home Products (51 %).

Parmi les filiales étrangères, le développement le plus important et le plus autonome fut celui de la société May and Baker sous la direction du docteur T.B. Maxwell. Au lendemain de la guerre, la S.U.C.R.P. sut résister aux pressions du gouvernement français qui, pour solder ses dettes envers le gouvernement anglais, incitait à la vente des avoirs détenus par les français en Grande-Bretagne. En juin 1946, l'accord sur les redevances fut renouvelé et, en fin d'année, l'entente sur le partage des marchés fut précisée : May and Baker vendait ses propres produits et ceux de Rhône-Poulenc dans le Commonwealth (sauf au Canada), en Scandinavie (sauf en Suède) et dans une partie du Moyen-Orient et de l'Extrême-Orient. Rhône-Poulenc estimait que le marché canadien relevait de sa filiale de Montréal, mais à partir de 1948, May and Baker put y vendre directement ses produits agrochimiques et plastiques.

May and Baker participa tout autant que la S.U.C.R.P. à l'intense développement des productions chimiques et pharmaceutiques dans les années 1950. Elle réalisa une première production des produits phytosanitaires en fabriquant et en vendant le produit américain Seradix, puis elle mit au point les H.B.N. herbicides à la fin de la décennie et créa la ferme expérimentale d'Ongar. Dans l'important secteur pharmaceutique, May and Baker utilisait les brevets Rhône-Poulenc dans le domaine des antihistaminiques (Anthisan et Phénergan) et des composés dérivés de la phénothiazine. Mais comme Rhône-Poulenc, la société avait plutôt un rôle suiveur dans le domaine des antibiotiques. Elle entreprit la fabrication du Flagyl (Rhône-Poulenc) et contribua à sa diffusion mondiale. D'autres fabrications furent entamées, moins importantes, mais promises à des développements d'avenir dans le secteur vétérinaire et dans celui des plastiques (brevets May and Baker et Rhône-Poulenc).

Parallèlement, les moyens de production de la société s'accrurent considérablement. Après avoir érigé les nouveaux bâtiments de Dagenham, la société acheta 150 acres près de Norwich et y bâtit une usine neuve. Au moment où la S.U.C.R.P. construisait les nouveaux centres de recherches de Vitry-sur-Seine et des Carrières, May and Baker réalisait les trois bâtiments de Dagenham qui, à leur achèvement, abritaient 350 chercheurs.

La photo aérienne montre la principale implantation industrielle de May and Baker, à Dagenham, près de Londres, à la fin des années 1950.

De tout temps, Rhône-Poulenc avait considéré la société May and Baker comme la voie d'accès aux marchés du Commonwealth. L'évolution de ses pays membres vers l'indépendance et l'aspiration des nouveaux États à l'industrialisation entraînèrent une modification profonde de la politique de May and Baker envers ses filiales. Celles-ci, longtemps chargées d'écouler les produits fabriqués venus de la métropole, durent s'ouvrir aux capitaux locaux et passer elles-mêmes au stade de la fabrication. En 1947, la première usine d'outre-mer fut construite à Port Elizabeth en Afrique du Sud, suivie, en 1948, par celle de Worli près de Bombay en Inde, elle-même complétée, en 1961, par l'usine de Bhandup. Celle qui fut bâtie en Australie, à Footscray, près de Melbourne, se dédoubla en 1962 en faveur de l'agrochimie. En 1960, après l'éclatement de l'espace indien en deux États, la Pakistan Pharmaceutical Industries Limited construisit l'établissement de Dongi, près de Dacca. Au total, ces quatre filiales avaient créé six usines nouvelles.

Comparées à May and Baker, les autres filiales étaient ou moins importantes ou moins autonomes. La S.U.C.R.P. y introduisit les fabrications qu'elle maîtrisait bien : la pénicilline au Brésil, la pénicilline et la streptomycine en Italie. La société Farmitalia (Societa anonima Farmaceutici Italia) n'était détenue qu'à 50 % par la S.U.C.R.P. et elle disposait alors de quatre établissements :

- l'usine de Settimo Torinese qui employait 1 112 personnes ;
- l'usine de Milan, via Bezzi, qui comptait environ 1 000 employés ;
- le centre expérimental zootechnique et vétérinaire de Nerviano ;
- les laboratoires de recherche de Milan, via Gracchi.

Mais l'introduction de brevets pharmaceutiques en Italie posait, dès cette époque, de sérieux problèmes, car il n'y avait pas, en ce domaine, de protection légale.

La S.U.C.R.P. développa également la production des produits de base textile au Brésil et en Argentine dans le cadre de la société Acetica. Dans le premier de ces pays, une nouvelle usine fut construite à Campinas pour la fabrication du sel N, de l'acétate de vinyle, alors que l'usine de Santo André produisait insecticides, pharmacie et acétate de cellulose.

À la fin des années 1950, les premiers essais de comptabilité consolidée permirent d'apprécier le poids respectif des principales sociétés œuvrant dans le domaine chimique. *v. Tableau, page de droite* : chiffres d'affaires consolidés des principales sociétés chimiques (moyenne des années 1957, 1958 et 1959, en nouveaux francs).

Raison sociale	Chiffre d'affaires	Pourcentage du total
Daufac	1 722 000	0,16
Société des Résines Fluorées	79 000	0,001
Manolène	413 000	0,04
Farmitalia	70 534 000	6,80
La Acetica	5 633 000	0,54
Rhodia argentina	5 531 000	0,53
Société viennoise de Constructions mécaniques	1 666 000	0,16
Société normande de Produits chimiques	15 501 000	1,50
Rhodia uruguya	518 000	0,05
Rhodia brasileira	75 074 000	7,22
Rhodia Incorporated	12 823 000	1,22
Poulenc Limited	12 840 000	1,22
May and Baker	178 382 000	17,16
Théraplix	30 383 000	2,92
Prolabo	20 533 000	1,97
Spécia	184 960 000	17,80
S.U.C.R.P.	422 813 000	40,70
Total	1 039 405 000	100

N.B : Les sociétés chimiques désignent ici toutes celles qui n'appartiennent pas au secteur textile.

LE TRIOMPHE DES ACTIVITÉS TEXTILES

La période 1950-1961 fut caractérisée par une progression très forte des productions textiles, par un renouvellement rapide entraînant le passage des textiles artificiels aux fibres synthétiques et par la multiplication des sites industriels. À l'issue de la décennie, le chiffre d'affaires de la Rhodiaceta rejoignit celui de la société-mère, la S.U.C.R.P.

Si l'on examine les taux de croissance, la Rhodiaceta était évidemment gagnante sur la S.U.C.R.P.. Disposant, enfin, des séries de prix des productions textiles - acétate de cellulose, Nylon et Tergal -, nous avons calculé un indice pondéré des prix textiles, déflaté la valeur de la production et abouti à un taux de croissance de 26,87 %, soit plus du double de celui de la chimie. Il est, d'autre part, possible de comparer les chiffres d'affaires hors taxes respectifs de la Rhodiaceta et de la S.U.C.R.P. en 1951 et 1961.

	S.U.C.R.P.	RHODIACETA
	EN FRANCS	
1951	21 950 000 000	12 883 225 380
1961	76 709 000 000	95 621 139 165

Dès 1959, le chiffre d'affaires de la Rhodiaceta dépassait celui de la S.U.C.R.P. et les revenus des deux sociétés étaient d'origines sensiblement différentes ; ceux de la Rhodiaceta provenaient pour 37 % des placements financiers dans d'autres sociétés textiles et pour 63 % de l'activité industrielle. Les pourcentages correspondants pour la S.U.C.R.P. étaient en quelque sorte inverses : 61,20 % et 38,80 %. Les deux entreprises étaient également comparables par l'importance de leurs effectifs ; en 1961, les 10 600 employés de l'entreprise textile étaient à peine moins nombreux que les 12 700 employés de la société chimique.

Par quelles voies la croissance rapide et la quasi-prépondérance du secteur textile purent-elles ainsi s'établir ? La Rhodiaceta réalisa l'essentiel de son développement en devenant la grande productrice française de Nylon et en créant de petites sociétés, filiales spécialisées dans la fabrication de fibres nouvelles fabriquées en tonnages moindres (Rhovyl, Crylor, Tergal).

La crise de l'acétate

On peut déjà, dans les années 1950, parler d'une crise relative de l'acétate de cellulose sur lequel reposait la production déjà ancienne de textiles artificiels élaborés sous la forme de fil (Rayonne d'acétate) et fibre (Fibranne d'acétate). Les courbes de production des usines de Roussillon et de Lyon-Vaise témoignent d'une croissance modérée : de 2 000 à 4 200 tonnes et de 3 300 à 6 200 tonnes, soit un doublement de la production en dix ans et un taux de croissance oscillant entre 7 et 8 % l'an *(v. graphique, p.254)*. Le système de fabrication de la Rayonne, de la Fibranne et de leurs variétés était désormais bien rodé, après avoir été élaboré au cours des années 1930. Le progrès le plus important fut la mise au point et l'installation de l'acétylation en continu, aboutissement d'une vieille idée sur laquelle les travaux théoriques avaient été menés depuis 1927, date de dépôt des premiers brevets. La première fabrication fut réalisée en 1947, après le long temps d'arrêt de la crise et de la guerre ; une fois la cellulose transformée en solution, le produit était extrait du milieu réactionnel, ce qui évitait la poursuite de la réaction et la dégradation du produit. Puis on passa à la production en mi-grand, ce qui exigea la mise au point d'un nouveau malaxeur ; elle fournissait, en février 1953, 25 kg par heure. En 1955, malgré de nombreux incidents, on parvint à la fabrication en grand qui, après encore un an d'essai, fut installée en 1957. Il avait donc fallu 10 années pour que ce qui n'était qu'un procédé et non un produit nouveau reçoive une application industrielle systématique. On parvint alors à d'excellents rendements et à une qualité supérieure.

Au début de 1960, une deuxième tranche était installée et dès 1959 le procédé fut vendu à l'U.R.S.S., où les ingénieurs de la société partirent monter une usine à Erevan, capitale de la République d'Arménie.

Autour de 1960, le carbure de calcium fut remplacé par le gaz de Lacq comme base de fabrication de l'anhydride acétique. La société Acétalacq, fournissait l'aldéhyde acétique, base de la production de l'acide et de l'anhydride acétiques. La cellulose était obtenue à 80 % en utilisant de la pâte de bois et pour le reste à partir des linters traditionnels. L'acétate de cellulose était lui-même fabriqué sous plusieurs variétés - ordinaire, blanchi, visqueux et filtré - et la production de triacétate commença en 1956. De plus en plus, la fabrication des fils était diversifiée entre les grandes catégories définies dans les années 1930 : Rhodia, Albène, Nacryl, Nérane, fils spéciaux, fils teints dans la masse réalisés selon une vingtaine de diamètres ou titres ou deniers. Enfin, la filature était prolongée par de nombreuses opérations de finition : moulinage, tordage, encollage, flottage, qui correspondaient à autant d'ateliers dans les usines. La récupération de l'acétone fut mise au point et les pompes fabriquées aux ateliers de Stains remplacées par des pompes à engrenage.

Si les techniques de l'acétate de cellulose et des produits terminaux pouvaient paraître achevées, en revanche le problème commercial restait entier. En effet, à partir de 1952, les prix de vente devinrent déficitaires pour la Rayonne et la Fibranne et la situation paraissait bien irréversible puisqu'elle ne put être modifiée jusqu'en 1961. Pour l'ensemble de la décennie, le déficit moyen atteignait 10,60 % pour la Rayonne et 12,50 % pour la Fibranne *(v. graphique, p.208)*. La demande de Fibranne avait été très forte pendant la guerre comme produit de substitution, mais elle s'était affaiblie au lendemain de la guerre avec le retour des fibres naturelles ; la production redémarra péniblement dans les années 1950 pour entrer immédiatement dans le déficit.

À défaut des délibérations du conseil d'administration de la Rhodiaceta, disparues, les comptes rendus du comité central d'entreprise permettent d'éclairer les positions de la direction et en particulier du président de la société, Pierre Lombard. Le constat était simple : les fils à l'acétate français étaient plus chers à la production que les prix mondiaux sur lesquels il fallait s'aligner pour pouvoir exporter ; les produits de la Rhodiaceta étaient ainsi plus chers que ceux fabriqués dans les usines filiales de Fribourg et de Pallanza « où toutes les opérations sont groupées ». Nous sommes donc obligés de nous demander pourquoi la Rhodiaceta s'obstina à fabriquer un produit déficitaire et ce qu'elle fit pour éliminer le déficit.

Bien qu'il ne réussît pas, à lui seul, à améliorer la rentabilité des fils d'acétate, le procédé de l'acétylation continue fut l'une des principales améliorations techniques de la production des textiles artificiels (Usine Acétate - Péage).

Malgré l'affirmation de 1956 que « la société ne pourra continuer à accepter une perte importante sur l'acétate », la direction persista dans la production parce que, d'une part, elle se berçait de l'illusion que l'année suivante serait meilleure, que l'acétate sortirait du déficit et, d'autre part, pour des raisons générales. En 1955, Pierre Lombard posait ainsi l'alternative : « Ou bien diminuer les prix de vente si la concurrence devenait trop pressante et perdre encore plus d'argent ou bien maintenir nos prix et vendre moins, ce qui augmente nos prix de revient ». Le maintien de la production et des ventes d'acétate paraissait relever d'une politique globale de contrôle de certains marchés. Le 10 décembre 1957, Pierre Lombard exposait ainsi la situation : « Comme l'acétate perd de l'argent, on aurait pu se dire qu'il ne fallait plus faire aucune dépense et se contenter d'utiliser le matériel existant, mais ce serait une erreur étant donné que nous sommes seuls producteurs d'acétate en France, que la soierie lyonnaise a besoin de nos fils et que nous n'avons pas le désir d'attendre que l'approvisionnement de Lyon soit fait par l'étranger lorsque le Marché commun sera en fonctionnement ». Il s'agissait donc bien de garder le contrôle d'un marché important pour les textiles artificiels.

Enfin, et l'argument fut probablement décisif, réduire ou arrêter les productions d'acétate aurait impliqué des suppressions ou des transferts importants de personnel très difficiles à faire admettre en période de forte croissance générale et dans le cadre d'une société globalement bénéficiaire. Pierre Lombard répétait au comité d'entreprise que le maintien de l'emploi était au premier plan des préoccupations de la société.

La solution consistait évidemment à réduire les prix de revient par l'amélioration de la productivité, par la transformation du matériel et l'investissement. On ne peut, certes, dire que rien ne fut fait dans ce domaine. Si les prix de revient de la Fibranne et de la Rayonne baissèrent peu en francs courants, ils fléchirent d'environ 30 et 40 % en francs constants. Que le prix de revient courant de la Rayonne d'acétate reste presque étalé ou qu'il baisse légèrement comme celui de la Fibranne d'acétate, il ne put jamais rattraper le prix de vente possible après lequel il courait. La productivité du travail augmenta sensiblement et on peut rappeler l'évolution du rendement horaire ouvrier ; au lendemain de la guerre, il oscillait en filature autour de 5 kilos à Lyon et à Roussillon, puis, en 1954, il atteignait 8,40 kg à Lyon et 7,80 kg à Roussillon ; en 1960, il dépassait 10 et 9 kilos, maintenant ainsi le léger décalage à l'avantage de Lyon-Vaise. Le rendement horaire ouvrier doubla en une dizaine d'années.

La filature de l'acétate de cellulose était pratiquée dans l'usine de Lyon-Vaise (ici en 1958) depuis la fin des années 1920.

Le comité d'entreprise de Rhodiaceta acceptait les chiffres suivants pour la production d'acétate filé :

	PRODUCTION	EFFECTIFS	PRODUCTION / EFFECTIFS
1949	4 890 577 kg	2 813	1 739 kg
1958	6 376 121 kg	2 037	3 130 kg

Sans doute s'agissait-il ici d'effectifs globaux incluant les ateliers de production et les services, mais le progrès de productivité était de l'ordre de 80 %, tout à fait compatible avec le doublement indiqué précédemment.

Entre 1952 et 1956, le prix du fil d'acétate baissa de 14 % alors que les rémunérations avaient augmenté de 34 %. Il faudrait en conclure que les gains de productivité des usines d'acétate furent insuffisants pour absorber l'augmentation des salaires et pour permettre de faire front aux concurrences étrangères. La répartition des coûts de production confirme les constatations précédentes.

LES COÛTS DE PRODUCTION DES FIL ET FIBRE D'ACÉTATE

(en pourcentage)

	Main-d'œuvre		Matières premières		Force motrice et combustible		Fournitures		Divers	
	fil	fibre	fil	fibre	fil	fibre	fil	fibre	fil	fibre
1951	46,20	31,20	20,17	34,20	7,05	8,70	15,30	13,12	11,28	12,78
1952	43,73	30,10	20,58	34,10	7,15	8,80	16,06	13,88	12,48	13,12
1953	41,00	34,90	18,47	30,85	6,90	9,53	16,52	15,05	17,11	9,67
1954	39,85	34,32	16,90	28,87	6,51	9,21	17,68	16,51	19,06	11,09
1955	41,14	35,30	15,76	28,37	6,46	8,91	13,93	16,56	22,71	10,86
1956	44,76	35,00	15,00	28,05	6,11	9,20	13,82	12,49	20,31	15,26
1957	45,10	35,60	14,60	28,10	6,00	9,02	13,77	13,11	20,53	14,17
1958	46,95	37,60	14,16	25,16	6,10	9,04	13,63	13,62	19,16	14,58
1959	44,82	36,77	16,07	27,24	6,21	8,45	12,96	12,11	19,94	15,43

Sans doute peut-on toujours se poser quelques questions sur la continuité des séries statistiques. Néanmoins, le poids accru des charges de main-d'œuvre par rapport aux années 1940 est assez évident, ainsi que leur stabilité pendant la décennie, malgré un repli passager en 1953 et 1954. Les seules baisses proportionnelles concernent les matières premières - l'acétylation en continu pouvait en être responsable - et les fournitures. La rubrique des « Divers » réunissait essentiellement les amortissements, les frais de façons et les ristournes. Les productions à l'acétate se trouvaient donc dans l'étroite dépendance des coûts de main-d'œuvre. Leur croissance limitée et leurs médiocres performances n'entraînèrent guère de développement géographique. Au début des années 1950, alors que l'évolution textile pouvait paraître incertaine, Rhodiaceta fut amenée à acquérir l'usine de Vénissieux près de Lyon. Plusieurs accords furent signés le 20 avril 1951 entre le

C.T.A., la S.U.C.R.P., l'Union chimique belge et la Société de la Soie artificielle de la Tubize. La S.U.C.R.P. finançait à 50 % l'achat par le C.T.A. de la Société belge de la Soie artificielle d'Obour ; d'autre part, la Société des Textiles artificiels absorbait la filature d'acétate de la Tubize et la mettait en location auprès de la Rhodiaceta. Le 25 novembre 1952, la Celtex qui incluait le C.T.A. vendait à la Rhodiaceta l'usine de Vénissieux soit 22 hectares et un important matériel industriel pour 70 435 000 francs. S'agissait-il d'éliminer une concurrence, de prévoir un développement de la filature de l'acétate ou d'accorder une satisfaction à l'associé de la S.U.C.R.P., le C.T.A., ? Le fait est que, dès 1956, le fonctionnement de l'usine de Vénissieux fut ralenti et une partie du personnel licencié. Le sort de l'établissement restera ensuite incertain.

Le Nylon, support de la prospérité

La décennie 1950 fut, en réalité, dominée par l'essor fulgurant de la production de Nylon. En 1958, alors que le fil et la fibre d'acétate ne constituaient plus que 12,20 % du montant des ventes de la Rhodiaceta, les produits « Nylon » en réalisaient 63,60 %, taux record de tout l'après-guerre *(v. graphique, p.203)*. La croissance fut d'autant plus forte que le point de départ était bas ; la production de Nylon, qui était de 800 tonnes en 1949, après une dizaine d'années d'essais, de mises au point et de production en demi-grand, grimpait à 16 200 tonnes en 1961, niveau très proche de la stabilisation qui intervint dans la décennie suivante *(v. graphique, p.254)*.

La fabrication du Nylon impliquait d'abord la production du produit de base, le sel N. Dès le lendemain de la guerre, une forte demande posa en termes nouveaux le problème majeur de sa fourniture car les possibilités de Saint-Fons étaient devenues très rapidement insuffisantes. Dès 1949, la Rhodiaceta se mit en quête d'un site et racheta à l'État, le 22 août 1950, les 102 hectares d'une ancienne poudrerie qui avait fabriqué du phénol. Elle céda une partie des terrains à la S.U.C.R.P. pour construire l'usine des silicones et le centre de recherches des Carrières et garda 50 hectares qui furent remblayés et sur lesquels se mêlèrent les anciens bâtiments de la poudrerie et les nouvelles constructions constituant l'usine de Belle-Étoile. En 1952 débuta la production du sel N et la croissance fut rapide puisque l'emploi de l'usine atteignait un millier de personnes en 1961 et que, dès 1954, l'établissement pouvait répondre aux besoins de la Rhodiaceta.

L'acide adipique, base du sel N, était fourni dans un premier temps par l'usine de Saint-Fons, puis, plus tard, par l'usine de Chalampé. Le mélange d'acide et d'ammoniac à haute température et en présence de catalyseurs fournissait l'adiponitrile qui, après hydrogénation, se transformait en hexaméthylènediamine, celui-ci mélangé à de l'acide adipique procurait le sel N (adipate d'hexaméthylènediamine) *[v. graphique, p.201]*.

La fabrication des fibres, vendues dès 1949 pour être mélangées au coton et à la laine, et des fils, était réalisée dans l'usine de Lyon-Vaise qui avait été construite dans le prolongement de l'usine acétate. Le premier bâtiment de filature datait de 1939-1940, le premier bâtiment de finissage de 1944 et le bureau d'études, le bâtiment de recherches et le second finissage avaient été érigés entre 1948 et 1951. L'usine était divisée en ateliers spécialisés dans les diverses opérations. La production des polymères s'effectuait à partir du sel N (polymère 66, puis quelques petites quantités de polymères 6 et 610), puis la filature qui produisait des fils de titres divers,

La principale usine française de Rhodiaceta était située dans un quartier populaire, Vaise, au nord de Lyon. Ici, une sortie du personnel en 1957.

24 en 1960, du 11/1 au 300/92, et qui mit au point, en 1954, le 11 deniers monobrin pour bas. L'étirage permettait de tripler la longueur des fils et des proportions plus ou moins importantes de la fabrication passaient ensuite au finissage divisé lui-même en moulinage, bobinage, encollage et ourdissage. Mais le fil de Nylon n'était pas la seule production de l'usine ; comme pour l'acétate de cellulose, un pourcentage variable de fibre s'y ajoutait ; de plus, la filière Nylon avait développé des variétés spécifiques comme les crins : crins à pêche, crins à brosse, crins teints dans la masse, crins coupés ou enroulés. Ainsi, en 1955, les fils constituaient 68 % du tonnage produit, les fibres 26 %, les produits teints 1,70 % et les crins 4,30 %. Comme la société vendait de l'acétate de cellulose, elle commercialisait également du polymère Nylon de plus en plus utilisé comme plastique. Si un fonctionnement à perte contrariait les ventes des produits à base d'acétate, la croissance du Nylon était largement soutenue et justifiée par une large marge bénéficiaire qui tendit toutefois à se réduire : le prix de revient constituait 65 % du prix de vente en 1951, 71,10 % en 1956 et 78,10 % en 1961 ; le bénéfice réalisé passait lui-même de 35 % à 28,90 % puis à 21,90 % *(v. graphique, p.208)*. La répartition des coûts de production était tout à fait différente de celle de la fabrication des produits acétate.

LES COÛTS DE PRODUCTION DES FIL ET FIBRE DE NYLON

(en pourcentage)

	Main-d'œuvre		Matières premières		Force motrice et combustible		Fournitures		Divers	
	fil	fibre	fil	fibre	fil	fibre	fil	fibre	fil	fibre
1951	24,10	17,00	39,98	62,29	2,47	1,67	17,42	10,63	16,03	8,41
1952	21,50	17,30	41,20	60,80	3,22	1,69	20,20	10,50	13,88	9,71
1953	19,80	13,10	43,00	67,93	2,77	1,17	21,30	9,90	13,13	7,90
1954	19,10	14,30	31,00	49,00	3,31	2,36	23,34	14,50	23,25	19,84
1955	16,50	13,10	31,10	53,44	3,28	2,81	26,57	12,78	22,55	17,87
1956	17,80	16,60	28,72	47,55	3,53	3,09	24,22	14,66	25,73	18,10
1957	18,90	15,00	26,69	49,51	3,86	3,12	26,78	12,59	23,77	19,78
1958	18,50	16,30	25,00	43,72	3,13	3,96	23,83	15,98	29,54	20,04
1959	17,10	14,56	27,98	47,36	3,56	4,53	24,30	14,50	27,06	19,05
1960	16,56	15,46	29,74	45,82	3,16	3,90	24,84	16,03	25,70	18,79

Le poids du poste « main-d'œuvre » était beaucoup moins lourd dans la filière Nylon et il s'affaiblit globalement, signe d'une plus forte productivité ; durant la décennie, il était de 18,90 % pour le fil et de 15,30 % pour la fibre (les chiffres respectifs pour l'acétate étaient de 39,30 % et 31 %) ; en revanche, la valeur du sel N pesait beaucoup plus fortement dans la balance que l'acétate de cellulose : 32,40 % pour le fil de Nylon contre 15,10 % pour la rayonne. La production du sel N relevait sans doute d'un processus chimique plus élaboré que celle de l'acétate, mais le poids relatif de la matière baissa davantage dans la filière Nylon que dans la filière acétate. D'autre part, le poste des « Divers » était plus important dans la fabrication du Nylon : la différence portait sur le montant des ristournes comptabilisées autour de 3 % pour l'acétate et autour de 10 % pour le Nylon. L'abaissement constant du poids relatif de la main-d'œuvre et des matières premières témoigne bien de la lutte menée pour maintenir une marge bénéficiaire qui s'amenuisait mais qui s'appliquait, il est vrai, à une production rapidement croissante. L'évolution était identique dans le domaine de la fabrication des fibres pour laquelle le coût de revient constituait 74,30 %, 77,80 % et 95,60 % du prix de vente. En 1961, la vente de la fibre était donc à peine rentable.

Dans les années 1960, la double usine de Lyon-Vaise-Acétate de cellulose et Nylon atteignait sa plus grande extension.

Le démarrage du Tergal

Enfin, une troisième filière fut ajoutée à la gamme des productions. En juillet 1953, la société conclut avec la société britannique Imperial Chemical Industries un contrat pour l'utilisation du brevet Whinfield et Dickson afin de produire du Térylène qui fut rebaptisé en France *Tergal*, aux États-Unis *Dacron* et en Italie *Térital*. À cette date, les locaux textiles étaient occupés et en pleine activité. Rhodiaceta racheta donc l'historique usine de Besançon que le C.T.A. avait décidé de fermer, la viscose cédant du terrain devant le Nylon. Le 1er janvier 1954, après une visite qu'effectua Léon Pranal, le rachat aux amis du C.T.A. fut décidé. L'ancienne usine fut partiellement détruite puisqu'il s'agissait de substituer un bâtiment en hauteur à un bâtiment bas et, en octobre 1955, les locaux où la filature du Tergal étaient achevés.

Parallèlement avait commencé le moulinage du fil Nylon apporté de Vaise et s'ouvrait le chantier de la filature de Nylon achevé en mars 1956. Besançon unissait ainsi la fabrication nouvelle du Tergal à celle classique du Nylon. Puis furent construits l'étirage Tergal et le finissage Nylon. La Rhodiaceta récupérait ici les 77 logements, les 7 villas et les 10 appartements construits par le C.T.A. et prolongeait son action par des participations prises dans les sociétés H.L.M..

La nouvelle activité suscitait le développement des productions de l'usine de l'usine de Belle-Étoile qui dut fabriquer et fournir à Besançon le polymère polyester dont le produit de base était un dérivé pétrolier, le paraxylène, vendu par les raffineries de Donges et de Port-Jérôme.

Entre 1954 et 1959, toute la chaîne de fabrication du polyester fut mise en place ; en commençant par l'aval, cette chaîne comprenait quatre phases principales :

- la préparation de l'acide téréphtalique,
- la préparation du téréphtalate diméthylique,
- la préparation du téréphtalate de glycol,
- la polymérisation du téréphtalate de glycol pour aboutir au polymère polyester.

La production atteignait 10 000 tonnes de Tergal en 1961 et 16 000 tonnes en 1962. À la différence des autres textiles, il s'agissait plus de fibres que de fil : en 1961, la société vendait 8 534 tonnes de fibres contre 2 048 tonnes de fils. Ces fabrications augmentèrent rapidement leur marge bénéficiaire.

LA PART DU PRIX DE REVIENT SUR LE PRIX DE VENTE

(en pourcentage)

	FIL TERGAL	FIBRE TERGAL
1957	88,20	91,56
1961	76,33	75,15

Une rentabilité en rapide accélération n'empêcha pas les ventes de fibres d'être déficitaires en 1958 *(v. graphique, p.208)*. La répartition des coûts de production était fort différente de celle de l'acétate et du Nylon.

LES PRODUCTIONS DE L'USINE DE BELLE-ÉTOILE (1952-1964)

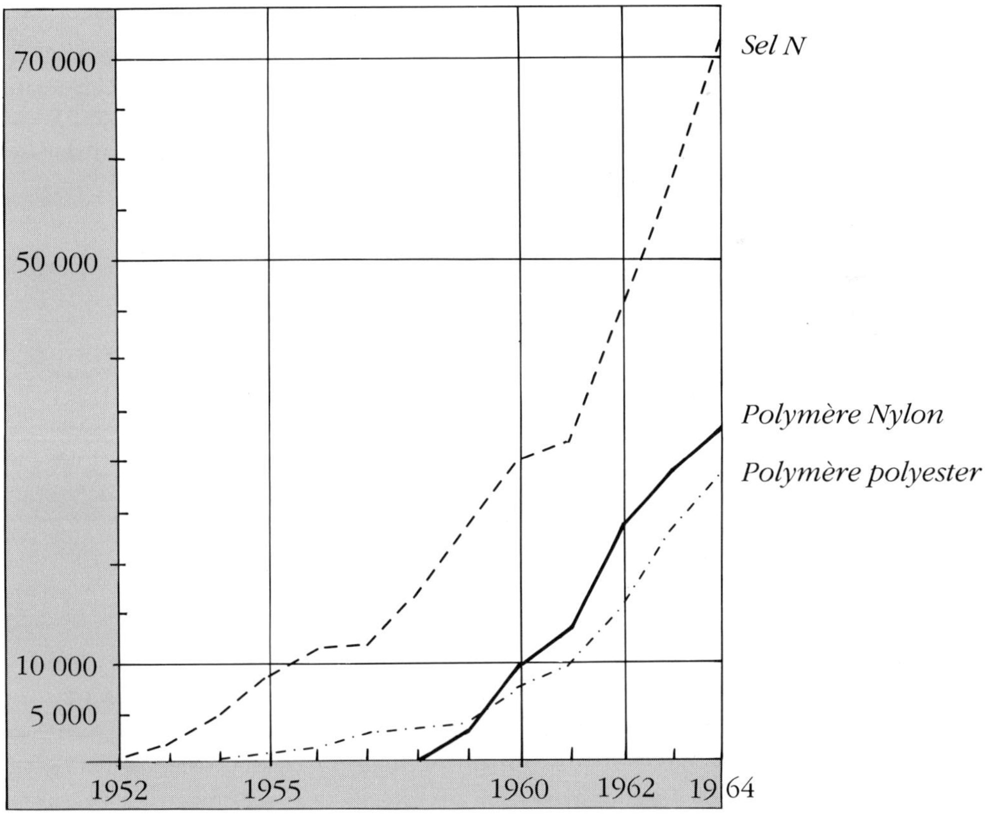

LES COÛTS DE PRODUCTION DU TERGAL
(en pourcentage)

Année	Main-d'œuvre		Matières premières		Force motrice et combustible		Fournitures		Divers	
	fil	fibre	fil	fibre	fil	fibre	fil	fibre	fil	fibre
1957	15,80	14,87	25,43	49,24	2,62	2,48	16,44	15,61	39,71	17,80
1958	13,83	13,19	34,77	53,25	2,06	2,19	15,68	17,91	33,66	13,55
1959	14,18	13,77	31,77	48,69	2,07	2,44	15,03	16,73	36,95	18,37
1960	13,18	11,98	26,49	44,68	1,81	2,05	15,61	17,93	42,91	23,36

Le coût de la matière première était ici déterminant, surtout en ce qui concernait la fibre, production majoritaire, mais le poids de la main-d'œuvre était réduit par rapport aux autres fabrications textiles. En revanche, les dépenses diverses occupaient une place considérable. Les ristournes sur les quantités exportées, de l'ordre de 10 %, étaient à peu près identiques à celles appliquées au Nylon ; mais les équipements récents du Tergal subissaient un amortissement infiniment plus lourd - plus de 15 % (Nylon entre 4 et 5 %) - et les « frais moyens de façons extérieures » de 9 à 10 %, étaient doubles de ceux du Nylon et de l'acétate.

La répartition des ventes de la Rhodiaceta (en pourcentage) permet de résumer les grandes orientations productives de la société.

REPARTITION DES VENTES DE LA RHODIACETA
(en pourcentage)

	1950	1955	1961
Fil et fibre acétate	44,85	18,89	9,30
Fil, fibre et crin Nylon	54,46	71,33	54,76
Fil et fibre Tergal		1,03	21,37
Divers	0,69	8,75	14,57
Total	100	100	100

L'évolution globale est donc claire : la part de l'acétate baissa rapidement dès 1950, le Nylon constituait plus de la moitié des ventes. À partir de 1955, les deux productions précédentes déclinaient relativement face au Tergal et au groupe des « divers » qui incluait essentiellement la vente de quelques produits de base comme le sel N, le polystyrène, le polymère polyester. Ainsi la société Rhodiaceta organisait au niveau des fabrications et des ventes la relève des productions.

RÉPARTITION DES VENTES TEXTILES DE LA RHODIACETA (1950-1968) (En valeur)

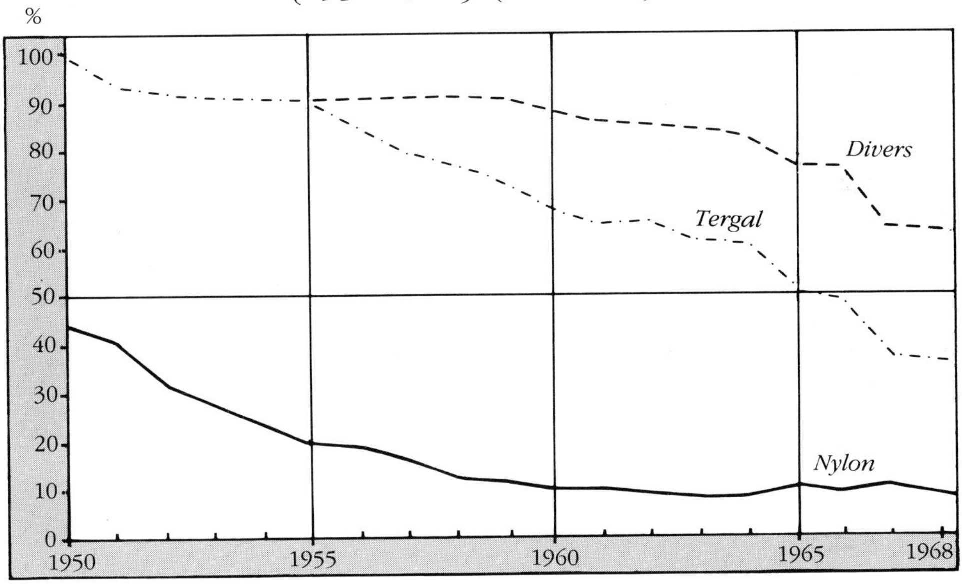

Les moyens de la croissance

À la fin de la décennie, les structures usinières s'étaient considérablement élargies : elles comprenaient sept usines et la répartition relative des équipements entre elles, en 1959, est tout à fait significative.

U.A., Usine acétate Lyon	: 7,89 %	U.C.N., Usine chimique Belle-Étoile	: 31,53 %
U.A., Usine acétate Péage	: 9,71 %	U.T.N., Usine textile Nylon Lyon	: 30,00 %
U.A., Usine acétate Roussillon	: 2,83 %	U.T.B., Usine textile Besançon	: 17,88 %
A.V., Usine acétate Vénissieux	: 0,22 %		

Les équipements acétate ne représentaient plus que 20,60 % du total. Une croissance de 26,87 % du chiffre d'affaires textile déflaté avait nécessité de forts investissements pour créer et équiper les nouveaux sites de production. De 1951 à 1961, le compte brut d'immobilisations nouvelles augmenta de 53 573 587 220 francs et le compte de participations, beaucoup plus modeste, de 2 590 631 719 francs, ce qui résultait de nouveaux investissements, mais aussi de réévaluations. Face à ce total de 56 164 218 939 francs, les moyens de financement furent surtout fournis par la marge brute d'autofinancement qui totalisa 65 654 429 520 francs.

Mais, il faut noter qu'à la fin de la période figurait au passif une dette à court et à moyen terme, hors fournisseurs, de 11 177 102 300 francs constituée essentiellement d'avances de trésorerie. On peut donc estimer que la marge brute d'autofinancement équilibrait les investissements et les distributions de dividendes en entraînant un léger endettement. La Rhodiaceta, société filiale, n'eut pas recours aux augmentations de capital à titre onéreux pour obtenir des moyens financiers supplémentaires. Sans doute son capital social passa-t-il de deux milliards d'anciens francs en 1951 à 258 millions de nouveaux francs en 1961, grâce à dix augmentations de capital réalisées par des incorporations de réserves monétaires et de réserves de réévaluation. Chaque nouvelle création d'actions était distribuée aux actionnaires fondateurs, la S.U.C.R.P. et le Celtex qui gérait les intérêts du C.T.A.

Proportionnellement, la Rhodiaceta investit moins que la S.U.C.R.P. ; d'ailleurs, ses participations externes étaient normalement moins développées. Comme pour la société-mère, les investissements redémarrèrent en 1939 et montèrent par paliers jusqu'en 1951, année record qui comptait 24 % d'immobilisations nouvelles ; la baisse de 1952-53 fut sensible et l'équilibre se rétablit autour de 15 % par an. Le taux moyen de la marge brute d'autofinancement sur les 11 années fut de 12,60 %, légèrement inférieur à celui de la S.U.C.R.P. (13,50 %) mais reposant essentiellement sur des revenus industriels *(v. graphique, p.205)*. De plus, l'appréciation des profits du textile excluait les bénéfices réalisés sur les matières de base fabriquées à Chalampé et à Roussillon et qui étaient intégrés à la chimie. Les dividendes versés par la Rhodiaceta aux sociétés fondatrices étaient moyens, soit 11,90 % oscillant entre 9 et 14,50 %. Il est vrai que la S.U.C.R.P. et le C.T.A. avaient reçu des actions nouvelles en très grand nombre et touchaient donc des dividendes sans commune mesure avec les mises originelles.

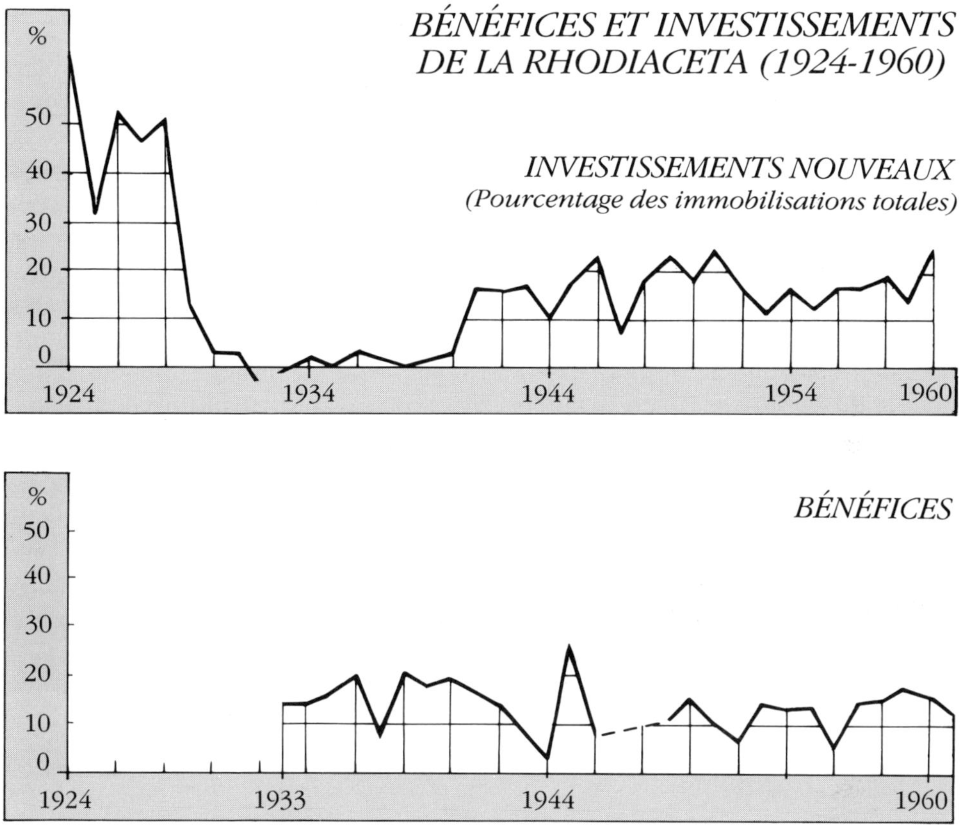

L'estimation de l'effort de recherche de la Rhodiaceta est bien incertaine. Rappelons que les deux grandes filières Nylon et Tergal reposaient sur des brevets étrangers. Entre 1950 et 1960, un total de 875 brevets fut déposé en France par l'ensemble des sociétés Rhône-Poulenc ; parmi eux, 254 étaient le fait des sociétés textiles, soit 29 %, et ils portaient surtout sur les améliorations, sur les procédés en tous genres concernant les produits et les équipements. Même si une partie de la recherche était commune à la Rhodiaceta et à la S.U.C.R.P. même si de nombreuses pratiques échappaient au dépôt de brevets, il est fort probable que la part de recherche était moindre dans le textile que dans la chimie. *(v. graphique, p.263)*

Le personnel de la Rhodiaceta était sensiblement différent de celui de la S.U.C.R.P.. Malgré des archives très défaillantes, nous pouvons remarquer que le taux d'encadrement était plus faible que dans la chimie : 2,90 % en 1949 ; 3,20 % en 1954. En 1961, le personnel de la Rhodiaceta dont les effectifs atteignaient 11 100 personnes se partageait en 3,80 % de cadres, 19 % d'E.T.A.M. et 77,20 % d'ouvriers ; l'emploi féminin était beaucoup plus important *(v. graphique, p.206)*. La course à la production textile fut aussi une course à l'embauche : de 1949 à 1966, 24 000 candidatures furent examinées. Dans un premier temps, on songea d'abord à la quantité de personnel qu'il fallut amalgamer progressivement, puis la direction technique incita à la sélection « d'ouvriers soigneux » que l'on plaçait sur des machines sélectionnées. La chimie proprement dite, industrie à flux continu ou quasi continu, ne pouvait être très sensible au chronométrage tayloriste ou à la chaîne fordiste ; en revanche, ces procédés prenaient un sens dans le cycle de la production textile. Depuis longtemps, d'ailleurs, se pratiquait une estimation de qualité par la statistique des filières changées et des cassures de fils. Au début des années 1950, après des embauches massives et rapides, on songea à la qualité et à l'organisation du travail. L'équipe du

LES EFFECTIFS DES USINES DE LA RHODIACETA (1951-1968)

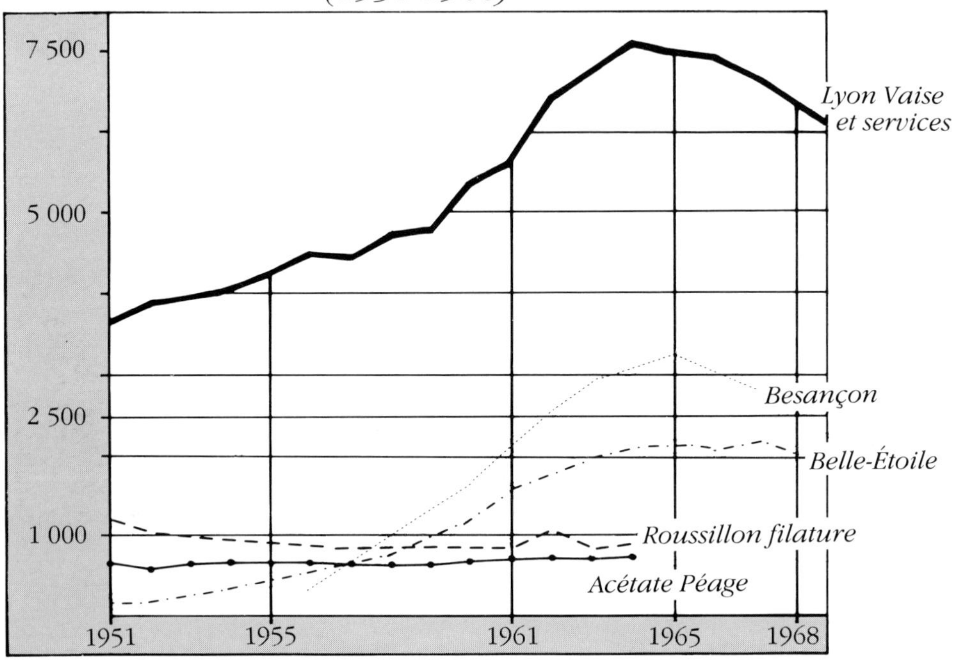

cabinet Vidal fut chargée de mener des travaux sur la qualité du fil. L'organisation scientifique du travail fut introduite, comme de coutume, sous la forme du chronométrage et des listes de temps standards furent établies. Une vaste question qui paraît peu éclaircie par les archives.

La politique du logement amorcée dans l'entre-deux-guerres fut poursuivie. Les cités de Roussillon s'étendirent avec, en 1951, les 44 logements du clos Beauregard, en 1955, les chalets de la Yette en accession à la propriété, en 1958, les 38 maisons des Flaches et, en 1961, les maisons pour cadres.

D'autre part, comme pour les travailleurs de la chimie, des logements pouvaient être obtenus auprès d'organismes collecteurs ou de sociétés de H.L.M. où cotisait la Rhodiaceta : 162 en 1960, 87 en 1961, répartis entre Vaise et Besançon.

Vers 1960, Pierre Lombard était le président des conseils d'administration de la Rhodiaceta, de Rhovyl et de la D.R.A.G..

PRIX DE REVIENT ET PRIX DE VENTE DES PRODUITS TEXTILES (1951-1961)

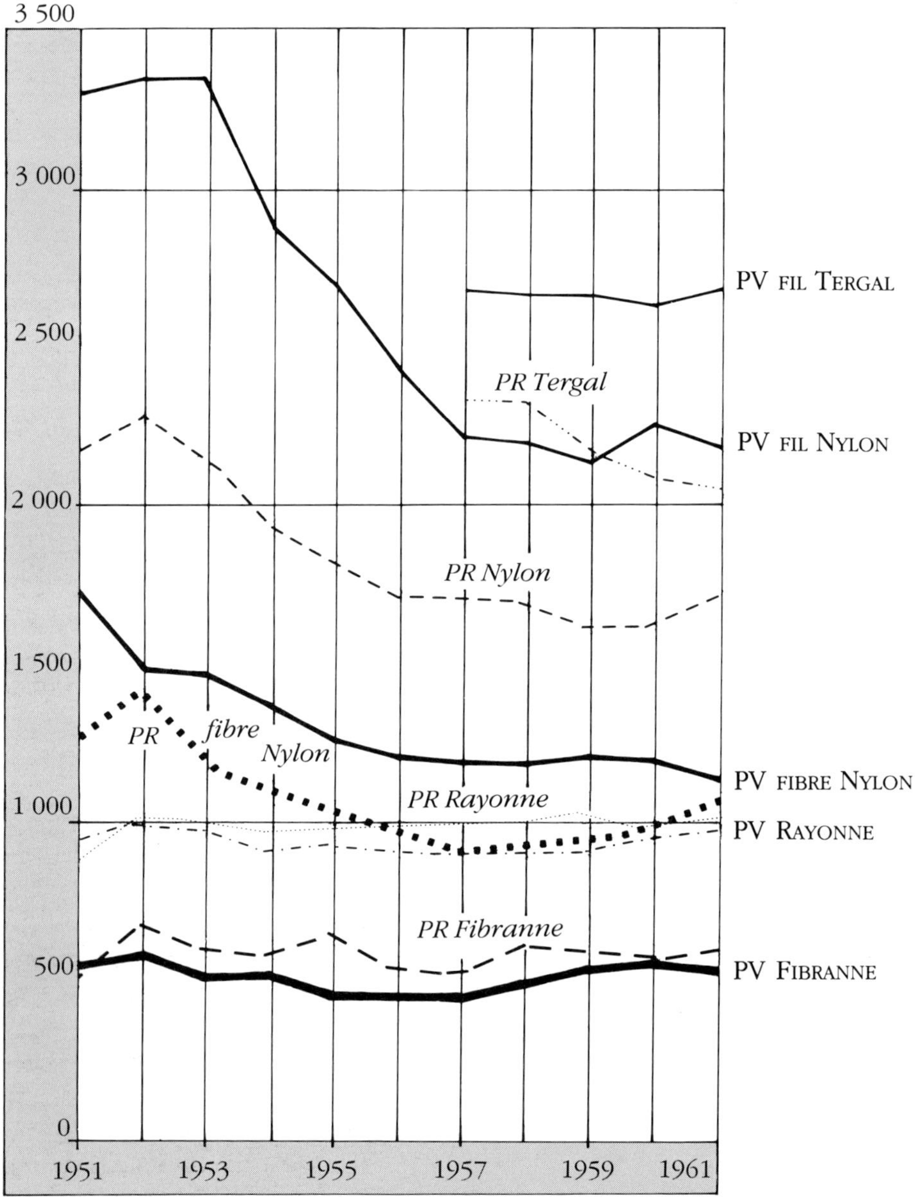

La création des filiales françaises

Si la production du Tergal fut intégrée dans le fonctionnement industriel de la Rhodiaceta, d'autres fabrications furent localisées et isolées dans des filiales communes à Rhodiaceta et à d'autres entreprises.

Chronologiquement, la société Rhovyl fut la première créée. L'idée était très ancienne de filer du chlorure de polyvinyle puisqu'un premier brevet avait été déposé en 1913. Pendant l'occupation, la filature d'un textile fin et résistant en chlorure de polyvinyle non surchloré fut tentée et le chimiste J. Corbière inventa un solvant, composé de sulfure de carbone et d'acétone, qui permettait de filer le PVC. Le 21 juin 1941, dans cette période de forte créativité qu'avait été la guerre, la société avait déposé le brevet de chlorofibres Rhovyl, premier textile synthétique français. Le matériel de l'acétate avait été adapté à cette fabrication et, en juillet 1948, le produit paraissait parfaitement au point ; le 31 juillet fut créée la société Rhovyl au capital de 200 millions de francs apportés dans un premier temps par Rhodiaceta et la Compagnie de Saint-Gobain, puis ainsi répartis :

- S.U.C.R.P. : 37,50 %,
- Rhodiaceta : 40 %,
- Compagnie de Saint-Gobain : 22,50 %.

Il semble que le C.T.A., sollicité, ait renâclé ; Pierre Lombard écrivait à Marcel Bô le 2 décembre 1948, en évoquant les dirigeants du C.T.A. : « Ces messieurs ne sont guère enclins à lancer cette fabrication d'avenir dans une société où ils ne sont pas à parité avec Rhône-Poulenc et où il y a un outsider qui n'a rien à voir avec l'acrylique. » Une ancienne usine fut rachetée à la société Goldenberg en Lorraine à Tronville-en-Barrois et la production démarra en 1949. Comme les autres productions textiles, le Rhovyl se développa sous la forme de fil et surtout de fibre qui constitua très vite 80 % de la production ; il servait à fabriquer des voiles, des tissus ininflammables et des sous-vêtements. Une des variétés, le Fibravyl, avait un potentiel de retrait de 55 % et servait à produire des fils gonflants et des tissus de siège de voiture automobile. Le Thermovyl était, au contraire, une fibre non rétractable. Comme dans les autres filières, le solvant était largement récupéré, cette fois par une grande installation frigorifique. En 1961, l'usine employait 55 ingénieurs, 121 E.T.A.M. et 733 ouvriers, elle produisait 8 000 tonnes de fils et fibres.

Puis, en 1955, une communauté d'intérêt fut nouée entre les sociétés Rhône-Poulenc, Rhodiaceta et Rovatex (Société commerciale de la Fibranne viscose du C.T.A.) pour l'étude et l'exploitation des acrynolitriles ; la société Crylor en devenait la gérante. Créée le 19 septembre 1955, son capital primitif de dix millions de francs fut rapidement porté à un milliard de francs. La production fut d'abord mise au point par les services de développement dans les ateliers de Vénissieux, puis l'usine de Colmar fut achetée à la Société de la Viscose française contre 374 000 actions (374 millions de francs) et le matériel acrylique de Vénissieux pour 200 millions de francs. Le reste du capital, 426 millions, était apporté en espèces par les trois souscripteurs. Il est, d'ailleurs, remarquable que la participation de la Rhodiaceta fut financée par une avance de la S.U.C.R.P.. L'usine de Colmar fut équipée au cours de l'année 1956 et mise en route en mars 1957. Les débuts de la société furent, semble-t-il, difficiles dans la mesure où les ventes furent freinées par les importations d'acryliques étrangers.

À la différence des deux créations précédentes, la Société valentinoise d'Applications textiles fut rachetée à ses fondateurs. Elle avait été créée le 31 mai 1954 sous la forme d'une S.A.R.L. vite transformée en société

L'usine de Trouville-en Barrois était consacrée à la fabrication de Rhovyl (années 1960).

anonyme et était alors une filiale de la société Organico (elle-même filiale de Péchiney) qui avait souscrit 460 millions sur un capital total de 495 millions de francs ; le reste avait été apporté par la société financière du groupe Prouvost (25 millions de francs) et les établissements Schaeffer (10 millions de francs). L'usine de Valence fut construite en 1955 et le premier métier mis en route le 1er février 1956 ; la S.V.A.T. transformait le monomère fourni par Organico et fabriquait le Rilsan. Organico avançait aussi les fonds qui étaient peu à peu transformés en actions et étaient d'autant plus nécessaires que jusqu'en 1961 la société ne réalisa ni bénéfices ni amortissements. Le coût des investissements avait été élevé, les charges financières et la publicité représentaient une importante part du chiffre d'affaires (16 %). Le fil, de médiocre qualité, se plaçait assez mal ; néanmoins, l'image de marque du produit n'était pas mauvaise. Dans la perspective du développement du Marché commun et des nécessaires concentrations, la Rhodiaceta racheta la S.V.A.T., le 1er juillet 1961, et la réorganisa sérieusement. Les problèmes techniques furent surmontés, la qualité du fil fut améliorée et le produit placé délibérément sur un « marché de qualité ».

La vague de l'expansion textile se termina avec la création, le 27 février 1963, d'une dernière filiale, la Société industrielle Norsyntex financée par Rhodiaceta (deux millions de francs), la Société d'Expansion textile du Nord (3 200 000 francs) et la Société d'Éthylsynthèse. Une usine de fabrication de Nylon fut érigée, à Saint-Laurent-Blangy près d'Arras, à laquelle Rhodiaceta fournissait les polyamides 66 et 6.

Ainsi, dans la grande vague de croissance des textiles synthétiques, les petites filiales suivaient le sillage de la puissante Rhodiaceta qui renforçait son auréole de firmes dépendantes en France mais aussi à l'étranger.

L'évolution des filiales étrangères

Au-delà des nouvelles filiales françaises s'ouvrait le vaste monde des filiales étrangères dans lesquelles la société-mère diffusa les brevets Nylon. En effet, les accords passés avec Du Pont de Nemours autorisaient la Rhodiaceta à sous-licencier ses filiales européennes. Ainsi la D.R.A.G., filiale allemande, put commencer la fabrication dès le début de l'année 1950. La filiale textile italienne qui n'appartenait à Rhodiaceta qu'à 50 % avait passé un accord direct avec Du Pont de Nemours dès 1939, avait commencé les essais en 1942, comme en France, et avait débuté une production indus-

L'usine textile italienne de Pallenza appartenait pour moitié à la société italienne Montecatini et pour moitié à Rhône-Poulenc S.A. (années 1960).

trielle dès 1949-50. D'autre part, Du Pont de Nemours participa à l'accord Nylon passé par Rhodiaceta avec sa filiale brésilienne les 20 mars 1952 et 4 janvier 1954.

Il est probablement plus intéressant de constater que les filiales étrangères créées par les entreprises françaises de viscose (groupe Gillet - Carnot - Bernheim) et qui se retrouvaient alors regroupées dans la société holding Celtex bénéficièrent assez rapidement des brevets Nylon grâce aux accords signés le 1er avril 1950 avec la Société de Viscose suisse, le 21 décembre 1951 avec la Sociedad anonima de Fibras artificiales (Safa, Espagne) et le 26 avril 1954 avec l'Union chimique belge de Textiles artificiels (Fabelta). Rhodiaceta fournissait aux sous-licenciés un matériel étudié et fabriqué par le bureau d'études de Vaise ; ainsi furent envoyées en Suisse 80 positions et une armoire de régulation, 40 positions à la Safa et 24 à Fabelta. Certaines sociétés du groupe Celtex se trouvaient ainsi intégrées dans le réseau technique de la Rhodiaceta. Si une documentation fragmentaire sur les filiales textiles du groupe ne permet pas de tracer une évolution synthétique, quelques caractéristiques notables méritent néanmoins bien d'être signalées.

La filiale allemande, la D.R.A.G., eut une évolution exemplaire et une gestion rigoureuse. Par rapport à la situation antérieure à la guerre, son capital s'était peu à peu francisé puisqu'en 1946 il se répartissait ainsi :

- Rhodiaceta : 49,10 %,
- C.T.A. : 21,50 %,
- Groupe allemand : 14,30 %,
- Groupe suisse : 15,10 %.

La D.R.A.G. connut l'essor le plus rigoureux de toutes les filiales. Sans doute la production d'acétate fut-elle longue à se rétablir puisque le niveau antérieur à la guerre ne fut atteint et dépassé qu'en 1957 après être descendu très bas au lendemain des hostilités. Les fabrications d'acétate et de Nylon connurent un très vigoureux essor après 1955 et les deux courbes de production montèrent de façon à peu près parallèle alors que, partout ailleurs, la croissance de l'acétate était beaucoup plus faible que celle du Nylon. De 1951 à 1961, la production d'acétate passa, à Fribourg, de 3 894 tonnes à 10 334 tonnes et celle de Nylon de 1 242 tonnes à 6 678 tonnes entre 1955 et 1961. Ici, les bonnes performances de l'acétate ne se traduisaient ni en fil ni en fibre, mais en une énorme production de « Rhiakabel » qui servait à fabriquer les filtres de cigarettes ; cette production, apparue en 1957 dans la statistique de fabrication mensuelle, constituait entre 73 et 66 % du tonnage total d'acétate.

Si les productions textiles de la D.R.A.G. augmentèrent considérablement, le développement des effectifs fut limité.

	Ouvriers	Employés et cadres	Total
1951	2 295	301	2 596
1961	3 032	618	3 650

Le volume de la main-d'œuvre augmenta de 40 % pour réaliser des productions qui crurent respectivement de 265 % (acétate) et de 437 % (Nylon). Ces données sont, sans doute, approximatives et nous ne connaissons pas le nombre d'heures travaillées. Néanmoins elles impliquent d'énormes gains de productivité, apparemment très supérieurs à ceux réalisés en France, évolution favorisée par la différence des produits fabriqués.

Les rapports avec la filiale italienne étaient fort différents puisque la Rhodiaceta et la S.U.C.R.P. ne contrôlaient que la moitié de son capital et que le partenaire italien était la puissante société Montecatini. L'autonomie s'était exprimée ici par la précoce négociation entamée dès 1939 par les représentants de Montecatini pour acheter directement à Du Pont de Nemours les brevets Nylon, la Rhodiaceta n'eut pas à jouer le rôle de conseiller technique. Dès le début de 1949, des propositions furent faites pour fusionner les deux sociétés filiales, la Rhodiaceta italiana et la Societa elettrochimica del Toce qui constituèrent en novembre 1950 la nouvelle entreprise Rhodiatoce dont le capital de un milliard de lires était partagé en deux parts égales ; il fut ensuite porté à deux (1953), puis à huit milliards de lires en 1960. Au même moment, Montecatini annonçait la création de filature de Perlon et offrait à Rhodiaceta 5 % des profits nets tout en renonçant à toute fabrication d'acétate de cellulose.

Les courbes de production de la Rhodiatoce étaient plus conformes au modèle français qu'au modèle allemand. La production d'acétate se développa lentement, de 3 000 tonnes à moins de 6 000 tonnes, alors que le Nylon, pour lequel nous n'avons qu'une statistique imparfaite, augmenta beaucoup plus vite, de 800 tonnes en 1951 à 7 400 tonnes en 1959. Comme la société française, la filiale italienne avait débuté une production réduite pendant la guerre et elle était passée du mi-grand au stade industriel en 1948.

La nouvelle production avait suscité un élargissement géographique des fabrications. Dans un premier temps, acide adipique et sel N étaient préparés dans l'usine de Novare et le fil était fabriqué à Pallanza. Puis une nouvelle filature fut construite dans le sud de l'Italie, à Casoria, près de Naples, où les travaux furent réalisés en 1952. La société mit également en fabrication, à partir de 1956, un Tergal nommé ici Térital dont la production atteignit 479 tonnes en 1957.

Un des aspects les plus importants de la politique de la Rhodiaceta fut la surveillance des concurrents présents et futurs. En 1952, elle soupçonnait la S.N.I.A. d'utiliser les brevets et procédés Du Pont de Nemours-Rhodiaceta pour produire du Nylon. Une enquête poussée montra que l'utilisation n'était que marginale, mais joliment camouflée : « Il est de toute nécessité, soulignait le rapport du conseil le 7 juillet 1952, que les pourparlers avec la S.N.I.A. n'aboutissent pas seulement à un accord de redevance, mais à un accord plus complet qui nous permette de limiter les programmes de production de la S.N.I.A. à des chiffres raisonnables qui ne conduisent pas à un bouleversement du marché des fibres synthétiques en Italie et qui nous permettent un contrôle total des prix de vente. »

En 1954, Rhodiaceta signait un accord avec la société Chatillon pour vendre l'acétate à prix unique, mais l'entente se trouva très vite menacée par la société Novaceta constituée de capitaux apportés pour moitié par la société britannique Courtaulds et pour moitié par la S.N.I.A. La situation de monopole dans le domaine du Nylon - 96,5 % de la production italienne en 1953 - s'effrita progressivement pour ne plus constituer que 71 % des ventes en 1956, année pendant laquelle la Rhodiatoce engagea des pourparlers avec la S.N.I.A. et la société Bombrini-Parodi pour conclure un accord de prix.

Outre-mer, au Brésil, Rhodiaceta contrôlait au lendemain de la guerre deux filiales : la Companhia brasileira Rhodiaceta et la Fabrica de Artefados de Tecidos Valisère qui avait été créée en décembre 1934 et dont le capital était détenu pour 65 % par la première filiale et pour 35 % par le groupe Valisère (holding Canabras Investment Corporation - Panama). La Rhodiaceta fabriquait à Santo André à proximité de l'usine chimique. Le contrat de redevance fut renouvelé le 7 mars 1946, imposant à la société le versement de 3 cruzeiros par kilo d'acétate dont les trois quarts revenaient à Rhodia brasileira et un quart à Rhodiaceta France. La dévaluation du cruzeiro et les débuts de la fabrication du Nylon firent modifier les clauses du contrat en 1955 : la société brésilienne s'engageait à verser comme redevances 6 % du chiffre d'affaires de l'acétate et 5 % du chiffre d'affaires du Nylon. La

La principale unité textile brésilienne était installée dans la périphérie de São Paulo à Santo Bernardo (vue prise dans les années 1950).

production d'acétate n'était pas encore rattrapée par celle du Nylon sur laquelle nous manquons de renseignements. En 1958, la société produisait 4 749 tonnes d'acétate et 2 975 tonnes de Nylon et ce ne fut qu'au cours de l'année 1960 que le retournement se fit en faveur du Nylon *(v. graphique, page 39)*. En 1959 avait été mise en route l'usine de Campinas pour la production d'acétate de vinyle et de sel N. La société Valisère relevait d'un fonctionnement tout différent, extérieur à la tradition chimico-textile, puisqu'elle fabriquait des sous-vêtements en Nylon, de la lingerie tissée, des maillots, de la toile de rayonne.

La gamme des productions fut complétée par une nouvelle création. L'idée de fabriquer de la viscose au Brésil n'était pas nouvelle puisqu'elle était déjà débattue dans la correspondance des années 1938-1939. Le projet de création fut élaboré dès 1946, le terrain immédiatement acheté à Sao José et un capital de 50 millions de cruzeiros souscrit par :

- Companhia brasileira Rhodiaceta : 40 000 000 cruzeiros,
- Viscose suisse : 730 000 cruzeiros,
- Textile and financial Company (Guernesey) : 3 269 000 cruzeiros,
- Apport de la Viscose suisse : 1 096 000 cruzeiros,
- Foreign industrial and commercial Company (Guernesey) : 4 905 000 cruzeiros.

La Rhodiaceta brésilienne fournissait donc 80 % du capital et diverses sociétés du groupe Gillet 20 %. Sur ces bases fut créée le 29 août 1948 la Sociedad Rhodosa de Raion. Par un accord technique signé avec Foreign industrial and commercial Company, Rhodosa se trouvait intégrée dans l'accord viscose qui unissait déjà le C.T.A., Fabelta, la Société de la Viscose suisse et auquel adhéraient six autres sociétés de viscose (Espagne, Tchécoslovaquie, Pologne et Argentine). Cet accord technique était géré pour les entreprises étrangères par la société Chimiotex. Une des conséquences les plus profitables de la participation à cet accord d'assistance fut d'accéder à la fabrication du fil pneu. Dans le premier semestre 1955, Renaud Gillet négocia avec Du Pont de Nemours l'achat d'une licence du fil pneu supercordura qui serait payée par une redevance de 3,50 % du prix de revient. Rhodosa bénéficia de la licence moyennant 12 500 dollars de participation aux frais de mission et 25 000 dollars d'avances sur les redevances. La fabrication du fil pneu fut bienvenue au Brésil qui se fournissait jusqu'alors à l'étranger. En décembre 1958, les quotes-parts de l'accord viscose répartissaient ainsi les ventes des principaux producteurs brésiliens :

- Matarazzo : 683 358 kg (50,55 %),

- Nitroquimica : 464 884 kg (34,39 %),
- Fibra : 52 405 kg (3,88 %),
- Rhodosa : 151 205 kg (11,18 %).

L'accord ne portait pas sur le fil pneu dont la demande devenait considérable pour répondre au développement par les firmes étrangères d'une industrie automobile et d'une industrie de pneumatiques. En 1959, les prévisions de production mensuelle étaient de 150 tonnes de Rayonne, de 125 tonnes de Fibranne de 250 à 325 tonnes de fil pneu viscose. Le poids économique de Matarazzo, le grand industriel brésilien, apparaît à travers les quotes-parts ; les gérants de la Rhodiaceta le rencontraient fréquemment et grand compte était tenu de ses observations et de ses remarques. Ainsi l'activité textile au Brésil se réalisait par trois filiales dont le poids était fort différent, comme l'indiquent les effectifs :

	1954	1957
• RODIA BRASILEIRA	3 516	4 665
• COMPANHIA BRASILEIRA RHODIACETA .	2 668	3 059
• RHODOSA	944	1 149
• VALISÈRE	745	803

Sans pouvoir chiffrer le phénomène, constatons, avec les missions envoyées de France, que les rendements brésiliens étaient médiocres et que certaines techniques n'étaient pas aussi perfectionnées que dans les usines européennes. Après 1961, les comptes rendus des visites d'usines, pleins d'éloges pour les établissements allemands et suisses, allaient être au contraire, acerbes et critiques sur le fonctionnement des usines brésiliennes. Faut-il voir dans l'intention exprimée en 1959 d'introduire l'organisation du travail sous les formes pratiquées au C.T.A. (barèmes de chronométrage, réduction de la main-d'œuvre) une tentative d'améliorer la gestion et la productivité des usines ? Il est évident que le contexte brésilien plaçait les entreprises dans une situation particulière puisqu'à la forte inflation (à laquelle on pouvait toujours s'adapter) s'ajoutaient l'instabilité politique et les grandes difficultés de discuter avec les administrations. En 1957, constatant que les bénéfices ne suivaient pas l'augmentation des charges, le conseil d'administration s'inquiétait : « Tout cela nous laisse craindre qu'à une échéance raisonnable, Rhodia brasileira ne puisse s'acquitter de ses dettes. » Les redevances étaient alors versées avec beaucoup de retard et elles étaient menacées par l'aggravation de la fiscalité brésilienne. Il est caractéristique qu'en 1961, alors que le Gouvernement brésilien freinait les sorties de capitaux, le comité de direction du Brésil rappelait la nécessité de fabriquer l'acide adipique sur place dans une société à participation financière brésilienne pour répondre à la volonté officielle de brésilianisation.

Le fil de Nylon est contrôlé et expédié à l'usine de Santo-André (années 1950).

La répartition du chiffre d'affaires entre les diverses entreprises textiles souligne le poids prépondérant des sociétés françaises (70 %) dans l'ensemble textile, mais la Rhodiaceta n'était contrôlée qu'à 50 % par la S.U.C.R.P.. Le tableau ci-dessous prend en compte la moyenne des années 1957, 1958 et 1959 (en milliers de francs).

	Non consolidé	Consolidé par rapport à RHODIACETA	en pourcentage
• Companhia Brasileira Rhodiaceta	11 409 900	5 705 000	8,13
• Rhodiaceta argentina	1 501 200	1 501 200	2,14
• Rhodiatoce	28 680 000	6 266 300	8,94
• D.R.A.G.	11 823 000	7 566 700	10,79
• Crylor	1 305 900	522 300	0,74
• Rhovyl	2 541 700	1 016 700	1,45
• Rhodiaceta	47 511 100	47 511 100	67,81
		70 893 300	100

LA RESTRUCTURATION DE 1961

L'unification juridique et économique de l'industrie des textiles chimiques et la transformation de la S.U.C.R.P. en société holding, les deux grands événements de l'année 1961, apparaissent comme les conséquences inéluctables de dix années d'intense croissance, multipliant filiales et participations, transformant en profondeur la taille et la nature de l'entreprise et posant en termes nouveaux les problèmes de direction et de gestion.

Les apports de Celtex

Rappelons, s'il en était besoin, que toutes les sociétés textiles avaient été créées de façon paritaire avec le Comptoir des Textiles Artificiels et cette dualité posait, semble-t-il, dès le début des années 1950, malgré et à cause de la prospérité, d'assez nombreux problèmes. Une lettre de Pierre Lombard, directeur de la Rhodiaceta, à Marcel Bô, son président, le 2 décembre 1952, éclaire un peu la question. Le C.T.A. souhaitait que la direction soit collégiale et qu'il y dispose de plusieurs représentants. « J'en ai parlé à Léon Pranal et je crois que ce désir du C.T.A. n'est pas pavé de mauvaises intentions », disait Pierre Lombard qui ajoutait plus loin « Autrefois, nous n'avions pas grande confiance dans le C.T.A. qui était viscose avant tout, maintenant la mentalité a bien changé et ils sont très Rhodia tout en souhaitant, bien entendu, ne pas laisser échapper les services de vente. »Sans doute les rapports entre la Rhodiaceta et le C.T.A. connurent un certain nombre de développements entre 1952 et 1959, mais allèrent-ils jusqu'à l'amorce d'un rapprochement direct ? Le 1er janvier 1959 fut créée une communauté d'intérêts entre les deux sociétés. Après diverses retenues et provisions, divers amortissements au décompte difficile et sources de toutes les discussions, les bénéfices étaient partagés entre le C.T.A. (37 %) et la Rhodiaceta (63 %). Sur ces bases, celle-ci devait 742 millions de francs à celui-là pour l'année 1959, puis 1 364 millions de francs pour l'année suivante et la direction de la Rhodiaceta exprimait des craintes envers cette situation, difficile à expliquer publiquement.

Trois moyens furent envisagés pour limiter cette différence de charges :

- modifier les taux de répartition, proposition qui se heurta au refus du C.T.A., représenté par Alain Jubert, qui parlait d'une participation « fluctuante » ;
- prélever une provision, issue interdite par le règlement ;
- renforcer les investissements pour modifier le partage.

On aboutit, en fin de compte, à un versement forfaitaire de la Rhodiaceta au C.T.A.. À travers ces discussions et ces hésitations se dessinaient le rapprochement et la coopération plus étroite entre le C.T.A. et une société qui était sa filiale à 50 %, mais dont les affaires étaient plus florissantes et dont le dynamisme était beaucoup plus fort.

À vrai dire, les arguments qui présidèrent à la fusion de 1961 avaient peut-être déjà déterminé la formation de la communauté d'intérêt.

La marche en ordre dispersé, les oscillations et les rivalités de directions cohabitaient avec une large croissance et le système de copropriété avait pu être maintenu. Mais la naissance du Marché commun, la concurrence du Nylon et du Tergal de la Rhodiaceta faite à la viscose du C.T.A. imposaient la question de la réorganisation du secteur des textiles artificiels et synthétiques, circonstances clairement enoncées par le président du conseil d'administration de la Rhodiaceta en 1961 : « La concurrence va devenir de plus en plus âpre, aussi bien à l'intérieur qu'à l'extérieur du Marché commun. Les producteurs mondiaux de fibres synthétiques, dont les productions ont été souvent intégrées et qui s'appuient sur des moyens d'action puissants et sans cesse croissants, se préparent à une lutte sévère. De nouveaux venus mal informés des aléas d'un métier difficile risquent, en se présentant sur un marché alors encombré, d'augmenter le désarroi. » La communauté d'intérêts avait été une première réponse à l'accentuation des concurrences, mais incertaine et insuffisante, elle impliquait sa propre transformation en une association plus serrée qui puisse garantir à tous moments « l'identité des politiques et des programmes ». Le temps des filiales communes paraissait quelque peu dépassé puisque ce type d'organisation laissait planer le risque d'incertitude directionnelle en des temps où la concurrence changeait de dimension.

D'autre part, la fusion des intérêts textiles consolidait les débouchés des usines chimiques de la S.U.C.R.P. en leur garantissant une plus large clientèle, argument déterminant puisque le textile était le premier client de la production chimique. La concentration des moyens de production, mais aussi des moyens de recherche, devait permettre des rationalisations et des économies d'échelle.

Les intérêts dans le textile, dans la Cellophane et dans quelques sociétés financières de ce que l'on appelle, par simplification, le groupe Gillet, avaient été regroupés depuis 1951 dans la société holding Celtex.

Le portefeuille Celtex comprenait deux sous-ensembles *(v. tableau page suivante)* : les participations dans le groupe Rhodiaceta qui fournissaient 30,30 % du chiffre d'affaires total et les participations hors Rhodiaceta dans des sociétés rarement contrôlées à 100 %. À cette liste, il convenait d'ajouter quelques créations récentes comme Cipso, filiale commune avec la S.U.C.R.P.. De plus, Celtex amenait plusieurs sociétés holding de gestion financière, détentrices d'une partie des actifs industriels, comme la Société de Participations et Gestions (Suisse) et sa filiale Alsa S.A. (Sion), la Textile and Financial Company Limited et la Foreign Industrial and Commercial Company Limited, ayant toutes deux leur siège à Guernesey : un ensemble de vingt-six sociétés, réparties en Europe, en Amérique du Nord et du Sud ; les premières d'entre elles furent créées à la veille de la Seconde Guerre mondiale par le groupe Gillet pour gérer leurs filiales étrangères et, en particulier, pour coordonner leur fonctionnement et faciliter leur financement.

PARTICIPATIONS TEXTILES ET FIBRE DE CELTEX

(chiffres consolidés)

Raison sociale	Poucentage détenu	Chiffre d'affaires (moyenne 1957-58-59)	Pourcentage du total chiffre d'affaires
- Participations propres à Celtex			
• C.T.A.	100	386 124 000	27,78
• Chavanoz	93	33 328 000	2,38
• Établissements Gamma	30,453	1 453 000	0,10
• Société Gamma	33,33		
• Synergie PP	75	4 396 000	0,31
• La Cellophane	100	190 552 000	13,70
• Française Pegamoïd	50	1 200 000	0,08
• Chedin	100	2 714 000	0,19
• Décor plastique	100		
• Hules	100	10 150 000	0,72
• Commercial Hules	100	3 727 000	0,27
• Pegamoïd Belge	47,93	4 407 000	0,32
• Toilcir	100		
• B.C.L.	24,49	56 267 000	4,21
• Celloplast	23,35	7 098 000	0,50
• Olirey	17,23	2 393 000	0,17
• Fabelta	37,51	54 620 000	3,93
• Sidac	18,82	17 034 000	1,22
• Rottweill	48,90	14 473 000	1,03
• Safa	57,06	39 883 000	2,85
• Viscose suisse	84,71	119 433 000	8,63
• Steckbord	84,71	17 417 000	1,24
• Boras	42,35	7 778 000	0,56
- Participations de Celtex dans Rhodiaceta			
• Rodiaceta	50	237 555 000	16,96
• Rhovyl	35	8 896 000	0,64
• Crylor	60	7 835 000	0,56
• D.R.A.G	63,31	75 374 000	5,42
• Rhodiatoce	24,70	60 711 000	4,34
• C.B.R.	25	16 967 000	1,21
• Rhodosa	38,8	2 975 000	0,21
• Valisère	16,25	1 568 000	0,11
• R.S.A.	50	6 301 000	0,45
		1 392 629 000	100

Hors du groupe Rhodiaceta, le poids du textile était fort important dans Celtex. Le C.T.A. regroupait les producteurs de viscose qui avaient entamé leur reconversion et leur diversification. Organisation ancienne, il avait été créé en 1911 par les cinq producteurs de soie au cuivre et de viscose - cette seconde technique l'emportant très rapidement - et n'avait dans un premier temps qu'un but commercial ; puis il intégra dans l'entre-deux-guerres au sein d'une communauté d'intérêt toutes les nouvelles sociétés créées (Soie artificielle de La Voulte, d'Alsace, du Sud-Est - Société nationale de la Viscose - Société albigeoise de la Viscose - Société de la Soie artificielle de Gauchy). Dans la conjoncture de crise de l'entre-deux-guerres, à partir de 1936, il avait assumé un rôle industriel pour réguler la production et avait créé le centre de recherche de Bezons ; il avait, d'autre part, constitué plusieurs sociétés annexes comme Rovatex, qui commercialisait la Fibranne, et Chimiotex, qui gérait l'accord technique international viscose. D'ailleurs, en 1956, le Comptoir avait été rebaptisé Compagnie industrielle de Textiles artificiels et synthétiques. En 1960-61, le C.T.A. était déjà entré dans une phase de repli organisé en fermant progressivement des usines dont certaines avaient été rachetées par la Rhodiaceta et en regroupant la production (fermeture des usines de Colmar, Besançon, Argenteuil, Valenciennes et Beauvais). En 1960, la production textile du C.T.A. - 90 000 tonnes dont 21 500 exportées - était réalisée dans un assez grand nombre d'usines éparpillées dans toute la France : Albi, Arques-la-Bataille, Bezons, Décines, Gauchy, Givet, Grenoble, Izieux, La Voulte-sur-Rhône, Roanne, Vaulx-en-Velin. La Compagnie restait dirigée par les familles fondatrices et par quelques autres représentants de l'économie lyonnaise : le conseil d'administration comprenait alors Ennemond Bizot, président, Claude Carnot, Lazare Carnot, Lucien Chatin, Jacques Fabry, Renaud Gillet, Henri Lumière et Hugues Morel-Journel.

Parmi les sociétés regroupées par Celtex (le taux de contrôle était de 84,70 %), la Société de Viscose suisse était une entreprise fort ancienne, créée en 1905 par la famille Carnot, qui démarra une usine à Emmenbrücke en 1906 et une autre à Widnau en 1924. Après la Seconde Guerre mondiale, l'entreprise s'était orientée vers les fils à pneu et la production du Nylon. En revanche, la Sociedad anonima de Fibras artificiales (Safa) et son usine de Blanes et l'Union des Fabriques belges de Textiles artificiels (Fabelta) étaient de création plus récente et associaient des capitaux espagnols et belges à ceux du groupe. Les principaux actionnaires de la Rottweiler Kunstseide Fabrik A.G. étaient, d'une part, la D.R.A.G. (45,29 %) et, d'autre part, la Société de Viscose suisse et la filiale Taf de la société Celtex. Les Moulinages et Retorderies de Chavanoz regroupaient une série de petits établissements spécialisés dans le finissage des fils : moulinage, encollage, texturation. Les usines étaient situées dans l'Isère (Chavanoz, Hières-sur-Amby, Frontonas, Saint-Baudille), dans la Drôme et l'Ardèche (Saulce, Chomérac, Sauzet, Montélimar) et (Le Monastier) dans la Haute-Loire.

Celtex détenait aussi les actions du groupe de La Cellophane, société française et filiales étrangères. Le procédé Brandenberger pour la fabrication du film cellulosique avait été mis au point dans l'usine d'Arques-la-Bataille de la Société française de Viscose. Le groupe de La Cellophane comprenait d'abord une société financière, La Cellophane S.A., installée à Bâle et propriété directe de Celtex (40 %) et de la Société de Participations et de Gestions (60 %). D'autre part, la société industrielle française La Cellophane avait en 1960 un capital de 77 millions francs depuis sa récente fusion avec les Établissements Maréchal (établissements de Vénissieux-Saint-Priest près de Lyon). Ses usines étaient implantées à Mantes, Bezons, Croissy-sur-Seine, Arques-la-Bataille, Thaon-les-Vosges et depuis peu à Vénissieux-Saint-Priest ; sa filiale commune avec la S.U.C.R.P., la Cipso, exploitait l'usine de Saint-Maurice-de-Beynost dans l'Ain. À la veille de la fusion, la société employait 186 cadres, 1 374 E.T.A.M. et 3 099 ouvriers et sa production était divisée en quatre départements :

- les films cellulosiques ;
- les toiles cirées et tissus enduits (ex. Établissements Maréchal) ;
- la transformation de la Cellophane, service pilote pour la clientèle ;
- la fabrication du papier héliographique d'après un procédé allemand.

Une série de filiales étrangères exploitaient les brevets de La Cellophane :

- la Société holding Cellophane Investment Limited (Guernesey) ;
- la société mexicaine Celorey au capital de 16 millions de pesos ;
- la société suédoise Aktiebolaget Cellopast au capital de 2 millions de couronnes ;
- la Cellophana espagnola (capital : 40 millions de pesetas) ;
- la British Cellophane Limited (capital : 11 500 000 livres).

Toutes ces filiales étaient montées avec l'aide et la participation de capitaux étrangers. En particulier, la dernière ne comptait que 25 % d'intérêts Celtex et 75 % de capitaux appartenaient à la société britannique Courtaulds. La société française contrôlait ou participait au capital de petites sociétés commerciales comme la Française Pegamoïd, Décor Plastique, Chelin ou la Commercial Espagnole.

L'usine d'Emmenbrucke fut le principal établissement de la Viscose suisse apporté au groupe par Celtex en 1961.

Dans les années 1970, l'usine de Fribourg de la D.R.A.G. maintenait une forte production d'acétate de cellulose utilisée pour la fabrication des filtres de cigarette (Rhiakabel).

La modeste usine créée à Santo-André au Brésil, au lendemain de la première guerre mondiale, s'était considérablement développée. Dans les années 1970, elle fut rejointe par les faubourgs de Sao-Paulo.

La collaboration avec la société des usines de Melle était ancienne (création conjointe de la société Tolochimie en 1957), mais l'établissement de Melle ne fut transféré au groupe qu'en 1969, dans le cadre des apports Péchiney-Saint-Gobain. Il se dresse ici au milieu des champs de la campagne charentaise.

Un long travail d'appréciation des apports des deux sociétés fut mené sur la base de la moyenne des années 1957-58-59 et sur la progression de l'année 1960.

COMPARAISON FINANCIÈRE ENTRE CELTEX ET LE GROUPE RHÔNE -POULENC

	Rhône-Poulenc			Celtex	
	1957-58-59	1960		1957-58-59	1960
Actifs	51,786	52,762	(sur 100)	48,214	47,238
Résultats bruts	56,134	58,348	(sur 100)	43,866	41,652
Chiffre d'affaires	51,65	53,75	(sur 100)	48,35	46,25
Rendement	13,41	17,89		11,24	14,26

Les évolutions des deux groupes paraissent fort parallèles, mais laissent une rentabilité un peu meilleure à Rhône-Poulenc. Un rapport forfaitaire fut accepté de part et d'autre : 62,385 % à Rhône-Poulenc et 37,615 à Celtex. Si le rendement de Rhône-Poulenc était nettement supérieur à celui de Celtex ; la répartition accordait à Rhône-Poulenc un avantage de 65,80 % et infligeait à Celtex un fort abattement forfaitaire. Faut-il voir là une estimation pessimiste sur l'avenir des usines textiles du C.T.A. et une prise en compte des potentialités de Rhône-Poulenc et de l'excellente tenue de ses actions à la bourse de Paris ?

Le conseil d'administration de Celtex du 22 juin 1961 précisait les conditions de l'opération: "Celtex apporterait la majeure partie de ses participations française et étrangères contre une attribution d'action à créer en augmentation de capital à répartir entre les actionnaires de Celtex." La société Celtex, largement vidée de ses actifs, subsistait néanmoins : Rhône-Poulenc avait, en particulier, refusé de reprendre ses parts d'intérêts textiles dans la S.N.I.A. et dans la société Bemberg en Italie. Il était convenu que les actions attribuées par Rhône-Poulenc en paiement des apports seraient dispersées entre les actionnaires de Celtex pour éviter que celle-ci ne devienne le plus actionnaire du groupe.

Conclusion des négociations menées par Marcel Bô et Ennemond Bizot, l'accord fut conclu le 27 juin 1961. La S.U.C.R.P. augmenta son capital en deux étapes : tout d'abors, elle le porta de 252 600 000 à 421 000 000 de nouveaux francs par incorporation de réserves et par émission de 1 684 000 actions de 50 nouveaux francs, puis elle créa 5 078 000 actions de même valeur pour rémunérer les apports de Celtex et porta ainsi son capital à 677 300 000 nouveaux francs. L'absorbtion de la plus grande partie des actifs de Celtex introduisait le "groupe" Gillet dans le capital de la S.U.C.R.P., puis de Rhône-Poulenc S.A., une présence qui se manifestait de façon très dispersée. La liste des actionnaires présents à l'assemblée générale en 1962 permet d'attribuer environ 585 583 actions au groupe (sur 13 500 000), soit 4,30 %. Les principaux détenteurs étaient les familles du groupe Gillet - Pierre Balay, veuve Louis Chatin, veuve L. Frachon, Lazare Carnot, Claude Carnot - et quelques institutions, comme Pricel et la Société textile, gérant les biens propres des Gillet.

La même année, et l'événement est mince par rapport au précédent, la S.U.C.R.P. absorbait sa filiale, la Société normande de Produits chimiques, moyennant 48 000 actions. L'usine de Saint-Fons était alors intégrée à la S.U.C.R.P. et l'usine de Petit-Quevilly confiée à une Société nouvelle normande de Produits chimiques.

Comme après toute opération importante, les échanges, les compensations et les rachats d'actions continuèrent longtemps ; notamment à travers les nombreuses sociétés financières, écrans et relais, apportées par Celtex. Rhône-Poulenc contrôlait ainsi à 100 % les anciennes sociétés financières Celtex implantées dans les îles Anglo-Normandes, en Suisse, au Lichtenstein, au Panama, en Belgique et au Canada. À travers ce réseau, Rhône-Poulenc pratiqua les échanges nécessaires pour parvenir à contrôler à 100 % Rhodosa, Rottweiler et la D.R.A.G.. La part du capital contrôlé dans les sociétés étrangères n'était pas sans importance puisqu'il fallait atteindre 20 % pour bénéficier du statut de société-mère et percevoir des dividendes exonérés d'impôts.

Les conséquences de la fusion de 1961, une des premières grandes restructurations de l'industrie française, furent importantes. La société Rhodiaceta se trouvait réunifiée dans ses actifs et dans ses dirigeants. Les deux moitiés du capital, jadis séparément souscrites, se trouvaient recollées et fusionnées. La simple communauté d'intérêts était transformée en une unité organique, levant l'hypothèque de la filiale commune ; de plus, la S.U.C.R.P. se voyait dotée de moyens accrus pour développer ses productions de plastiques fins. Le groupe Rhône-Poulenc intégrait un grand nombre d'usines dispersées un peu partout en France, alors que, jusqu'à présent, ses activités chimiques et textiles étaient restées concentrées autour de quelques sites majeurs. La pratique des fusions et l'importance de la croissance externe disséminaient dans des établissements nombreux la production chimique, situation que l'on oppose volontiers à la concentration géographique de la chimie allemande. Sans doute réaliser l'unité de la

Rhodiaceta était-il important, mais fallait-il pour cela reprendre la douzaine d'usines du C.T.A., dont bon nombre étaient vouées à une fermeture prochaine ? Était-ce le résultat d'un marchandage ou d'un amical règlement avec les associés du C.T.A., faisant de l'ensemble Celtex un lot à ne pas détailler, les bons articles compensant les moins bons ? Transaction qui expliquerait peut-être le fort abattement forfaitaire consenti par Celtex.

Et, surtout, cette absorption fit complètement basculer Rhône-Poulenc vers le textile. Les activités de ce secteur occupaient déjà une place considérable directe et indirecte. En 1962, une fois que la fusion fut parachevée, elles constituaient 63 % des ventes et dominaient largement la production chimique. Par là même, les événements de 1961 concluaient dix années de croissance accélérée de la branche textile et transformaient complètement la nature de l'entreprise, mais ils ouvraient aussi la voie aux grandes évolutions structurelles de l'industrie française qui, elles-mêmes, répondaient aux mutations du marché européen et mondial.

La transformation en holding

L'ultime et la plus importante conséquence de la fusion fut la transformation de la structure juridique de la société pour la raison évidente qu'il n'était plus possible à la S.U.C.R.P. de gérer un tel accroissement d'intérêts industriels. Celle-ci bénéficiait encore du titre de société-mère, mais son poids parmi les actifs industriels était devenu trop minoritaire. Rappelons que, dès avant 1960, la transformation de la nature des revenus de la société incitait à une évolution. En effet, la S.U.C.R.P. percevait les résultats de l'exploitation de ses usines, mais aussi, et de plus en plus, les redevances dues au titre des brevets exploités à l'extérieur et les dividendes versés par les filiales. Entre 1950 et 1955, la moyenne des revenus financiers par rapport au bénéfice brut fut de 32,20 %. Dès 1956, le décollage par rapport à ce niveau fut tout à fait net : le pourcentage atteint 55 % en 1958 et 61,20 % en 1960 ; en cinq ans, la part était passée du tiers aux deux tiers. Les revenus de la S.U.C.R.P., société industrielle, étaient devenus essentiellement financiers *(v. graphique p. 242)*.

En 1960, le rapport à l'assemblée générale soulignait l'impossibilité de pénétrer les marchés russe et américain et la nécessité de diminuer les prix pour pouvoir se maintenir en Europe, en Amérique du Sud et dans le Commonwealth, une baisse difficile à obtenir malgré deux dévaluations du franc. En réalité, si la hausse des profits financiers témoignait de la santé des filiales étrangères, la baisse relative des profits d'exploitation témoignait aussi de la dégradation des résultats industriels en France. Si le rapport de la marge brute d'autofinancement au chiffre d'affaires augmenta régulièrement de 1956 à 1960, de 12 à 18 %, ce ne fut que grâce à la hausse des revenus financiers, les revenus d'exploitation restant stables et oscillant entre 6 et 7 %. L'évolution était officiellement expliquée par la dégradation des prix de vente et la hausse des matières premières. D'autres facteurs entraient en compte après les années florissantes de l'immédiat après-guerre : dévaluations du franc, lourdeur de la fiscalité, gains de productivité probablement insuffisants par rapport aux augmentations de salaires consenties. La multiplication des lieux de production n'a-t-elle pas aussi favorisé des déséconomies d'échelle ?

Ainsi la S.U.C.R.P. devenait, par la nature de ses revenus et donc de ses soucis de gestion, plus une société financière qu'industrielle sans que son organisation ait été adaptée. Il était, d'autre part, exclu qu'elle puisse gérer comme filiales les sociétés apportées par Celtex, le regroupement des participations représentait déjà un travail considérable. Comme le constatait le dossier de fusion : « Si la société Rhône-Poulenc ainsi dotée d'un nombre important de filiales nouvelles en France et à l'étranger conservait pour elle-même la charge d'exploiter ses usines, elle deviendrait difficile à manier et perdrait en lourdeur les avantages de son accroissement de puissance. »

La conclusion mena donc au dédoublement de la société puisqu'il y avait deux fonctions à gérer : les usines et les services commerciaux seraient confiés à une Société nouvelle des Usines chimiques Rhône-Poulenc qui, d'autre part, intégrait une des deux usines de la Société normande de Produits chimiques ; une société holding nouvellement créée, Rhône-Poulenc S.A., serait propriétaire des actions de toutes les sociétés du groupe, ainsi également filialisées, percevrait les dividendes et redevances et répartirait les ressources selon les orientations définies. Structure strictement financière ? Certes pas. L'allocation des ressources impliquait la définition d'une politique industrielle et les mêmes personnes se retrouvaient à la tête de Rhône-Poulenc S.A., de la S.U.C.R.P. et de Rhodiaceta. Néanmoins, la nouvelle S.U.C.R.P., dépouillée de sa fonction financière, gardait un rôle particulier. Comme elle animait pour l'essentiel la fonction recherche en gardant en son sein les centres (6,30 % de son chiffre d'affaires en 1960), elle forma avec Rhône-Poulenc S.A. une communauté de recherches et partagea avec elle, les redevances fournies par la vente de brevets.

LES SOCIÉTÉS FINANCIÈRES CÉDÉES PAR CELTEX (JUIN 1961)

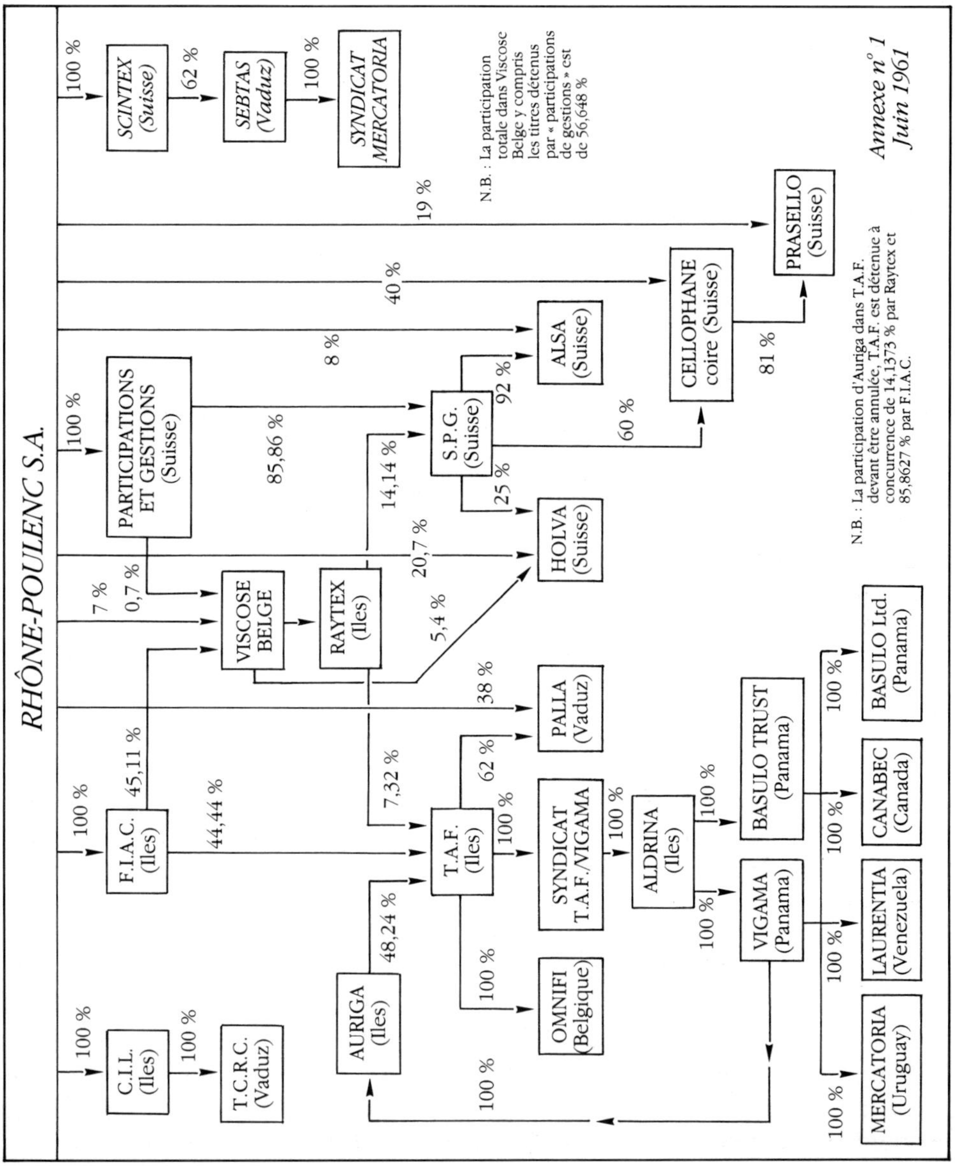

Le début des années 1960 marque bien un passage fondamental pour Rhône-Poulenc. Après quinze ans de croissance ininterrompue se posaient les problèmes de restructuration et de réorganisation posés en particulier par le secteur textile. Les solutions adoptées ouvraient la voie aux grands bouleversements qui parcoururent l'industrie française dans les années 1960 et 1970. Mais le fait majeur fut que le centre de gravité des intérêts Rhône-Poulenc passa de la chimie au textile, c'est-à-dire à un secteur de consommation dont la croissance était modérée à moyen terme.

LA MUTATION DE L'ENTREPRISE

La date de 1961, marquée par la mutation juridique du groupe, peut sans doute paraître un peu artificielle ; si elle vit la réorganisation des fonctions, elle ne marqua ni rupture, ni profonde mutation dans la structure, dans les activités et dans la rentabilité de la société. La date de 1964, caractérisée par l'apparition des premières difficultés textiles, serait probablement plus significative, plus expressive, marquant la fin d'une période d'après-guerre dominé par le très rapide développement interne et externe des activités textiles ; à partir de cette date leur essor fut remis en question.

Néanmoins, la coupure de 1961 s'est imposée à nous, car les sources disponibles, celles qui ont échappé aux destructions, changent radicalement. Jusque-là, l'ensemble industriel était dominé par la S.U.C.R.P. qui, d'une part, produisait et, d'autre part, gérait d'énormes intérêts financiers et techniques fournissant redevances et dividendes. À partir de 1961, la constitution en holding suscita une mutation comptable et la consolidation des résultats pour l'ensemble des sociétés. L'étude alors gagne en généralité ce qu'elle perd en précision : il devient assez simple de connaître les résultats et les moyens du groupe, alors qu'il est désormais difficile d'individualiser les innombrables filiales dont le nombre croît et dont les relations et les combinaisons varient. Les résultats par grandes branches d'activité, — chimie, textile et fibre —, en France et à l'étranger, n'ont été gardés que pour la période 1962-1968.

D'autre part, entre 1961 et 1975 s'impose la coupure de 1969, année décisive marquée par l'absorption des sociétés Progil et Péchiney-Saint-Gobain. Le bond quantitatif et qualitatif fut considérable, puisque le chiffre d'affaires du groupe augmenta de 71,20 % en un an et que la gamme des productions se trouva très sensiblement modifiée.

LE DÉVELOPPEMENT DU GROUPE (1961-1975)

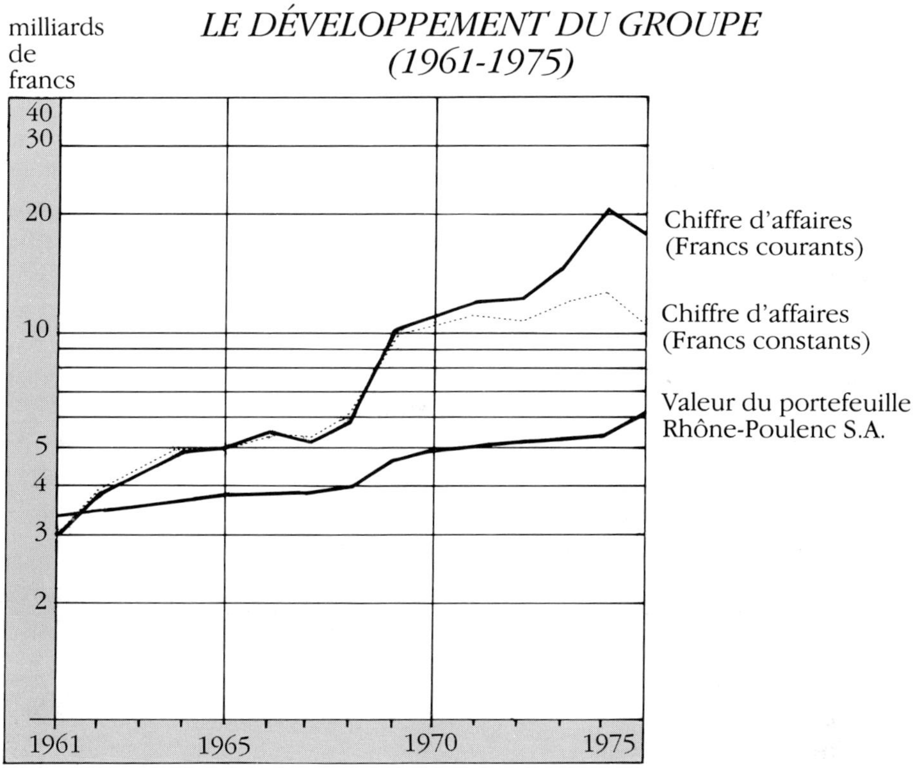

Pendant la période 1961-1975, la société décida donc, sous des impulsions diverses, de grandes remises en cause : taille, structure et productions furent bouleversées.

On peut toujours s'interroger sur le poids qu'ont eu les individus sur le déroulement des faits, sur la trame historique ; le débat n'est certes pas clos. En revanche, il est assuré que des personnalités incarnent, illustrent ou symbolisent telle ou telle phase de l'évolution. Si Nicolas Grillet - prototype du cadre ayant fait toute sa carrière dans la société et ayant gravi tous les échelons de la hiérarchie - avait été pendant longtemps le symbole d'une lente et progressive industrialisation de la chimie, l'ensemble de la période 1961-1975 peut être incarnée par le passage à la présidence du groupe de Wilfried Baumgartner. Il succéda, en 1963, à Marcel Bô, qui avait parcouru une longue carrière industrielle dans le cadre de la société, et présida le conseil d'administration et le conseil de direction jusqu'en 1973. Il incarnait le pouvoir financier et les vastes vues stratégiques. Par son intermédiaire s'établirent des rapports étroits entre le monde politique et le monde industriel ; ainsi les intentions et les volontés réorganisatrices, les impulsions étatiques furent-elles très partiellement réalisées par la société.

Né le 21 mai 1902, Wilfried Baumgartner avait suivi l'enseignement de l'École libre des sciences politiques, puis il passa le doctorat en droit et devint le gendre d'Ernest Mercier, important dirigeant d'entreprises électriques. Inspecteur des finances en 1928, il aida Paul Reynaud comme directeur de cabinet et accéda en 1935 au poste de directeur du mouvement général des fonds. En 1936, il fut nommé directeur du Crédit national et pendant la guerre, en août 1943, fut déporté à Buchenwald. Il occupa, pendant les années 1950, les postes de gouverneur de la Banque de France et de gouverneur au Fonds monétaire international avant de devenir, en 1960, ministre des Finances et des Affaires économiques. L'intervention de ce grand commis de l'État assurait les relais indispensables avec les circuits financiers et étatiques qui permettraient à la société de participer aux grands redéploiements industriels qui allaient marquer les années 1960.

Wilfried Baumgartner fut président du Conseil d'administration de Rhône-Poulenc S.A. de 1963 à 1973.

UNE CROISSANCE CALMÉE

Après une décennie flamboyante marquée par une croissance déséquilibrante, les années 1960 retrouvèrent un rythme sans doute soutenu, mais beaucoup plus modéré. L'étude des résultats de comptabilité consolidée permet de cerner les évolutions générales du groupe en dominant la diversité des secteurs, des sociétés, des filiales françaises ou étrangères.

Les résultats généraux du groupe

Dans quelle mesure l'élan des années 1950 s'est-il maintenu ? Dans quelle mesure les taux de croissance ont-ils varié ? Sans ignorer la part d'arbitraire que comporte l'application aux résultats de tout le groupe et, en particulier, à ceux de sociétés étrangères traduits en francs, d'un procédé jusqu'alors réservé à la S.U.C.R.P., nous avons déflaté les chiffres d'affaires de la société par l'indice des prix des produits chimiques. L'approximation est néanmoins limitée par la forte stabilité des prix pendant cette période et permet de proposer un taux de croissance du chiffre d'affaires de 8,38 % par an pour l'ensemble du groupe (1961-1968), sans doute encore substantiel, mais que nous devons rapprocher des 12,03 % et 26,87 % de la décennie précédente.

% *LES RÉSULTATS DU GROUPE (1961-1975)*

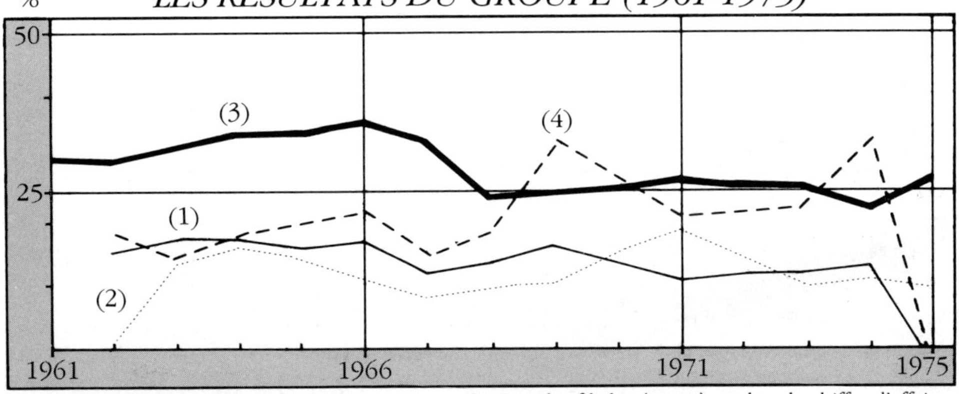

(1) Marge brute d'autofinancement / chiffre d'affaires × 100

(2) Investissements nouveaux / Immobilisations totales × 100

(3) Part des filiales étrangères dans le chiffre d'affaires

(4) Marge brute d'autofinancement / Capitaux propres × 100

Sans que l'on puisse tirer de très solides conclusions d'un simple indice, il faut néanmoins remarquer que ce net fléchissement différait sensiblement du rythme d'ensemble de l'industrie française qui se maintint égal plus longtemps (Jean-Jacques Carré, Paul Dubois et Edmond Malinvaud proposent une croissance industrielle de 5 % de 1951 à 1957, de 5,3 % de 1957 à 1963, de 5,40 % de 1963 à 1969). On peut, d'ailleurs, percevoir une croissance sensiblement plus rapide des filiales étrangères, dont le nombre ne varia guère, que des sociétés françaises. De 1962 à 1968, celles-là réalisèrent en moyenne 32,70 % du chiffre d'affaires du groupe, mais seulement 30 % en 1962 et 35,70 % en 1967, année record. Les produits Rhône-Poulenc étaient diffusés dans le monde par deux voies différentes : la production des usines installées à l'étranger et les exportations réalisées par les établissements situés en France ; ces dernières augmentèrent fortement en valeurs absolue et relative.

LES POURCENTAGES D'EXPORTATIONS
RÉALISÉES PAR LES USINES FRANÇAISES

	CHIMIE ET PHARMACIE	TEXTILE	PELLICULE ET PLASTIQUE
1961	25,23	18,81	13,49
1964	25,94	23,43	14,21
1968	33,87	31,03	23,88

La vocation exportatrice du groupe s'affirmait plus sensiblement après 1964 qu'avant et inégalement selon les branches et les produits ; les ventes se répartissaient ainsi en quatre quarts : deux quarts produits et vendus en France, un quart fabriqué en France et exporté, un quart produit et vendu à l'étranger.

Globalement, la répartition des ventes était dominée dans les années 1960 par l'écrasante prépondérance du secteur textile : le record fut atteint en 1963 avec 64 % du chiffre d'affaires, puis la baisse rapide du prix de vente des textiles amena le recul relatif de leur place qui régressait à 54 % en 1968. Les chiffres d'affaires n'expriment d'ailleurs pas toute la pesanteur exercée par des activités textiles sur le groupe puisqu'il faudrait y ajouter la part de la chimie qui travaillait pour elles et leur fournissait ses matières premières. En 1968, 23 % de la chimie travaillaient directement pour le textile, en 1963 la place globale du textile dans le groupe était estimée à 70 %. D'autre part, les ventes et donc la production des films et systèmes déclinèrent lentement de 10 à 6 %, celles de la chimie-pharmacie comblèrent les deux autres reculs proportionnels et passèrent de 26 à 39 % *(v. graphique, p. 237)*. De 1963 à 1968, les effectifs du groupe passèrent de 82 859 à 92 830 personnes. Les profits et les investissements eurent des évolutions à peu près identiques avec des taux élevés en début de décennie et un sensible affaiblissement à la fin de celle-ci. Par rapport au chiffre d'affaires, la marge brute d'autofinancement globale passait de 17,50 % à 11,50 % et les immobilisations nouvelles déclinaient de 16,50 % à 8,60 % *(v. graphique, p. 233)*. Les origines de la marge brute d'autofinancement varièrent au cours de la période 1962-1968.

LES ORIGINES DE LA MARGE BRUTE D'AUTOFINANCEMENT

(en pourcentage)

	Chimie	Textile	Film
1962	23,69	69,67	6,64
1963	29,79	63,30	6,91
1964	29,97	63,47	6,56
1965	32,62	57,79	9,59
1966	29,37	62,80	7,83
1967	40,36	50,22	9,42
1968	36,56	56,12	7,23

	France	Étranger
1962	78,14	21,86
1963	77,58	22,42
1964	71,67	28,24
1965	68,15	31,85
1966	69,60	30,40
1967	75,45	24,55
1968	65,18	34,82

Malgré des difficultés naissantes, la part du textile restait tout à fait prépondérante représentant les deux tiers à la moitié du total, mais elle s'affaiblit au cours de la période, essentiellement au profit de la chimie qui doubla presque son poids en 1967.

La part de la marge brute d'autofinancement fournie par les filiales étrangères augmenta plus rapidement que celle de leur chiffre d'affaires, ce qui confirme une rentabilité accrue ou, inversement, une rentabilité déclinante des sociétés françaises.

De 1962 à 1968, la marge brute d'autofinancement totalisa 5 320 millions de francs et les investissements du groupe en absorbèrent 67 %, soit 3 571 millions de francs. L'autofinancement était donc solidement assuré et l'endettement à long terme de la société était, selon la tradition, à peu près nul. L'investissement était légèrement différent selon les branches d'activité et selon que les sociétés étaient françaises ou étrangères.

(en pourcentage)

$$\left(\frac{\text{immobilisations nouvelles}}{\text{total immobilisations}}\right)$$

	Chimie	Textile	Film
1963	10,63	12,19	32,31
1964	15,07	17,22	14,36
1965	10,74	17,07	0
1966	0,74	11,70	11,78
1967	5,12	6,29	10,30
1968	12,66	4,88	8,05
Moyenne	9,14	11,55	12,80

	France	Étranger
1963	15,24	9,03
1964	16,59	15,06
1965	11,65	14,71
1966	8,67	7,09
1967	7,76	1,35
1968	6,16	10,64
Moyenne	11,01	9,64

Il apparaît normal que les investissements et la marge brute évoluaient dans le même sens, à la baisse dans le domaine textile. En revanche, avec un taux d'investissement en moyenne inférieur à celui des sociétés françaises, les filiales étrangères obtenaient des résultats meilleurs et en sensible progression. L'investissement textile resta nettement plus fort que celui de la chimie même s'il déclina très sensiblement à partir de 1966.

Nous avons, une fois encore, souligné la persistance de la règle de l'autofinancement. Mais l'opinion, en particulier boursière et bancaire, commençait à s'interroger sur le bien-fondé de cet attachement farouche à la tradition. Le Crédit commercial de France, dans une étude du mois de mars 1968, évoquait « la crainte de voir la politique de prudence suivie actuellement par la société se transformer à terme en un handicap vis-à-vis des concurrents, notamment allemands, qui poursuivaient leurs investissements à un niveau élevé ».

Nous connaissons, pour la première fois, le total des sommes consacrées à la recherche, oscillant entre 5 et 4,30 %. En revanche, la statistique des dépôts de brevets fait apparaître un violent constraste : de 1957 à 1965, le rythme des dépôts effectués chaque année en France s'accéléra, passant de 66 à 246, chiffre record jamais dépassé ; cependant, l'année 1965, pendant laquelle pourtant les dépenses de recherches atteignirent 5 %, vit se retourner la conjoncture de l'invention et les dépôts de brevets, tant dans le textile que dans la chimie, s'orientèrent durablement à la baisse, un nouveau cours qui pouvait participer à l'amorce d'une détérioration des résultats de la société. Mais quel rôle aurait pu jouer une modification de la politique des dépôts ?

L'ÉVOLUTION DES PRODUCTIONS DU GROUPE (1961-1983) (RÉPARTITION DES VENTES EN VALEUR)

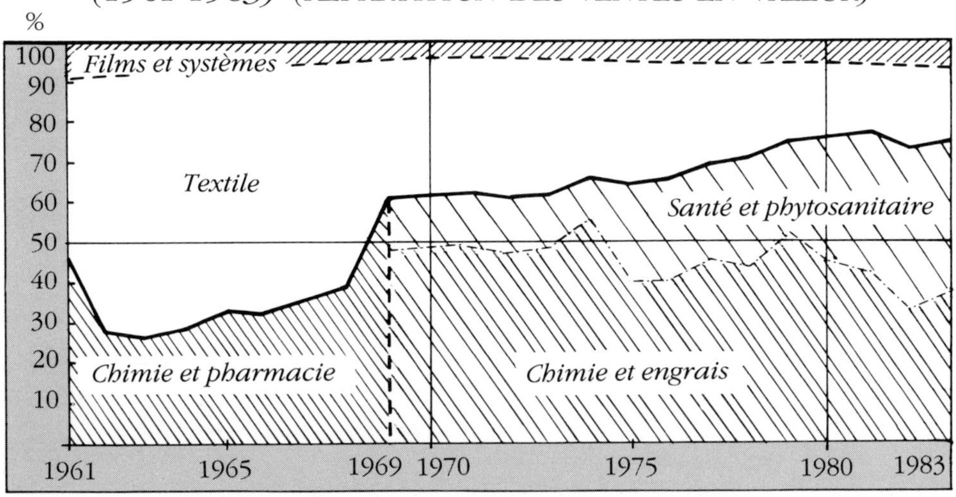

MARGES BÉNÉFICIAIRES DES DIVERS GROUPES (1962-1968)

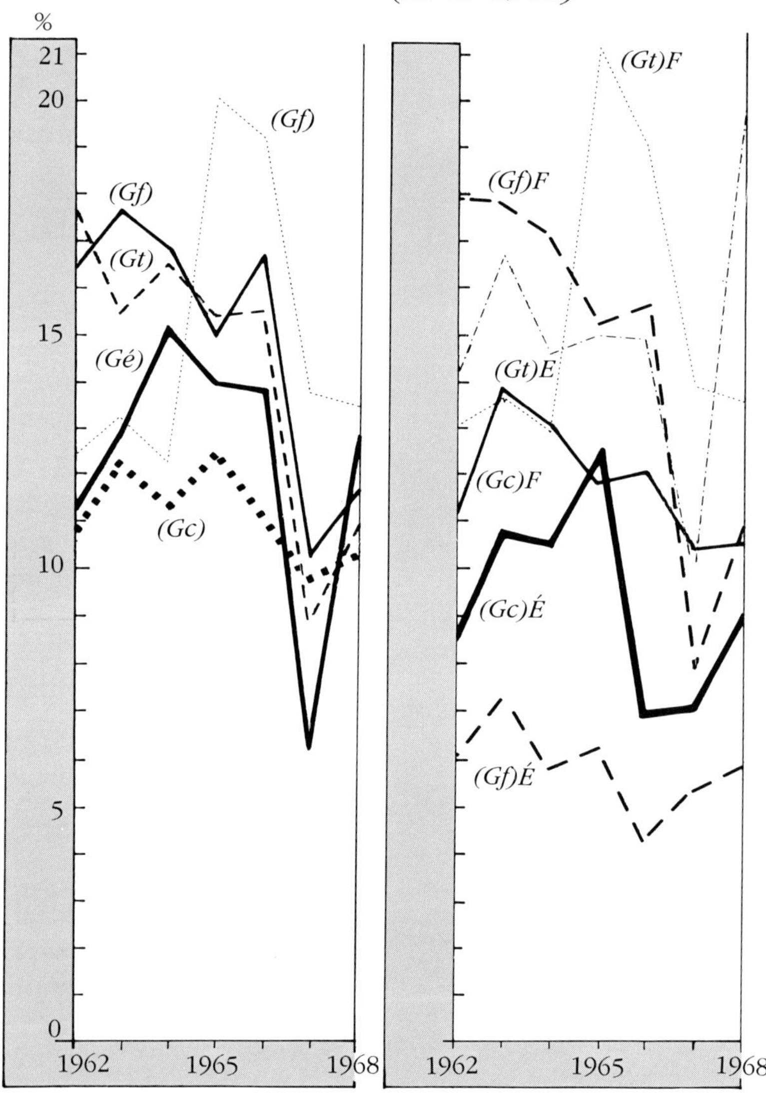

(Gf) = Groupe film ....

(Gt) = Groupe textile _ _ _ (Gc) = Groupe chimique • • • É = étranger

(Gf) = Groupe français —— (Gé) = Groupe étranger —— F = français

LES PARTICIPATIONS DE LA S.U.C.R.P. ET DE LA RHODIACETA (1928-1960)

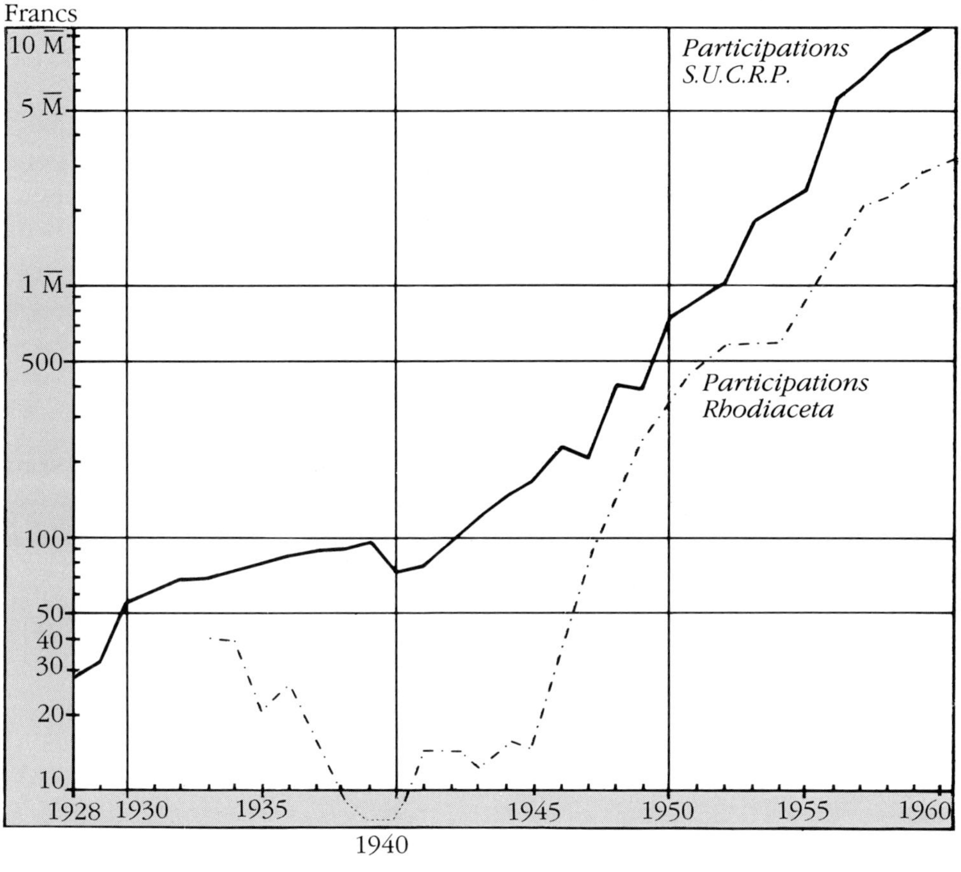

Au niveau des questions générales se posait celle de la structure du groupe, question assez vite réglée par la négative, puisque les relations entre sociétés continuaient à relever des habitudes acquises et des relations personnelles. La coordination était le fait des hommes et non des institutions. Le groupe était dirigé par un conseil d'administration qui comprenait Wilfried Baumgartner, président, Ennemond Bizot, vice-président, et les administrateurs Émile Bollaert, Lazare Carnot, Louis Clouzeau, Pierre Fournier, Pierre Lombard, Charles Manheimer, Léon Noël, Louis Pasteur Vallery-Radot, Edmond Prince, des hommes désignés par leur expérience de l'industrie chimique ou bien par une notabilité extra-industrielle.

Le conseil d'administration était évidemment doublé par un conseil de direction directement en prise avec la réalité industrielle : on y retrouvait Wilfrid Baumgartner, président, et Ennemond Bizot, vice-président, mais aussi quelques grands responsables industriels et administratifs : Pierre Bucaille, président de La Cellophane, Louis Clouzeau, président de la S.U.C.R.P., Edmond de La Chapelle, président du C.T.A., Roger Delbès, directeur général de la S.U.C.R.P., Louis Héraud, directeur général adjoint de la S.U.C.R.P., Jean Marteret, directeur de l'administration centrale, Alain Jubert, directeur général adjoint de Rhône-Poulenc S.A., Augustin Mollard, directeur général de Rhodiaceta, et Charles-René Recordon, directeur général adjoint de Rhône-Poulenc S.A.

L'évolution de la chimie et de la pharmacie

Dans les années 1960, l'évolution du groupe se déroula dans le nouveau cadre de la société holding, de ses nombreuses sociétés et non moins nombreuses participations, mais la rupture du cadre statistique interdit les comparaisons fines avec les périodes antérieures. Les comptes rendus distinguent quelques grands secteurs (chimie et pharmacie, textile, fibre et pellicule) et la désagrégation des résultats consolidés permet d'apprécier la rentabilité des divers secteurs.

Le secteur « chimie et pharmacie » comprenait essentiellement la S.U.C.R.P., la Société normande de Produits chimiques, Spécia, Prolabo et Théraplix. La présentation de leurs activités aux analystes financiers en avril 1967 rappelait que les produits chimiques se répartissaient en quatre grandes familles :

- produits chimiques industriels : phénol, acétone, hydroquinone, accélérateurs ;
- parfumerie ;
- phytosanitaires ;
- plastiques : acétate de cellulose, polyesters, polymères, acétate de vinyle.

Grâce aux nouvelles usines créées dans la décennie précédente, mais dont le développement spatial continuait, une partie des productions se relocalisaient. La vocation de Vitry-sur-Seine dans les productions fines se confirmait puisque la production des vulcanisateurs et des produits phytosanitaires se développait à Saint-Aubin-lès-Elbeuf ; celle des produits pour la céramique, qui n'étaient pas parmi les plus pondéreux, quittait Vitry-sur-

Seine pour Limoges. La vénérable usine de Saint-Fons Sud entamait sa modernisation et commençait à transférer certaines fabrications au nord, dans l'ancienne usine de la Société normande et à Chalampé. Prolabo démarrait l'usine de Briare et Théraplix transférait une partie de ses fabrications de Montrouge à Gien. L'usine de Vénissieux, déchargée de ses petites fabrications de plastiques ouvrés transférées à l'usine de la Cipso à Saint-Maurice-de-Beynost, absorbée en 1965 par la société La Cellophane, consacrait toute son activité à la mise au point des techniques de transformation des matières plastiques et des résines synthétiques.

L'évolution de la S.U.C.R.P. fut particulièrement significative : elle commença lentement à se dégager du rôle de fournisseur des autres sociétés, fonction qui accaparait 54 % de son chiffre d'affaires en 1954 et 44 % en 1962, mais, en 1964, le conseil d'administration soulignait que la S.U.C.R.P. réalisait des marges bénéficiaires particulièrement élevées sur les produits vendus, à l'intérieur du groupe, aux sociétés pharmaceutiques et textiles.

LES VENTES DE LA S.U.C.R.P. DANS LE GROUPE

	Produits textiles	Produits pharmaceutiques	Produits chimiques	Matières plastiques
Pourcentage des ventes dans le groupe	90	48	15	10
Marge bénéficiaire	24	32	7,50	8

Ce fut aussi la S.U.C.R.P. qui obtint les meilleurs performances à l'exportation, y réalisant 24,40 % de son chiffre d'affaires en 1962 et 38 % en 1969. Aussi la société vendait peu à la clientèle ordinaire française, mais au groupe et à l'étranger. Les productions des principales usines de la société se développèrent sensiblement entre 1961 et 1968 : celle de Saint-Fons de 127 %, celle de Vitry-sur-Seine de 17,30 %, celle de Roussillon de 81 % et celle de Saint-Aubin-lès-Elbeuf de 198,50 %. Ainsi s'exprimaient l'allégement des tâches de Vitry-sur-Seine et la progression de Saint-Aubin-lès-Elbeuf et de Saint-Fons dont les installations s'élargissaient et se diversifiaient : la statistique des productions regroupe, en effet, les résultats de Saint-Fons Nord, de Saint-Fons Sud et de l'usine des silicones ; ainsi, en 1968, les trois unités produisaient respectivement 26 313 tonnes, 16 693 tonnes et 2 639 tonnes.

LE FONCTIONNEMENT DE LA S.U.C.R.P. (1928-1960)

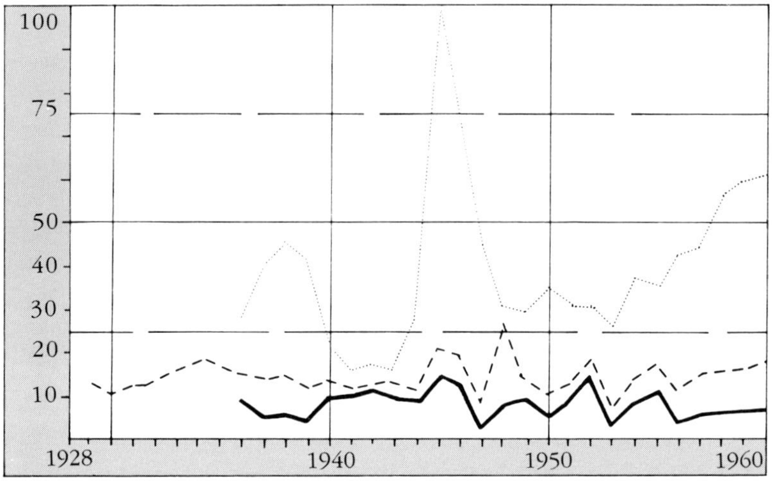

en pourcentage

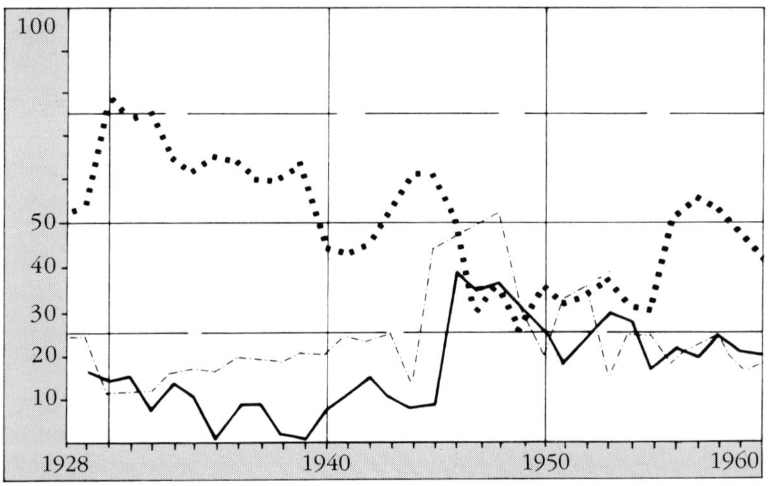

LÉGENDE

Revenus financiers × 100 / bénéfices bruts totaux ……

Participations × 100 / immobilisations totales ■■■■■

Marge brute d'autofinancement × 100 / chiffre d'affaires – – – –

Investissements nouveaux × 100 / immobilisations totales ——

Marge brute d'autofinancement - Revenus financiers × 100 / chiffre d'affaires —

Marge brute d'autofinancement × 100 / capitaux propres —·—·

LES CHIFFRES D'AFFAIRES DE LA S.U.C.R.P. DE SPÉCIA ET DE PROLABO (1928-1961)

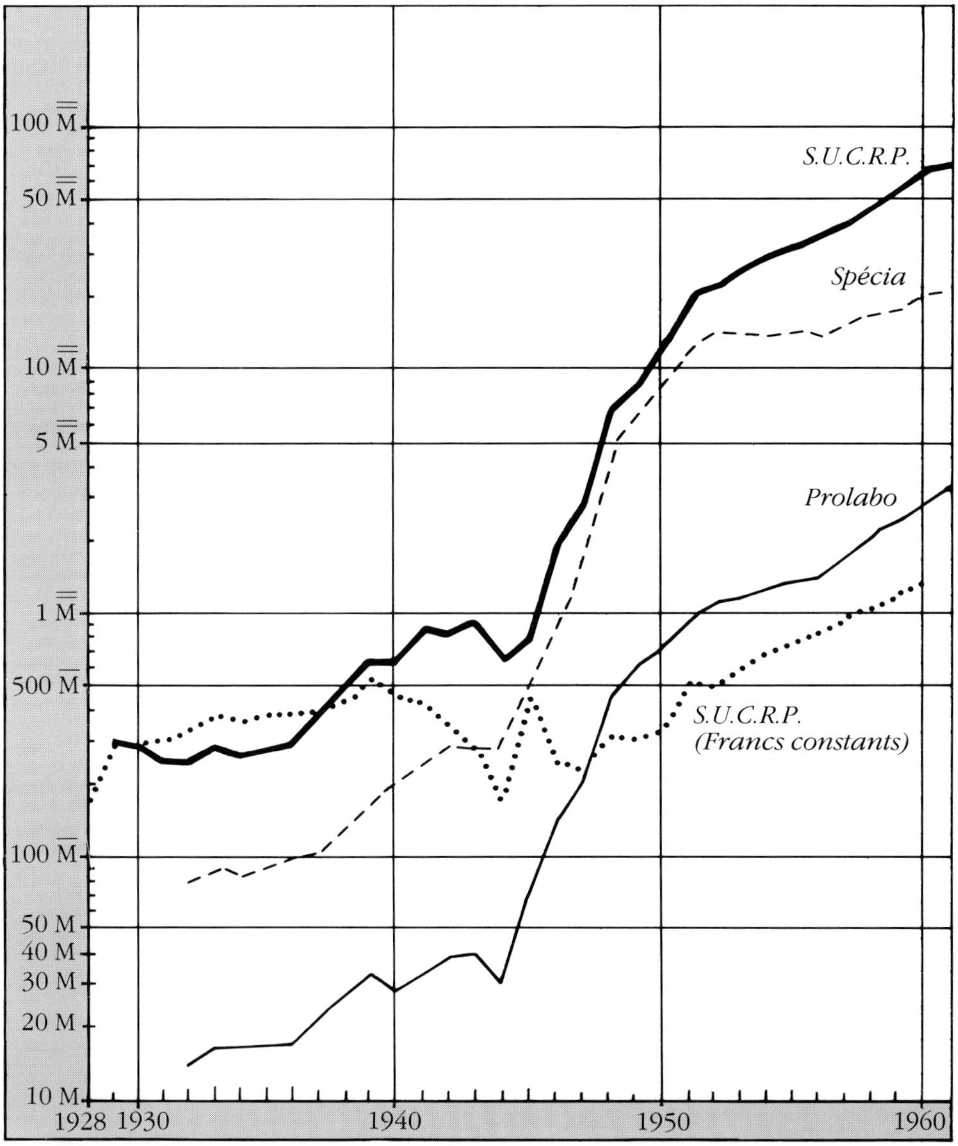

Il est, d'autre part, évident que la principale vague de croissance de Roussillon était passée : les tonnages expédiés avaient été multipliés par dix dans les années 1950 et par moins de trois dans la décennie suivante. *(v. graphique, p. 164)*

Pour les trois usines de Saint-Fons, Vitry-sur-Seine et de Saint-Aubin-lès-Elbeuf, les gains de productivité s'accélérèrent par rapport à la période précédente : 5,58 % par an contre 3,96 %, 2,40 % contre 1,80 % et 6,70 % (l'évolution de l'usine de Saint-Aubin-lès-Elbeuf n'est pas chiffrable pendant les années 1950). Seule l'usine de Roussillon contredit la règle avec 4,40 % contre 21,50 %, mais, en effet, la spécialisation de Roussillon dans les productions pondéreuses s'était confirmée dans les années 1950. D'autre part, le rythme du travail se modifia très sensiblement entre 1961 et 1968 ainsi que le montre la comparaison (en pourcentage) entre le nombre d'heures effectuées et les effectifs employés.

	Saint-Fons	Roussillon	Vitry-sur-Seine	Saint-Aubin-lès-Elbeuf
Augmentation des heures	+ 15,99	− 19,27	− 26,92	− 16,13
Augmentation des effectifs	+ 88,46	+ 11,15	+ 2,73	− 5,92

LA COMPOSITION DE LA MAIN-D'ŒUVRE DE LA S.C.U.R.P. (1929-1974)

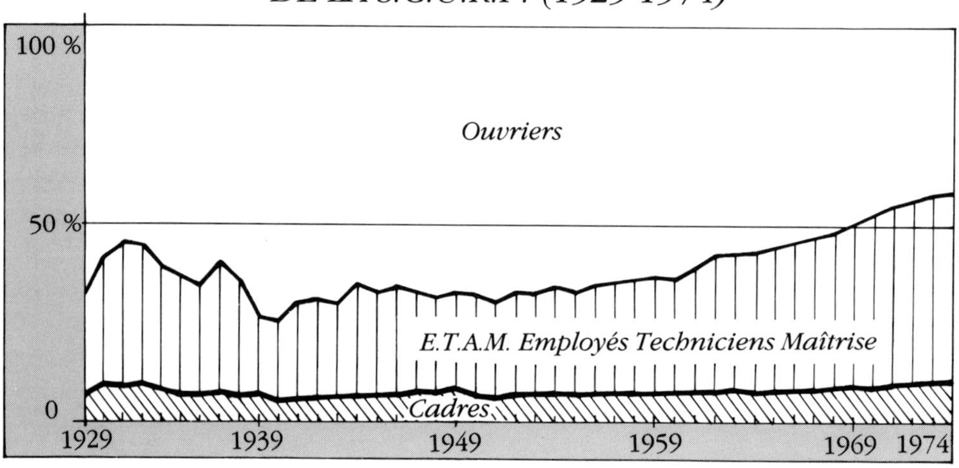

ÉVOLUTION DES EFFECTIFS DES PRINCIPALES USINES DE LA S.U.C.R.P. ET DE SPÉCIA

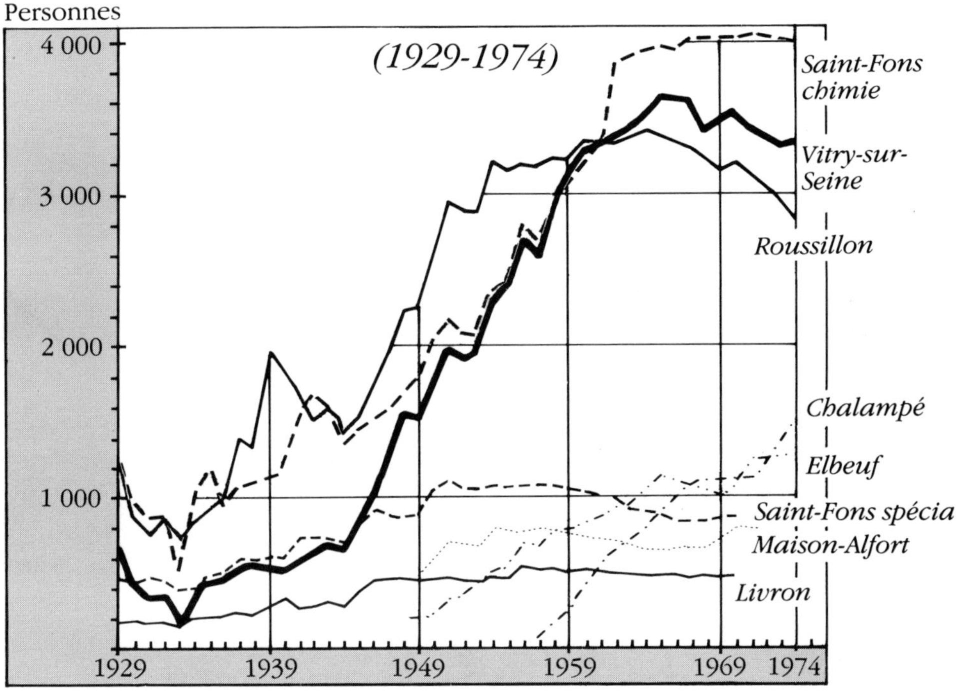

Quelle que fut la diversité des situations, l'orientation générale était identique, la distance entre les deux indices était forte. Les valeurs positives de Saint-Fons expriment l'élargissement des activités du site, alors que les variations d'heures étaient négatives dans les trois autres usines. À l'intensification du travail par les heures supplémentaires, de règle dans les années 1950-1960, succédait un allégement de la densité du travail ; la persistance de l'embauche s'accompagnait d'un raccourcissement du temps de travail et d'une diminution des heures supplémentaires.

Une étude sur l'industrie chimique souligne quelques évolutions générales pesant sur les sociétés chimiques et concernant les établissements Rhône-Poulenc :

- de 1955 à 1969, les prix des principales productions de base ont baissé, en particulier pour l'acide adipique, le phénol et les silicones ;
- la taille des unités de production a doublé tous les cinq ans ;
- le poids des investissements s'est donc accru fortement ;

- les dépenses de recherche s'accroissent beaucoup plus rapidement que n'augmente le cash-flow ;
- la part des amortissements croît plus vite que celle des investissements.

LES EFFECTIFS DES SOCIÉTÉS CHIMIQUES (1929-1972)

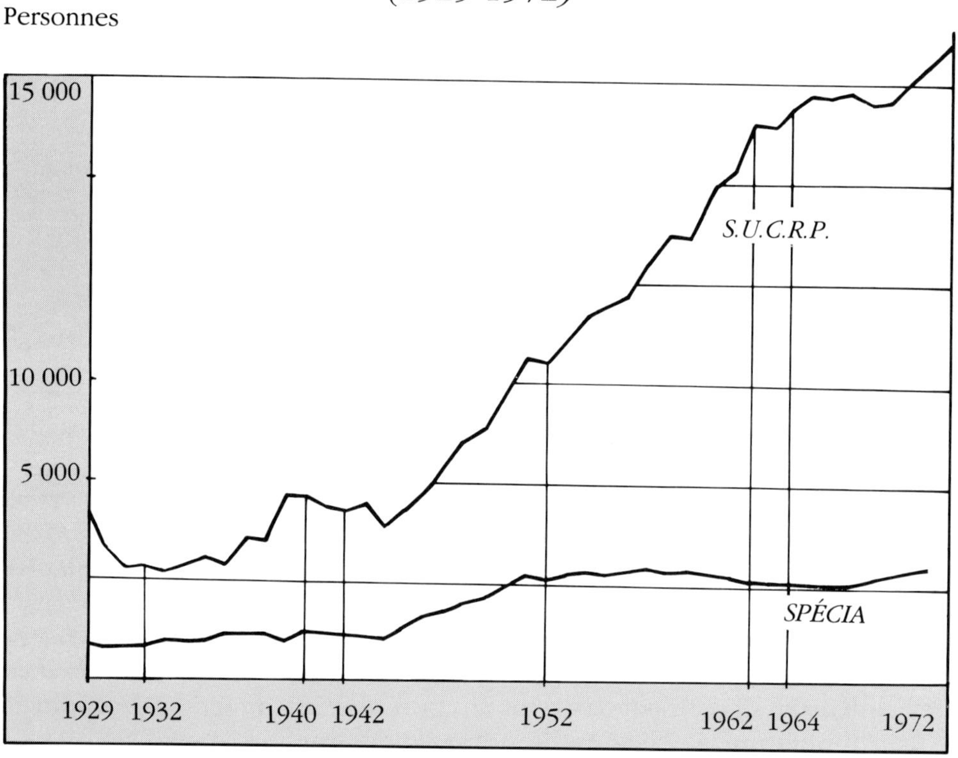

La réorientation des participations en France

Bien que le temps des filiales communes semblât un peu dépassé, la branche chimie renforça ses approvisionnements en produits de base par ce procédé. En 1965, Rhône-Poulenc S.A. cédait à Phillips Petroleum 40 % de sa participation dans Manolène et souscrivait en échange 40 % du capital de la filiale belge de la société pétrolière, Polyoléfins S.A., qui construisait à Anvers une unité destinée à produire 40 000 tonnes de polyéthylène haute densité.

En mars 1967, la société Péchiney et la Compagnie de Saint-Gobain regroupèrent leurs activités dans le domaine de la fabrication de l'acétate de vinyle. Leur filiale commune, Péchiney-Saint-Gobain, détenait ainsi 42 % d'Aquitaine Chimie, propriétaire de 60 % d'un atelier d'acétylène et de 42 % d'Acétalacq, elle-même copropriétaire d'un tiers d'un atelier d'acétaldéhyde. De son côté, Rhône-Poulenc était propriétaire de 21 % d'Acétalacq, de 40 % de l'atelier d'acétylène et des deux tiers de l'atelier d'acétaldéhyde. Les deux sociétés décidèrent donc de regrouper les ateliers d'acétylène, d'acétaldéhyde, d'acide acétique et d'acétate de vinyle monomère dans la société Acétalacq dont Rhône-Poulenc posséderait désormais 65 % et Péchiney-Saint-Gobain 35 %. Aux productions déjà citées devaient s'ajouter les dérivés de l'acétate de vinyle et les polyesters ; les deux sociétés apporteraient tous leurs brevets et les ateliers seraient construits à Pardies par Acétalacq.

Le sous-secteur de la parfumerie reçut le renfort de la société Lautier Fils, dont le siège était à Grasse. Rhône-Poulenc S.A. s'introduisit dans son capital en prenant une participation de 34 % sous la double forme d'un rachat d'actions pour 3 093 330 francs et d'une souscription à une augmentation de capital, soit 32 065 actions de 50 francs, et se trouva représentée dans le capital des filiales de la société de Grasse - Lautier Fils Incorporated (États-Unis), Lautier Fils Limited (Grande-Bretagne) et Lautier Fils Beyrouth - qui participait aussi à une filiale brésilienne (société Sabana) et à une filiale grecque (société Velika).

La production pharmaceutique était axée sur deux sociétés importantes : Spécia et Théraplix, qui démarrait sa nouvelle usine de Gien et absorba en 1965 Chimie et Atomistique. Rhône-Poulenc S.A. détenait aussi des participations majoritaires dans de petits laboratoires : les laboratoires Bouillet, Adrian et Givaudan-Lavirotte.

La production pharmaceutique devait s'adapter à un marché français et européen très spécifique, d'une part actif et croissant à cause de la médicalisation de la société et, d'autre part, très contrôlé pour ne pas compromettre les finances des systèmes de sécurité sociale. Les sociétés pharmaceutiques continuèrent à élargir la gamme de leurs productions : neuroleptiques, aspirines effervescentes, analgésiques, produits corticothérapeutiques, nouveaux antibiotiques comme la rubidomycine, la rufocromomycine, etc. En 1967, les sociétés pharmaceutiques commercialisaient 260 spécialités dont 134 par la société Spécia, auxquelles s'ajoutaient les produits plus courants ; le renouvellement de cette gamme était assez rapide puisque 25 % du chiffre d'affaires étaient fournis par des produits de moins de cinq ans et 51 % par des produits de moins de dix ans.

L'espace et les possibilités de la production pharmaceutique de la société furent largement développés par deux très importantes prises de participations. En 1963, Rhône-Poulenc acquit 45 788 actions (2 289 000 francs) des Laboratoires Roger Bellon et sa présence fut peu à peu élargie. Il s'agissait de la prise de contrôle d'une des plus importantes entreprises pharmaceutiques françaises. Constituée en S.A.R.L. en 1922, celle-ci se transforma en société anonyme le 4 mars 1950 ; elle réalisait ses fabrications dans quatre usines (Alfortville, Pont-Évêque, La Croisette et Monts, en Indre-et-Loire) et possédait deux importantes filiales : la Société française d'Organo-synthèse (usine à Gennevilliers) et la Société Orbel, propriété commune de Roger Bellon et de l'entreprise britannique Smith and Nephew (usine de pansements et articles d'hygiène à Pont-Évêque, dans l'Isère). En 1968, le regroupement d'une partie des petites sociétés pharmaceutiques se réalisa grâce à l'absorption par Roger Bellon des laboratoires Bouillet, de la société Upharba, de la société Spem et de la société Isabelle Lancray. La même année, la prise de contrôle de la société Mérieux à Lyon installa fortement Rhône-Poulenc dans le secteur vétérinaire. L'entreprise Mérieux avait connu un vif développement au lendemain de la Seconde Guerre mondiale. L'Institut Mérieux fusionna alors avec l'Institut français de la fièvre aphteuse et porta son capital à 17 500 000 francs. puis la nouvelle société racheta les 75 000 actions détenues par Becton-Dickinson dans I.F.F.A. Carworth. Enfin, Rhône-Poulenc S.A. acquit 51 % du capital de la société Mérieux.

D'autre part, le 1er avril 1965, un accord fut signé avec la société allemande Bayer pour l'expérimentation des nouveaux produits pharmaceutiques et pour coordonner les études biologiques. Ce rapprochement était rendu nécessaire par l'augmentation des coûts de recherche due à la complexité des essais de toxicité exigés par les gouvernements. Rhône-Poulenc devait se spécialiser dans la virologie et Bayer dans la cancérologie. Les négociations se poursuivirent par la suite, puisqu'en 1970, les deux sociétés songeaient à mettre en commun une partie de leurs activités vétérinaires et à constituer une filiale commune orientée, entre autres choses, vers la production du vaccin antiaphteux, et entamèrent une réelle collaboration.

Le secteur pellicules et films était toujours soigneusement séparé de la chimie et du textile, mais son poids était faible dans l'ensemble du chiffre d'affaires de Rhône-Poulenc S.A. et reposait sur les activtés des deux sociétés, La Cellophane et Cipso, dont les frontières varièrent. En 1964, La Cellophane céda la majorité du capital des établissements Maréchal (Vénissieux-Saint-Priest, dans le Rhône) à la société Solvay, afin de se recentrer sur ses productions traditionnelles et, en 1965, elle absorba la société Cipso. Le secteur développa la production des films plastiques (film polyester, Terphane, film polyéthylène, film de chlorure de vinyle) et de son département de reprographie (marque Regma). En 1967-68, les valeurs commercialisées se répartissaient ainsi :

- produits d'emballage : 60 % ;
- produits industriels : 22 % ;
- produits reprographiques : 18 %.

La comptabilité consolidée permet d'accéder, enfin, aux vrais résultats d'exploitation puisque toutes les sociétés devraient reverser tous leurs revenus financiers à Rhône-Poulenc S.A.. La marge brut d'autofinancement du groupe chimique représentait, entre 1962 et 1968, 11,20 % du chiffre d'affaires, taux très inférieur à celui du secteur textile. Les résultats du groupe chimique français étaient supérieurs à ceux du groupe étranger : 11,80 % contre 9,20 %. Mais il est vrai que les chimistes français disposaient du marché captif des sociétés textiles.

Les intérêts internationaux de Rhône-Poulenc S.A. se développèrent notamment par la multiplication des filiales pharmaceutiques sous une forme plutôt commerciale qu'industrielle, mouvement qui exprimait la médicalisation sociale et la montée des activités pharmaceutiques de la société.

Depuis 1929, les établissements Mexicanos Colliere commercialisaient les produits Rhône-Poulenc, mais, en 1961, une filiale directe, la Rhodia mexicana, fut créée, entraînant le rachat de la société mexicaine et, en particulier, de l'usine Colliere en 1965. À la même époque, pour répondre aux difficultés d'exportation des antibiotiques en Grèce, une association fut conclue avec la Coopération pharmaceutique franco-hellénique pour construire un atelier de conditionnement et, en octobre 1961, fut créée la Specia Hellas S.A.R.L., au capital de 1 800 000 drachmes. Au début de 1962, une filiale franco-vietnamienne fut fondée à Saïgon, la Vinaspecia, et, l'année suivante, la société danoise qui commercialisait les produits Rhône-Poulenc, Sigurd L. Hansen, devint la Scandia Rhodia, pour laquelle une usine fut construite en 1965.

En 1961, plusieurs sociétés pharmaceutiques s'implantèrent dans les pays de l'ancien Empire français : la société Farmad à Madagascar et la société Sipharma au Sénégal. Une filiale commune fut constituée avec Roussel-Uclaf au Maroc : la Société marocaine d'Industrie pharmaceutique, dont le financement était très diversifié (intérêts marocains : 26 %, pharmaciens Rhône-Poulenc au Maroc : 12,50 %, pharmaciens Roussel au Maroc : 12,50 %, Rhône-Poulenc S.A. : 12 %, Spécia : 0,33 %, Théraplix : 0,17 %, Roussel-Uclaf : 24,5 %, divers : 12 %). En 1966, les filiales hollandaise (Rhodia Nederland) et espagnole (société Socares) furent implantées et la filiale Laboratorio de Industriao farmaceuticas Lipsa fut transformée en une Rhodia iberica.

Puis l'intérêt du groupe se tourna vers l'Asie. en particulier vers l'Iran et le Japon. Le 27 mars 1968 fut créée Spécia Iran par l'acquisition, pour la somme de 23 750 000 rials, de 95 % du capital des laboratoires Nirou, qui possédaient une petite usine à Téhéran. À partir du 16 mai 1968, le capital de la société japonaise Nichizui Rhodia Kabushiki Kaisha (100 millions de yens) était détenu à 75 % par Rhône-Poulenc et à 25 % par Nichizui Trading Company, qui était, elle-même, propriété de Volkart Brothers Holding Limited, société ayant son siège à Winterthur en Suisse et représentant les intérêts commerciaux de Rhône-Poulenc au Japon.

L'implantation commerciale du groupe tendait à devenir mondiale. L'ancien système des agents locaux était progressivement remplacé par celui des filiales d'abord commerciales et progressivement renforcées par une activité industrielle. Dans les années 1960, le développement de l'implantation aux Etats-Unis permit à Rhône-Poulenc de sortir de la grande discrétion qui avait été, jusqu'alors, la sienne, dans ce secteur géographique.

En 1964, deux avancées importantes furent réalisées : l'acquisition de Chipman Chemicals Company et de son usine de Portland, pour 4 millions de dollars, permit une modeste introduction dans le phytosanitaire américain. D'autre part, la société Morovis Manufacturing Company fut créée dans l'état du Delaware : elle était chargée d'exploiter une usine à Porto Rico pour 650 000 dollars et qui appliquerait les procédés de texturation de la société de Chavanoz. Un rapport d'inspection de la filiale américaine (février 1967) était particulièrement optimiste : « nos installations s'implantent de plus en plus solidement sur le marché des États-Unis ». Le rythme du travail y était très soutenu, l'usine de New Brunswick tournait 7 jours sur 7 et 24 heures sur 24. À la fin de la décennie, en 1970, Rhodia Incorporated rachetait une des filiales de Richardson Merrell, Hess and Clark, qui fabriquait des produits vétérinaires, et elle commençait en 1969 la construction d'une usine au Texas, à Freeport, pour la production des intermédiaires chimiques de la vitamine A et de produits aromatiques, entreprise qui impliquait la Rhodia Incorporated, la S.U.C.R.P. et la société A.E.G. (Alimentation équilibrée) qui devaient recevoir une partie de la production de l'usine texane.

Dès 1967, Chipman avait été intégrée dans Rhodia Incorporated et son siège ramené en Californie à New Jersey. Hess and Clark le fut dès l'achat et, en 1970, la Rhodia Incorporated était donc constituée en trois divisions :

- division industrielle : chimie, plastiques, matières de base textile (57 % du chiffre d'affaires) ;
- division Chipman : produits phytosanitaires (36 %) ;
- division Hess and Clark : produits vétérinaires (7 %).

Mais elle évitait d'attaquer le secteur pharmaceutique : « les investissements commerciaux et industriels nécessaires sont considérables dans ce pays », soulignait Alain Jubert en 1967. Rhône-Poulenc se contentait de faire exploiter ses brevets par Ives Laboratories Incorporated dont elle détenait 49 % des actions.

L'heure était à la réorganisation et les filiales sud-américaines devancèrent celles des États-Unis dans cette voie en réunissant sous une même direction centrale leurs branches chimiques et textiles. Le 31 décembre 1965, les sociétés brésiliennes furent fusionnées dans la société Rhodia Industrias Quimicas e Texteis S.A. qui formait désormais, avec May and Baker, la plus importante filiale étrangère du groupe. À cette date, elle employait 11 423 personnes dont 266 cadres, 2 421 employés et 8 736 ouvriers. Le regroupement dut entraîner quelques rationalisations de la main-d'œuvre puisque celle-ci ne comprenait plus que 10 107 personnes en 1969. Au mois de mars 1969, répondant aux incitations décentralisatrices du Gouvernement brésilien, la nouvelle société avait inauguré une nouvelle usine à Recife. En 1967, les deux sociétés argentines chimique et textile avaient été réunies dans la Rhodia argentina Quimica y Textil. Un rapport de Jean-Claude Achille, directeur général du groupe, sur les filiales sud-américaines, soulignait la bonne marche de la filiale brésilienne, l'incapacité de répondre à la forte demande malgré une intense activité et le développement massif de la fabrication des aérosols - rappelant l'ancienne production de Rodos - qui fournissait 60 % du marché brésilien. En revanche, le commerce des produits pharmaceutiques paraissait y rencontrer de sérieuses difficultés comme, d'ailleurs, en Argentine où la filiale pharmaceutique se situait au 38e rang des entreprises de cette spécialité.

Les premières difficultés textiles

L'événement marquant de la décennie fut, en effet, la baisse des prix et des productions textiles, phénomène particulièrement grave puisque le secteur représentait les deux tiers des activités du groupe. En 1966, la production textile non consolidée de Rhône-Poulenc était de 473 076 tonnes ; elle représentait 9 % de la production mondiale et 33 % de celle du Marché commun.

Ces pourcentages étaient considérables, sans doute, et la part du textile restait écrasante dans la fourniture des revenus de la société : 60,50 % en moyenne en 1962 et 1968. La masse de ces profits résultait de l'importance de l'activité, mais aussi de sa plus forte rentabilité. La marge brute d'autofinancement atteignait en moyenne 14,70 % du chiffre d'affaires entre 1962 et 1968, contre 11,20 % pour la chimie et, à la différence de celle-ci, la performance était légèrement supérieure pour le groupe textile étranger (14,80 %) que pour le groupe textile français (14,60 %) *(v. graphique, p. 238)*. Ce fut, en effet, à partir de 1964-1965, que l'ensemble de la C.E.E. fut inégalement frappée par un fléchissement des prix puis des productions des textiles chimiques qui n'était pas ressenti à l'échelle mondiale. La consommation française diminua à partir de 1964 : 189 000 tonnes en 1963, 202 000 en 1964 et 185 000 tonnes en 1965. Alors que la production française régressait de 7,60 %, les importations augmentaient de 5 %. De 1963 à 1965, la consommation des fibres artificielles produites en France recula de 10,40 % et, pour la première fois, celle des synthétiques baissa de 6,10 %. En 1967, 54,70 % des textiles chimiques consommés en France étaient d'origine étrangère et 45,30 % d'origine française ; en mars 1968, le journal *le Monde* déclarait : « Le marché français est béant. »

À travers rapports et comptes rendus aux assemblées générales, la crise du textile chez Rhône-Poulenc s'exprimait d'abord par des pourcentages en baisse : en janvier 1965, le chiffre d'affaires avait baissé de 26,90 % par rapport à celui de 1964 ; l'année 1965 était marquée par une légère reprise ; puis la baisse reprenait en 1966 avec une baisse de 6,80 %. L'année 1967 fut

BAISSE DES PRIX DE VENTE
DES PRODUITS TEXTILES (1956-1968)
(INDICE 100 en 1956)

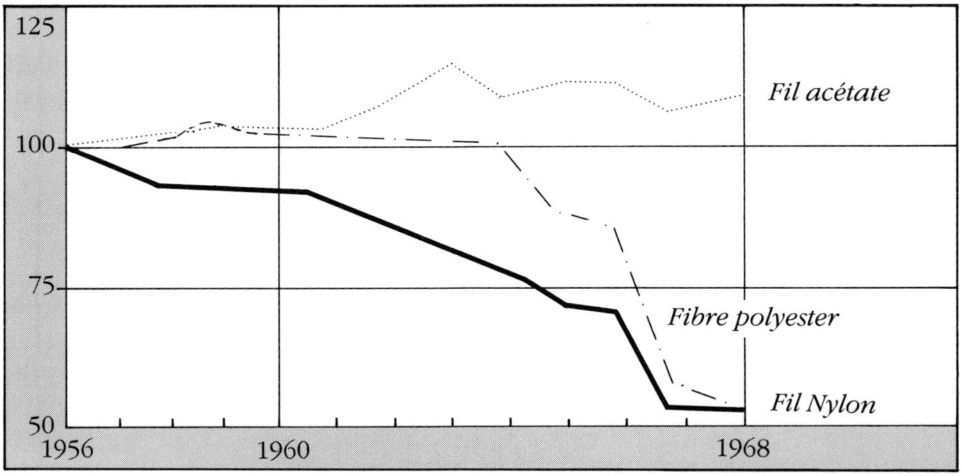

parsemée de considérations pessimistes : en mars, le conseil d'administration confirmait que « les affaires, freinées chez Rhodiaceta, ont été mauvaises partout » ; en mai, les ventes textiles avaient baissé de 17 % par rapport au mois précédent ; en septembre, la dégradation du chiffre d'affaires textile était confirmée et Rhodiaceta, dans un climat de grèves, avait supprimé 2 000 emplois.

La marge brute d'autofinancement s'effondrait tant en France qu'à l'étranger pour se retrouver à 7,90 % et à 9,80 % du chiffre d'affaires ; ce fut, d'ailleurs, à l'occasion de l'effrondrement de 1967 que les résultats des filiales étrangères dépassèrent ceux des filiales françaises *(v. graphique, p. 238).* Mais à la fin de l'année sourdaient des signes de reprise : le grand producteur allemand Glanzstoff venait de décider le relèvement de ses tarifs. Un article, publié par le jounal *le Monde* le 5 mars 1968, déclarait que la chute des prix avait été stoppée par une entente internationale des producteurs, mais nous n'en avons pas d'autres preuves. Au milieu de 1968 (12 juin), le conseil constatait avec satisfaction l'amélioration de la situation : « Au début de mai, on peut dire que la reprise des affaires, bien que lente et irrégulière, s'affirmait dans la presque totalité de nos secteurs. » À la fin de 1968, le redémarrage textile paraissait se confirmer et le chiffre d'affaires avait augmenté de 10 % par rapport à l'année précédente. Le taux de marge brute d'autofinancement se redressa à 10,70 % pour les sociétés françaises et bondit à 20 % pour les sociétés étrangères, moins touchées par la crise et, pour certaines d'entre elles, plus promptes à réagir.

La crise du textile se traduisait par le double fléchissement de la production et des prix. Ceux-ci évoluèrent différemment selon les variétés de textile. Dans le domaine de l'acétate, la baisse avait déjà été très forte

PRODUCTION DES USINES TEXTILES FRANÇAISES (1931-1973 en tonnes)

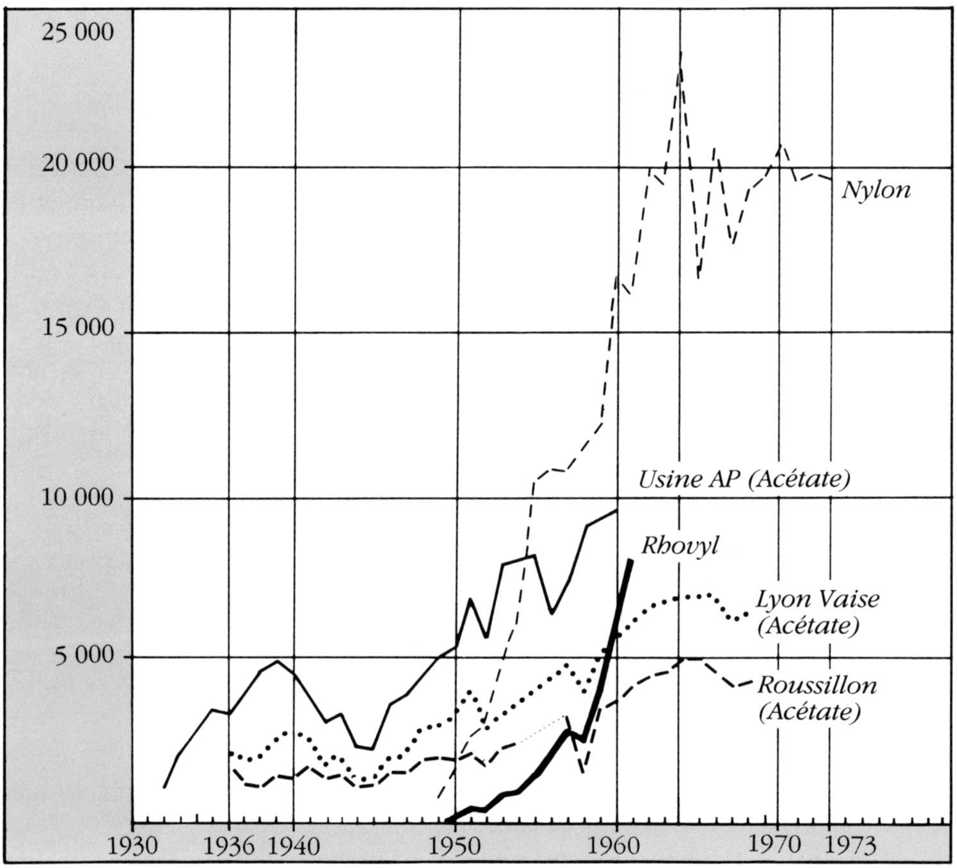

dans la période antérieure et les médiocres performances des textiles artificiels n'attiraient plus les vocations de nouveaux producteurs. À partir de 1960, les prix courants amorcèrent une lente remontée jusqu'en 1963, puis ils se stabilisèrent autour de l'indice 110 (100 en 1956). Une baisse modérée du prix du fil Nylon démarra en 1956 pour atteindre l'indice 93 en 1960 ; le repli s'accéléra à partir de cette date jusqu'en 1966 (indice 70), date à laquelle les prix s'effondrèrent très brutalement jusqu'à un indice 52 en 1968 *(v. graphique, p. 253)*. La chute du prix de la fibre polyester fut très tardive et plus brutale, passant de l'indice 99 en 1964 à 53 en 1968. Ces baisses touchaient les produits qui traditionnellement rapportaient le plus de bénéfices à la branche textile. Un rapport d'Alain Jubert, du mois d'avril 1967, remarquait qu'en trois ans, le prix du fil polyamide avait chuté de 30 %, celui du fil polyester de 29 % et celui de la fibre acrylique de 7 %.

La baisse des prix et des productions peut s'expliquer par des facteurs généraux et des faits plus particuliers. Une étude du Crédit commercial de France (mars 1968) percevait bien la diversité des causes en évoquant la crise cyclique du textile, un ralentissement conjoncturel européen et une surcapacité mondiale de production. Mais, dès la période 1961-1966, la production française de textiles chimiques doublait, alors qu'elle triplait en Italie et en Allemagne. Il semble que Rhodiaceta et Rhône-Poulenc S.A. aient payé le prix d'une situation qui avait été jusque-là semi-monopolistique, illustrée par l'accusation portée par la presse de pratiquer des prix intérieurs excessifs, une affirmation qu'il faudrait étayer par une comparaison précise avec les prix étrangers. En tout cas, la concurrence se déclencha vite sur le marché français et les produits étrangers y gagnèrent des parts importantes dès que les brevets du Nylon et du Tergal furent tombés dans le domaine public en 1964 et 1968. Le marché français, peu habitué à la concurrence, n'y résista guère. Le 22 septembre 1966, le conseil d'administration s'inquiétait : « Le phénomène le plus inquiétant, c'est le développement considérable, actuellement en cours, de la concurrence textile. Les importantes sociétés anglaises, I.C.I. et Courtaulds, font de très gros investissements. Les firmes américaines Du Pont de Nemours et Monsanto installent des usines sur le territoire du Marché commun. En Europe, les capacités de production semblent s'accroître plus rapidement que la demande. » La même année, la société italo-américaine Polyfibre installait une usine dans les Vosges pour alimenter l'établissement Firestone de Béthune. En 1967, les capacités de production en Europe avaient augmenté de 60 % en 3 ans et les prix moyens baissé de 40 %.

La baisse des prix expliquait le fléchissement ou la stagnation des productions de la société. Dès 1964, les ventes d'acétate déclinaient légèrement ; dès 1965, les ventes globales de Nylon passaient de 43 000 tonnes à 34 000 tonnes. En revanche, la production de polyester se maintenait mieux. Les statistiques de production des usines expriment naturellement ces mouvements : en 1964, la production d'acétate plafonnait à Vaise et Roussillon, puis déclinait sensiblement.

Au cœur des difficultés de l'industrie textile, l'usine de Vaise.

Dans les années 1970, l'usine de Saint-Fons sud fabriquait toujours des produits traditionnels dans des ateliers modernisés : en haut, les installations de l'hydroquinone ; en bas, celles du gaïacol.

L'usine de Clamecy appartenait à la société Progil ; elle fut donc amenée au groupe en 1969. Elle était spécialisée dans la distillation du bois. Les produits étaient condensés dans cet atelier.

L'usine de Roussillon développa une importante production de phénol au cumène dans ces installations construites en 1953 et 1954.

La production de Nylon à Vaise atteignit son record en 1964 (24 000 tonnes), s'effrondra l'année suivante à 17 000 tonnes, puis oscilla plutôt en dessous de la barre des 20 000 tonnes *(v. graphique, p. 254)*. Ces replis se traduisirent par la détérioration des résultats, chiffres d'affaires et bénéfices d'exploitation, de la branche et de chacune des sociétés textiles. Ceux de la Rhodiaceta entre 1960 et 1967 furent les suivants :

(en milliers de francs)

	Chiffre d'affaires	Bénéfices d'exploitation	Effectifs
1960	834 840		10 067
1961	956 211		10 760
1962	1 060 422	160 485	12 611
1963	1 264 287	258 400	13 612
1964	1 322 343	235 987	14 446
1965	1 158 921	85 206	14 260
1966	1 185 111	97 666	14 275
1967	975 713	16 395	13 487

Le basculement de 1964-65 s'exprime ici clairement. Malgré les redressements passagers ou les stabilisations, la grande croissance textile commencée au lendemain de la guerre était cassée. La crise textile française ne manque pas de traits spécifiques ; l'exploitation de brevets protégés avait longtemps assuré une relative rente de rareté et une situation de monopole interne qui eurent probablement un effet rémunérateur mais anesthésiant. Dans la décennie précédente, les prix avaient baissé, mais lentement, ce qui avait permis l'ajustement des coûts de production alors que les concurrences interne et externe jouaient fort peu. Puis les monopoles tombèrent, les frontières s'ouvrirent, de nouveaux producteurs installaient des usines plus performantes et l'article du journal *Le Monde* (5 mars 1968) répondait probablement à cette situation en écrivant : « Rhône-Poulenc n'a pas ses usines textiles à dimension européenne .» La direction du groupe avait probablement prévu cette évolution, mais pas aussi forte et brutale qu'elle fut, comme le rappelait Jean-Claude Achille, directeur général : « Il est vraisemblable que cette supériorité sur le marché nous rendait vulnérables. Nous avions certes prévu depuis 1963 l'incidence de la retombée dans le domaine public des brevets Nylon et Tergal. (...) Nous avions même tablé sur une baisse de prix de l'ordre de 25 %, mais en deux vagues successives, en 1965 et 1967, c'est environ de 40 % que les prix ont baissé. » (*l'Expansion*, décembre 1969).

Les conséquences de la crise

Le ralentissement des ventes eut immédiatement des conséquences sociales pour le personnel des sociétés et, tout d'abord, la multiplication des heures chômées. Au mois de mars 1967, les usines de la Rhodiaceta étaient occupées par les ouvriers pour exiger leur paiement. En septembre 1967, devant l'insuffisance des premiers remèdes, le conseil d'administration décidait de nouvelles mesures pour réduire les coûts de production : arrêt de tout recrutement de personnel, accélération de la mise à la retraite de cadres parmi les plus âgés, réduction de certaines dépenses générales importantes, comme la publicité directe ou indirecte, très coûteuse dans le textile. À la fin de l'année, une réduction d'horaires de 10 % pour les postés, de deux heures pour les autres, était décidée, ainsi que la baisse de la prime d'intéressement et 2 000 mises en retraite. Ces mesures avaient suscité une forte agitation à l'usine de Lyon-Vaise entre le 11 et le 16 novembre et entraîné le licenciement de 96 ouvriers pour fautes graves.

Globalement, les effectifs de la Rhodiaceta culminèrent à 14 275 personnes en 1966 et régressèrent dès 1967 (13 487). Mais la chronologie diffère selon les sociétés. Ainsi, les effectifs du C.T.A. avaient amorcé leur régression dès avant 1961, traduisant le déclin précoce de la viscose. Pour l'ensemble des sociétés textiles françaises le repli ne commença qu'en 1968 (1967 : 30 335, 1968 : 29 154). En revanche, pour les sociétés textiles étrangères qui résistèrent mieux à la crise de 1967, les effectifs augmentèrent encore en 1968 (1967 : 27 167, 1968 : 27 409)*[v. graphique, page 259]*.

Une modeste adaptation

Ces premières difficultés et la montée des concurrences ne réduisirent pas le secteur textile à l'inaction et à la passivité, bien au contraire. Il est vrai qu'ici, comme en d'autres situations de crise, prédominait le sentiment que les difficultés allaient être surmontées. En avril 1967, Alain Jubert pouvait présenter ainsi les développements textiles aux analystes financiers : « Nous

LES EFFECTIFS DE QUELQUES SOCIÉTÉS TEXTILES (1922-1970)

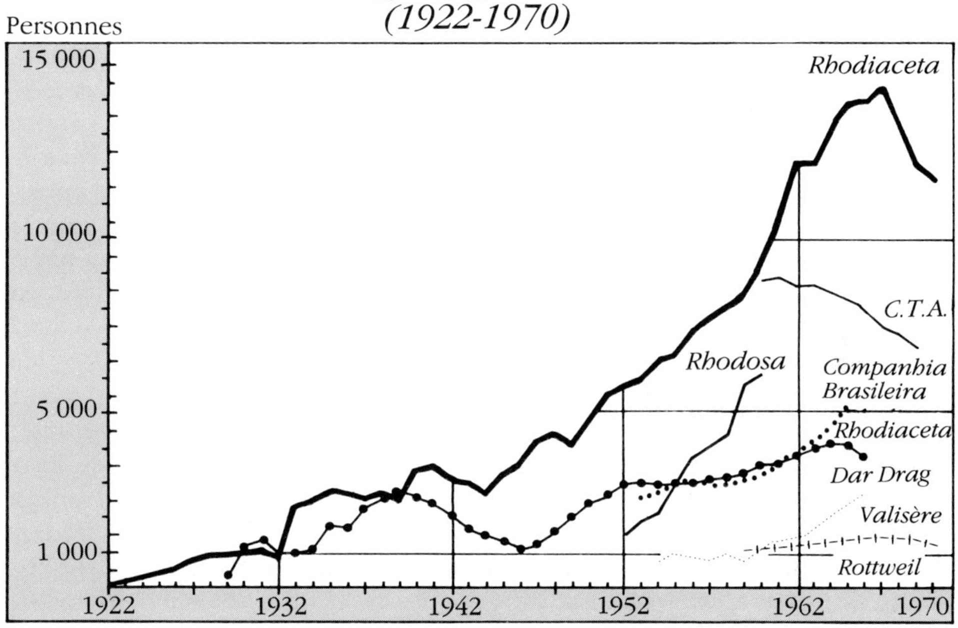

venons de démarrer une nouvelle tranche de 500 tonnes par mois de polyester à l'usine de Valence et 100 tonnes par mois à la Viscose suisse. Crylor passe sa production de 1 450 tonnes par mois à 2 000 tonnes. » En mars 1968, un rapport du Crédit commercial de France indiquait que les mesures prises devaient conduire à l'assainissement et que l'avenir des textiles synthétiques était parfaitement assuré dans la mesure où la faible consommation française permettait d'escompter de larges développements et où la demande de l'industrie pneumatique et des tissus mélangés était importante.

La frontière des intérêts textiles du groupe se déplaça légèrement au-dedans et au-dehors du territoire national. Les brevets Nylon, malgré leur passage dans le domaine public, donnèrent encore lieu à quelques transactions. Le 24 janvier 1964, un accord avait été passé avec la société Phillips Petroleum pour la création d'une filiale commune à laquelle Rhodiaceta apportait ses connaissances pour la fabrication des polyamides 66, moyennant des redevances. La société ainsi créée, la Fibers International Corporation, devait développer la production dans l'usine de Guyana à Porto Rico, territoire qui bénéficiait d'exemptions fiscales importantes de la part du Gouvernement américain. En juin 1968, la société acheta l'usine de polyester de Greenville à la société Bates aux États-Unis. D'autre part, le groupe marqua un recul voulu dans le secteur géographique belge. Rhône-Poulenc S.A. détenait 24 % de l'Union chimique belge, à égalité avec la famille Janssen et refusa la proposition qui lui était faite au début de l'année 1969 par la société belge de lui céder la totalité de son textile ; celle-ci échangea donc ses actifs textiles contre les activités de pellicule de l'entreprise néerlandaise Aku. Bonne solution financière, mais qui livrait la fabrication du Nylon 66 aux Hollandais, observait le conseil d'administration. Au demeurant, les frontières des activités textiles à l'extérieur de l'Hexagone varièrent peu dans les années 1960.

Fait nouveau, la Rhodiaceta s'intéressa désormais aux entreprises de transformation des matières et pratiqua dans la décennie l'intégration aval : Alain Jubert rappelait en 1967 que « l'intégration en amont est importante, mais elle n'est pas primordiale ». Une part notable des produits de base textiles était fournie par la S.U.C.R.P. ; plus en amont, l'implantation du groupe dans le secteur de la pétrochimie était limitée à quelques filiales communes. En aval, déclarait le même responsable, « le groupe s'était fait une loi de ne pas s'intéresser aux activités de ses clients ». Mais la loi souffrit quelques entorses, car elle dut céder devant les nouvelles conditions de la concurrence. Le motif évoqué fut toujours identique : ne pas perdre un client « menacé » ou peut-être tenté par une offre étrangère et permettre une solution dans le cadre national. Cette politique risquait de mener la société assez loin dans la défense du marché hexagonal et dans l'intégration à des activités pour lesquelles elle n'était peut-être pas faite. Les participations et les prises de contrôle d'aval paraissent s'être réalisées en deux étapes.

Avant le début des difficultés textiles, au cours de l'année 1964, des négociations furent entreprises et conclues avec quelques utilisateurs. L'accord de base était une participation de 20 % du capital et une option était prise jusqu'à un niveau de 51 %. Ces entreprises liaient donc indéfectiblement leur sort à celui de Rhône-Poulenc ; elles étaient stratégiquement conçues comme des démonstrateurs-pilotes chargés d'explorer les possibilités d'utilisation des fibres fabriquées par le groupe et permettaient au producteur de fibres une vue directe sur le consommateur final. Les principaux accords furent conclus avec les sociétés suivantes :

- la société J. Léonard et Compagnie, et Léonard Fashion, fabriques de jersey utilisant les fils Crylor ;
- la société Begy, spécialisée dans la texturation du Nylon et la fabrication

des bas. Elle possédait des usines à Nantes et à Saint-Nazaire ;

- la Société nouvelle Godde-Bedin fabriquant le voile de Tergal à Tarare ;
- la société Ventex qui produisait de la bonneterie.

Deux opérations plus importantes furent engagées avec la Société industrielle de Moy et le groupe Amédée Duc. La première avait engagé des négociations de rachat avec un groupe américain ; elle possédait une usine de filature de viscose à Moy (Aisne) et une fabrique de polystyrène expansé à Avignon par l'intermédiaire de sa filiale, la Sipra. Ce client important fut aussi « sauvé » par la prise de participation de Rhône-Poulenc. Les opérations furent un peu plus comliuées avec le groupe Amédée Duc : celui-ci dut d'abord concentrer l'ensemble de ses huit filiales (Société anonyme Duc, Société anonyme De Marly, Société anonyme Depary, Société L. Cerf, S.N.C.A. Duc, Société Seminel, Société anonyme Produits textiles, Société nouvelle de Distribution textile), puis un groupe de quatre sociétés reprenait le tiers du capital estimé à 12 millions de francs : les sociétés Texunion, Filatures Prouvost, La Lainière de Roubaix reprenaient chacune un cinquième du capital et la Rhodiaceta souscrivait à deux cinquièmes.

En 1967, une seconde étape fut franchie vers l'intégration aval. Les installations de texturation des filatures Prouvost-Masurel (Teintureries d'Aubenas et société Fett avec ses usines de Luxeuil et du Val d'Ajol) furent fusionnées dans la Société franco-européenne de Transformations textiles qui fut elle-même rachetée, ainsi que la Société de Moulinage de Nouvelle-Europe par la Rhodiaceta pour la somme de 25 millions de francs.

À l'issue des années 1960 et à l'entrée dans la crise textile, le groupe était engagé dans les activités d'application et de transformation dont il ne s'était jamais désintéressé sur le plan théorique et technique ; il menait là une stratégie défensive imposée par les circonstances nouvelles.

L'univers du textile Rhône-Poulenc n'était pas plus structuré que le reste du groupe, ce qui signifie que les relations historiques entre les sociétés, que l'identité des hommes et leurs conceptions industrielles étaient essentielles pour gérer cet ensemble. Un tableau regroupant les principaux postes d'administrateurs des sociétés textiles souligne l'étroite communauté de direction de l'ensemble des activités. *(v. page suivante.)*

Ainsi, une dizaine de personnes contrôlaient les productions textiles du groupe et certaines d'entre elles étaient également administrateurs de sociétés chimiques. Derrière le morcellement des raisons sociales, derrière les difficultés gestionnaires de la société holding, il y avait bien, même si elle restait non formalisée, une réelle unité de direction.

LES PRINCIPAUX ADMINISTRATEURS DU SECTEUR TEXTILE (1965)

	Rhodiaceta	Rhovyl	D.R.A.G.	Norsyntex	Rhodiatoce	Crylor	C.T.A
Pierre Lombard	P	P	P	A	A		
Léon Pranal	VP	A	A	P	A	P	A
Ennemond Beizot	A						P
Lazare Carnot	A						A
Lucien Chatin	A						
Louis Clouzeau	A				A		
Renaud Gillet	A						A
Edmond Prince	A				A		
Charles-René Recordon	A		A	A	A	A	
Augustin Mollard							

	Viscose Suisse	Chavanoz	Gamma	Rhodia Argentina	S.V.A.T.
Pierre Lombard					
Léon Pranal	A				
Ennemond Beizot					
Lazare Carnot	A				
Lucien Chatin					
Louis Clouzeau		P	A		
Renaud Gillet					
Edmond Prince					
Charles-René Recordon				A	
Augustin Mollard		A			P

P : président ; A : administrateur ; VP : vice-président

La recherche en matière textile fut également recentrée. Elle était traditionnellement menée au centre des Carrières et au centre de Bezons appartenant au C.T.A.. En 1958 avait été inauguré le centre de Gorge-de-Loup, près de l'usine de Vaise à Lyon, pour étudier les nouvelles utilisations, les nouveaux débouchés textiles et suivre l'évolution des productions, fils, fibres et produits fabriqués. En plein fonctionnement, il employait 400 personnes.

Les brevets textiles déposés restaient beaucoup moins nombreux que ceux de la chimie et de la pharmacie. En moyenne, sur la période 1961-1969, ils représentaient 24,80 % du total déposé en France ; en 1961, 31,80 % ; en 1969, 19 %. De façon évidente, l'invention et la créativité dans le domaine textile s'affaiblissaient en même temps que se détérioraient

STATISTIQUES DES BREVETS (1895-1975)

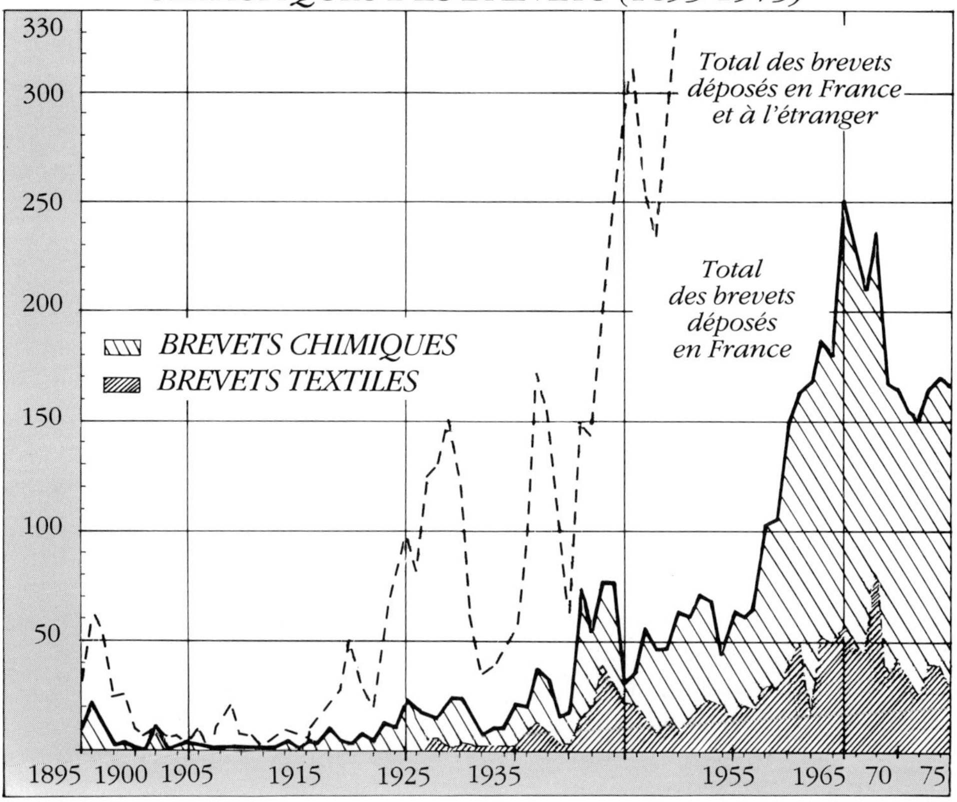

les résultats économiques *(v. graphique, p. 263)*. Sans doute ces estimations qui résultent des comptages des brevets méritent-elles quelques corrections. Jusqu'en 1961, la direction technique des brevets enregistrait tous les dépôts de la Rhodiaceta et de ses filiales et, parmi celles-ci, Rhovyl et la D.R.A.G. occupaient des places assez importantes. À partir de 1961, certaines sociétés absorbées furent directement enregistrées, comme la Société suisse de Viscose ; en revanche, le C.T.A. et les Retorderies de Chavanoz déposèrent séparément leurs brevets, soit 40 pour la première société et 79 pour Chavanoz ; à partir du mois de mai 1971, la division textile se chargea de l'enregistrement de tous les brevets des sociétés. De plus, le budget de recherche du textile était très inférieur à celui de la chimie, 3 à 4 % du chiffre d'affaires de la Rhodiaceta, contre 8 à 10 % pour la S.U.C.R.P., différence qu'il convient de rapporter aux types d'activité.

L'adaptation de filiales textiles étrangères

Le passage à la structure de holding, les menaces sur le chiffre d'affaires et sur la marge brute d'autofinancement, confirmées en 1967, l'ouverture des frontières, des rivalités et concurrences paraissent avoir suscité une circulation plus intense de l'information entre les filiales et les usines. Les nombreuses visites d'usines réalisées en 1967 et en 1968 permettent d'établir un sorte de palmarès très révélateur de la diversité quotidienne et économique des filiales du groupe.

Dans l'usine allemande de Rottweil, en mars 1968, les visiteurs français constataient des résultats et une qualité très supérieurs, en particulier dans le domaine de la filature. De plus, la main-d'œuvre était plus mobile qu'en France, les grèves étaient inconnues et l'encadrement était plus disponible. Les conclusions de la visite de l'usine de Widnau (Viscose suisse) par les délégués de Saint-Laurent-Blangy étaient aussi positives : « Une première chose frappe : l'ordre et la propreté. (...) Les ouvriers sont loin d'être exclusivement suisses : il y a des Autrichiens et beaucoup d'Espagnols qui, transplantés dans nos usines, n'auraient pas plus de soin que les nôtres. C'est donc une question d'ambiance qu'il faut essayer de créer en France. (...) C'est tout un esprit de discipline, de précision, de respect des consignes clairement établies qu'il faut instituer. »

Les établissements français se trouvaient au milieu du palmarès et assez loin derrière eux se trouvaient les usines textiles brésiliennes. En 1967, la

La Société suisse de Viscose utilisait deux usines : Emmenbrucke et Widnau, cette dernière représentée ici à la fin des années 1960.

mission française avait constaté que les rendements de l'usine de Santo André (Nylon et polyester) étaient très inférieurs à ceux obtenus en France. Il y avait là « beaucoup à faire » en régularité de titre et de teinture et en propreté. L'usine brésilienne devait appliquer strictement les techniques et les intructions venues de France. Toutes ces considérations devraient se traduire par des données comparatives chiffrées de rendement et de productivité dont la réunion paraît, dans l'état de la documentation, assez problématique.

Les filiales étrangères avaient ainsi des évolutions passablement différentes, liées aux contextes nationaux. Néanmoins, la direction du groupe commença à mettre de l'ordre et à hiérarchiser les filiales. En décembre 1965, les filiales textile et chimique brésiliennes furent fusionnées dans Rhodia Industrias quimicas e texteis, dont le capital était alors détenu à 89,40 % par Rhône-Poulenc S.A. et à 10,60 % par la Rhodiaceta. La nouvelle société contrôlait d'autre part deux filiales textiles : Rhodosa Industrias texteix S.A. et Valisère S.A.. De la même façon, en 1967, la Rhodiaceta argentina fut absorbée par la Rhodia argentina. En juillet 1968, la D.R.A.G. absorbait la société Rottweiller AG, qui produisait viscose et Nylon et dont 76 % du capital appartenaient déjà à la société absorbante.

Ces fusions étaient commandées par deux arguments : concentrer la gestion et réduire les impôts et taxes pesant sur des usines dont les productions se complétaient.

Le bilan de santé des filiales textiles étrangères paraît légèrement meilleur que celui des sociétés françaises si l'on en juge par le rapport de la marge brute d'autofinancement au chiffre d'affaires, un peu supérieur hors de France. En réalité, la performance des filiales étrangères ne s'affirme qu'à partir de 1967 parce qu'elles résistèrent mieux à la concurrence et restaurèrent leur chiffre d'affaires plus vite que les sociétés françaises en 1968. Peut-être peut-on voir dans ce léger avantage la traduction chiffrée des éloges adressés aux filiales allemande et suisse.

D'autre part, certaines filiales, celles d'Italie et du Brésil, paraissaient, vis-à-vis de Rhône-Poulenc S.A., gênées dans leur fonctionnement. En 1965, les firmes italiennes Edison et Montecatini, partenaires de Rhône-Poulenc S.A. dans Farmaceutici et Rhodiatoce, fusionnaient. Or, une des filiales d'Edison, la société Chatillon, avait créé une usine de Nylon en France, dans les Vosges. La société Montedison risquait de se trouver partagée entre des intérêts divergents et cette situation se compliquait en 1968 lorsqu'elle fut contrôlée par les deux holdings de l'État italien, l'I.N.I. et l'I.R.I. ; « notre situation dans Rhodiatoce risque de devenir de plus en plus délicate », concluait le conseil d'administration le 30 octobre 1968.

La situation politique et économique du Brésil imposait des conditions spécifiques au fonctionnement des filiales. La situation monétaire était caractérisée par une forte inflation (80 % en 1963, 90 % en 1964), par la lutte contre celle-ci et par les dévaluations. Cette marche monétaire cahotante avait d'importantes répercussions, les restrictions de devises faisaient lourdement ressentir la nécessité d'importer un certain nombre de produits de base ou de produits intermédiaires et empêchaient le versement des dividendes à l'extérieur du Brésil (en 1963, les dividendes étaient bloqués depuis un an et demi).

Les filiales s'efforcèrent donc de s'adapter en se libérant progressivement de leurs importations ; la production de l'adiponitrile fut installée à l'usine de São Francisco et une usine de fabrication d'alcool butylique fut achetée à Conceiçao de Macabu en 1963.

Les prix de vente intérieurs étaient augmentés en proportion de l'inflation. Le marché brésilien se développait fortement, mais la confiance demeurait fragile. Comme en Italie, les filiales s'efforçaient de profiter des avantages offerts par le Gouvernement pour favoriser la décentralisation économique ; il s'agissait ici de favoriser l'industrialisation du Nord-Est. En 1965 fut élaboré un projet d'implantation financé à 50 % par la Sudene et en 1969 s'ouvrait l'usine Valisère Nordeste qui employait dans un premier temps 150 personnes. Les sociétés brésiliennes avaient développé une gamme de productions dont les niveaux étaient les suivants en 1965 :

• **production chimique** :	- sel N :	10 400 t
	- acétate :	6 200 t
• **Rhodiaceta** :		
— acétate :	fils	4 806 t
	fibres	84 t
	fibres spéciales	256 t
	mèches à cigarettes	1 175 t
	TOTAL	6 321 t
— polyester :	fils	788 t
	fibres	1 627 t
	TOTAL	2 415 t
— Nylon :	fils	6 071 t
	fils pneu	1 854 t
	fibres	950 t
	TOTAL	8 875 t
— Rhodosa de Raion :		
	fils viscose	2 469 t
	fils pneu	6 441 t
	Fibranne	2 493 t
	TOTAL	11 403 t

• **Valisère** : 4 614 000 pièces fabriquées.

Mais en fin de période, en 1969, les filiales étaient frappées par une crise assez grave : le Nylon Rhône-Poulenc devenait trop cher, la demande du fil pneu viscose se contractait et les importations de fibres acryliques à bon marché faisaient concurrence aux produits fabriqués sur place.

Ainsi en 1964-65 et surtout en 1967, l'alarme était donnée. Les nouvelles conditions économiques soulignaient et renforçaient le rôle des sociétés étrangères mieux à même, semble-t-il, de résister et de s'adapter à l'évolution en cours. Par le simple jeu des résultats financiers, la chimie retrouvait plus d'importance relative. Vingt années d'insolente prospérité, un autofinancement sans faille, l'acceptation de la domination du textile n'auraient-ils pas anesthésié les réflexes, la vigueur gestionnaire, l'imagination prévisionnelle du groupe ?

La direction générale, devant les premières difficultés, rappelait la nécessité d'être vigilant : « Le rapport de quelques secteurs - antibiotiques, neuroleptiques, Nylon - dominait de haut les bilans ; absorbés par ces secteurs qui évoluaient vite, nous admettions par ailleurs des rendements plus modestes, voire négatifs. » Une gestion rigoureuse de chaque produit ou de chaque famille élémentaire ne s'imposait pas. D'ailleurs, elle ne paraissait pas possible dans un holding non structuré. La production, dans les années 1950, de Nylon bénéficiaire et d'acétate de cellulose déficitaire

La filature de l'acétate dans l'usine de Vaise.

n'illustrait-elle pas déjà ce laxisme de la gestion ? Le groupe, habitué à une situation de cloisonnement douanier, devait s'adapter à des confrontations plus vives et à la libération progressive des échanges.

LES GRANDES FUSIONS (1969)

Si l'absorption de Celtex en 1961 pouvait apparaître comme la conclusion normale de l'époque d'intense prospérité textile qui précéda et comme la phase décisive de la restructuration de l'industrie des textiles artificiels et synthétiques en France, les absorptions de 1969 ont une portée et une signification fort différentes.

Le débat stratégique

Dans la seconde moitiée des années 1960 s'ouvrait l'ère des « grandes manœuvres industrielles » - titre emprunté à Élie Cohen et Michel Bauer -, impulsées à la fois par les incitations étatiques de l'ère gaullienne, puis pompidolienne et par la volonté (dans quelle mesure ?) des entreprises. Sans nous attarder sur des généralités bien connues, rappelons que la réalisation du Marché commun ouvrait largement les frontières aux grandes entreprises étrangères et faisait apparaître plus clairement les faiblesses du tissu industriel français : les entreprises françaises étaient de trop petite taille pour pouvoir protéger l'Hexagone et garder des parts suffisantes de marché. Sous le coup de la nécessité économique et de la volonté politique, le mouvement de concentration et de restructuration allait toucher toute l'industrie française.

Concernant plus précisément la chimie, le comité de développement industriel (comité Ortoli) confiait en 1965 à Bernard Clappier, premier sous-gouverneur de la Banque de France, la mission de rédiger un rapport de réorganisation générale. Philippe Guinot, dans son ouvrage sur *Les Stratégies de l'Industrie chimique*, résume quelques conclusions d'un rapport qui ne fut jamais publié. Il soulignait que le jeu traditionnel des créations de filiales communes ne suffisait plus pour faire évoluer l'industrie et « qu'un véritable remodelage des structures (était) devenu nécessaire tant dans le secteur privé que dans le secteur public ». Il préconisait une restructuration de la chimie appartenant à l'État autour des pétroliers nationaux, comme la société Erap et, considérant que la chimie française représentait les deux tiers de la chimie allemande, elle-même structurée par trois grands groupes, il suggérait qu'à côté de Rhône-Poulenc, équivalent approximatif d'une des grandes entreprises germaniques, soit constitué un second groupe français. Cette dernière conclusion arrêta tout spécialement l'attention du conseil d'administration de Rhône-Poulenc S.A. qui pouvait voir là une menace de concurrence interne et fut probablement intégrée dans la réflexion stratégique du groupe.

En octobre 1967 fut créé le Bureau des fusions et regroupements d'entreprises auprès du ministère de l'Industrie. Dès 1966, Ugine et Kuhlman avaient montré la voie en fusionnant. Rappelons avec Philippe Guinot que « dix des vingt premiers groupes chimiques de 1965 ont disparu en 1971, dix-huit d'entre eux ont été impliqués dans le mouvement ». Si les absorptions réalisées par Rhône-Poulenc furent les plus importantes de l'époque, elles s'inséraient dans un plus vaste mouvement qui concernait toute la chimie française.

Sans doute la direction du groupe avançait-elle des arguments identiques : résister à la concurrence, « atteindre une taille adaptée à cette concurrence ». Il est fort probable que Rhône-Poulenc S.A. ne souhaitait pas voir se constituer un second grand pôle chimique français. Un rapport de la direction générale du 22 août 1968 débattait de l'avenir du groupe et soulignait la nécessité de l'intégration remontante ou amont. Il constatait que « dans l'édifice des produits chimiques, nos activités prennent leur départ du premier étage et non du rez-de-chaussée », que la société était absente de la chimie minérale et qu'elle ne contrôlait pas les matières premières de base. Cette lacune avait obligé la société à abandonner toute une série de productions comme la résorcine, la scurocaïne, le chlorure de méthyle et à renoncer à fabriquer les grands plastifiants. Il serait dangereux à la longue, affirmait le rapport, de maintenir une politique passive dans la production des grandes matières premières pétrochimiques. Il était donc nécessaire pour Rhône-Poulenc de « commencer la chimie par le rez-de-chaussée » et donc de passer à une chimie de plus en plus lourde, condition de l'indépendance et de la survie des grandes entreprises couvrant tous les secteurs d'activité et déjà fortement implantées. Le rapport concluait un peu solennellement : « Notre groupe est probablement à une croisée des chemins . »

L'étude de la situation internationale, l'évolution des autres groupes chimiques militaient donc en faveur d'une intégration amont vers la chimie lourde et minérale et d'un contrôle de toute la chaîne des productions chimiques ; mais la diversification était aussi à l'ordre du jour des débats. Louis Clouzeau proposait des développements du côté des équipements et prothèses chirurgicales à base plastique, technique de pointe sans doute, mais un peu légère. Le professeur Raymond Paul, consulté et « qui avait à la D.G.R.S.T. un remarquable observatoire pour discerner les voies d'avenir pour nous », indiquait une orientation vers les industries alimentaires et un groupe de travail constitué proposait trois réponses possibles : une collaboration-participation avec la Générale Alimentaire ; l'achat de la société Prior ; une prise de participation dans la Société d'Aliments pour le Bétail, la S.A.R.E..

Ces propositions peuvent, à juste titre, paraître fort éloignées de la voie traditionnelle suivie par Rhône-Poulenc, à l'exception des productions phytosanitaires et vétérinaires. Certaines envisageaient aussi une forte réorientation des recherches menées par la société.

Quelques mois plus tard, *L'Opinion Économique et Financière* (10 avril 1969) publiait un article rassurant et d'une orientation toute différente. L'auteur y rapportait une déclaration de Wilfried Baumgartner : « Des accords d'envergure avec d'autres groupes français ou étrangers ne se dessinent guère ». Les résultats de 1968 et 1969 s'amélioraient grâce à la remontée des prix des fibres textiles : « Rhône-Poulenc a traversé des difficultés économiques et financières qui sont maintenant derrière lui ». Lénifiants propos journalistiques masquant la réalité des problèmes et des pourparlers en cours.

L'absorption de Péchiney-Saint-Gobain et de Progil

En 1969, Rhône-Poulenc S.A. s'apprêtait à absorber les sociétés Péchiney-Saint-Gobain et Progil, soit deux entreprises totalement différentes.

En 1961, sur l'initiative, semble-t-il, de Raoul de Vitry, président directeur général de la société Péchiney, démarra la concentration de la chimie française : la Compagnie de Saint-Gobain, spécialiste du verre plat, et Péchiney, spécialiste de l'aluminium, apportèrent leurs activités chimiques en 1961 à une filiale dont le capital était réparti par moitié. Les entreprises fondatrices comptaient parmi les plus anciennes de l'industrie française ; la première en était véritablement la doyenne, créée à la fin du XVIIe siècle, et Péchiney, fondée en 1855, était plus que centenaire. Si la Compagnie de Saint-Gobain avait toujours été spécialisée dans les glaces et verres plats, elle avait très tôt créé les fabrications chimiques qui lui étaient nécessaires (soudière de Chauny en 1812, par exemple). Si la société Péchiney s'était d'abord spécialisée dans les productions chimiques (la fondation de la soudière de Salindres datait de 1856-1857), elle s'orienta après 1900 vers la fabrication de l'aluminium, après avoir absorbé la Société de Froges. Par leur ancienneté et leur histoire, par leurs traditions, les deux sociétés représentaient des « cultures » d'entreprise fort différentes entre elles. Elles souhaitaient, l'une et l'autre, recentrer leur développement sur leurs vocations primitives et respectives et isoler des activités chimiques, qui avaient leur logique propre, dans une entreprise spécifique. S'agissait-il du second pôle chimique français préconisé par le rapport Clappier ? Mais celui-ci condamnait le principe de la filiale commune. Sans doute, Péchiney-Saint-Gobain pouvait compter sur deux marchés captifs, mais les sociétés-mères paraissaient avoir des intérêts bien divergents, car Péchiney était lié à British Petroleum dans Naphtachimie et la Compagnie de Saint-Gobain à la société Shell. En 1968, le chiffre d'affaires de Péchiney-Saint-Gobain, 1 618 millions de francs, se partageait entre 44 % de chimie minérale, 33 % de plastiques et 23 % de produits phytosanitaires. L'entreprise contrôlait un ensemble de filiales et de sous-filiales ; ci-dessous, ces filiales en 1967 (en pourcentage détenu).

	POURCENTAGE		POURCENTAGE
Acétalacq	42	Salinières de l'Est	4,24
Aquitaine Chimie	42	Sifrance	25
Armoseg	50	Sep	99
Comifluor	25	Sids	99
Cordoual	34,85	Silgelac	32
Daufac	25	S.I.S.S.	60
Diversey	20,31	Sofec	100
Éthyl-Synthèse	20	Sofo	61
Éthylène-Plastique	31,40	Sofreugex	10
Chimiques de Gerland	3,20	Tamimo	50
H.G.D.	8,48	Thann et Mulhouse	64
Ormylex	50	Tuboplast	35
Péchiney-Progil	50	S.P.C.S.	55
Pro-Catalyse	50	Usine de Boussens ...	25,80
Prochal	50	Usine de Melle	49
Rhovyl	22,50	Vinylacq	100
Rousselot	24,90	Xylochimie	50

Société Chimique des Usines du Rhône

ANCIENNEMENT GILLIARD, P. MONNET & CARTIER

1898

Les Etablissements Poulenc frères

Fabrique de Produits Chimiques

1900

1928

SOCIÉTÉ DES USINES CHIMIQUES
RHONE - POULENC

1935

RHÔNE-POULENC S. A.

1963

rhône-poulenc

1970

Les installations de Lavéra, apportées par Péchiney-Saint-Gobain en 1969, renforçaient le potentiel pétrochimique de Rhône-Poulenc S.A..

La production était assurée dans dix-sept usines françaises fort dispersées. Les principales étaient Chauny (acide sulfurique, sulfate de soude), Saint-Auban (ammoniac), Wasquehal (sulfate d'alumine), Salindres (acide sulfurique), Le Havre et Thann (oxyde de titane), Lavéra (chlore, chlorure de vinyle) et Pardies.

Par rapport à Péchiney-Saint-Gobain, la société Progil faisait figure d'ancêtre. En effet, elle regroupa au lendemain de la Première Guerre mondiale un certain nombre d'actifs industriels appartenant à la famille Gillet : d'une part, des établissements liés à la teinture des soies et soieries - essentiellement des usines qui fournissaient des extraits tannants à partir du bois de châtaignier - et, d'autre part, ceux qui réalisaient des fabrications autonomes : ainsi le chlore fabriqué depuis la Première Guerre mondiale par l'usine de Pont-de-Claix (Isère), les phosphates produits à Collonges-au-Mont-d'Or, etc. Parallèlement, et très vite, la société créa des filiales à l'étranger et se tourna de plus en plus vers d'autres débouchés que le secteur textile : plastiques, pâte à papier, participation dans la Société normande de Produits chimiques (acide oxalique et acide lactique). À la fin des années 1930, Progil regroupait quatorze usines et dix-sept participations. La période de 1948 à 1968 fut marquée par des initiatives tous azimuts qui se traduisirent par vingt-deux nouvelles prises de participation dans l'électrochimie, la pétrochimie, la chimie minérale, la papeterie et les produits phytosanitaires. Ainsi cette entreprise de taille moyenne se différenciait techniquement et économiquement dans des horizons très divers. Sa taille modeste ne lui permettait pas de contrôler véritablement toutes ses activités et elle se contentait souvent de participer à des filiales communes où elle était minoritaire, situation qui devenait difficile à tenir en période de concurrence internationale et de prise de décision impérative. Progil apportait ainsi un ensemble de 25 filiales et participations. Ci-dessous, en 1967 (en pourcentag détenu).

	POURCENTAGE		POURCENTAGE
Charbons actifs	5,70	Plastugil	50
Celogil	33,30	Progil-Bayer-Ugine ...	25
Coignet Progil	50	Progil Électrochimie	50
Daufac	25	Progil Kuhlmann	50
Dérivés Éthyliques	20	Péchelbronn-Progil ..	50
Finalor	33,30	Rhône-Progil	50
Isogel	33,30	Chimique de la route	20
Nobrugil	33,30	Sifrance	50
Orogil	50	Sécadour	48
Papeteries de Condat	71,40	Soprosoie	80
Péchiney-Progil	50	Sodevi	20
Pétrochimique Atlantique	25	Usine de Boussens	6,80
		Xylochimie	50

Ses principales usines étaient Pont-de-Claix (chlore, soude, acétone, phénol, acide aliphatique), Collonges-au-Mont-d'Or et Nogent l'Artaud (silicates), Clamecy (distillation du bois), Roches-de-Condrieu (anhydride carbonique), Feyzin (oléifines). À la veille de la fusion, les productions de Progil se partageaient entre la chimie minérale (20 % du chiffre d'affaires), les plastiques (12 %), la pétrochimie (53 %) et les produits organiques (15 %).

Globalement, les deux sociétés apportaient toute une série d'ancrages amont au niveau de la chimie minérale et de la pétrochimie - ce fameux « rez-de-chaussée » auquel semblaient aspirer les dirigeants du groupe - et, d'autre part, le complément, l'autre moitié, de filiales communes entre Rhône-Poulenc, Péchiney-Saint-Gobain et Progil, ce qui permettrait,

L'usine de Pont-de-Claix, créée par les Gillet pendant la Première Guerre mondiale, fut intégrée à Rhône-Poulenc S.A. en 1969.

comme en 1961, de renforcer la décision et l'unité de production industrielle : ainsi, Tolochimie ou Daufac. Certaines filiales venaient renforcer les filières déjà existantes de Rhône-Poulenc, comme S.I.S.S. pour les silicones et Pepro pour les produits phytosanitaires. L'absorption de Péchiney-Saint-Gobain évitait que ne surgisse le second pôle chimique préconisé par le rapport Clappier. En ce qui concerne Progil, la proximité géographique, les relations de Rhône-Poulenc avec les Gillet et les familles alliées jouèrent un rôle évident. La fusion de 1961 les avait introduits dans le capital et la direction de la société et ils se trouvaient bien placés pour négocier la reprise de leurs actifs par Rhône-Poulenc. Comme en 1961, il s'agissait pour eux d'échanger des actifs industriels de valeur relative, dans un premier temps les usines du C.T.A., puis aujourd'hui une entreprise chimique de moyenne importance qui pouvait être menacée par la bataille des entreprises qui se déroulait dans l'industrie française, contre des actions Rhône-Poulenc bien cotées en bourse et aisément négociables. Après 1961, les intérêts des actionnaires Gillet restèrent dispersés entre de nombreuses mains, ce qui ne témoignait pas d'une stratégie industrielle évidente. En 1969, la cession de Progil résultait bien de volonté du groupe Gillet de se désengager industriellement.

Globalement, la situation des deux sociétés à absorber était moins favorable que celle de Rhône-Poulenc et moins encore que celle de la principale société chimique, la S.U.C.R.P..

LES TAUX DE BÉNÉFICES DES SOCIÉTÉS

$$\left(\frac{\text{marge brute d'autofinancement}}{\text{chiffre d'affaires}} \right)$$

Année	Groupe Rhône-Poulenc	S.U.C.R.P.	Progil	Péchiney-Saint-Gobain
1964	17	19,40	11,80	7,20
1965	15	16,10	10,40	6,90
1966	16,90	16,50	10	6,70
1967	11,50	14,90	10,20	7
1968	13,50	15,20	11,30	6,60

LES NIVEAUX D'ENDETTEMENT

$$\left(\frac{\text{dettes à moyen et long terme} \times 100}{\text{capitaux permanents}} \right)$$

année	Groupe Rhône-Poulenc	S.U.C.R.P.	Progil	Péchiney-Saint-Gobain
1964	3,50	4	32,50	38
1965	4,80	6,50	33,70	41
1966	6,10	2	37,50	46
1967	5,60	1	38	50
1968	5,40	1	39	48,50

Ces quelques chiffres expriment assez l'inégale qualité des sociétés. Sur la moyenne des cinq années, les résultats relatifs de Rhône-Poulenc dépassaient ceux de Progil de 39 %, ceux de Péchiney-Saint-Gobain de 116 % et ils avaient été obtenus avec des taux d'endettement tout à fait différents. Le groupe Rhône-Poulenc restait fidèle à sa tradition d'autofinancement et de non-endettement, ce qui lui faisait même reprocher de ne pas utiliser à plein ses possibilités d'emprunts et d'investissements. Péchiney-Saint-Gobain et Progil se trouvaient dans une situation beaucoup plus conforme à celle de l'industrie française : leurs taux d'endettement étaient croissants, élevés jusqu'à atteindre la moitié des capitaux permanents et les obligations de remboursement et de versement d'intérêts pesaient sur les résultats financiers. Seuls les taux de croissance étaient moins favorables à Rhône-Poulenc : celui de la S.U.C.R.P. n'atteignait que 3,10 % par an ; ceux de Péchiney-Saint-Gobain et Progil, 6 % et 10,10 %.

Apportons à cette brève étude comparative deux données complémentaires : en 1968, les chiffres d'affaires étaient de 5 928 millions de francs pour Rhône-Poulenc, de 1 208 millions de francs pour la S.U.C.R.P., de 1 618 millions de francs pour Péchiney-Saint-Gobain et de 458 millions de francs pour Progil. Les effectifs étaient également fort différents : 92 830 personnes pour l'ensemble de Rhône-Poulenc, 12 527 et 3 607 pour les deux sociétés absorbées. L'examen de ces chiffres - bénéfices, endettement, chiffre d'affaires, emploi - mène à penser que Péchiney-Saint-Gobain n'aurait pas pu constituer ce second groupe chimique français auquel pensaient les technocrates. Alors que les fusions étaient à l'ordre du jour dans toute l'industrie, alors que les intégrations amont - en particulier vers la pétrochimie - étaient ou avaient été réalisées par tous les groupes, on peut estimer que l'opération n'était pas déraisonnable.

La « stratégie défensive », selon l'expression de François Guinot, s'appliqua donc en 1969 selon des modalités différentes. La fusion entre Rhône-Poulenc et Progil fut consacrée le 29 avril 1969. Le 21, une déclaration avait été remise à la presse : « Face à la compétition internationale, l'industrie chimique française (...) ne peut opposer que des structures trop dispersées aux grandes concentrations mises en place à l'étranger. Estimant devoir contribuer activement à la solution de ce problème d'intérêt national, la société Rhône-Poulenc S.A. et la société Progil (...) ont reconnu les avantages que présenterait, sur les plans industriels et financiers, le rapprochement de leurs entreprises. » Progil réalisait une augmentation de capital de 102 830 480 francs à 171 084 080 francs par émission de 853 170 actions, apportait ses actifs et son passif à sa filiale Sofichim, puis elle faisait apport de tous les titres reçus à Rhône-Poulenc S.A. moyennant un échange d'actions (deux Rhône-Poulenc S.A. contre trois Progil).

L'affaire était financée par Rhône-Poulenc S.A. grâce à une modeste augmentation de capital : en effet, Progil percevait 1 421 950 actions au nominal de 60 francs mais émises 250 francs, soit avec une prime d'émission de 190 francs, témoignage de la bonne tenue en bourse de l'action.

L'absorption de Péchiney-Saint-Gobain, une beaucoup plus grosse affaire, se fit au contraire par étapes. En 1969, un accord fut conclu entre

Rhône-Poulenc, Péchiney et Saint-Gobain, qui prévoyait une prise de participation majoritaire dans la filiale commune, elle-même renforcée par les apports des sociétés fondatrices : Péchiney-Saint-Gobain recevait 57,20 % du capital de Naphtachimie détenus par Péchiney et sa filiale Seichime (le reste appartenait à la British Petroleum) ; Saint-Gobain apportait les actifs de la Société des Soudières réunies et Rhône-Poulenc lui confiait 65 % de la société Résine et Dispersions (ancienne société Acétalacq). Le reste appartenait déjà à Péchiney-Saint-Gobain. Au 31 décembre 1969, Rhône-Poulenc S.A. détenait 2 227 032 actions de Péchiney-Saint-Gobain payées par 1 216 850 actions de 60 francs de nominal, émises elles aussi avec une prime de 190 francs et remises à la société Seichime. En 1970, une augmentation de capital de 100 millions de francs fut souscrite par Rhône-Poulenc S.A.. À ce moment, le capital se répartissait entre Rhône-Poulenc S.A. (50,89 %), la Compagnie de Saint-Gobain (39,11 %) et Péchiney (10 %). En 1971, Rhône-Progil, qui regroupait les deux sociétés absorbées, était contrôlé à 91,80 %, ce qui signifiait que Péchiney et Saint-Gobain abandonnaient peu à peu leur part. Ce fut essentiellement le retrait de Saint-Gobain qui permit à Rhône-Poulenc S.A. de dépasser les 90 %. Le groupe Saint-Gobain-Pont-à-Mousson venait de subir le rude assaut de l'O.P.A. lancée par la société Boussois-Souchon-Neuvesel et abandonnait le secteur de la chimie. Les actions de Saint-Gobain furent échangées contre les participations de Rhône-Poulenc S.A. dans les sociétés Le Verre textile et Sipra et contre un paquet d'actions de Rhône-Poulenc.

L'absorption des deux sociétés dans le groupe Rhône-Poulenc fut achevée par leur fusion dans une nouvelle structure « Rhône-Progil ». Cette étape était en relation avec la restructuration et la réorganisation générales du groupe, mais l'opération gommait deux raisons sociales qui n'avaient plus lieu d'exister. Le rapprochement des deux sociétés vint de la similitude reconnue des fabrications : produits de base de la chimie minérale, des plastiques et des produits phytosanitaires, mais Péchiney-Saint-Gobain était seule concernée par les plastiques. Les études de fusion concluaient à l'absorption de Progil par Péchiney-Saint-Gobain qui intégrait aussi la filiale de Rhône-Poulenc S.A., Rhône-Progil, « dont la dénomination serait ainsi rendue disponible ». Une série d'actions nouvelles fut créée pour les actionnaires de Rhône-Progil autres que Péchiney et Saint-Gobain. La Société des Fertilisants du Centre, fabricant d'engrais à façon pour le compte de Péchiney-Saint-Gobain, qui détenait déjà la quasi-totalité de son capital, fut enfin absorbée par la nouvelle société Rhône-Progil.

L'usine de Salindres était le plus ancien établissement industriel de la société Péchiney puisqu'elle fut construite dans les années 1850. Elle entra dans le groupe Rhône-Poulenc S.A. en 1969.

Un nouvel équilibre

Rhône-Poulenc réalisait donc la plus importante fusion de la chimie française, opération qui s'inscrivait dans un plus vaste mouvement puisqu'en 1971, dix des principales sociétés chimiques françaises avaient disparu. Comme le déclarait, en 1970, Wilfried Baumgartner au *Journal des Finances*, Rhône-Poulenc était désormais numéro un de la chimie française, son chiffre d'affaires de 10 milliards de francs le situait au niveau des trois grandes sociétés chimiques allemandes et la société entrait dans une « phase de digestion ». Cette fusion-absorption eut évidemment de fortes conséquences.

La comparaison des résultats de Rhône-Poulenc en 1968 et 1969 fait apparaître un véritable bond en avant avec des taux d'augmentation fort différents : 71,20 % pour le chiffre d'affaires, 76,90 % pour les immobilisations brutes, 60 % pour les dépenses de recherches, mais 28,10 % pour les effectifs, 24,40 % pour la marge brute d'autofinancement et 17,37 % pour le capital social. Ces deux groupes assez distincts de résultats indiquaient, en particulier, que la progression des résultats financiers fut très inférieure à la croissance du chiffre d'affaires. Le paiement des apports par un versement majoritaire de primes d'émission explique la faible croissance du capital social. « Ceci résulte de la prise en considération de la valeur respective à différents points de vue des affaires en présence », précisait Wilfried Baumgartner.

Si le capital social augmentait assez peu, sa répartition devenait sensiblement différente avec l'apparition de gros actionnaires : la Société d'Exploitation et d'Intérêts chimiques et métallurgiques Seichime (Péchiney) détenait 1 216 850 actions, soit 6,80 % du total ; la Compagnie de Saint-Gobain en détenait 724 083 (1973), puis 1 083 334 (1974), soit 4 puis 6 % du capital total. Les actions détenues par le groupe Gillet se caractérisaient toujours par leur dispersion. Si on en croit les listes de présence aux assemblées générales qui rassemblaient une minorité d'actionnaires (en 1970, par exemple, 28 786 sur plus de 200 000) et une majorité d'actions (9 276 234 sur 17 826 300 la même année), on peut affirmer que, de 1961 à 1969, le total des actions détenues par les membres du groupe Gillet diminua par suite de ventes. En 1972-73, en totalisant les valeurs détenues par les personnes et par des institutions comme Pricel, on aboutirait à moins de 4 %, mais il est vrai que quelques incertitudes subsistent concernant certaines institutions. Néanmoins, l'hypothèse qui tendait à considérer les cessions du groupe Gillet comme des opérations financières sans visée industrielle se confirme. Seul le portefeuille de Renaud Gillet se renforça fortement, passant de 894 actions en 1969 à 12 025 en 1975, ce qui n'était évidemment pas suffisant pour devenir président du groupe !

D'autre part, Rhône-Poulenc redevint majoritairement une société chimique par addition d'activités chimiques et pharmaceutiques et non par réduction des activités textiles dont la part dans le chiffre d'affaires passait de 53,80 % à 34,50 % entre 1968 et 1969. L'ensemble chimie-pharmacie passait à 60,79 %, soit 48 % pour la chimie et 12,79 % pour la pharmacie. Le groupe se trouvait apparemment recentré et le contenu des activités chimiques largement modifié.

Selon les intentions manifestées, la stratégie d'intégration vers l'amont avait réussi. La société était fortement engagée dans la pétrochimie, en collaboration avec les pétroliers, dans Naphtachimie avec British Petroleum, dans Feyzin-Progil avec Elf-Erap, dans Manolène avec la Compagnie française des Pétroles, dans Polyéthylène avec Phillips Petroleum. En 1969, les développements liés à la pétrochimie dominaient l'évolution du groupe : la S.U.C.R.P. créait une unité de paraxylène à Gonfreville l'Orcher ; le plus gros investissement du groupe (800 millions de francs) était effectué par

Naphtachimie qui portait sa production d'éthylène de 175 000 tonnes à 520 000 tonnes, ce qui impliquait la mise en service à Lavéra d'un steam-cracking de 400 000 tonnes. Rhône-Poulenc prenait aussi une position majoritaire dans la production du chlore, de la soude et des engrais (près de 50 % de la production française), dans celle du chlorure de polyvinyle (62,50 %).

Philippe Guinot pouvait ainsi conclure cette étape de la vie de la société : « Le groupe obtient de nombreuses têtes de filières qui lui faisaient défaut. Seule pour les matières plastiques, la production de polystyrène ne s'appuie pas sur la production de matières de base ; le styrène est entièrement aux mains de Charbonnages de France-chimie et des pétroliers nationaux .» D'autre part, les absorptions permettaient les retrouvailles des parts d'intérêts détenues dans les filiales communes à Rhône-Poulenc, Progil, Péchiney et Saint-Gobain (Daufac, Redis, Melle-Bézons, Thann et Mulhouse, Tolochimie).

Ainsi se confirmait la politique et la stratégie de Rhône-Poulenc de transformation des participations minoritaires en contrôle majoritaire et d'obtention de la direction industrielle des filiales. Enfin, Rhône-Poulenc S.A. racheta à Dow Corning les 40 % de S.I.S.S. qu'il détenait et put fusionner, en 1971, S.I.S.S. et Rhodorsil.

D'autre part, Péchiney-Saint-Gobain et Progil étaient traditionnellement plus orientés vers le marché intérieur que Rhône-Poulenc. La part des filiales étrangères et des exportations diminua donc très sensiblement : les filiales étrangères réalisaient 33,60 % des ventes en 1968 et plus que 24 % en 1969.

Il faudrait enfin évoquer l'arrivée d'hommes nouveaux dans les instances de décision. Pierre Jouven, président de Péchiney et plus gros actionnaire de Rhône-Poulenc, et Roger Martin, président de la Compagnie de Saint-Gobain, furent amenés à siéger au conseil d'administration, mais surtout apparurent dans le comité de direction qui étaient, en 1969, Paul Jean et Paul Viollet, qui étaient, le premier, président et, le second, vice-président de Péchiney-Saint-Gobain, ainsi que Jean Montet, président de Progil.

Ces absorptions, comme toutes les autres, posaient en termes nouveaux le problème de l'unité du groupe et juxtaposaient des cultures d'entreprise, des traditions et des hommes fort différents. La « digestion », annoncée par Wilfried Baumgartner réussirait-elle ? Les fusions conduiraient-elles à d'utiles synergies ?

LA NOUVELLE ORGANISATION DU GROUPE

Les éléments de décision

En même temps que se réalisaient les grandes fusions de 1969, s'amorçait la remise, ou plutôt la mise en ordre du groupe. La structure de holding, même si celui-ci détenait en fait, à côté des pouvoirs financiers, de larges possibilités d'intervention dans l'orientation générale de la société dans les domaines industriels et commerciaux, restait insuffisante. L'organisation ou l'inorganisation en groupe, structure vague et très informelle, convenait de moins en moins à l'ensemble considérable de sociétés, de filiales et de participations situées dans la mouvance Rhône-Poulenc. Il fallait donc donner une cohérence à l'ensemble sans que le centre de décision se trouve envahi par la masse des problèmes produits par le groupe ; il fallait aussi éviter que chaque partie de l'ensemble ne prenne des initiatives contrariant ou ignorant l'intérêt général, car, dans la structure existante, les rivalités commerciales entre sociétés n'étaient pas un fait exceptionnel. Mais comment pratiquer et réussir ce travail de hiérarchisation, d'organisation et de coordination ? Comment favoriser les synergies dont on tirait jusqu'à présent fort peu parti ?

Un rapport un peu rétrospectif de Jean-Claude Achille (en date du 18 septembre 1969) soulignait qu'en dix ans, le chiffre d'affaires de l'entreprise était passé de 2 à 10 milliards de francs, que, pendant six ans, le groupe s'était enrichi d'une société tous les deux mois et demi et n'en avait cédé qu'une seule (les établissements Maréchal). Mais, indiquait-il, cette course en avant n'avait pas permis à la société de maintenir son rang européen puisqu'en 1962, les chiffres d'affaires de Hœchst et de Rhône-Poulenc s'équivalaient et qu'en 1967, celle-la réalisait des ventes doubles de celle-ci. Le chiffre d'affaires avait pris du retard, ainsi que la marge brute d'autofinancement. Jean-Claude Achille distinguait cinq ressorts de la politique de Rhône-Poulenc :

- le souci de rationalisation qui avait mené à fusionner les deux grandes moitiés du textile ;
- le souci d'intégration amont et aval ;
- l'incitation quasi biologique au développement ;
- la volonté de constituer un grand ensemble national ;
- la nécessité d'atteindre la taille optimale.

La gestion de type holding, dont la dominante restait financière, était une formule dépassée et il fallait passer à une organisation beaucoup plus intégrée, Jean-Claude Achille concluait ainsi : « Cette stratégie du développement et la complexité du groupe, tant par ses produits que par l'ampleur géographique de ses opérations, commandaient la mise en place d'une gestion à la fois décentralisée pour faciliter la participation du plus grand nombre, et coordonnée pour tirer avantage de notre taille face à une concurrence omniprésente particulièrement redoutable .»

Dans les années 1960, les grands secteurs textile et chimique, dirigés respectivement par Ennemond Bizot et Régis Payan, puis Louis Clouzeau, tendaient à devenir des entités de plus en plus autonomes, l'entrée de Progil et de Péchiney - Saint-Gobain dans le groupe, en 1969, renforça cette tendance centrifuge. Cette situation éveilla l'attention et l'inquiétude des dirigeants de Rhône-Poulenc, sentiments amplifiés par les difficultés rencontrées par l'activité textile où réaménagement et rationalisation s'imposaient désormais.

Le rapport Mac Kinsey

Les premiers pourparlers de la direction avec la société américaine Mac Kinsey eurent lieu en septembre 1967, avant l'absorption de Progil et de Péchiney-Saint-Gobain, et concernaient d'abord le secteur textile. Ce ne fut qu'en octobre 1968 que le consultant américain fut prié de s'intéresser à l'ensemble du groupe et à son organisation centrale. Pourquoi s'adresser à l'entreprise Mac Kinsey ? Celle-ci était en train d'intervenir dans de nombreuses entreprises européennes ; le regard étranger n'avait-il pas a priori une plus grande réputation d'objectivité ? La recommandation extérieure ne serait-elle pas mieux acceptée pour trancher entre les rivalités internes ?

Au mois de mai 1969, les consultants de Mac Kinsey remettaient leur rapport à la direction du groupe et il est intéressant d'évoquer ses conclusions puisque celles-ci vont être appliquées dans les années suivantes. Le rapport constatait d'abord que le groupe comprenait 200 filiales : « Après avoir donné de bons résultats, cette expansion centrifuge se trouve être un désavantage pour le groupe .» Et les experts proposaient quatre séries de mesures :

- renforcer le concept de groupe : le holding fonctionnait sur le plan financier, les décisions y étaient plutôt négociées que hiérarchiques, les contrôles relevaient de raisons historiques ou personnelles et les relations entre filiales répondaient aux quatre relations de fournisseur à client, de fournisseur d'assistance technique, de rivaux, de concurrents déclarés. Sans doute ce système était souple mais frôlait l'anarchie, la société ne tirait pas partie des synergies offertes et ne pouvait appliquer une politique coordonnée pouvant maximiser ses profits. Elle devait donc renforcer les services fonctionnels préparant les décisions stratégiques ;

● grouper les filiales en divisions : il fallait regrouper les filiales en divisions et, éventuellement, diviser celles-ci en départements. Cette répartition permettait de laisser aux filiales une grande autonomie opérationnelle et de coordonner leurs politiques d'investissement, d'implantation commerciale et de recherche, en évitant que l'autorité centrale n'intervienne dans le détail des opérations et en facilitant la comparaison des rentabilités des principaux secteurs.

Tout le problème restait de répartir les filiales entre les divisions selon les principes suivants :

— les filiales importantes et très spécialisées se répartissaient aisément dans une division (par ex., Rhodiaceta, Spécia) ;

— les filiales spécialisées par groupe de produits et de taille limitée pouvaient encore se placer sans trop d'incertitudes dans une division ;

— les filiales importantes à activités diversifiées comme La Cellophane et la Rhodia Industrias quimicas e texteis devaient être rattachées provisoirement à la direction générale du groupe.

Trois divisions pouvaient être immédiatement constituées - textile, chimie et pharmacie - sur la base des trois critères proposés : l'homogénéité des productions ou des clientèles, la volonté d'étendre les activités du groupe de façon durable dans un secteur déterminé, une taille suffisante car une dimension trop réduite excluait la constitution en divisions ;

● établir des liaisons suivies entre Rhône-Poulenc S.A. et les divisions : le centre et les divisions devaient nouer des relations fonctionnelles et opérationnelles, les responsables des divisions dépendre de la direction générale de Rhône-Poulenc S.A. et les services fonctionnels du centre et des divisions entretenir des relations suivies ;

● faire gérer les filiales par les divisions : le responsable de la division est le lien hiérarchique entre la direction et les filiales, il doit fixer les objectifs, comparer les résultats et trancher les conflits. Les services fonctionnels du groupe doivent suivre les résultats des filiales et les comparer aux autres résultats. Cette organisation, concluait le rapport Mac Kinsey, « permet de déléguer les responsabilités opérationnelles au niveau de chacun des grands secteurs d'activité du groupe ».

Les propositions de Mac Kinsey peuvent paraître incontestables puisqu'elles furent, pour l'essentiel, acceptées, mais il est évident qu'elles se référaient à un type d'organisation produit par le système industriel américain et tenant compte de la prépondérance du marché intérieur et de la législation anti-trust. Les dirigeants de Rhône-Poulenc S.A. eurent-ils conscience que le modèle américain n'était pas le seul possible ? Le fait est qu'ils eurent alors des rencontres approfondies avec des représentants des sociétés allemandes et suisses de la chimie.

Les premières avaient aussi consulté Mac Kinsey, mais n'avaient pas suivi ses recommandations. B.A.S.F., par exemple, tenait absolument à garder une organisation horizontale, considérant qu'il y avait trop de croisements hiérarchiques et impossibilité de trouver des directeurs de division omniscients. Bayer croisait quatre secteurs verticaux divisés en groupes (parmi lesquels la chimie, la pharmacie, les fibres, les colorants, etc.) avec des directions fonctionnelles horizontales, déléguait sa direction à un « vorstand » de quatorze membres non spécialisés et évitait les discussions sur les ventes entre les sociétés du groupe en les fixant au prix de revient.

Les trois sociétés allemandes déclaraient suivre une politique inverse de celle préconisée par Mac Kinsey qui tendait à rechercher la rentabilité sur tous les produits et sur tous les marchés et donc à éliminer tout ce qui ne répondait pas à ce critère, alors qu'elles-mêmes voulaient se développer sur tous les marchés.

L'entretien avec les dirigeants de Ciba-Geigy aboutit à des conclusions analogues : « Ils soulignaient que l'entreprise suisse ne faisait que 3 à 5 % de son chiffre d'affaires dans la Confédération et que leur organisation juxtaposait une direction (un Verwaltung Gerat de douze membres n'exerçant pas de responsabilité hiérarchique), huit fonctions horizontales, six divisions (pharmacie, phytosanitaire, colorants, plastiques, produits de grande consommation, photographie), et six groupes régionaux couvrant l'ensemble du monde ».

Malgré ces curiosités diversifiées et ces exemples européens, les propositions de Mac Kinsey l'emportèrent, mais il est vrai que le retard organisationnel de Rhône-Poulenc était grand par rapport à la situation des firmes allemandes ou suisses.

Les étapes de l'application

La première étape de la réorganisation porta sur le secteur le plus aisé à identifier, celui dont toutes les filiales et usines étaient spécialisées : le textile. La division textile fut créée le 16 avril 1968, son état-major et son organigramme rendus publics le 24 avril. Ennemond Bizot en était le président, assisté de deux vice-présidents, Léon Pranal chargé spécialement des filiales étrangères et Robert Heme de Lacotte, de la rationalisation. Le directeur de la division, Augustin Mollard, était assisté d'un directeur commercial, Chézaud, et de quatre directions fonctionnelles : technique, financière, personnel et investissement aval. Onze sociétés productrices de fibres et fils étaient encadrées par la nouvelle division : elles avaient réalisé en 1967 un chiffre d'affaires de 3 301 255 000 francs qui se répartissait ainsi :

(en pourcentage du chiffre d'affaires)

Rhodiaceta	27,91	D.R.A.G.	8,43
Norsyntex	3,33	S.A.F.A	5,01
C.T.A.	12,85	R.I.Q.T.	10,65
Crylor	3,03	Rhodosa	2,81
S.V.A.T.	1,28	Rhodiatoce	16,19
Société de Viscose Suisse	8,51		

À ce groupe primitif furent ensuite rattachées des sociétés d'aval, orientées vers l'utilisation ou la transformation des fils et fibres (société Gamma, Godde-Bedin, Retorderies de Chavanoz) et des filiales étrangères secondaires. La liste fut, d'autre part, simplifiée par l'absorption de la S.V.A.T., et de Crylor par le C.T.A..

La nouvelle organisation renouvelait les problèmes et, tout d'abord, ceux des rapports entre les sociétés. Un des premiers débats ouverts fut celui des accords techniques. Il existait depuis 1936 un accord international de la viscose, d'ailleurs quelque peu dépassé, basé sur le principe de la réciprocité et de la gratuité des échanges ; en revanche, dans le domaine des textiles synthétiques, Rhodiaceta accordait son concours à titre onéreux. En octobre 1968, les principes d'un nouvel accord à deux niveaux furent élaborés : au sommet devait se nouer une entente financière des quatre sociétés ayant une fonction de recherche (Rhodiaceta, C.T.A., D.R.A.G. et

Société de Viscose suisse) ; d'autre part, toutes les sociétés mises à égalité signeraient un accord technique. On débattit aussi, entre autres problèmes, de la fourniture des filières dont les sociétés faisaient une grande consommation. Elles étaient, pour l'essentiel, usinées dans les ateliers de la Rhodiaceta, sauf celles en platine destinées à la fabrication de la viscose et à la société Crylor, qui étaient produites dans les ateliers de Stains. Mais cette production de haute qualité (« nos procédés de fabrication et notre métrologie de contrôle nous permettent de mettre à la disposition des usines des filières extrêmement précises », déclarait Léon Pranal) était insuffisante et obligeait à des achats à l'étranger : en 1967, 1 654 filières avaient été acquises chez Courtaulds engineering, chez Engelhard-Baker (Suisse) et chez Grobzig (D.D.R.). Ces achats n'avaient pas donné satisfaction, car ces firmes, disait Léon Pranal, sont incapables de tenir « les tolérances que nous respectons scrupuleusement ». Léon Pranal proposa alors de créer une centrale filière capable d'alimenter tout le groupe. De la même façon, la cross-linking (échange) direct des brevets, ou indirect par l'intermédiaire de la Rhodiaceta, fut remplacé par une gestion centralisée.

Mais la question fondamentale des relations des sociétés entre elles restait posée. Chacune risquait d'empiéter sur les intérêts de la société voisine. Ainsi, en juillet 1969, une première réponse fut apportée en créant une communauté d'intérêts entre Rhodiaceta, le C.T.A. et Norsyntex, sous la forme d'une société commerciale, Rhône-Poulenc Textiles S.A.R.L., qui mettait les résultats en commun et les répartissait selon les proportions de 59 %, 34 % et 7 %. De plus, elle servait de support juridique à la division textile qui en était dépourvue et était l'instrument de la direction commerciale. Cette première solution ne fut probablement pas suffisante pour régler tous les problèmes posés par les relations inter-sociétés ; l'assemblée générale du 29 octobre 1971 décida une fusion beaucoup plus large. À cette date, sept sociétés furent absorbées par le C.T.A. : Rhodiaceta (contre 1 950 000 actions du C.T.A.), Norsyntex (contre 147 000 actions), Rhovyl (contre 80 000 actions), la Société industrielle de Moy (contre 145 000 actions), la filiale commerciale Rhône-Poulenc Textiles (contre 3 750 actions), la Société de Constructions mécaniques de Stains (contre 54 500 actions) et la Société d'Expansion textile du nord de la France (contre 14 898 actions).

L'absorption fut réalisée par l'augmentation de capital du C.T.A. de 197 811 300 francs puisque Rhodiaceta possédait déjà 73 062 actions du C.T.A.. La dénomination de la nouvelle société était « Rhône-Poulenc

Textiles », qui était reprise de l'ancienne filiale commerciale absorbée.

La nouvelle organisation en divisions posait la question des relations avec les filiales étrangères dont l'autonomie risquait d'être ainsi réduite. En même temps était constitué un comité de coordination des sociétés étrangères textiles, animé par Léon Pranal et comprenant Jean-Claude Achille (épisodiquement), Charles René Recordon, Alain Jubert et André Dewatre : il coordonnait les relations avec dix filiales (D.R.A.G., S.V.S., S.A.F.A., Rhodiatoce, U.C.B., R.I.Q.T., Rhodosa, Rhodiaceta argentina, F.I.C. et Cydsa). La D.R.A.G., une des plus importantes filiales, bien dirigée, disposant d'un potentiel important et d'une recherche notable, s'était émue précocement des principes mis en avant par Mac Kinsey. Son directeur, Karl Wilhelm Zachrich, s'était entretenu avec Augustin Mollard et avait obtenu la réponse suivante : « Les principes retenus sont que la D.R.A.G. dépend de la division textile, mais que la direction générale de la D.R.A.G. est seule habilitée à donner des ordres à ses différentes directions, commerciale, production, technique. » La D.R.A.G. recevait la charge de l'ensemble de l'action textile de la division en Allemagne, mais elle confiait ses ventes aux sociétés commerciales de la division dans les pays où celle-ci en possédait.

Après la fondation de la division textile, d'autres structures nouvelles furent mises en place. Des groupes de travail avaient été créés pour étudier comment mettre en valeur les atouts du groupe dans une optique internationale. Dès juin 1969 avait été retenu le principe d'une division pharmaceutique dont la définition posait immédiatement quelques problèmes : fallait-il la créer à l'intérieur de la S.U.C.R.P. ? Devait-elle inclure la fabrication et la vente en vrac ? Fallait-il ou non y intégrer les activités vétérinaires ? Comme le chiffre d'affaires de la pharmacie atteignait 1 500 millions de francs, la direction du groupe estima que le niveau était suffisant pour créer une division - en dehors de la S.U.C.R.P. - dont le but principal serait de regrouper les filiales pharmaceutiques. En revanche, une recommandation du groupe de travail en faveur d'une division phytosanitaire ne fut pas immédiatement suivie d'effets.

Ainsi l'organisation du groupe passa par une phase transitoire, illustrée par l'organigramme de 1969 *(v. page de droite)*, qui peut être considéré comme un fruit de l'histoire et de l'empirisme : les deux seules divisions existantes résultaient de la fusion de filiales, aucun des grands ensembles préexistants n'avait été brisé, ni l'antique S.U.C.R.P., ni les nouveaux venus, Péchiney-Saint-Gobain, Progil et La Cellophane.

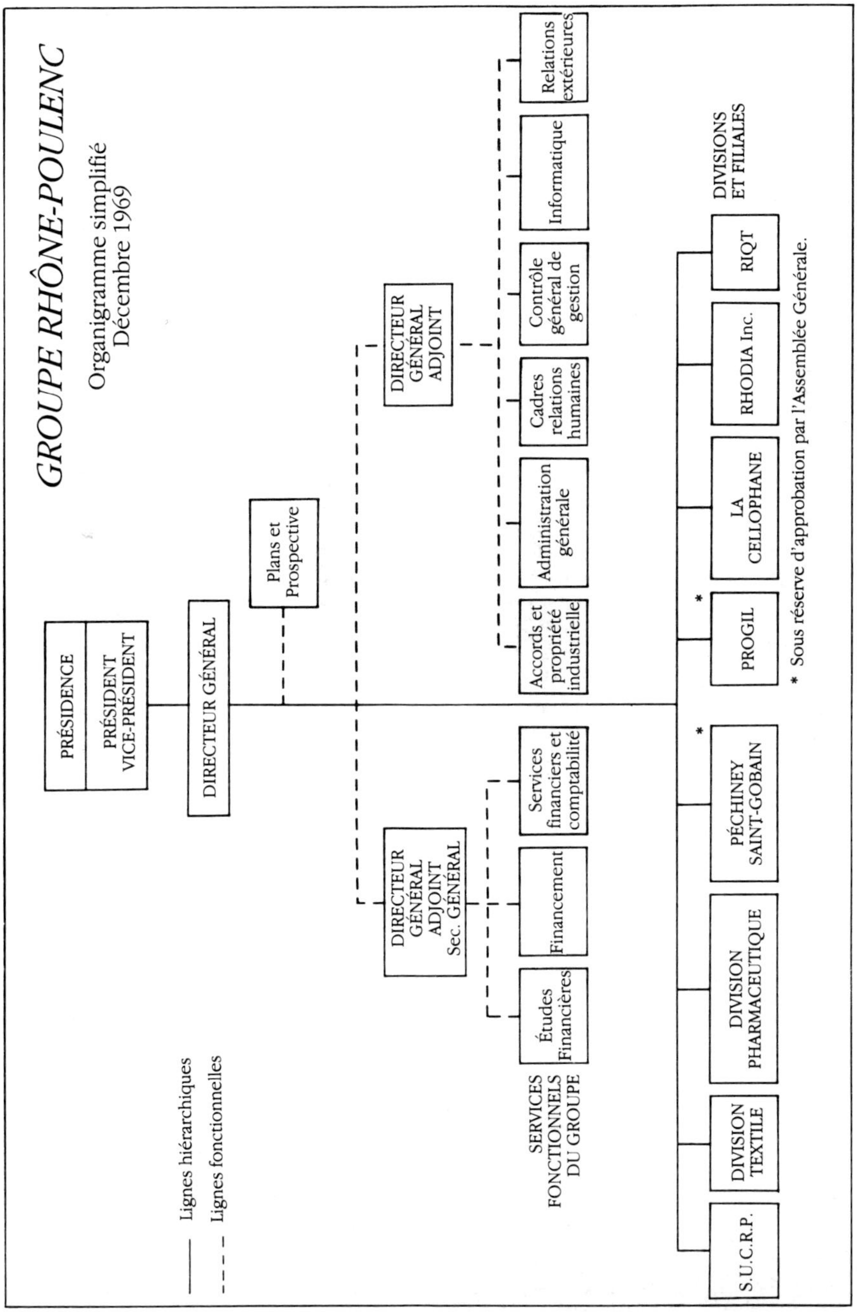
GROUPE RHÔNE-POULENC
Organigramme simplifié
Décembre 1969
PRÉSIDENCE
PRÉSIDENT VICE-PRÉSIDENT
DIRECTEUR GÉNÉRAL
Plans et Prospective
DIRECTEUR GÉNÉRAL ADJOINT
DIRECTEUR GÉNÉRAL ADJOINT Sec. GÉNÉRAL
Accords et propriété industrielle
Administration générale
Cadres relations humaines
Contrôle général de gestion
Informatique
Relations extérieures
Études Financières
Financement
Services financiers et comptabilité
SERVICES FONCTIONNELS DU GROUPE
S.U.C.R.P.
DIVISION TEXTILE
DIVISION PHARMACEUTIQUE
PÉCHINEY SAINT-GOBAIN *
PROGIL *
LA CELLOPHANE
RHODIA Inc.
RIQT
DIVISIONS ET FILIALES
* Sous réserve d'approbation par l'Assemblée Générale.
Lignes hiérarchiques
Lignes fonctionnelles

On ne voyait pas de qui dépendait ni à qui était reliée May and Baker, la plus importante filiale étrangère du groupe. Les mêmes questions se posaient à propos des filiales brésiliennes.

À partir de là, le travail de reclassement en divisions continua. Rhône-Poulenc S.A. qui achevait de prendre le contrôle de Péchiney-Saint-Gobain fusionnait celle-ci avec Progil pour constituer Rhône-Progil qui devenait ainsi, avec un chiffre d'affaires de 4 milliards de francs et un effectif de près de 25 000 personnes, la division chimie lourde du groupe.

Si le groupe se restructurait en divisions, les principales sociétés intégrées dans les divisions réfléchissaient sur leur organisation et à leur tour précisaient leurs liaisons hiérarchiques.

Ainsi la direction générale de la S.U.C.R.P. constatait la complexité croissante des problèmes auxquels elle était confrontée et qui l'engluaient dans les difficultés quotidiennes et le débat à court terme. Elle recherchait une décentralisation qui lui laisserait le pouvoir de contrôle et décidait d'utiliser la forme d'une dizaine de départements intermédiaires entre divisions et filiales. L'organigramme adopté en 1970 juxtaposait donc aux directions horizontales (finances, accords, brevets, etc.) quatre directions « verticales » (chimie industrielle, pharmacie, matières plastiques et grands intermédiaires), elles-mêmes subdivisées en onze départements, système qui gérait les productions et les ventes. En parallèle, la direction scientifique dirigeait la recherche et la direction des usines et de la technique gérait les groupes traditionnels des usines Sud (Roussillon, Silicones, Saint-Fons) et des usines Nord (Vitry-sur-Seine et Saint-Aubin-lès-Elbeuf), Chalampé demeurant à part. La recherche était de plus divisée et hiérarchisée en trois niveaux :

- au département était confié un tiers de la recherche : court terme, recherches prochaines, études appliquées ;
- à la direction revenait un tiers de la recherche : elle serait orientée vers le moyen terme ou vers la recherche fondamentale à objectif réduit ou précisément désigné ;
- au niveau de la société était menée la recherche fondamentale à long terme.

Néanmoins, à la fin de 1970, la direction de la S.U.C.R.P. constatait que les départements freinaient le mouvement de réorganisation par peur de perdre une part de leur autonomie et que les organismes commerciaux du groupe se concurrençaient sur les mêmes marchés. La coordination entre les départements et les divisions devait donc être améliorée. Mais la situation de la S.U.C.R.P. restait particulière dans la mesure où elle était le grand fournisseur de la branche textile et lui destinait encore, en 1970, 40 % de ses ventes. Elle était marquée par la forte rentabilité d'investissements relativement faibles.

La note de service 71/3 en date du 8 février 1971 effectua la répartition des sociétés entre les divisions, rappela que celles-ci constituaient le relais hiérarchique entre le holding et les filiales et précisa que leurs pouvoirs et leurs niveaux d'interventions pouvaient ainsi être définis :

- fixer les objectifs de rentabilité ;
- préciser les structures financières et décider le niveau du dividende ;
- élaborer les programmes d'investissements et de recherches ;
- décider les prises et abandons de participations ;
- orienter la politique d'implantation géographique ;
- conclure les accords avec les sociétés extérieures au groupe ;
- nommer des responsables aux postes les plus élevés ;
- assurer et développer l'image extérieure du groupe.

La répartition des filiales entre les divisions fut ainsi décidée :

- la S.U.C.R.P. se voyait attribuer 20 sociétés (dont Tolochimie, Prolabo, Manolène, Daufac, établissements Givaudan-Lavrotte, etc.) ;
- Péchiney-Saint-Gobain contrôlait 44 sociétés (dont Aquitaine Chimie, Melle-Bezons, Pepro, Thann et Mulhouse, Rousselot, etc.) ;
- Progil contrôlait 37 sociétés qui lui appartenaient depuis longtemps (Progil-Bayer-Ugine, Plastugil, Xylochimie, Coignet-Progil, etc.) ;
- la division textile, déjà évoquée, groupait 28 sociétés ;
- la division pharmaceutique englobait 22 sociétés (Spécia, Théraplix, Farmitalia, Institut Mérieux, etc.) ;
- les fibres et plastiques contrôlaient 21 sociétés (La Cellophane, Ch. Nicolle, British Cellophane, etc.) ;
- à la Rhodia Incorporated étaient rattachées 7 filiales ou participations (Morovis, Poulenc Limited, Ives Laboratories, etc.) et à la Rhodia Industrias quimicas e texteis étaient rattachées 5 filiales (Rhodia Nordeste, Valisère, etc.).

À cette répartition des filiales industrielles, il fallait ajouter celle des filiales purement commerciales, fort nombreuses. Le rattachement de May and Baker posait un épineux problème : elle finit par dépendre de la division pharmaceutique pour une partie de ses productions et de la S.U.C.R.P. pour les activités chimiques.

S.U.C.R.P. ORGANIGRAMME GÉNÉRAL au 1er mai 1970

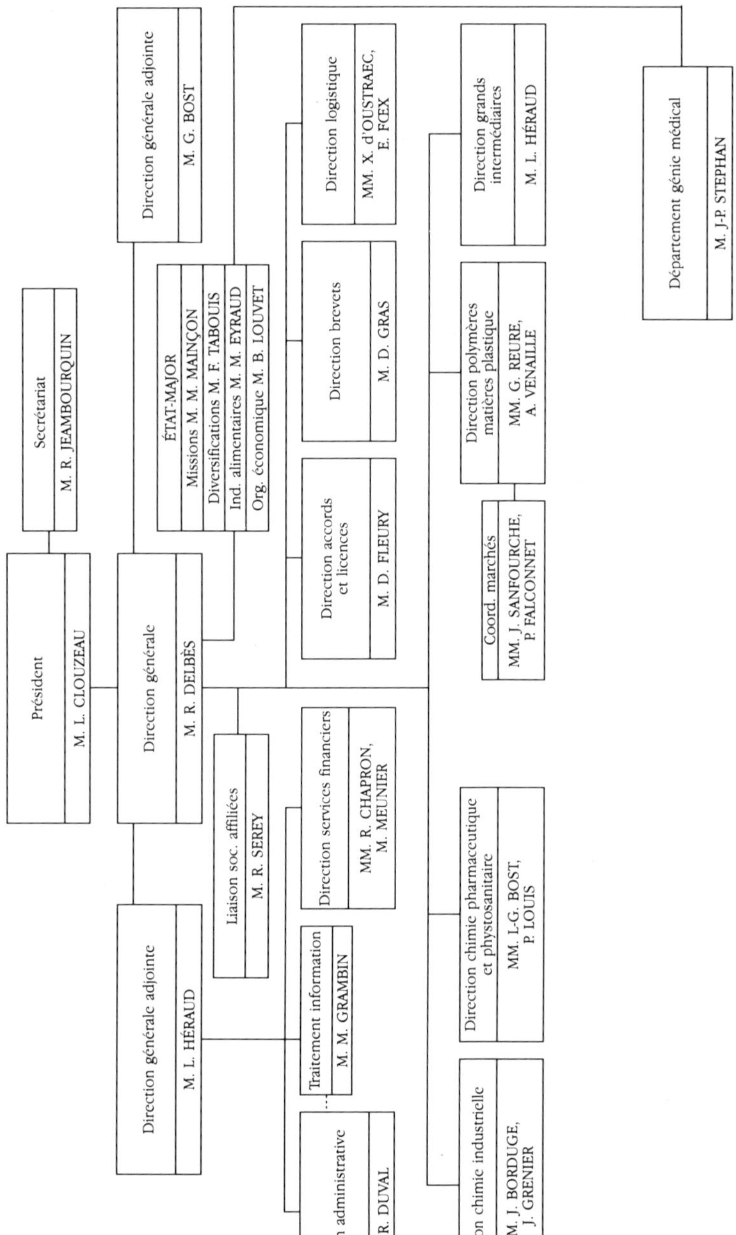

Cette première étape de la réorganisation, qui juxtaposait les divisions « verticales » et les directions horizontales, apparaît comme une demi-mesure, comme un banc d'essai qui dut donner satisfaction, en particulier dans les débuts de la restructuration du textile. Renaud Gillet, pressenti par Wilfried Baumgartner pour lui succéder, devint vice-président en juin 1972. Frappé par l'absence de structuration du groupe, par l'existence des autonomies, par la nécessité d'intégrer les nouveaux venus, il découvrit l'existence du rapport Mac Kinsey que l'on avait un peu oublié, fit procéder à sa réactualisation et, en décembre 1973, devenu président du groupe et même président directeur général, décida d'étendre l'organisation en divisions à l'ensemble des filiales pour assurer le développement du groupe et améliorer sa rentabilité. La nouvelle organisation devait devenir opérationnelle en 1974 et fut adoptée à partir du 1er janvier 1975. Elle comprenait, tout d'abord, la généralisation des divisions, substituant ainsi une organisation fonctionnelle et rationnelle à une situation marquée par l'histoire et par l'empirisme. Les divisions textile et pharmaceutique restaient inchangées, La Cellophane devenait une division « films ». La restructuration portait sur la chimie : S.U.C.R.P, Péchiney-Saint-Gobain et Progil éclataient pour fournir le contenu de cinq divisions nouvelles. Les activités phytosanitaires, déjà évoquées en 1968, s'isolaient ; la présence dans le groupe d'une importante filiale spécialisée et commune à Péchiney-Saint-Gobain et Progil, Pepro, qui exploitait l'usine de Grange-Rouge en France et de l'Aquila en Italie à partir de 1971, eut un rôle déterminant de cristallisation des activités phytosanitaires : « L'entrée dans le groupe, il y a trois ans, de Pepro a amené à rechercher la création d'une entité phytosanitaire dont l'ensemble représenterait un chiffre d'affaires de un milliard. Après analyse des diverses activités, il a été décidé de créer une division phytosanitaire et une mission a été confiée à Jean Roux de Bézieux en vue de mettre en place cette division ainsi que son équipe dirigeante. » (Conseil d'administration, 26 juillet 1973.)

La chimie se répartit elle-même en quatre divisions, la chimie fine et trois divisions lourdes : chimie minérale, pétrochimie, polymères. L'éclatement de la S.U.C.R.P. et de Rhône-Progil provoqua la disparition des deux sociétés. En juin et juillet 1974, celles-ci firent apport de leurs actifs commerciaux et industriels à la société Rhône-Poulenc Industries qui détenait les avoirs des quatre sociétés chimiques. Les anciennes sociétés subsistèrent sous forme de holdings dont les dernières actions furent absorbées par Rhône-Poulenc S.A. le 10 juin 1975.

En 1974, les grandes filiales étrangères, May and Baker, Rhodia Incorporated, Rhodias Industrias quimicas e texteis, dépendaient directement du comité exécutif et échappaient ainsi aux autorités divisionnelles. Il est, d'ailleurs, intéressant de noter qu'au même moment, les filiales étrangères organisaient ou précisaient, elles aussi, une structure multidivisionnelle : trois divisions chez May and Baker, trois divisions chez Rhodia Incorporated et cinq divisions au Brésil (chimie, textile, pharmacie, phytosanitaires et cosmétiques). La nouvelle organisation reconnaissait que les filiales opéraient dans des secteurs divers et la structure de groupe comportait donc des directions horizontales, des divisions verticales, des filiales géographiques.

La même réorganisation entraînait la création d'un comité exécutif composé de sept membres dont les charges et pouvoirs étaient ainsi définis :

- définir la politique générale du groupe et les objectifs à long terme ;
- définir les politiques fonctionnelles du groupe ;
- préciser les politiques d'investissements ;
- nommer les responsables des divisions ;
- fixer les objectifs annuels ;
- adapter les structures du groupe.

Les sept membres du comité exécutif étaient eux-mêmes présidents ou directeurs de divisions :

- Renaud Gillet, président, supervisait les directions fonctionnelles à vocation humaine ;
- Jean-Claude Achille, président de la S.U.C.R.P., contrôlait les quatre directions fonctionnelles économiques (secrétariat général, stratégie et planification, direction financière, contrôle de gestion) et la filiale brésilienne ;
- Paul Jean, directeur de la division « santé », supervisait May and Baker ;
- Augustin Mollard, directeur de la division textile et de Rhône-Poulenc Textile, contrôlait la division « films » ;
- Jean Montet, président de Rhône-Progil, supervisait les divisions « chimie minérale » et « phytosanitaire » ainsi que les directions des affaires internationales et des affaires commerciales ;
- André Pacoud, directeur général de la division « chimie fine et spécialités », était chargé de superviser la direction fonctionnelle recherche et développement ;
- Roland Rieutord, directeur général de la division « pétrochimie », supervisait la division « polymères » et la filiale Rhodia Incorporated.

Renaud Gillet, un des héritiers des fondateurs de C.T.A. et de la société Progil, fut président-directeur-général de Rhône-Poulenc S.A. de 1973 à 1979.

Le secrétaire du comité exécutif était Alain Jubert. Ces sept membres du comité exécutif croisaient tous, sauf le président, les fonctions horizontales, verticales et, pour trois d'entre eux, géographiques ; ils constituaient une direction en sept personnes.

Cette nouvelle organisation devait permettre à la société d'accomplir le vœu formulé par Wilfried Baumgartner en 1973 et repris par Renaud Gillet l'année suivante : « viser à la cohérence et non au conglomérat ».

L'entrée dans la crise

En même temps que se mettait en place la nouvelle organisation du groupe et que s'amorçait la fusion des éléments regroupés en 1969, la croissance de l'entreprise continuait sa décélération et aboutissait à des résultats franchement négatifs en 1975. La croissance pendant la période 1969-1975 fut essentiellement d'origine externe. En effet, le taux de croissance du chiffre d'affaires déflaté fut, entre 1961 et 1975, de 12,62 % par an, un taux élevé qui résultait à la fois du développement interne et des grandes absorptions de 1969. Si nous neutralisons l'effet de celles-ci, en calculant la croissance avant et après 1969, le taux de la période 1961-1968 fut, comme nous l'avons déjà indiqué, de 8,38 % par an. La même opération réalisée sur la période 1969-1975 permet de proposer le taux de 2,03 %, un niveau très faible qui confirme bien que le chiffre d'affaires déflaté du groupe était à peine supérieur en 1975 au niveau atteint en 1969 ; 1973 et 1974 furent, en effet, les seules années qui connurent une augmentation sensible du chiffre d'affaires.

Les résultats de ces sept années globalement médiocres n'impliquent pas que l'effort d'investissement se soit relâché. Suivant là une sorte de rythme cyclique décennal, les années 1970 débutèrent, comme les années 1960, par une très forte poussée des investissements. En 1970, 1971 et 1972, l'investissement moyen annuel représentait 15,80 % des immobilisations brutes totales (la moyenne des années 1963, 1964 et 1965 fut de 15,40 %) avec un taux record de 18,30 % en 1971. Cette poussée fut suivie d'un sensible ralentissement, mais, pour l'époque 1969-1975, l'investissement moyen fut de 12,60 % par an, donc supérieur au taux de la décennie précédente. Ainsi, à peine réalisées les absorptions massives de Péchiney-Saint-Gobain et Progil, Rhône-Poulenc lança un vaste programme d'investissements, annoncé dès l'année 1970.

STRUCTURE GÉNÉRALE DU GROUPE RHÔNE-POULENC

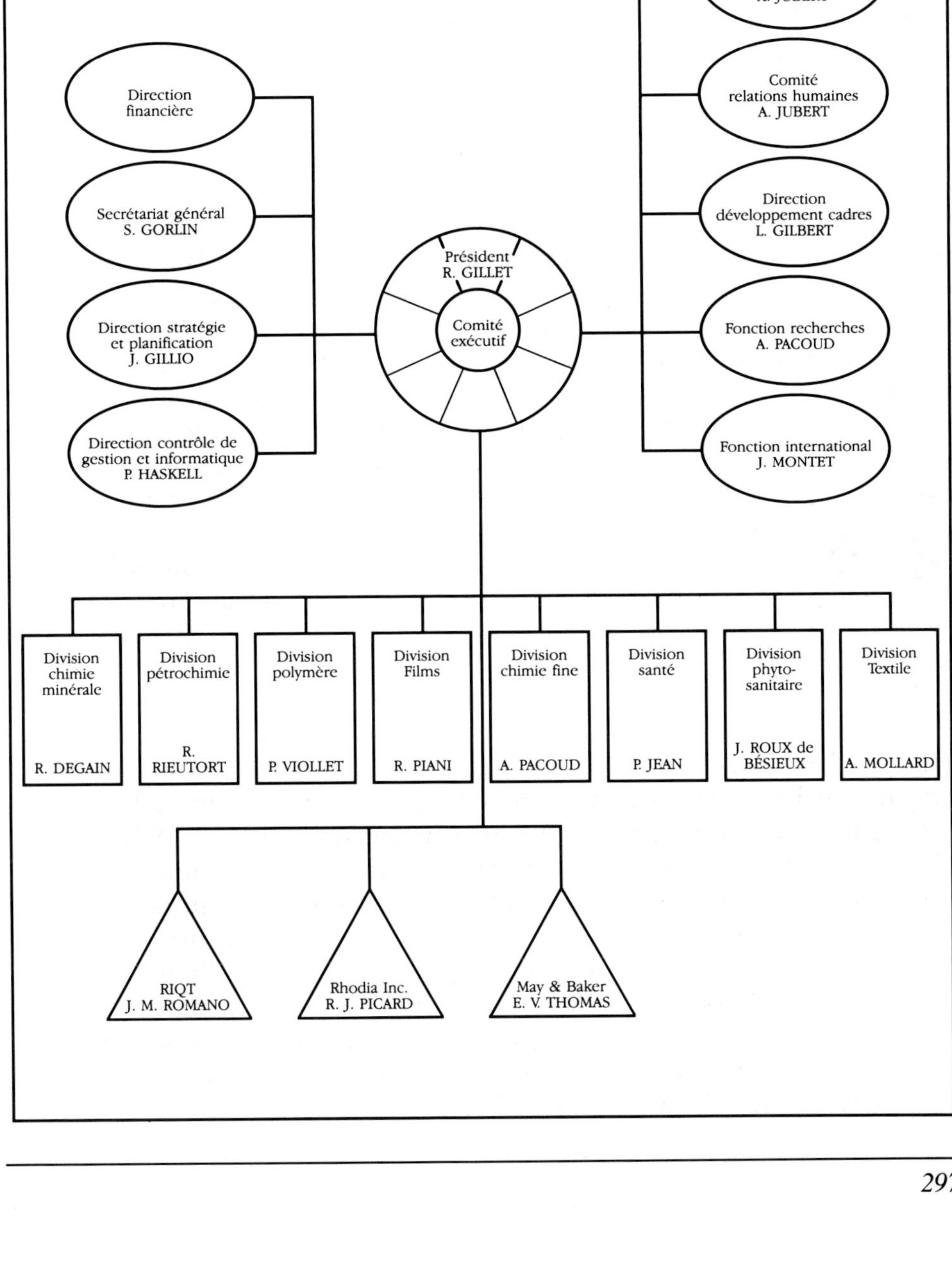

Les difficultés qui allaient s'ouvrir à partir de 1975 incitent à s'interroger sur l'opportunité de ce vaste plan. Mais à la fin des années 1960, l'opinion économique, financière et boursière estimait plutôt que Rhône-Poulenc n'investissait pas assez, en tous cas moins que ses concurrents européens. Le plan mis au point comprenait les objectifs suivants :

- l'extension des capacités de production des grands intermédiaires pour les fibres textiles, des produits de base du Nylon et du Tergal, avec intégration accrue des fabrications à partir du paraxylène, matière pétrochimique fabriquée par le groupe ;
- une unité nouvelle pour la production d'acide oxalique et d'acide lactique (25 000 tonnes par an) ;
- une unié nouvelle pour la fabrication de l'hydroquinone et de la pyrocatéchine (18 000 tonnes par an) ;
- le développement des antibiotiques et des salicylés ;
- le renforcement de produits chimiques à vocation agricole, en particulier le phosalone ;
- l'augmentation de la production du chlore et la construction d'ateliers utilisateurs (chlorure de vinyle, monomère) ;

L'usine de Vaise fabriquait le fil de Nylon et le préparait pour le tissage. Ici, l'opération d'ourdissage (1970).

• le développement du steam-cracking de Lavéra pour satisfaire aux besoins en éthylène ;
• enfin, dans le domaine des polyuréthanes, la réalisation conjointement avec Bayer d'une unité de fabrication de MDL (diphénylméthane di-isocyanate).

La majorité des nouveaux équipements devait entrer en fonctionnement en 1973. « Ils pourront, disait le président à l'assemblée générale, concourir à l'abaissement de nos prix de revient sur des volumes de fabrication plus élevés. » Des arguments d'ordre plus général venaient appuyer ce puissant effort. En ces temps d'ouverture des frontières, l'attention était fixée sur les concurrents allemands, dont les investissements avaient été largement supérieurs à ceux de Rhône-Poulenc S.A. dans la décennie précédente. Il fallait de plus rétablir l'équilibre entre les investissements réalisés en France et ceux effectués par les filiales étrangères : ceux-ci, qui se situaient, avant 1969, entre 22 et 28 % du total, avaient atteint 35 % en 1970 après les grandes absorptions.

Le programme d'investissements pour les années 1971, 1972 et 1973 était estimé par le conseil d'administration à 5 milliards de francs. La

L'ensemble industriel de Vaise comportait les deux usines de l'acétate de cellulose et du Nylon. Ici, un atelier de filature du Nylon vers 1970.

statistique consolidée du groupe indique un total de 11 734 millions de francs investis pendant la période 1970-1975 et 6 milliards pendant les trois années concernées, dépassant ainsi les prévisions. Dans la liste des sociétés chimiques mondiales, l'effort de Rhône-Poulenc ne fut dépassé, entre 1969 et 1973, que par celui de Dow Chemical. En 1972, le groupe se classait au premier rang des investisseurs et, en 1973, au quatrième rang.

Il est remarquable et nouveau que, pour la première fois dans l'histoire de la société, l'investissement ait dépassé entre 1970 et 1973 le niveau de la marge brute d'autofinancement, qui elle-même devait être consacrée à d'autres usages. Pendant ces années, les investissements représentèrent un pourcentage variable de la marge brute.

LE POIDS DES INVESTISSEMENTS

$$\left(\frac{\text{Investissement}}{\text{Marge brute d'autofinancement}} \right)$$

1969	67,85	1973	95,96
1970	126,08	1974	72,50
1971	179,30	1975	MBA négative
1972	149,73		

Le conseil d'administration prévoyait un autofinancement des trois quarts, soit 3 500 millions de francs, et excluait tout recours aux augmentations du capital. Celui-ci fut porté de 1 069 578 000 francs à 1 782 630 000 francs en 1970 par augmentation gratuite de la valeur de l'action, portée de 60 francs à 100 francs. Puis la valeur du capital ne changea plus jusqu'en 1975. Il manquait donc un tiers à un quart des sommes nécessaires à l'investissement. Ainsi, pour la première fois de son histoire, Rhône-Poulenc s'endetta : le groupe émit 450 millions d'obligations à 9,25 % dont le produit fut réparti entre quatre sociétés : 200 millions pour la S.U.C.R.P., 120 pour la Rhodiaceta, 80 pour le C.T.A. et 50 pour Spécia. Au début de l'année 1972, un emprunt international en eurofrancs, d'une valeur de 100 millions à 7,25 %, fut émis. On était donc bien loin de réunir les 1 500 à 2 000 millions nécessaires. Une part notable fut trouvée dans les emprunts à moyen terme souscrits auprès du Crédit national, source de financement à laquelle recourait périodiquement et modestement la société, et dans divers emprunts bancaires. Le compte d'emprunt du groupe augmenta fortement, passant de 238 millions de francs en 1968 à 4 642 millions de francs en 1972. Ces chiffres absolus sont moins expressifs que la progression du taux d'endettement du groupe

$$\left(\frac{\text{dettes à long terme} \times 100}{\text{fonds propres}}\right),$$

qui résultait de la conjonction des nouveaux emprunts et de l'absorption de Progil et de Péchiney-Saint-Gobain plus lourdement endettés.

LE TAUX D'ENDETTEMENT DU GROUPE

(en pourcentage)

1968	5,64	1972	64,14
1969	29,79	1973	58,09
1970	35,32	1974	55,94
1971	48,48	1975	79,27

L'entreprise se trouvait ainsi, pour la première fois de son histoire, fortement endettée par ce vigoureux effort pour rattraper le rythme d'investissement des concurrents allemands et des filiales étrangères. Les rédacteurs du plan, chargés de gérer le développement du groupe, constataient cette nouvelle situation. Comparé à ceux des grandes entreprises allemandes, le taux d'endettement de Rhône-Poulenc S.A. pouvait paraître modeste en 1971 : 38,40 % pour l'entreprise française, mais 54 % pour B.A.S.F., 56 % pour Hœchst, 52 % pour Bayer. L'avantage relatif disparaissait si l'on calculait l'équivalent de l'endettement en années de marge brute d'autofinancement : 3,19 ans pour Rhône-Poulenc S.A., 3,6 ans pour Bayer, 3,65 ans pour Hœchst. En effet, la marge brute d'autofinancement de la société française était sensiblement plus faible que celles des entreprises allemandes. La conclusion des rédacteurs du plan en 1973 était formelle : « Rhône-Poulenc approche de la limite maximum de l'endettement ». Cette situation nouvelle fut perçue par les administrateurs et les dirigeants de la société qui, dès 1972, préconisaient et prévoyaient le ralentissement de l'investissement : « La raison de cette réduction est moins dans le manque de projets ou le manque de débouchés, mais essentiellement dans l'évolution des possibilités d'autofinancement .» À la fin de l'année, les nouvelles installations de Gonfreville (paraxylène), Saint-Aubin-lès-Elbeuf (phosalone), Lavéra (steam-craking) et Freeport étaient mises en service. En janvier 1973, l'arrêt des emprunts était décidé : « L'objectif a été de limiter les investissements au montant des amortissements qui pourraient être réalisés, soit 1 350 millions de francs. » L'importance globale des investissements paraît avoir entraîné une légère remontée des bénéfices. La marge brute d'autofinancement passa, entre 1971 et 1974, de 10,80 % à 13,60 % du chiffre d'affaires.

La naissance de la planification

À partir de 1973, s'appuyant sur la nouvelle structure en divisions et sur les conseils des consultants de Mac Kinsey, débutait un véritable travail de planification qui amena à une appréciation rigoureuse de l'état et du niveau du groupe et à la formulation de directives qui, parfois, recoupaient des pratiques en cours. Les premiers documents conservés datent du mois de juillet 1973, un mois après l'accession de Renaud Gillet à la présidence.

La comparaison du groupe Rhône-Poulenc avec les autres grandes entreprises chimiques fut établie sur la base d'une étude de la période 1968-1972 ; elle permit aux analystes de porter un regard lucide et sévère : rentabilité médiocre due au poids de la production textile (15ᵉ rang des sociétés chimiques mondiales), faiblesse de la croissance (9ᵉ rang), lourdeur des effectifs (le rapport des ventes aux effectifs mettait Rhône-Poulenc au 19ᵉ rang) ; en revanche, le classement était évidemment excellent pour l'investissement, mais les gains de rentabilité ne paraissaient pas conformes à l'ampleur de l'effort.

Le constat étant porté, une extrapolation à partir des cinq années passées permettait une prospective portant sur les cinq années à venir (1973-1977). Les 9 principales sociétés consolidées étaient divisées en 17 modules et en 93 secteurs. Ces composants du groupe étaient analysés selon la grille atouts-attraits sur laquelle reposait l'élaboration des hypothèses et des propositions stratégiques. Selon un vieux principe de répartition appliqué dès le début du siècle, mais oublié au temps de la prospérité, ces secteurs étaient classés, non sans mal d'ailleurs, en quatre groupes : à développer en priorité, à maintenir, à arrêter, à revendre. La conclusion avancée était qu'il fallait « arrêter progressivement tout ce qui n'est pas rentable » et les financiers ajoutaient que toute nouvelle acquisition devait être soldée par des cessions d'actifs. Déclaration à double portée qui prévoyait donc l'élimination des activités non rentables - principe très nouveau pour une société qui n'avait jamais rien vendu et jamais sélectionné ses activités - et la fin de l'endettement pour réaliser des acquisitions.

L'usine de Saint-Aubin-lès-Elbeuf était venue renforcer le potentiel industriel de la société au lendemain de la Seconde Guerre mondiale. Elle est ici photographiée au début des années 1960.

D'ailleurs à cette époque, certaines cessions étaient déjà en cours. Le travail de planification effectué en 1973 et 1974 distinguait des groupes à rentabilités diverses :

- quatre modules avaient d'excellentes performances : l'alimentation animale, la pharmacie, la reprographie et la filiale brésilienne (R.I.Q.T.) ;
- des modules témoignaient d'une faible rentabilité : chimie industrielle, polymère, textiles artificiels et les productions phytosanitaires, malgré leurs fortes possibilités ;
- une série de modules de l'industrie lourde avaient une rentabilité très médiocre : plastiques, engrais, textiles synthétiques, naphtachimie, cellophane, représentant près de la moitié du chiffres d'affaires ;
- enfin, confirmant l'évolution amorcée à la fin des années 1960 : « Le groupe dérivc actuellement à l'étranger un ensemble de bénéfices très supérieurs, rapportés aux chiffres d'affaires, à celui qu'il tire de ses exploitations françaises. »

À l'issue de cet examen, quelques dégagements de secteurs déficitaires étaient préconisés : textiles artificiels en France et à l'étranger, la société Lautier dans laquelle le groupe venait pourtant de porter sa participation de

34 % à 62 % et qui était déficitaire, Isabelle Lancray qui fabriquait des cosmétiques chez Roger Bellon, la participation chez Rousselot.

Les techniciens du plan proposaient quelques principes généraux d'orientation du groupe dans les années prochaines, des principes qui rejoignaient d'ailleurs certaines pratiques traditionnelles :

- viser à contrôler totalement la grande majorité des activités des sociétés, de préférence aux filiales même majoritaires, éviter les participations minoritaires et les sociétés à 50 % ;
- ne pratiquer une intégration amont que si elle alimente 80 % d'un besoin ;
- ne pas se diversifier en dehors de la chimie ;
- augmenter nos implantations hors de France, en Europe et dans le monde pour pallier la faiblesse de nos positions au Japon et aux États-Unis, en Australie, au Canada, en Inde. « Le vrai problème est celui de notre implantation directe » ;
- réduire l'effort de recherche, devenu trop lourd en chimie lourde à cause de l'apport des centres de recherches de Péchiney-Saint-Gobain et Progil (Croix de Berny, Décines, Aubervilliers). Rhône-Poulenc Textiles avait déjà entamé depuis plusieurs années un effort important de diminution de ses effectifs de recherche. La réorientation de la recherche paraissait s'imposer ;
- sur le plan financier, il fallait redresser les marges bénéficiaires, arrêter l'endettement et comprimer les besoins en fonds de roulement.

Sur la base de ces intentions, en réalisant la synthèse des plans de secteurs et de divisions qui n'étaient parfois que de simples extrapolations des situations actuelles et en se basant sur les prévisions officielles en matière d'évolution des prix, les planificateurs proposaient les résultats suivants dans un délai de cinq ans :

LES PRÉVISIONS DU PLAN (1972-1977)

(en millions de francs)

	1972	1977
Chiffre d'affaires	12 500	21 500
Taux de croissance		11,50 %
Cash flow brut industriel	1 648	3 694

La croissance du groupe serait interne et sélective et les objectifs proposés étaient les suivants : accentuer les efforts dans la pharmacie et le phytosanitaire, s'implanter aux États-Unis et au Japon, « brésilianiser » la société R.I.Q.T. et « indianiser » May and Baker India. La recherche serait orientée vers le génie médical et les thermostables. Peut-être faudrait-il créer une division « grand public » pour la vente directe du charbon de bois et du linge de table non tissé.

Le démenti des faits

La réalité évolua différemment de ce qu'avaient prévu les planificateurs, sauf peut-être en ce qui concerne les désengagements qui ne furent d'ailleurs pas tous dictés par la mauvaise situation des filiales.

La première société concernée fut Harshaw Poulenc Coiffé. Le partenaire américain de Rhône-Poulenc, Harshaw Chemical Company, cédait en 1968 la moitié des actions à la société allemande ayant son siège à Francfort, Degussa, qui souhaitait obtenir la majorité dans la gestion de la filiale de Limoges. Rhône-Poulenc lui céda d'abord la moitié de ses actions, puis le reste en juillet 1973.

Le désengagement du marché italien fut dicté par les conditions propres de celui-ci. En Italie, Montecatini et Edison avaient fusionné et les holdings financiers d'État étaient intervenus dans le capital de Montedison. Cette société possédait désormais d'autres intérêts dans le textile (Chatillon) et dans la pharmacie (Carlo Erba), ce qui pouvait entrer en contradiction avec ses participations dans Rhodiatoce et dans Farmitalia dont les résultats étaient en forte baisse. D'autre part, « Rhodiatoce était exsangue », déclarait le conseil d'administration et il concluait qu'il fallait exclure toute idée de prolonger la collaboration en Italie et céder les participations, « compte tenu de la situation générale en Italie et de l'importance des autres programmes du groupe ». Rhône-Poulenc S.A. accepta la proposition de Montedison de 11 milliards de lires.

D'autre part, Synergie-Publicité fut cédée à l'Agence Havas et à Publicis, et l'usine de Porto Rico de la société Morovis, vendue pour 2 400 000 dollars. Les motifs de cession étaient donc variés : médiocrité des résultats ou activités trop éloignées de la ligne majeure du groupe.

Les acquisitions ou nouvelles participations furent peu nombreuses pendant cette période. En avril 1974 fut créée une filiale paritaire avec Du

Pont de Nemours pour la production d'adiponitrile. Rhône-Poulenc participa pour 40 % dans une société textile thaïlandaise et prit le contrôle de la société Clorogil au Brésil. Enfin, Rhône-Poulenc S.A. et General Mills s'associèrent (60 et 40 %) dans Biosynthèse-Melle.

Mais les prévisions des planificateurs furent surtout déjouées par l'évolution de la conjoncture mondiale et par l'éclatement de la crise de 1974-75. L'alerte fut sonnée en 1974 sous la forme d'une énorme poussée inflationniste résultant de la hausse des produits énergétiques et des matières premières qui firent craindre des pénuries. L'indice des prix de gros des produits chimiques augmenta très rapidement : à 100 en 1961, il passait à 102 en 1969, à 121 en 1973, à 159 en 1974 et à 172 en 1975. Le chiffre d'affaires de 1974 se trouva ainsi brutalement gonflé : il passa de 14 712 millions de francs en 1973 à 20 351 millions de francs, mais, après déflation, le chiffre d'affaires de 1974 dépassait à peine celui de 1973 (12 783 millions de francs contre 12 158 millions de francs). Dans cette conjoncture d'augmentation des prix des matières premières et des produits fabriqués, il est révélateur que la part des ventes textiles ait baissé de 33 à 27 % du chiffre d'affaires total, entraînant une augmentation parallèle de la place de la chimie. Le gonflement du chiffre d'affaires, les nombreux achats de précaution effectués par la clientèle, eurent des effets bénéfiques provisoires puisque les bénéfices passèrent de 11,90 % à 13,60 % et que la rentabilité du capital augmenta de 23 à 33,20 %. Puis l'inflation, qui ralentit peu en 1975, entraîna une baisse du chiffre d'affaires et l'ouverture de la crise. Dès 1974, elle s'était annoncée ; le second semestre textile avait été médiocre après la marche très soutenue des six premiers mois ; dans les deux derniers mois de l'année, certaines capacités de production étaient déjà très sous-utilisées : les plastiques fonctionnaient à 60 %, les textiles et les fibres à 65 %, les résines polyesters à 40 %. Pendant les huit premiers mois de 1975, le chiffre d'affaires de la pétrochimie avait baissé de 25 %, celui de la chimie minérale et de la chimie fine de 15 %, celui des polymères de 27 %, celui des textiles de 20 %. Les arrêts de travail s'étaient multipliés et la semaine de travail réduite à 32 heures.

Pour la première fois de son histoire, le groupe se trouva en déficit. « Une marche à 75 % réduit notre cash-flow à 0 », déclarait le conseil d'administration (6 mars 1975). La perte de 174 millions de francs fut relativement légère, entraînant néanmoins la contraction des possibilités de financement des sociétés. Le conseil constatait pour 1975 une dégradation financière de 1 850 millions de francs et envisageait de contracter de nouveaux emprunts, « ne serait-ce que pour assurer les annuités de remboursement ». En juillet 1975, Rhône-Poulenc S.A. émettait 450 millions d'obligations et empruntait 200 millions de francs au Crédit national. De plus, les filiales - A.E.C., Chavanoz, Distugil - eurent aussi recours au Crédit national. L'action Rhône-Poulenc avait baissé à la bourse de 116 à 105 francs, rendant plus difficile le recours au marché financier ; le mouvement fut enrayé par le rachat par la société de ses propres actions (140 175 unités). Renaud Gillet constatait en 1975 : « Il est aussi évident que la crise nous a cueillis à froid et que la nouvelle organisation n'avait peut-être pas encore suffisamment de maturité pour réagir d'instinct aux circonstances extérieures. »

Sans doute la crise était-elle générale et touchait tous les secteurs de la chimie, mais le textile, continuant son repli des années 1960, était le principal responsable du déficit de 1975 ; le déficit brut de Rhône-Poulenc Textiles était de 577 millions de francs et les résultats nets étaient en perte de 732 millions de francs. Ceci ne signifie pas que le problème n'ait pas été perçu et qu'aucun remède n'ait été apporté depuis le début des années 1970. L'urgence de la situation fit qu'on y tenta la première expérience de planification. Entre février et septembre 1970, quatre personnes - deux cadres de la branche textile et deux consultants de Mac Kinsey - élaborèrent le plan stratégique textile qui reposait sur l'étude de 18 produits. La politique suivie s'orienta vers l'arrêt des productions non rentables et la mise en route de productions plus profitables. Ainsi en 1972 furent arrêtées, en particulier, des fabrications réalisées dans des usines du C.T.A. : rayonne textile à Arques-la-Bataille et à Vaulx-en-Velin ; Rilsan à Valence et triacétate à Péage ; en 1974, des arrêts de fabrication intervinrent aussi à Givet et Izieux.

Des productions nouvelles furent implantées : fil polyester à Valence, crin Nylon à Albi, non-tissés Bidim à Bezons, fibres polynosiques à Gauchy. Ces opérations compensatrices avaient aussi une finalité sociale : éviter les licenciements. En 1970, le directeur général de la Rhodiaceta déclarait au comité d'entreprise qu'il n'y aurait de licenciements ni en 1970 ni en 1971, mais que les usines de Péage et de Roussillon étaient très menacées : le transfert de l'acétate de Vaise à Péage permettrait de faire survivre cette usine pendant quelques années encore ; le seul but de l'opération était de maintenir l'emploi : « On fera ce qu'on pourra par tous les moyens .» La restructuration du secteur textile ne fut pas complètement inefficace.

LES BILANS DE RHÔNE-POULENC TEXTILE (1971-1975)

(en millions de francs)

	1971	1972	1973	1974	1975
Chiffre d'affaires	2 288	2 408	2 667	3 608	2 472
Bénéfices bruts	167	197	336	391	577
Résultats nets	0,40	53	70	22	732
Effectifs	22 344	21 679	20 989	20 111	18 703

La marge bénéficiaire s'améliora un peu - 7,30 % en 1971, 8,20 % en 1972 et 12,60 % en 1973 - ainsi que les résultats nets. Les effectifs de la Rhodiaceta avaient commencé leur repli dès 1967, ceux du C.T.A. dès 1961 ; le recul des effectifs de Rhône-Poulenc Textiles, 6 à 800 personnes par an, était dû au non-embauchage et aux départs à la retraite, mais en 1975, la baisse s'accéléra (environ 1 400 personnes). Globalement, les effectifs du groupe s'orientèrent à la baisse à partir de 1971, passant de 120 547 à 115 783 en 1975. La crise frappa inégalement les diverses branches du groupe ainsi que les sociétés françaises et étrangères ; par exemple, en 1975, le chiffre d'affaires de May and Baker augmenta de 22,30 % par rapport à 1974. La comptabilité décomposée du groupe aurait permis de préciser ce point, elle a été malheureusement détruite pour ces années. À partir de 1975, des fermetures définitives d'usines furent prévues et Rhône-Poulenc créa une société spéciale, la Sopran, pour le reclassement du personnel licencié.

Il semble que la dégradation des résultats favorisa l'éclatement d'une crise qui sourdait au sommet du groupe parmi les membres du comité exécutif. Pour évoquer cette question délicate, nous disposons de fort peu de documents. À partir de 1974-75, le comité fut divisé par des rivalités et des divergences. Selon un article du journal *Le Monde* du 16 mars 1976, Augustin Mollard, Jean Montet et André Pacoud s'opposaient aux trois autres membres du comité, Jean-Claude Achille, Paul Jean et Roland Rieutord, tous trois polytechniciens. Faut-il y voir un conflit entre les Lyonnais et les autres, comme le suggère le quotidien ? C'est une vue des choses que les témoins de l'époque rejettent ou nuancent fortement. Les délibérations du conseil d'administration, fort discrètes sur ces aspects de la vie de la société, signalent un profond désaccord entre le directeur général, Jean-Claude Achille, et le président Renaud Gillet (Conseil d'administration, 27 novembre 1975).

Vue générale du Centre Nicolas Grillet en 1977.

Les départs et les mises à l'écart se succédèrent : départ de Roux de Bézieux qui dirigeait la division « Santé », puis de Paul Jean ; Roland Rieutord quitta le groupe pour entrer à la société Gardinier. Au mois de novembre 1975, Jean-Claude Achille démissionnait de son poste de directeur général et devenait vice-président du conseil d'administration : après avoir vécu intensément sept ans de développement du groupe, déclarait-il, il le quittait avec une grande émotion.

Ainsi en 1975 coïncidaient, et ce ne fut pas fortuit, une crise industrielle et une crise directionnelle. Sans doute les épreuves poussaient-elles chacun à désigner des responsables.

L'aboutissement de 1975 mène à douter de la réussite des fusions de 1969 et de la politique menée pour redresser le secteur textile. Trop longtemps, la prospérité avait fait oublier la vigilance gestionnaire et la nécessaire relève des activités déficitaires par d'autres plus rentables. Sans doute l'entreprise n'était-elle pas totalement maître de sa politique de l'emploi et se trouvait-elle dans ces années en sureffectifs, avec des rendements insuffisants. Pour la première fois, à l'entrée des années 1970, le groupe s'endettait lourdement pour préparer l'avenir, la conjoncture internationale annihilait les effets de l'investissement et ajournait le délai de récupération. Par cette conjoncture fâcheuse, la crise saisissait le groupe en état de faiblesse financière.

CONCLUSION

L'acte de naissance des entreprises qui devaient constituer la Société des Usines Chimiques Rhône-Poulenc fut marqué du sceau de la chimie fine et de la chimie organique. Entre les ateliers Poulenc et le premier laboratoire créé par Prosper Monnet, cette orientation nouvelle s'efforçait d'émerger et de s'affirmer dans la chimie française. Mais cette aspiration, cette « vocation » originelle, fut vivement contrariée. L'histoire économique nous renseigne sur la force de la recherche allemande, sur le nombre et la qualité de ses chimistes et sur la vigueur précoce des entreprises qui naquirent outre-Rhin au cours des dernières décennies du XIXe siècle. Le handicap de naissance subi par les sociétés françaises, et qui résultait de médiocres conditions internes et d'une très pressante concurrence externe, ne pouvait ni se rattraper ni se corriger aisément. L'entreprise française dut donc emprunter quelques chemins de traverse pour réaliser ses espoirs de développement : il est remarquable qu'elle fut entraînée plusieurs fois vers la quasi-monoproduction ou vers la production dominante : ainsi celle des Rodos avant 1914, puis celle du phénol, contrainte et forcée par la guerre, et surtout l'omniprésente production textile après 1945. Celle-ci, puissamment développée en France et bien implantée à l'étranger, suppléait et confirmait en même temps la relative faiblesse du groupe sur le plan chimique ; elle seule lui procurait les effets de domination nécessaires et les parts de marché indispensables. La puissance textile permettait de contourner les obstacles au développement rencontrés par l'entreprise en suivant des voies divergentes. Mais, à moyen ou à long terme, le textile ne pouvait compter que sur des marchés moins porteurs que ceux de la chimie.

La croissance plus textile que chimique se déroula jusqu'en 1961 dans un cadre juridique et dans une organisation inchangés, c'est-à-dire dans une stucture de groupe caractéristique de l'industrie française, dans une imbrication de filiales et de sous-filiales liées financièrement, techniquement et commercialement. Les baisses successives des revenus industriels de la S.U.C.R.P. attestaient le caractère peu dynamique du marché intérieur français et des médiocres conditions de vie industrielle qui y régnaient, alors que les hausses des produits financiers soulignaient l'importance des investissements externes et la rentabilité des filiales étrangères, une différenciation rendue possible par le cloisonnement douanier mondial. La société était présente hors de France plus par les ventes de ses filiales que par ses exportations, partage des tâches qui n'était guère dynamisant.

Autour de 1960, l'abaissement des protections douanières et la fin des rentes de rareté mirent à nu les faiblesses structurelles de l'industrie française et obligèrent la S.U.C.R.P. à envisager tous les types de réponse : contrôler et rationaliser la production des textiles chimiques, compléter la gamme des productions par des intégrations amont et même aval, assurer une protection minimale du territoire national contre la pénétration des intérêts et des produits étrangers. En quelques années, des tâches multiples s'imposèrent à l'entreprise, leur lourdeur fit abandonner par la société le dogme, que l'on pourrait croire hérité de l'entreprise familiale traditionnelle, de l'autofinancement et du non-endettement, attitude d'une grande prudence que justifiait l'infériorité des marges bénéficiaires de la société française par rapport à celles des entreprises chimiques allemandes.

Ainsi les difficultés économiques internationales surprirent Rhône-Poulenc en pleine mutation quantitative et organisationnelle et en plein effort d'investissement, cause d'un fort et nouvel endettement.

Le déficit de 1975 affirma l'impérieuse nécessité de transformations qui durent être réalisées avec une rapidité sans précédent : réduction drastique des activités textiles, désengagement de la pétrochimie, des engrais et des plastiques en 1980 et 1982, effectués sous la pression des déficits répétés en 1980, 1981 et 1982. La majeure partie des actifs absorbés en 1969 fut cédée à d'autres exploitants ; aux grandes manœuvres industrielles des années 1960 succédait un nouveau découpage des activités. Le retournement était d'une rare ampleur et d'une grande brutalité.

On a pu opposer la permanence et la durée des directions des sociétés chimiques allemandes à l'instabilité régnant à la tête du groupe Rhône-Poulenc. Plutôt que de voir dans cette différence un facteur de crise, nous serions tentés de renverser la proposition et de lire dans la succession rapide des dirigeants une des expressions, une des conséquences des difficultés structurelles de l'entreprise. Désengagé des secteurs déficitaires, le groupe se trouve ainsi recentré sur la chimie et en particulier sur la chimie fine, incluant pharmacie et phytosanitaire ; après maints détours, il renoue avec sa vocation primitive, revenant ainsi aux raisons même de sa naissance, un retour aux sources qu'accomplissent au même moment d'autres entreprises françaises et qui se réalise dans une structure renouvelée des marchés imposant la mondialisation des activités.

ANNEXES

La biochimie à Vitry-sur-Seine

RÉSULTATS ET MOYENS DE LA SOCIÉTÉ CHIMIQUE DES USINES DU RHÔNE (1895-1927)

(en francs)

Année	Chiffre d'affaires	Bénéfice brut	Immobilisations nouvelles	Amortissements	Fonds propres	Participations
1895	4 000 000	369 762		104 181	3 000 000	
1896	5 600 000	918 601	15 926	391 738	3 053 000	
1897	5 800 000	919 682	550 100	502 119	4 107 999	572 840
1898	5 900 000	253 163	307 118	221 163	6 149 999	836 500
1899	5 500 000	533 744	701 907	247 698	6 162 657	981 701
1900	3 548 229	– 396 150	76 500	186 592	6 199 999	999 518
1901	4 544 641	294 150	1 071 764	0	6 199 999	1 119 063
1902	4 190 325	– 161 497	0	0	3 298 763	528 511
1903	3 553 000	2 218	0	0	3 224 952	528 511
1904	3 653 000	34 991	0	0	3 224 852	50 550
1905	3 800 000	254 000	0	0	3 620 487	
1906	3 700 000	911 874	0	129 953	3 775 455	
1907	3 873 500	911 405	0	121 168	3 929 179	
1908	3 727 000	737 667	0	118 901	4 034 108	
1909	3 653 348	881 975	0	118 901	4 205 142	
1910	5 209 409	976 658	0	94 441	4 791 333	
1911	9 347 621	2 148 207	1 416 879	198 291	5 480 363	
1912	6 553 973	2 239 569	829 812	256 549	5 480 363	
1913	7 680 567	2 359 742	1 231 177	365 679	5 894 839	
1914	5 687 067	1 191 625	56 590	368 503	6 474 534	
1915	43 630 104	7 926 001	916 048	455 712	14 274 534	
1916	121 622 104	11 066 412	3 292 209	482 765	15 242 877	
1917	103 622 861	6 004 700	1 639 949	858 042	16 456 271	
1918	90 622 861	6 151 380	861 338	923 770	17 582 543	
1919	28 281 874	6 313 770	2 980 764	1 088 717	18 925 815	
1920	45 622 674	4 294 154	2 655 306	1 262 316	20 074 254	
1921	36 378 754	2 625 121	2 603 666	0	36 528 143	4 500 000
1922	38 883 098	5 988 918	2 063 648	1 543 437	39 430 000	
1923	54 135 309	11 781 745	6 239 850	2 138 845	39 760 000	
1924	77 314 990	9 046 706	1 450 710	2 223 470	58 960 000	
1925	91 042 150	11 918 721	868 310	2 994 507	61 500 000	
1926	127 056 113	24 885 891	2 724 363	2 951 655	74 500 000	11 900 000
1927	132 764 420	23 125 205	1 612 640	3 104 002	74 500 000	11 900 000

RÉSULTATS ET MOYENS DES ÉTABLISSEMENTS POULENC FRÈRES (1895-1927)
(en francs)

Année	Chiffre d'affaires	Bénéfice brut	Immobilisations nouvelles	Amortissements	Fonds propres	Participations
1899-1900	8 117 736					
1900-1901	8 159 091	582 514		77 515	4 000 000	
1901-1902	8 723 863	516 412	43 686	88 147	4 140 412	
1902-1903	9 117 430	533 380	79 103	99 784	4 281 715	
1903-1904	10 138 309	439 364	263 672	118 473	4 345 739	
1904-1905	10 489 810	510 540	68 052	126 856	4 366 488	
1905-1906	11 117 760	534 265	51 790	130 642	4 433 347	
1906-1907	11 888 579	749 497	96 104	183 360	4 511 066	
1907-1908	11 047 809	498 198	120 920	137 734	4 749 273	
1908-1909	11 537 918	601 235	459 661	155 368	4 757 499	
1909-1910	11 787 031	544 292	333 810	152 534	4 717 253	
1910-1911	14 542 412	912 949	710 386	110 053	4 781 591	
1911-1912	14 910 680	708 064	707 930	267 156	4 966 975	
1912-1913	14 936 181	721 845	1 706 359	349 429	7 160 700	
1913-1914	15 750 746	856 559	1 112 309	259 956	7 176 270	
1914-1915	13 224 896	1 293 526	227 744	402 050	7 103 000	
1915-1916	29 999 188	3 587 006	1 356 972	699 401	8 113 617	
1916-1917	35 627 490	3 208 434	4 030 322	927 064	15 591 695	
1917-1918	41 782 975	3 918 000	1 953 885	1 695 620	16 418 941	
1918-1919	42 691 809	3 869 201	1 105 345	1 457 277	17 513 675	
1919-1920	62 218 191	4 432 926	971 408	1 014 360	26 291 594	1 597 549
1920-1921	56 585 437	5 753 408	2 843 502	1 069 238	52 235 789	1 510 012
1921-1922	46 520 646	2 213 171	1 383 502	584 279	51 119 998	5 650 684
1922-1923	64 521 027	6 128 014	3 478 396	986 827	50 806 335	5 188 794
1923-1924	83 853 078	7 714 294	1 712 906	1 157 108	51 063 394	5 227 394
1924-1925	96 799 364	9 975 095	2 890 501	1 659 296	71 918 645	8 938 127
1925-1926	120 759 627	12 689 733	958 798	1 999 746	72 322 335	9 385 461
1926-1927	134 214 181	13 032 958	2 835 265	2 294 923	72 798 397	11 433 512

RÉSULTATS ET MOYENS DE LA SOCIÉTÉ DES USINES CHIMIQUES RHÔNE-POULENC (1928-1960)

(en francs)

	Chiffres d'affaires	Marge brute d'autofinancement	Investissements	Amortissements	Fonds propres	Participations
1928	155 377 664	40 418 317		4 294 906	168 022 000	27 834 877
1929	299 692 451	41 165 559	10 204 000	4 360 559	175 802 000	33 708 693
1930	286 122 711	29 524 811	9 463 000	5 209 810	248 464 000	56 663 893
1931	255 758 791	31 530 846	12 898 000	5 882 931	276 111 000	62 857 000
1932	256 126 622	34 602 318	7 078 000	6 393 847	279 843 000	68 853 000
1933	288 401 152	42 257 458	15 008 000	7 650 818	286 495 000	69 413 000
1934	264 376 986	47 709 230	13 739 156	7 650 818	280 230 000	74 329 180
1935	281 198 826	48 360 545	1 674 239	4 100 000	286 809 000	79 611 782
1936	296 971 830	45 481 302	12 134 902	5 807 000	280 806 000	85 149 162
1937	384 450 394	54 911 694	12 719 165	7 922 705	281 806 000	88 713 369
1938	500 854 949	72 523 797	1 418 442	8 955 299	381 806 000	89 104 662
1939	682 001 503	79 355 621	321 063	8 955 299	384 984 000	94 781 852
1940	677 091 640	88 003 500	10 443 489	10 276 532	423 529 000	72 825 702
1941	875 151 617	108 197 984	19 007 575	10 915 987	446 706 000	77 173 299
1942	857 793 475	112 572 162	30 698 041	11 744 344	474 243 000	96 677 166
1943	943 947 765	128 751 385	24 938 939	10 164 700	526 896 000	124 018 266
1944	668 750 982	75 849 235	21 652 737	10 971 214	556 228 000	156 637 623
1945	1 800 074 855	382 480 544	23 038 288	12 005 138	861 155 300	170 770 612
1946	2 029 611 099	395 948 686	173 304 442	25 725 879	1 353 730 000	231 182 674
1947	2 959 025 650	221 809 702	234 945 951	46 436 263	1 387 182 000	207 642 003
1948	7 201 836 393	1 898 509 092	403 219 210	116 040 922	3 602 230 300	410 363 788
1949	9 832 629 000	1 341 427 415	474 191 811	119 129 138	4 217 321 000	388 905 251
1950	13 922 000 000	1 429 921 135	526 412 665	163 152 935	7 126 616 131	742 872 020
1951	21 950 000 000	2 809 831 878	438 049 366	210 441 488	8 681 625 231	788 309 157
1952	23 483 000 000	4 399 661 279	785 287 512	306 799 104	12 563 717 880	1 091 385 058
1953	28 275 000 000	2 165 625 095	1 357 046 839	503 429 736	15 595 717 889	1 779 735 177
1954	31 714 000 000	4 407 606 989	1 824 705 712	792 411 630	17 629 927 650	2 016 346 629
1955	33 911 000 000	5 933 781 314	1 261 423 468	899 343 037	23 241 635 020	2 396 303 957
1956	37 913 000 000	4 490 022 927	2 085 115 745	989 120 961	24 491 926 470	5 143 246 511
1957	44 228 000 000	6 741 766 970	2 348 286 940	1 254 878 099	30 575 696 300	6 766 411 474
1958	51 103 000 000	8 180 670 990	3 856 970 420	1 776 530 758	34 156 264 900	8 577 941 916
1959	59 767 000 000	10 313 648 000	4 117 670 700	2 541 389 754	10 463 714 470	9 707 993 500
1960	76 698 000 000	12 986 516 000	7 487 022 000	2 969 214 553	72 576 757 279	16 160 030 381

LES COMPTES CONSOLIDÉS DU GROUPE RHÔNE-POULENC (1961-1975)

(en millions de nouveaux francs)

	Chiffres d'affaires	Chiffres d'affaires des filiales étrangères	Marge brute d'autofinancement	Investissements	Immobilisations	Capitaux propres	Crédits de recherche	Effectifs
1961	2 973							
1962	3 807	1 153	598	57	3 116	3 223		
1963	4 355	1 283	763	486	3 602	3 503		82 859
1964	4 928	1 570	843	710	4 299	3 906	220	89 740
1965	5 007	1 721	792	707	4 907	4 048	251	91 599
1966	5 466	1 878	922	553	5 346	4 240	260	94 457
1967	5 249	1 873	601	488	5 698	4 167	256	92 733
1968	5 928	1 992	801	600	6 144	4 382	272	92 830
1969	10 153	2 440	1 712	1 161	10 869	5 293	436	118 936
1970	11 028	2 764	1 480	1 866	12 428	5 541	472	120 514
1971	12 030	3 052	1 301	2 331	12 730	6 137	523	120 547
1972	12 259	3 338	1 331	1 993	14 082	6 167	617	118 112
1973	14 712	3 793	1 760	1 689	16 873	7 645	652	116 551
1974	20 351	4 720	2 761	2 001	18 340	8 298	787	110 263
1975	17 875	4 848	— 174	1 854	19 917	7 306	879	115 783

RÉSULTATS ET MOYENS DE LA SOCIÉTÉ RHODIACETA (1923-1961)

(en francs)

	Chiffres d'affaires	Marge brute d'autofinancement	Investissements	Amortissements	Fonds propres	Participations
1923		31 760	2 475 810	0	3 000 000	
1924		943 630	4 405 009	876 661	3 004 936	
1925		21 147	3 150 241	0	3 004 936	
1926		1 472 053	11 030 471	357 032	15 004 936	
1927		7 039 387	18 072 111	6 185 919	15 007 146	
1928		16 842 505	40 848 845	10 602 453	15 049 819	17 000 000
1929		16 609 688	12 745 079	12 222 871	21 361 382	33 320 339
1930		7 814 083	3 766 886	7 649 703	60 581 163	41 654 812
1931		– 7 974 034	3 528 641	0	56 743 166	39 719 664
1932		7 831 780	– 4 940 448	4 786 062	56 743 166	40 372 906
1933	87 516 000	12 355 113	0	12 000 000	56 760 922	38 550 161
1934	100 244 100	14 110 466	2 010 744	8 133 037	56 760 922	21 907 751
1935	110 424 000	17 092 605	370 586	8 161 825	59 042 000	26 344 593
1936	117 332 000	23 212 464	2 713 285	4 067 081	59 488 541	17 064 593
1937	220 991 908	9 475 725	1 760 632	1 919 532	60 290 934	9 587 488
1938	126 771 942	26 262 311	211 874	6 777 408	60 668 744	5 052 585
1939	152 455 600	27 203 784	1 589 488	4 396 300	63 000 000	4 761 120
1940	205 278 800	39 700 485	3 468 849	4 170 323	73 917 336	4 761 120
1941	254 837 000	43 195 694	21 502 139	5 057 294	88 343 817	14 511 120
1942	211 669 700	30 452 000	24 615 083	6 620 982	201 705 779	14 510 500
1943	277 770 900	23 984 597	30 636 136	8 786 303	215 050 645	12 760 115
1944	321 452 849	10 023 904	21 050 580	10 217 478	224 792 985	15 260 125
1945	365 747 800	93 151 853	44 626 183	25 354 244	303 761 721	15 460 125
1946	764 300 000	59 535 486	71 819 887	35 035 486	328 261 721	37 293 251
1947	?	84 771 876	25 283 086	45 077 426	328 834 268	78 993 250
1948	?	743 293 945	30 957 800	66 578 438	2 691 376 419	144 291 131
1949	6 970 000 000	727 563 591	633 725 019	302 576 467	3 788 846 000	257 144 152
1950	7 435 553 780	1 428 283 388	740 671 008	534 298 830	5 364 054 059	357 604 852
1951	12 883 225 380	1 616 368 025	1 635 148 331	513 478 959	8 715 302 063	473 616 681
1952	14 888 225 380	2 056 472 958	1 505 946 342	750 266 032	10 782 766 480	552 719 018
1953	21 108 854 540	2 940 451 261	1 125 330 094	1 251 047 261	14 060 657 240	565 079 881
1954	29 226 740 000	3 945 610 328	2 076 230 515	1 556 548 402	15 583 477 430	589 926 433
1955	32 516 843 480	4 437 669 600	2 747 319 107	1 921 073 012	19 389 867 260	890 017 702
1956	34 757 421 310	1 764 932 043	3 332 879 658	1 794 840 765	20 291 205 340	1 219 688 525
1957	41 312 909 550	6 010 438 962	3 983 787 482	2 455 760 576	25 266 781 800	2 071 677 546
1958	46 849 550 125	7 248 284 097	5 754 941 800	3 391 968 390	28 782 413 380	2 223 783 878
1959	63 659 027 533	11 106 056 390	5 285 043 289	5 614 367 419	33 633 895 500	2 754 396 121
1960	83 484 030 240	13 493 945 940	12 117 899 058	6 384 278 230	40 899 354 100	3 029 196 186
1961	95 621 391 650	14 034 199 950	14 109 061 496	3 921 718 236	44 512 100 000	3 064 248 400

ÉVOLUTION DU CAPITAL SOCIAL DE LA S.U.C.R.P. (1928-1975)
(en nouveaux francs)

	Montant	Souscription en numéraire	Apport en nature	Incorporation de primes	Incorporation de réserves	Incorporation de la réserve de réévaluation
1928	360 000					
1930	500 000	140 000				
1931	750 000	250 000				
1934	1 000 000	250 000				
30.6.1938	2 000 000	1 000 000				
18.1.1946	2 105 000	1 050 000				
21.3.1946	4 210 000	2 105 000				
27.11.1947	6 315 000				2 105 000	
22.12.1947	12 630 000	6 315 000				
24.5.1950	21 050 000				8 420 000	
12.6.1950	31 575 000	1 052 500				
1.4.1952	4 210 000	10 525 000				
20.7.1953	63 150 000				21 050 000	
7.6.1955	947 250 000	31 575 000				
7.6.1957	126 300 000	31 575 000				
12.1958	189 450 000	63 150 000				
1.1960	252 600 000	63 150 000				
8.1961	336 800 000				84 200 000	
	421 000 000	84 200 000				
12.1961	675 000 000		254 000 000			
1.1964	810 000 000				135 000 000	
	911 250 000	101 225 000				
19.12.1969	1 069 578 000		158 328 000			
25.6.1970	1 782 630 000				713 052 000	
17.12.1971	1 894 050 000		111 420 000			

ÉVOLUTION DU CAPITAL SOCIAL DE LA RHODIACETA (1922-1961)

(en nouveaux francs)

	Montant	Souscription en numéraire	Apport en nature	Incorporation de primes	Incorporation de réserves	Incorporation de la réserve de réévaluation
20.6.1922	30 000	30 000				
31.3.1926	150 000	112 000	8 000			
29.12.1930	500 000	350 000				
29.5.1942	1 500 000	1 000 000				
18.7.1949	1 700 000		200 000			
17.1.1950	2 890 000				1 190 000	
27.5.1950	6 800 000					3 910 000
16.10.1950	8 000 000	1 200 000				
21.12.1950	12 000 000					4 000 000
13.12.1951	20 000 000					8 000 000
29.12.1952	22 000 000	1 000 000	1 000 000			
15.1.1953	33 000 000					11 000 000
1.12.1953	43 000 000				10 000 000	
15.11.1955	64 500 000				21 500 000	
1.3.1956	86 000 000				21 500 000	
20.3.1958	96 750 000				10 380 000	370 000
24.4.1959	116 100 000				19 350 000	
22.10.1959	154 800 000			1 409 500	26 906 742	8 724 177
18.10.1960	206 400 000			1 659 580	40 646 072	10 953 927
30.12.1961	258 000 000				35 237 650	16 362 349

PRINCIPAUX DIVIDENDES ET REDEVANCES (D ET R) [1918-1940]

Année	Rhodiaseta	Rodiaseta italienne	Electrochimica del Toce	Du Pont de Nemours	Spécia		Prolabo		Normande
	D	D	D	R	D	R	D	R	D
1917									
1918									131 991
1919									61 750
1920									30 846
1921									30 854
1922									30 846
1923									30 846
1924									84 493
1925									87 906
1926									62 976
1927									73 996
1928									0
1929				2 139	2 100 000	28 357 216			0
1930				88 117	2 100 000	26 921 005			153 036
1931				152 927	2 100 000	26 290 316			157 135
1932				157 792	2 100 000	29 995 048			157 204
1933			88 900	187 415	2 490 630	34 001 384	924 655	5 913	173 320
1934	1 236 014	4 745	175 000	350 463	2 490 630	30 638 382	880 885	29 568	388 123
1935	3 076 307	526 194	84 000	522 779	2 583 793	35 071 178	919 505	30 952	461 497
1936	5 125 375	701 592	168 000	1 261 439	3 212 000	34 330 871	755 845	63 782	615 360
1937	2 850 337		123 669	1 846 670	3 442 500	39 536 708	768 838	59 248	713 178
1938	5 513 205		39 542	1 286 566	4 100 000	49 363 950	866 844	60 596	684 678
1939	7 300 000			1 674 479	5 043 000	63 012 482	898 942	60 596	413 832
1940	7 180 428				1 505 000	88 309 656			525 000

PRINCIPAUX DIVIDENDES ET REDEVANCES (D ET R) [1918-1940]

Année	Rhodia Brasileira			May and Baker		Farmaceutici	Poulenc Canada
	D	R	R Spécia	D	R	D	D
1917							
1918					159 822		
1919					202 577		
1920					1 223 520		
1921	176 516				1 163 113		
1922	251 933				1 198 120		
1923	552 058				926 877		
1924	0				1 090 047		
1925	2 231 404				1 018 595		
1926	2 270 642				1 451 458		
1927	2 270 642				2 491 818		
1928	3 000 000			853 408	1 910 261		
1929	3 743 000			1 125 299	1 888 863		
1930	949 400		116 833	1 087 934	2 462 125		269 409
1931	0		288 639	762 467	1 264 120		199 956
1932	0		472 865	694 359	980 134		130 125
1933	0		450 484	669 744	1 343 513		129 125
1934	0	122 876	363 268	648 814	1 040 305		93 920
1935	0	163 556	279 995	604 208	1 268 663	69 875	140 363
1936	2 080 800	358 723	607 282	650 819	0	119 057	101 401
1937	3 499 173	910 027	720 449	1 124 896	1 271 799	266 863	107 098
1938	3 387 515	1 165 471	1 282 954	1 429 309	2 561 598	363 144	162 087
1939	3 400 000		2 940 311	1 434 351	3 761 626		533 878
1940							

RÉPARTITION DES VENTES DE LA S.U.C.R.P. (1932-1961)

(en pourcentage)

Année	Spécia	Prolabo	Poulenc	D1	D2	D3	D4	D5	D6	D7	D7'	D8	D9	Rhodoïd	Importation
1932	32.28	5,69	9,78	16,42	5,09	0,38	21,30	0,48	3,12					5,46	
1933	31,15	5,92	10,02	19,64	5,29	0,47	17,34	0,52	2,56					7,15	
1934	32,66	6,42	9,74	16,70	5,71	0,33	17,25	0,42	2,66					8,11	
1935	33,10	6,06	9,45	17,91	5,57	0,36	15,47	0,37	2,75					8,96	
1936	32,58	5,92	9,33	19,26	5,36	0,28	13,92	0,59	3,07					9,69	
1937	27,88	5,77	9,70	19,45	5,89	0,41	16,41	0,81	2,99					10,69	
1938	27,45	5,64	10,05	19,58	4,58	0,49	18,18	0,68	2,96					10,39	
1939	25,55	5,15	8,36	27,58	3,37	0,34	14,75	0,67	2,0					12,23	
1940	31,25	4,27	7,11	19,69	2,90	5,37	14,55	0,91	1,13					12,81	
1941	28,78	3,86	4,56	14,39	2,37	21,09	10,08	1,59	0,91					12,37	
1942	34,97	4,69	4,74	14,16	1,98	17,35	11,42	1,58	0,81					8,30	
1943	30,78	4,36	3,82	8,22	1,66	18,69	15,63	0,85	0,67	8,11				7,21	
1944	44,01	4,65	4,29	5,82	1,99	8,75	14,74	0,47	0,53	8,36				6,39	
1945	43,71	5,55		8,94	2,20	7,3	12,11	0,59	0,88	7,79				7,42	2,5
1946	17,01	0,67		14,72	4,45	7,03	19,66	1,31	1,72	12,59				10,58	10,26
1947	21,63	0,78		16,22	5,84	6,92	18,16	1,60	1,80	11,52				10,73	4,80
1948	19,12	0,80		18,53	4,76	3,80	20,23	2,01	1,84	13,59				13,29	2,10
1949	26,55	0,83		15,86	5,02	1,13	23,62	2,08	1,91	11,49				10,78	0,73
1950	30,38	0,71		12,91	4,42	1,61	21,28	2,20	1,77	14,05				9,44	1,23
1951	29,30	0,62		13,68	3,49	1,13	20,71	3,20	1,64	16,86				8,66	0,71
1952	30,07	0,52		13,10	3,00	0,53	16,28	3,11	1,67	9,43	10,47	3,60		8,04	0,21
1953	26,85	0,53		11,79	2,85	0,32	17,83	2,88	1,60	7,92	14,37	5,52		7,43	0,11
1954	23,54	0,50		12,43	2,86	0,37	17,84	3,13	1,81	8,03	15,58	5,37	1,01	7,40	0,13
1955	21,85	0,52		12,52	2,76	0,34	19,40	3,39	2,03	7,41	16,75	4,13	1,30	7,51	0,09
1956	16,55	0,48		11,92	2,41	0,32	19,17	3,80	1,86	8,8	17,75	7,02	1,78	8,12	
1957	17,54	0,52		12,07	2,40	0,28	18,18	4,22	1,78	10,00	15,01	7,78	2,04	8,18	
1958	16,62	0,58		12,40	2,19	0,21	18,02	4,37	1,56	14,22	14,85	5,10	2,04	7,84	
1959	13,74	0,50		13,01	2,34	0,22	16,45	4,79	1,45	16,37	17,04	4,53	2,06	7,5	
1960	13,37	0,52		13,10	2,34	0,20	15,43	4,01	1,41	16,93	19,34	3,80	2,42	7,13	
1961	13,62	0,59		13,03	2,22	0,19	14,71	4,19	1,38	12,57	25,91	3,04	2,68	5,87	

- Spécia Prolabo : jusqu'en 1945, ces deux sociétés étaient considérées comme de simples services de vente et leurs résultats sont intégrés aux résultats globaux. Après cette date,les pourcentages incluent à ses deux filiales les ventes à la S.U.C.R.P.
- Poulenc : service de vente des spécialités Poulenc. Il disparut en 1944.
- Division 1 : acétate de cellulose, phénol, hydroquinone.
- Division 2 : parfums et vanilline.
- Division 3 : saccharine.
- Division 4 : produits pharmaceutiques.
- Division 5 : produits agricoles.
- Division 6 : céramique.
- Division 7 : vinyliques, sel N et plastifiants. À partir de 1952, la Division 7' vendit ces produits aux filiales de la société.
- Division 8 : antibiotiques.
- Division 9 : silicones.

ARCHIVES CONSULTÉES

SIÈGE SOCIAL DE COURBEVOIE

- Comptes rendus des délibérations des conseils d'administration :
  - Établissements Poulenc Frères : 1895-1928 ;
  - Société chimique des Usines du Rhône : 1900-1928 ;
  - Société des Usines Rhône-Poulenc : 1928-1961 ;
  - Rhône-Poulenc S.A. : 1961-1975.
- Carnets manuscrits d'enregistrement des brevets.
- Comptabilité résumée des filiales (jusqu'en 1961 et 1966).
- Planification du groupe (1973, 1974, 1975).
- Collection des actes juridiques de création et modification de sociétés (84 dossiers).
- Liste de présence aux assemblées générales (1970-1975).

FONDS MARTERET

Ce fonds, jadis à Courbevoie, a été transféré à Besançon.

- Établissements Poulenc Frères. Rapports de 1900 à 1928.
- Société chimique des Usines du Rhône. Rapports de 1895 à 1904.
- Société chimique des Usines du Rhône. Rapports de 1905 à 1912. Rapports de 1913 à 1921.
- Société chimique des Usines du Rhône. Rapports de 1922 à 1928. Rapports de 1929 à 1934.
- Société Rhône-Poulenc. Rapports de 1935 à 1940. Rapports de 1941 à 1948.
- Société Rhône-Poulenc. Rapports de 1949 à 1954 (manque trois ans). Rapports de 1955 à 1959. Rapports de 1960 à 1961.
- Société Rhône-Poulenc. Rapports de 1961 à 1962.
- Rhône-Poulenc S.A.. Rapports de 1962 à 1968.
- Société Spécia. Rapports de 1928 à 1944. Rapports de 1945 à 1954.
- Société Spécia. Rapports de 1955 à 1962.
- Société des Résines fluorées. Rapports de 1962.
- Société anonyme Immobilière Marat-Raffaelli. Rapports de 1962.
- Société civile Immobilière Montaigne Jean Goujon. Réunions des associés de 1948.
- Société Rhodiaceta. Rapports de 1922 à 1934. Rapports de 1935 à 1945.
- Société Rhodiaceta. Rapports de 1935 à 1951. Rapports de 1952 à 1957.
- Société Rhodiaceta. Rapports de 1958 à 1962.
- Société Prolabo. Rapports de 1938 à 1944.
- Société Prolabo. Rapports de 1945 à 1956. Rapports de 1957 à 1962.
- Société normande de Produits chimiques. Rapports de 1910 à 1925. Rapports de 1926 à 1940.
- Société normande de Produits chimiques. Rapports de 1941 à 1954. Rapports de 1954 à 1961. Rapports de 1961.
- Société Rhovyl. Rapports de 1948 à 1955. Rapports de 1956 à 1962.
- Correspondance, 8.4.1914, 13.9.1915. Correspondance, 16.9.1915, 17.6.1916.
- Correspondance, 17.6.1916, 16.1.1917. Correspondance, 16.1.1917, 20.11.1917.
- Correspondance, 21.11.1917, 21.10.1918.
- Histoire au jour le jour, 1955-56, 1957-58, 1958-59, 1959-60. Résumé historique de Rhône Poulenc, 1917-1928, 1928, 1957.
- Historique des colorants, historique des plastiques, divers. Notes historiques diverses. Réflexion sur l'organisation.
- Rhodia chemical Company fabrication I-II-III.
- Historique des participations et des achats Poulenc. Vieux documents intéressant la société Rhône-Poulenc.
- Histoire de La Cellophane. Historique des minéraux. Historique agricole.
- Groupe Gillet. Divers à classer. Histoire de l'enseignement de la chimie. Comité des sept.
- Nicolas Grillet. Wilfrid Baumgartner. François-Albert Buisson. Marcel Bô. Historique du conseil. Historique des personnes appartenant aux filiales. Histoire de Rhodiaceta. Histoire des usines de Vitry. Histoire des produits et appareils de laboratoire.
- Documents concernant l'aspirine. Historique de la S.C.U.R. de 1921 à 1924. Historique des généralités. Histoire des spécialités pharmaceutiques. Histoire des filiales et des sociétés parentées S.C.U.R.
- Historique industriel. Notes historiques de Varagnat. Histoire de la saccharine. Histoire des plastiques cellulosiques. Histoire des Établissements AAV à Châlon et à Saint-Aubin-lès-Elbeuf.
- Histoire de l'usine de la Plaine. Histoire de l'usine du Roussillon. Histoire des textiles artificiels et synthétiques. Historique des silicones. Historique des pharmaceutiques originaux.

- Chimie lyonnaise. Historique divers. Historique des brevets. Prix et données diverses. Historique des parfums. Histoire des usines de Saint-Fons. Historique de M. Plane sur la S.C.U.R. de 1868 à 1905.
- Souvenirs de M. Charpentier. Histoire des sièges sociaux et des bureaux. Histoires anciennes. Notices et éléments d'histoire des produits pharmaceutiques.
- Vieux dossiers sur les sièges parisiens. Vie des établissements.
- Historique des personnes. Période actuelle. Dossiers personnels. Réflexions sur l'organisation. Histoire des personnes de la société Poulenc.
- Histoire des produits photographiques. Historique de Spécia. Historique des anciens Établissements Poulenc Frères. Organisation de Dac. Livre d'or de Nicolas Grillet. Documents préparatoires.
- Famille Gillet. Organisation : exposé général. Histoire des anciens tarifs pendant la guerre 1939-1944. Conférences de Jean Marteret.
- Listes de notes de Joseph Koetschet et de Prosper Monnet. Conférences prononcées en 1909-1911.
- Vieux papiers concernant Vitry-sur-Seine. La réorganisation de la société Poulenc. Événements de mai-juin 1968 vus à travers cent entreprises.
- Lettres confidentielles. Lettres diverses. Dossier François Barral 1889-1944.
- Prolabo. Rapports de Jean Marteret. Divers documents concernant l'usine de Loriol (Drôme). Paiement des apports de Loriol ; contrat relatif à l'acquisition de l'usine.
- Air liquide oxygène. Exposition de Paris de 1900 et divers. Rapports techniques aux administrateurs, de 1905 à 1908. Rapports aux administrateurs délégués et rapports divers.
- Constitution de la société. Histoire de la société anonyme des Établissements Poulenc Frères. Chapitres 1, 2, 3 et 4.
- Copies de lettres de divers particuliers du 23.1.1916 au 13.4.1918. Études spéciales.
- Appointements et gratifications des personnels. Histoire de la société anonyme des Établissements Poulenc-Frères. Chapitres 1, 2, 3 et 4.
- Contrats avec M. le directeur Louis Gaucher (Montpellier 1er août 1919-18 Rhône-Poulenc S.A.). Rapports annuels de 1966-67-68.
- Exercice 1930 de la S.U.C.R.P.. Bilans mensuels. Correspondance de Joseph Koetschet. Situations comptables diverses.
- Histoire de la société d'après les séances du conseil. Affaire Delcourt. Extrait de vente de la propriété La Cressonnière.
- Résumés biographiques divers. Dossiers confidentiels divers. Livre d'enregistrement des parfums. Les anesthésiques des Usines du Rhône.
- Vieux papiers de Nicolas Grillet. Plans des usines de la société et des filiales. Histoire des usines.
- Résumé historique sur Rhône-Poulenc depuis ses origines. Contrats Solvay. Société Theraplix-Prolabo, appareils de laboratoire. Rapport du projet d'acquisition de l'usine de Loriol. Acquisition de l'usine de Loriol. Fabrication du phénol.
- Procédés de fabrication des plastifiants, des assouplissants, des solvants de l'acétol. Contrats divers.
- Agenda de 1914. Histoire de la société Rhodiaceta (1957). 15e anniversaire de l'amicale des retraités (26.11.1969).
- Diverses assemblées générales ordinaires et extraordinaires. Divers catalogues généraux. Photos de tubes d'aspirine. Album photographique. Photos diverses.
- Agenda de 1917. Prix de revient des productions de la Société chimique des Usines du Rhône. Filiales diverses, participations financières, participations par brevets, versement de redevances.
- Voyages à Paris. Usines de Loriol (Drôme). Divers. Diverses lettres de particuliers envoyées du 21 février 1914 au 5 mars 1915.
- Divers 1. Diverses lettres de particuliers envoyées du 15 novembre 1910 au 21 février 1914.
- Diverses lettres de particuliers envoyées du 26 juin au 6 septembre 1915. Diverses lettres de particuliers envoyées du 5 mars au 26 juin 1915.
- Recueil des plans des usines des filiales. Lettres d'essais 786-886 du 22 octobre 1917 au 26 mars 1918. Livre d'essais de D. Elvire.
- Plans d'usines (18.2.1943). A. Teillard et Cie. Documents historiques de Louis Clouzeau. Dossier de photos. Hommage à Henri Sannejouand. Album de photos de la Rhodiaceta (10.9.1957).
- Appointements de février 1889 à décembre 1906. Rapports divers.
- Copies de lettres Poulenc-Frères, catalogue général. La fuchsine est centenaire. Composition des parfums. Laboratoire des produits Usines du Rhône. Licences d'appareils achetés par Poulenc-Frères. Statuts divers.
- Histoire de la société d'après les séances du conseil d'administration, année 1895. Documents divers. Usine de la Plaine. Dossiers divers.
- Contrats divers. Dossiers divers de Rhône-Poulenc.
- La main-d'œuvre de la S.U.C.R.P.. Ingénieurs. Employés. Contremaîtres. Chimistes. Fabrications chimiques à Saint-Fons, Roussillon et Vitry (1937). Portrait du chanoine Senderens. Vieux papiers.
- Contrats divers dossier n° 1. Contrats divers dossier n° 2. Contrats divers dossier n° 3. Contrats divers dossier n° 4.
- S.U.C.R. Contrats divers dossier n° 5. Contrats du personnel des usines, dossiers I, II, III.

- Affaire Delannoy. Ouvrage : *Révolution dans l'invisible*. Renseignements divers sur la marche du service.
- Tableau comparatif du chiffre mensuel des ventes, exercice 1909 à 1918 inclus. Brochure anglaise des produits S.U.C.R.P. Prix de revient. Histoire du Rhodoïd. Album-souvenir May and Baker Ltd.

DÉPÔT DE BESANÇON (Société d'archivage et de magasinage Rhône-Poulenc)

Pré-inventaire des documents historiques

- **Établissements Poulenc Frères**
  Cartons 13, 14, 57, 58, 59, 60, 61, 63, 84, 85.
  Grand livre général (1909-1928).

- **Société des Usines chimiques Rhône-Poulenc**

161 - Approvisionnement des usines (1928-1961).
227 - Grand livre : résultats (1928-1961).
300 - Chiffres d'affaires (1954-1960).
302 - Immobilisations (1928-1961).
303 - Immobilisations (1928-1961).
305 - Clients (1928-1961).
306 - Comptes courants des filiales (1928-1961).
372 - Statistiques du personnel (1929-1950).
373 - Dépenses sociales, statistiques (1942-1947).
375 - Dépenses sociales, statistiques (1948-1952).
377 - Récapitulation des effectifs du personnel (1951-1952).
378 - Dépenses sociales (1953-1959).
379 - Usine des Carrières à Saint-Fons (1954-1960).
380 - Usine de Vitry-sur-Seine (1954-1975).
381 - Histoire de l'usine de Chalampé (1955-1961).
382 - Documents concernant le centre Nicolas Grillet (1955-1966).
383 - Documents concernant l'usine de Saint-Aubin-lès-Elbeuf (1955-1967).
386 - Livre d'effectifs du personnel (1956-1964).
387 - Usine de Saint-Fons (1956-1971).
388 - Usine de Chalampé.
390 - Livre de statistiques de main-d'œuvre (1960-1969).
83 BE 14249 - Inventaire de la S.C.U.R. (1900-1928).
83 BE 14251 - Comptabilité de l'usine de la Plaine (1900-1914).
83 BE 14255 - Documents concernant l'usine de Saint-Fons (1945-1950).
83 BE 14455 - Documents concernant l'usine de Saint-Fons (1945-1950).
83 BE 14456 - Documents concernant l'usine de Saint-Fons (1945-1950).
83 BE 14457 - Documents concernant l'usine de Saint-Fons (1945-1950).
83 BE 14495 - Missions aux États-Unis (1946-1950).
83 BE 14577 - Les procédés de filature de l'acétate.
83 BE 14753 - Les appointements des E.T.A.M. - Rhodiaceta (1938-1966).
83 BE 16994 - Bilans de la S.V.A.T. - Dossier d'absorption.
84 BE 1399 - Inventaire de l'usine de Vitry-sur-Seine (1930-1950).
84 BE 1746 - Articles de presse.
84 BE 1749 - Fabrication de l'acétate de cellulose (1939-1944).
84 BE 3170 - Commandes passées en Allemagne (1945-1948).
84 BE 9843 - Salaires versés à l'usine de Saint-Fons (1954-1960).
84 C 215 - Estimation des usines en 1959.
84 C 228 - Estimation du C.T.A. (1959).
84 C 229 - Estimation du C.T.A. et de chimiotex.
84 C 239 - Évaluation de Rhône-Poulenc et de Celtex (1959).
84 C 407 - Apports de Celtex (1961).
84 C 409 - Fusion de Progil, Péchiney-Saint-Gobain et Rhône-Poulenc S.A. (1961).
84 C 572 - Le portefeuille de Celtex (1961).

- **Usine de Roussillon.** Produits chimiques : rapports mensuels de fabrication (1942-1972).
- **Usine de Vitry.** Produits chimiques : rapports mensuels de fabrication (1952-1974).
- **Ministère des Finances.** Direction générale des Impôts : dossiers S.C.U.R. et Établissements Poulenc-Frères concernant les marchés d'État pour les fournitures de guerre et les contributions extraordinaires sur les bénéfices de guerre (1914-1918).

Archivage général

81 C	572	- La société Celtex (1961).
82 BE	1484	- L'organisation de la S.U.C.R.P. (1968-1970).
82 BE	1485	- L'organisation de Rhône-Poulenc S.A. (1965-1970).
83 BE	5318	- La société May and Baker.
83 BE	5325	- La société May and Baker.
83 BE	5674	- Éléments de comptabilité de Rhône-Poulenc S.A. (1961-1970).
83 BE	5688	- La société Spécia.
83 BE	5689	- La Société normande de produits chimiques.
83 BE	5867	- Assemblées générales de la Société normande de produits chimiques 1928-1961).
83 BE	5869	- La société May and Baker.
83 BE	6475	- Rapports mensuels Rhodiaceta (1953-1970).
83 BE	6491	- Gestion du personnel Rhodiaceta (1953-1970).
83 BE	6589	- Situation comparative des ventes (1933-1961).
83 BE	6620	- Assemblées générales. Liste de présence. } (1961-1969).
83 BE	6621	- Assemblées générales. Liste de présence. } (1961-1969).
83 BE	6622	- Assemblées générales. Liste de présence. } (1961-1969).
83 BE	6700	- Statistiques de Roussillon et de Vitry-sur-Seine (1945-1954).
83 BE	6701	- Statistiques de Roussillon et de Vitry-sur-Seine (1945-1954).
83 BE	6712	- Le plan Monnet de la chimie (1947-1950).
83 BE	6801	- Les ententes } (1920-1940).
83 BE	6802	- Les ententes } (1920-1940).
83 BE	6803	- Les ententes } (1920-1940).
83 BE	6804	- Les ententes } (1920-1940).
83 BE	7131	- La fabrication des silicones (1950-1960).
83 BE	7145	- La fabrication des silicones (1950-1960).
83 BE	7318	- Statistiques du chiffre d'affaires Rhodiaceta (1956-1970).
83 BE	7527	- Statistiques du chiffre d'affaires Rhodiaceta (1956-1970).
83 BE	7537	- Bilans de la Rhodiaceta.
83 BE	11225	- La filiale allemande. Rapports (1965).
83 BE	11251	- Accords de prix signés par la S.C.U.R. (1900-1928).
83 BE	11284	- La filiale italienne (1962-1966).
83 BE	11301	- Filiales du Brésil, filiale de la Suisse (1970-1975).
83 BE	11313	- Bulletin de l'Union des Industries chimiques.
83 BE	11314	- Syndicat des fabricants de produits chimiques de la région lyonnaise.
83 BE	11465	- Grand livre de l'usine de Saint-Fons.
83 BE	11466	- Inventaire de l'usine de Saint-Fons.
83 BE	11676	- Rapports annuels de la société Spécia.
	391	- Livre de statistiques sur les dépenses sociales (1960-1974).
	392	- Livre de statistiques des effectifs du personnel (1960-1975).
	394	- Documentation sur l'usine de Roussillon (1964).
	397	- Documentation sur l'usine de Roussillon (1966).
	404	- Enquêtes annuelles d'entreprise (1974).

- **Rhodiaceta**
  96 à 106 - Journal de 1922 à 1961.
- **Spécia**
  376 - Brochure sur les activités de l'usine de Maisons-Alfort (1951).
  389 - Les usines Spécia (Livron, Saint-Fons, Maisons-Alfort, 1957-1964).
- **Rhodia chemicals**
  343 à 346 - Dossiers relatifs à l'activité de nos commettants en Extrême-Orient (1929-1939).

Archives textiles (usine Lyon-Vaise)

C.81 - 64, 65, 66, 67 : rapports mensuels de fabrication de la Rhodiaceta (1931-1966).
C.81 - 69, 70, 71, 72, 73, 74, 75, 76, 77 : rapports mensuels de fabrication de l'acétate de Nylon. D.A.R. - D.R.A.G. (1931-1970).
C.81 - 78 : rapports mensuels de fabrication. Rhodiaceta Argentina (1932-1966).
C.81 - 78, 80 : rapports mensuels de fabrication. Companhia brasileira Rhodiaceta (1932-1966).
C.81 - 82, 83 : rapports mensuels de fabrication. Usine d'acétate. Péage Rhodiaceta (1931-1966).
Non côté : rapports mensuels. Acétate de cellulose et Nylon. Usines de Vaise et de Roussillon (1924-1966).
Non côté : prix de revient des textiles (1951-1961).

CHRONOLOGIE

1801. Création à Lyon d'un commerce de produits chimiques par Samuel Debar.
1848. Jean-Marie Cartier entre dans l'entreprise de Samuel Debar.
1856. Marc Gilliard et Jean-Marie Cartier reprennent l'affaire Samuel Debar.
1858. Création de la société *Wittmann et Poulenc Jeune.*
1868. Pierre Monnet fonde la société *Pierre Monnet et Cie* à La Plaine (Suisse).
1869. Début de la fabrication de la fuchsine à La Plaine.
1873. Création du premier laboratoire à La Plaine.
1876. Début de la fabrication de la résorcine.
1878. *Wittmann et Poulenc* devient *Veuve Poulenc et fils aîné.*
1881. *Veuve Poulenc et fils aîné* devient *Poulenc Frères.*
1883. Achat de l'usine de Saint-Fons par la société *Pierre MONNET et Cie.*
1886. Fondation de la société *Gilliard, Monnet et Cartier.*
1890. Début de la fabrication du kélène (chlorure d'éthyle) à La Plaine.
1894. Embauche de Nicolas Grillet par l'usine de Saint-Fons.
1895. La société *Gilliard, Monnet et Cartier* se transforme en société anonyme : la *Société Chimique des Usines du Rhône.*
1898. Dépôt du brevet de l'indigo synthétique par la S.C.U.R.

1900. La société *Poulenc Frères* se transforme en société anonyme, *Les Établissements Poulenc Frères.*
1901. Prosper Monnet quitte la S.C.U.R.
1904. La S.C.U.R. décide d'arrêter la fabrication des produits colorants.
1905. Le siège de la S.C.U.R. est transféré à Paris.
1908. Montage d'une fabrication en grand de l'aspirine à Saint-Fons.
1909. Signature des premiers accords entre les *Établissements Poulenc Frères* et la société anglaise *May and Baker.*
1910. Création du centre de recherches de Saint-Fons.
1912. Début de la fabrication de l'acétate de cellulose à Saint-Fons.
1913. Prise de contrôle de la *Société normande de Produits chimiques* par la S.C.U.R.
1914. Achat de terrains au Brésil.
1916. Mise en service de l'usine de Roussillon par la S.C.U.R.
1916. Acquisition des usines de Loriol et du Pouzin par les *Établissements Poulenc Frères.*
1916. Premières concessions de brevets à *May and Baker* par les *Établissements Poulenc Frères.*
1918. Acquisition de l'usine de Livron par les *Établissements Poulenc Frères.*
1918. Création de la *Compagnie générale du Rhodoïd* par la S.C.U.R.
1919. Création de la *Companhia quimica Rhodia brasileira* et construction de l'usine de Santo-André.
1919. Création de *Rhodia chemical Company* aux États-Unis par la S.C.U.R.
1922. Création de la *Société pour la soie artificielle Rhodiaseta* par la S.C.U.R. et le C.T.A.
1927. Prise de contrôle de *May and Baker* par les *Établissements Poulenc Frères.*
1927. Mise en service de l'usine de Lyon-Vaise de la Rhodiaseta.
1927. Création de la *Deutsche Rhodiaseta A.G.*
1928. Fusion des *Établissements Poulenc Frères* et de la *Société Chimique des usines du Rhône* dans une nouvelle société, la *Société des Usines chimiques Rhône-Poulenc (S.U.C.R.P.).*
1928. Création de la *Rhodiaseta italiana.*
1928. Création de la *Société Parisienne d'Expansion chimique (Spécia).*
1928. Vente à la *Société Du Pont de Nemours* de la licence d'exploitation de la filature de la soie à l'acétate.
1932. Création de la société *Prolabo.*
1934. Mise en route de l'usine May and Baker à Dagenham.
1935. Création de la *Rhodiaseta argentina* S.A.
1936. Début de la fabrication des sulfamides.
1939. Achat par la Rhodiaceta de la licence d'exploitation du Nylon 66 à la société Du Pont de Nemours.
1943. Premiers essais de la fabrication de la pénicilline.
1946. Achat de l'usine de Saint-Aubin-lès-Elbeuf.
1948. Mise en route de la fabrication de la pénicilline à Vitry-sur-Seine.
1948. Création de la société *Rhovyl.*

1950. Mise en service de l'usine de Maisons-Alfort.
1953. Démarrage de l'usine de Belle-Étoile.
1954. Construction du centre de recherches Nicolas Grillet à Vitry-sur-Seine.
1954. Mise en service de l'usine des Carrières à Saint-Fons (silicones).
1955. Création de la société *Crylor.*
1956. Création de la *Société Dauphinoise de Fabrications chimiques* et de la *Manufacture normande de Polyéthylène.*
1956. Mise en route de l'usine de May and Baker à Norwich.
1957. Démarrage de l'usine de Chalampé.
1958. Mise en service du centre des Carrières à Saint-Fons (laboratoires).
1959. Création de la *Compagnie industrielle des Plastiques semi-ouvrés.*
1960. Prise de participation dans la *Société de chimie organique et biologique.* Prise de contrôle de *Givaudan-Lavirotte.*
1961. Absorption de la société *Celtex* par la S.U.C.R.P.
1961. Transformation de la S.U.C.R.P. en une société holding : *Rhône-Poulenc* S.A.
1961. Constitution de la société *Rhône-Progil.*
1961. Mise en route de l'usine de Briare *(Prolabo).*
1961. Création de la société *Tolochimie.*
1963. Prise de participation de Rhône-Poulenc S.A. dans les laboratoires Roger Bellon.
1963. Constitution de la société *Norsyntex* et construction de l'usine de Saint-Laurent-de-Blangy.
1963. Willfrid Baumgartner devient président du groupe.
1965. Accords avec les sociétés *Bayer* et *Phillips Petroleum.*
1965. Regroupement des sociétés brésiliennes dans *Rhodia Industrias Quimicas e Texteis.*
1968. Création de la première division regroupant les activités textiles.
1968. Prise de participation dans la société *Mérieux.*
1969. Absorption par Rhône-Poulenc S.A. des sociétés *Progil* et *Pechiney-Saint-Gobain.*
1972. Premier endettement important du groupe.
1973. Revente des participations italiennes *(Rhodiatoce).*
1973. Début de la planification.
1974. Généralisation de l'organisation sectorielle.
1975. Premier déficit du groupe.
1977. Adoption du plan textile.
1978. Prise de contrôle de la *Société des Participations Gardinier.*
1980. Second déficit du groupe. Vente de la pétrolochimie et des plastiques aux sociétés pétrolières Elf, Compagnie Française des Pétroles et British Petroleum.
1981. Nationalisation du groupe.
1982. Cession des fabrications d'engrais. Acquisition de la société *Pharmuka.*

BIBLIOGRAPHIE SOMMAIRE

- Pierre Cayez, *La Naissance de la société Progil* (1918-1925), *in Villes et Campagnes, XVe-XXe siècle* (Presses Universitaires de Lyon, 1977, 362 p.).
- Robert Caillot, *L'Usine, la Terre et la Cité. L'exemple de Péage-de-Roussillon,* enquête effectuée à l'initiative de la Rhodiaceta et de Rhône-Poulenc S.A. (Paris, 1958, 275 p.).
- Élie Cohen et Michel Bauer, *Les Grandes Manœuvres Industrielles* (Paris, 1985, 303 p.).
- Jean-Pierre Daviet, *La Compagnie de Saint-Gobain de 1830 à 1930. Une entreprise française à rayonnement international,* thèse pour le doctorat d'État (Université de Paris I, Panthéon-Sorbonne, octobre 1983, 5 vol.).
- L.G. Fauquet, *Histoire de la Rayonne et des Textiles Synthétiques* (Paris, 269 p.).
- C. Gignoux, *Histoire d'une Entreprise Française : Pechiney* (Paris, 1955, 254 p.).
- Philippe Guinot, *Les Stratégies de l'Industrie Chimique* (Paris, 1975, 287 p.).
- Judy Slinn, *A history of May and Baker (1834-1984)* (Cambridge, 1984, 196 p.).
- *Les Brevets : leur utilisation en histoire des techniques et de l'économie,* Table ronde du C.N.R.S., décembre 1984 (publication du C.N.R.S., 1985, 211 p.).

INDEX

Raisons sociales

Personnes

RHÔNE – POULENC

Pierre CAYEZ

ERRATUM

P. 109 — Légende du document photographique « Vue panoramique de l'usine de Roussillon dans la vallée du Rhône (vers 1930) »

P. 113 et 155 — Les deux portraits ont été intervertis.

P. 308 — Lire le tableau ainsi :

LES BILANS DE RHÔNE – POULENC TEXTILE (1971–1975)
(en millions de francs)

	1971	1972	1973	1974	1975
CHIFFRE D'AFFAIRES	2 288	2 408	2 667	3 608	2 472
BÉNÉFICES BRUTS	167	197	336	391	- 577
RÉSULTATS NETS	0,40	- 53	70	22	- 732
EFFECTIFS	22 344	21 679	20 989	20 111	18 703

Lieux

SOMMAIRE

PREMIÈRE PARTIE. L'INDUSTRIALISATION DE LA CHIMIE ORGANIQUE : NAISSANCE ET MATURITÉ DE LA SOCIÉTÉ DES USINES CHIMIQUES RHÔNE-POULENC (1895-1950)

Achevé d'imprimer
sur les presses de l'Imprimerie Moderne de l'Est
25110 Baume-les-Dames
Dépôt légal : Janvier 1989
N° éditeur : 9537